主编　朱大旗

明德经济法学文库　12

中国人民大學法学院
RENMIN UNIVERSITY OF CHINA LAW SCHOOL

《税收征收管理法》修订问题研究

朱大旗　胡明　等/著

法治建设与法学理论研究部级科研项目成果

法律出版社
LAW PRESS·CHINA

中国人民大学经济法学研究中心
《明德经济法学文库》编审委员会

总　序

当代中国经济体制改革和社会主义市场经济建设催生了经济法学这一新的法律门类和法学学科。1983年中国人民大学经济法教研室成立，成为全国早期的经济法学科点之一；1984年起招收民法学专业经济法学方向的硕士研究生；1987年起招收经济法学专业硕士研究生；1994年成为全国首批经济法学博士点。

30多年来，人大经济法学人以“求经世之道，思济民之法”的精神，致力于经济法学人才的培养和教育，注重学术修养和调查研究，以解决中国社会现实生活中的经济法治问题为方向，理论联系实际，跟踪、把握国际、国内相近学科的最新发展动态，不断开拓创新，自成一脉，在全国经济法学界具有学科前沿地位，为中国经济法学的理论建构和中国社会主义经济法治事业做出了自己应有的贡献。

人大经济法学科自1994年培养新中国第一位经济法学博士以来，迄今已累计培养了200多位经济法学博士。这些博士肩负着人大经济法学科各位老师的谆谆教诲和殷切期望，就职于国家立法、司法、行政机关、国内著名大学、科研机构和其他经济、金融等实务部门，埋头苦干，求真务实，屡创佳绩，成为相关行业领域的领军人物和中坚力量。无疑地，他们在人大经济法学科所受的科学的、前瞻的经济法理论教育、规范的专业培训和严格的学术熏陶，给予了他们茁壮成长的丰富养料和厚实基础，奠定了他们人生事业的良好起点。

据我观察而言，博士阶段的学习无疑是人的一生中最为宝贵的黄金时期。在这弹指即逝的几年里，青年博士的心灵由稚嫩到成熟，眼界由褊狭趋全面，思维由直线而多维，知识由零散臻体系，正是勃发朝阳而成其大光的关键时刻。但毋庸讳言，这一时期也是青年博士生活压力最重、学术困境最多、外界诱惑最大，因而也是最需要关爱、最需要帮助、最需要提携的时期。在市场经济蝇营逐利、浮躁盲动的大环境下，如何引导广大青年博士理性务实、潜心学术、夯实基础、厚积薄发，奠定未来宏大人生事业的坚实基础，实为我们教书育人、为人师表者不能不关注和解决的重大问题。为此，中国人民大学经济法学研究中心的全体老师在各方面条件都非常薄弱的情况下，决定想方设法争取各界支持，创造条件为人大经济法学专业的博士生纾难解困，提供脱颖而出的便利环境。在取得法律出版社的支持下，广泛筹措资金，遴选、资助每年优秀经济法学博士学位论文及青年教师的优秀著作出版。这一方面可以使优秀的博士学位论文精品得以付梓，使莘莘学子多年呕心沥血的研究成果不至于埋没；另一方面又可以对广大的在读经济法学博士研究生以激励，使他们可以比较安心地埋头学术研究，创造出更多的经济法学学术精品，同时还可以奉献给中国经济法学学科和中国经济法治事业以智识，这是一项非常值得投资的多赢的事业。我们有理由也有信心把这一工作持久不懈地开展下去。

在此，我作为中国人民大学经济法学的一名老教师，作为中国经济法学教学科研事业的初创者、参与者，谨对广大在校的、未来的人大经济法学博士研究生提出以下期盼：

希望你们好好珍惜博士阶段的学习机会和美好时光，多读书，多思考，多讨论，多写文章，夯实理论基础，提升实践能力，争取写出优秀博士论文，不断充实明德经济法学文库，把人民大学的经济法理论体系传承永续。

长江后浪推前浪，一代风流冀尔侪。诚望后生小子撷万方之优长，成一家之精微，将人大经济法学的优良传统发扬光大，为推进中国的经济法学事业暨经济法治建设，添砖加瓦，贡献无垠。

是为序。

 *

2012 年 8 月 4 日
于中国人民大学明德楼

---

* 中国人民大学法学院教授、博士研究生导师。

序

财政是庶政之母，税收为财政之源。我国《税收征收管理法》(以下简称《税收征管法》)作为国家获取税收收入的基本法律依据，既是对税务机关的征税行为予以规制之法，也是对纳税人的合法权益进行保护之法，其重要性不言而喻。我国《税收征管法》制定实施已经20多年，2001年第二次大幅修订通过的《税收征管法》及其实施细则也已运行10余载。由于经济情势、税制结构改革、征管环境以及公民意识等方面的急剧变化，无论是从提高我国税收征管质量与效率的实践角度，还是从更新税收征管模式与理念的理论角度，审视我国现行《税收征管法》，其作为税收正义精神之承载的法律品性不足已成为不争的事实。为适应新时期税收征管工作需要，我国《税收征管法》的修订自2008年起被列入第十一届全国人大立法计划，国务院法制办先后于2013年6月与2015年1月两次向社会公布《税收征收管理法修正案(征求意见稿)》(以下简称《修正案征求意见稿》)、《税收征收管理法修订草案(征求意见稿)》(以下简称《草案征求意见稿》)，较之《税收征管法》，意见稿主要进行了三个方面的修改：一是与《行政强制法》《刑法修正案(七)》《行政许可法》相衔接；二是规定了相关方信息报告义务，加大税源监控力度；三是增加了对个人纳税人的税收征管规定，加大征管力度。其中，关于立法修订的提前公开征求意见、与其他法律的协调统一、税收征管范围的必要扩张以及税收征管权力的合理完善等无疑是《税收征管法》修订过程中的亮点，这些修订至少从立法规范、形式外观以及法律价值层面彰显了财税立法的进步性和合理性。

但从前瞻性和批判性的视角审视我国《税收征管法》及《修正案征求意见稿》《草案征求意见稿》，可以发现仍存在以下问题：整部法律内容比较陈旧、意见稿修改条文修订幅度过小，忽视了税收征管理念由管理向服务、由征管机关单向管理向征纳双方、社会各界合作治理理念的提升，保留了许多保守与落后的成分；现有的改动仍然主要侧重于强化税收征管部门的权力，没有相应地、系统地完善纳税人权利保障方面的制度规定；不能适应新时期国家全面深化财税体制改革、全面推进法治建设及税收征管现代化、国际化的趋势等。在两征求意见稿征求意见的过程中，为落实简政放权、提高税务登记行政效率和落实税收法定原则、依法减免税收的要求，全国人大常委会又先后分别于2013年6月29日、2015年4月24日对《税收征管法》第15条第1款和第33条的规定作了修订。但由于这两次修订都只是对《税收征管法》的个别条文作出小幅修改，所以，从总体上看前述诸多问题并未从根本上得到系统性全面性的解决。

基于此，笔者主持的司法部国家法治与法学理论研究重点项目（项目编号：12SFB1005）最终研究成果《〈税收征收管理法〉修订问题研究》一书立足于我国现行《税收征管法》、两征求意见稿的内容及其存在的问题，从历史、理念与现实三个维度，综合采取历史考察、法教义学、实证调研、国际比较借鉴等多种方法，通过制度流变考察、税法理念梳理、现状问题调研剖析、域外经验借鉴等方面的研究，以纳税人权利保护为中心，以税收法定理念、平衡协调理念、正当程序理念、可诉性理念为统领，重点探讨了我国《税收征管法》进一步修订应予以高度关注和解决的理念更新、纳税人权利保护、征纳程序机制完善、纳税人权利救济机制重构等方面的重大问题，提出了若干税收征管法理论建构和制度设计方面的对策建议，以期促进我国《税收征管法》的完善与发展。

《〈税收征收管理法〉修订问题研究》一书分为五章，在第一章“税收征管法的沿革、修订及评析”中，系统考察了新中国成立以来我国税收征收管理制度的变迁及《税收征管法》的产生与由来，全面梳理了我国《税收征管法》四次修订及两次征求意见稿的背景及其主要内容，尤其重点分析和评价了2001年我国《税收征管法》的第二次全面修订和2015年《草案征求意见稿》的最新修订，指出了我国现行《税收征管法》及其《草案征求意见稿》中存在的问题、不足及进一步修订应予以重点关注的内容，为以后各章奠定了研究基础。在第二章“修订税收征管法应秉持的基本理念”中，从法理念的价值及功能出发，指出我国《税收征管法》的进一步修订，应当秉持税收法定、平衡协调、正当程序、可诉性理念四大理念，阐述了四大理念的基本内容、价值所在及其在《税收征管法》进一步修订中的应然体现、制度实现途径与方式，从而为我国为什么要以补充和完善纳税人权利保护制度内容为中心来修订《税收征管法》以及如何完善《税收征管法》中的征纳程序制度、如何重构《税收征管法》的救济机制奠定较为坚实的税法理论基础。在第三章“税收征管法中纳税人权利保护之补强”中，通过溯源国际社会纳税人权利保护制度的产生、演变，考察分析我国纳税人权利保护制度的现状及存在的主要问题，明确指出我国《税收征管法》的进一步修订，应当有针对性地重点明确规定纳税人诚信推定权，应基于国家税权与纳税人权利平衡协调理念修缮对纳税人权益产生重大影响之税收核定权制度，应确立纳税人权利主体地位并进一步厘定纳税人税收确定权制度，应在加强税务机关涉税信息管理制度过程中切实完善纳税人隐私权保护制度，本章最后还在考察、分析美国纳税人权利保护制度的系统全面立法和相应的多元救济机制的经验基础上，研究探讨其对我国如何完善纳税人权利保护体系的制度、体制、机制方面的可能借鉴。在第四章“税收征管法征纳程序机制之完善”中，通过全面检讨和审视我国《税收征管法》实施过程中存在的征纳程序法制问题，重点就我国《税收征管法》修订过程中的纳税人识别号制度、税收事先裁定制度、税收滞纳金制度三大热点、难点制度进行了较为系统的分析研究，在借鉴域外相关制度经验基础上，提出了相对具体、细化的立法修订意见和建议。在第五章“税收征管法救济机制之重构”中，针对我国纳税人权利救济案件在实践中存在的案件数量过少、纳税人权利保护不力的现象，指出其根源在于我国《税收征管法》权利救济制度规定不合理、税务争议解决体制机制不完善、纳税人公益诉讼制度缺失等，进而提出我国应当在进一步修订《税收征管法》时，废除税务争议诉讼“双重前置”规定、建立诱导性税务行政复议制度，实施税务争议解决司法专业化、税务机构专门化，确立纳税人财政公益诉讼制度三个方面的对策建议。

本书研究的目的和意义主要体现在两个方面：一是通过对我国税收征管法制度的历史流变和现状问题进行考察与分析，在广泛借鉴域外税收征管制度及其实践经验的基础上，归纳和总结我国《税收征管法》进一步修订应当关注和解决的重点、难点、热点问题，并就相关制度提出了较为具体和有针对性的意见和建议，为我国正在进行的大规模《税收征管法》的进一步修订提供立法实践支持。二是通过认真思考和梳理现代税收征管法律制度应有的基本理念，结合我国现行《税收征管法》和《草案征求意见稿》的具体内容和实证调研了解到的情况，从理论上提出我国《税收征管法》的修订应当强调以纳税人权利保护为中心，以税收法定理念、平衡协调理念、正当程序理论、可诉性理念为统领，这将对我国《税收征管法》的进一步修订实现由传统管理法向现代服务法、治理法转变，产生理论导引作用，进而促进我国《税收征管法》的修订在纳税人权利保护、征纳程序机制完善、纳税人权利救济机制重构等方面发生重大改革和转型，从而有利于推进我国税收征管法治现代化的伟大进程。

本书作为司法部国家法治与法学理论研究重点项目的最终研究成果，是以项目组全体成员在《法学家》《中国人民大学学报》《武汉大学学报》《税务研究》《国际税收》等核心刊物上公开发表的10多篇论文（阶段性项目成果）为基础整理、扩充、完善而来。值此成果付梓之际，我要特别感谢为此付出辛劳的徐孟洲教授、姚海放副教授和博士研究生胡明、李慈强、李帅、刘佳、付大学、姜姿含、张牧君、邓伟，硕士研究生胡小漾、刘一瑭、张黄莺等项目组全体成员，感谢司法部国家法治与法学理论研究项目和山东华信清算重组集团有限公司提瑞婷董事长对本书出版给予的经费支持，同时也要特别感谢法律出版社财经分社沈小英社长和刘晓萌编辑对本书出版给予的大力帮助和高效率的工作。由于本书研究所涉问题众多且错综复杂，而我们的研究又主要只是关注我们自认为的重点内容，加之研究能力有限，因而错讹缺漏之处在所难免，诚盼各位方家、读者批评斧正！

2017年3月28日

于明德法学楼

Contents

目录

图表目录

第一章　税收征管法的沿革、修订及评析

第一节　税收征管法的产生与由来

我国现行《中华人民共和国税收征收管理法》(以下简称《税收征管法》)不是从天上掉下来的,而是中国特定的现实国情、特定的历史发展产物。我们如欲修订完善《税收征管法》,必须对其产生由来、沿革发展有一个清醒的了解和把握,这样我们才能找到《税收征管法》存在的问题及其成因之所在,进而寻求相应的修改完善之策。

一、税收征管法规(新中国成立初期至改革开放)

新中国成立后,我国较重视税收在国民经济恢复方面和对生产事业进行鼓励限制方面的作用。这一时期,由于部分地区沿用革命根据地和老解放区的税制,新解放区缺乏统一的税制,各地实行的税种、税目、税率和征管方法都不一致。① 税制上的不统一与全国统一的整体形势不相适应,影响了地区间、城乡间的物资交流以及生产生活的恢复和发展。为了适

---

① 参见徐孟洲、徐阳光:《税法》(第5版),中国人民大学出版社2015年版,第85页。

应国家政治上统一、经济上快速恢复和发展的需要，政务院根据《中国人民政治协商会议共同纲领》第40条"国家的税收政策，应以保障革命战争的供给、照顾生产的恢复和发展及国家建设的需要为原则，简化税制，实行合理负担"之规定，制定并颁布了新中国第一部统一的税收法规——《全国税政实施要则》(1950年1月)。

《全国税政实施要则》共12条，规定了高度集中、统一的税收管理体制。一方面，《全国税政实施要则》要求对全国各地税政、税种、税目和税率不一致的情况进行整理，要求除农业税外，全国只征收货物税、工商业税(包括坐商、行商、摊贩之营业课税及所得课税)、盐税、关税、薪给报酬所得税、存款利息所得税、印花税、遗产税、交易税、屠宰税、房产税、地产税、特种消费行为税(筵席、娱乐、冷食、旅店)、使用牌照税14种税。① 另一方面，《全国税政实施要则》规定税收立法权属于中央，凡有关全国性的税收条例法令均由中央人民政府政务院统一制定并颁布实施；凡有关全国性的各种税收条例之实施细则由中央税务机关统一制定，经财政部批准施行；凡有关地方性税收之立法属于县范围者由县人民政府拟议报请省人民政府核转大行政区人民政府或军政委员会批准，并报中央备案；凡有关地方性税收之立法属于省(市)范围者，由省(市)人民政府拟议报请大行政区人民政府或军政委员会核转中央批准。

《全国税政实施要则》颁布后，将税收征收管理的权力收归中央，起到了统一全国税政的作用。然而《全国税政实施要则》没有明确税收征管的程序，各种税的具体征管程序规定散见于各个单行税收法规之中，使我国的税收征管程序从整体来看并不统一。同时，由于当时我国经济上存在国营经济、合作社经济、个体经济、私人资本主义和国家资本主义5种经济成分并存的情形，尤其是资本主义工商业大量存在。为了保护、发展社会主义经济，改造资本主义经济和个体经济，我国1953年又制定了"公私企业区别对待、繁简不同"的税收政策。因此，这一时期我国税收征管呈现出"多种税、多次征"的特点。②这种"多种税、多次征"的税收征管制度在具体的税收征管过程中表现在，对同一产品出厂和销售时要征收工业营业税、印花税、货物税等，经过商业批发、

---

① 其中，薪给报酬所得税和遗产税未开征，交易税未公布全国统一税法，其他各种税相继公布了税法并且在全国范围内开征。

② 参见刘佐：《中国税制改革50年》，载《当代中国史研究》2000年第5期。

零售环节的，每周转一次，就要征收一次商业营业税、印花税，[①]如果在一个企业中生产不同种类的产品，要交多种不同的税，如商品流通税、货物税、营业税、印花税等，而各种税的交纳手续、计算方法都需要根据单行税收法规执行，并不统一。虽然，这种税收征管制度可以把税负落在经济成分生产、流通的各个点上，有效、全面地组织国家财政收入，并适应资本主义工商业的经营活动情况，尽可能地调节其收入，配合国家对生产资料私有制的社会主义改造，但是其复杂性和不合理性，尤其是对一些中间商品的征税，给工商业者带来了极重的负担，不利于生产发展和技术进步。例如，税法中规定按商品的形状划分征税界限，其中，五金管凡长度大于直径 5 倍的就要征税，那么如果工商业者改进生产方法，将五金管先制成长管再切制成短管就不征税。[②] 这种税收征管的不合理性在税收收入上主要表现为：流转税类税收是工商税收入的主体，1957 年我国流转税收入和所得税收入分别达到 88.8 亿元和 16.2 亿元，占全国工商税收收入中的比重分别为 74.4% 和 13.6%。[③]

20 世纪 50 年代中期，我国对资本主义工商业的社会主义改造基本完成，公有制经济逐步成为经济的主体，国家财政收入的来源主要依靠国营企业上缴的工商税收和利润。20 世纪 50 年代末，我国出现了一种完全否定税收作用、要取消税收、认为税收的历史使命已经完成，要搞“无税之国”的极“左”思潮。在税收体制本身存在不合理、对私改造基本完成以及“税收无用”思想的多重背景因素下，税收在我国财政体系中的地位大幅下降，并于 1958 年和 1973 年经历了两次对税收征收管理制度的大规模简化。

1958 年税制改革的主要内容是简化工商税制。根据“基本上在原有税负的基础上简化税制”的方针，1958 年 9 月，经全国人民代表大会常务委员会原则通过，国务院发布了《工商统一税条例（草案）》，对工商税制进行统一和简化，试行了由商品流通税、营业税、货物税和印花税合并而成的工商统一税，并简化了纳税环节和征税办法。一方面，对工业、农业产品基本上实行两次课征制度，对工业产品在生产环节、商业零售环节各征一道税，对农产品取消了批

---

① 参见王诚尧：《建国以来税收制度的建立和改革概况》（上），载《财政研究》1983 年第 1 期。

② 参见南冰：《我国工商税制改革的方针步骤办法问题》，载《财政》1956 年第 2 期。

③ 参见刘佐：《中国税制改革 50 年》，载《当代中国史研究》2000 年第 5 期。

发环节的课税,只就薰烟叶等 11 种产品在采购环节和商业零售环节征税。另一方面,对于中间产品,除保留了棉纱、白酒、皮革等,对于五金、钢铁等 20 多种中间产品不再课税。在这一时期,我国过于强调对于工商税制的简化,甚至一度进行了对城市国营企业停止征税的"税利合一"交纳试点。虽然不久后这种办法就被否定,但"税收无用"思想的影响仍长期存在。①

1973 年的工商税制改革要求全面试行工商税,进一步减少了税种,简化了税制。1958 年税制改革后,还是普遍认为工商税收的"税种太多,税目、税率太多太杂"。② 因此,财政部综合了各地试点经验,根据《1969 年国民经济计划纲要(草案)》中提出的"在基本上保持原税负的前提下,合并税种,简化征税办法,改革不合理的工商税收制度,使税制适应当前革命和生产发展的需要"原则,拟定了《工商税条例(草案)》,报由国务院于 1972 年 3 月 30 日批转,从 1973 年 1 月起在全国试行。该草案大幅简化了税目、税率,将原有的 108 个税目,减为 44 个;将原有的 141 个税率,减为 82 个,其中大部分税率相同,实际上不相同的税率只有 16 个,多数企业可以简化到只用一个税率征收。③ 同时,该草案还废除了许多在当时被认为是不合理的、烦琐的征收办法。这一草案的出台导致税制被简化到不能再简化,只剩下工商统一税和几个起辅助作用的小税种。即使这样,依然被批评为"烦琐哲学"。这种过于片面地强调简化税收制度的改革,很明显受到了当时极"左"的政治思想的影响。

在简化税制的同时,从 1958 年至改革开放前夕,我国中央与地方的税收征收管理权也随着政治环境和经济形势的变化,经过了"放—收—放—收"的过程。在"大跃进"的形势下,1958 年 6 月 9 日经全国人民代表大会常务委员会原则批准,国务院颁布了《关于改进税收管理体制的规定》,将印花税、利息所得税、屠宰税、牲畜交易税、城市房地产税、文化娱乐税、车船使用牌照税 7 种税收的征收管理权限全部下放给省、自治区、直辖市,同时还扩大了省、自治区、直辖市的税收减免权和加税权。3 年困难时期时,为了避免过大的地方税

---

① 参见王诚尧:《必须重视和强化税收的作用》,载《财贸经济》1983 年第 2 期。

② 徐孟洲、徐阳光:《税法》(第 5 版),中国人民大学出版社 2015 年版,第 87 页。

③ 参见王诚尧:《建国以来税收制度的建立和改革概况》(上),载《财政研究》1983 年第 1 期。

收征管权影响全国统一的税收政策法令的执行和国家财政收入，中共中央于1961年1月15日批转了财政部党组《关于改进财政体制、加强财政管理的报告》。在该报告中财政部党组指出，必须限制财权的分散，改进税收管理体制，加强税收管理工作。具体而言，就是要求地方税税目、税率的变动必须报经中央批准，并且对地方的税收减免权进行了一定的限制。这次调整使中央收回了一部分税收征管权限，对保证国家财政和国民经济的恢复发展具有重要的积极意义。然而，到了20世纪60年代的“文化大革命”时期，政治思想进一步“左倾”，认为当时税收管理体制统管过多，因而陆续下放了一部分税收管理权限。1973年《工商税条例（草案）》中，明文规定纳税单位适用的税目、税率由省、市、自治区革命委员会决定，并且再一次放松了对地方税收减免权的限制。改革开放前夕，财政部总结了过去的税收管理体制及其执行情况，认为税收管理体制存在规定不明确，减税、免税权限下放过多的问题。1977年11月13日，国务院批转了财政部《关于税收管理体制的规定》，要求根据“统一领导，分级管理”的原则，将税收管理权划分为三级，即国务院、财政部和省、市、自治区人民政府。该规定明确规定，凡属国家税收政策的改变，税法的颁布和实施，税种的开征和停征，税目的增减和税率的调整，都由国务院统一规定；凡属在省、市、自治区范围内停（免）征某一种税，在省对、市、自治区范围内某种应税产品或某行业进行减税、免税，对工商税中的卷烟、酒、糖、手表4种产品的减税免税，以及盐税税额的调整、减免，和涉及外事、外商（包括边境地区小额贸易）的问题都应当报财政部批准。

前述考察表明，从新中国成立初期到改革开放前，我国缺乏一部统一的税收征管程序法律，税收的征收管理关系依靠各单行税收法规调整，并且长期受政治思想“左倾”的影响，经历了数次大规模片面的简化税制的改革，严重削弱了税收征管法制在我国应有的地位和作用。同时，中央和地方的税收征管权划分，随着政治、经济形势时收时放，非常混乱。

二、税收征管暂行条例的出台及其基本内容（改革开放至1986年）

1978年12月举行的中国共产党第十一届三中全会，确立了将党的工作重心转移到经济建设上来的战略，明确提出了改革经济体制的任务，拉开了改革开放的序幕。这一时期，我国纠正了一系列轻视税收作用的错误思想，重新认识了税收的重要作用，提出从我国国情出发，按照经济规律办事，扩大税收在财政收入中的比重,充分发挥税收的经济杠杆作用。人民日报在 1981 年 1 月 31 日发表的社论《切实加强税收工作》中指出:“国家税收是组织财政收入的主要手段,也是国家调节国民收入分配和再分配,促进经济发展的重要杠杆……税收任务能否完成,对实现财政收支平衡关系极大”,“必须加强税收工作的统一领导,维护国家统一的税收政策和法令,严格税收管理和纳税纪律……有必要重申,国家税收政策的改变,税法的颁布和实施,税种的开征和停征,税目的增加和减少,税率的提高和降低,税收的家政和减免,必须统一管理”。同时,我国大力发展商品经济,对外经济交往日益频繁,在经济上出现了多种经济成分并存、多种经营形式、多种渠道混合发展的局面,原来的税收法规和税收征收管理制度已经不能适应新的经济形势的需要。因此,改革开放后我国进行了一系列大规模的税制改革。

第一,根据对外开放的新形势开征了一些新的税种,并制定了新的税收优惠政策。1980 年 9 月 10 日,第五届全国人民代表大会第三次会议通过并于同日公布施行了《中外合资经营企业所得税法》和《个人所得税法》,确定对在我国境内的中外合资经营企业从事生产、经营所得和其他所得,开征中外合资经营企业所得税,对在我国境内居住的个人,就工资、薪金、劳务报酬、特许权使用费、利息、股息、红利、财产租赁以及确定要征税的其他所得,开征个人所得税。财政部于同年 12 月 14 日公布了两个新税法的施行细则。1981 年 12 月 13 日,第五届全国人民代表大会第四次会议通过并于同日公布了《外国企业所得税法》,确定对在我国境内的外国企业,从事生产、经营所得和其他所得,开征外国企业所得税,自 1982 年 1 月 1 日起施行,施行细则由财政部于 1982 年 2 月 21 日公布。1984 年 11 月 15 日,为配合改革开放和经济特区的建设,国务院又制定并公布了《关于经济特区和沿海十四个港口城市减征、免征企业所得税和工商统一税的暂行规定》。

第二,减轻农村、合作商店和个体经济的税收负担。按照鼓励发展集体经济、对个体经济调整政策的精神,国务院于 1978 年 12 月 2 日批转了财政部《关于减轻农村税收负担问题的报告》,规定从 1979 年起进一步减轻农村集体经济的税收负担。1981 年 1 月 30 日,国务院又发布了《关于调整农村社队企业工商税收负担的若干规定》,并于 1982 年发布了补充规定,以扶植社队企业,促进农业现代化。对于合作商店和个体经济,国务院于 1980 年 10 月批准减轻合作商店和个体经济的税收负担,修正了自 1963 年 4 月以来对个体经济进行限制、排挤的所得税征收办法，取消了原来的合作商店税收负担重于其他企业的规定，按集体手工、交通运输业的统一征税办法办理，降低了税率。

第三，国营企业试行“以税代利”。改革开放前，国营企业的利润分配模式是统收统支，即国营企业的利润全部上缴，财政开支由财政部统一规定，亏损由财政部门进行补贴。在这一利润分配模式下，国营企业吃国家“大锅饭”，严重影响了其增加收入、节约支出的积极性。改革开放后，为了更好地使企业将经济责任、经济权力和经济利益相结合，提高经济效益，正确处理国家和企业在收入分配中的关系。我国从 1979 年开始，在湖北、四川、上海、广西等地多家国营工业企业试行了由原来向国家财政缴纳税收(工商税)和利润上交的两种形式，改为只交纳税收(费)一种形式的办法。[①] 1981 年 3 月 10 日，财政部发布了《关于国营工业企业试行以税代利的几项规定》，对当时已有的 200 多家试点国营工业企业作出了统一的“以税代利、独立核算、自负盈亏”试点规定。1983 年 4 月 24 日，国务院批转了财政部《关于全国利改税工作会议报告》和《关于国营企业利改税试行办法》，在全国范围内开征国营企业所得税。1984 年 9 月 18 日，国务院又批准公布了《国营企业第二步利改税试行办法》，并陆续颁布了产品税、增值税、盐税、营业税、资源税、国有企业所得税 6 个税收条例(草案)和国有企业调节税征收办法，将原来对企业在生产流通领域中征收的综合性工商税改为按产品、行业、各个生产环节的增值额的不同，分别征收产品税、营业税、所得税以及盐税，分别适用于各个不同的企业；对有盈余的国营企业征收所得税，并开征调节税；对亏损或微利企业进行补贴或税收减免。[②]

此外，财政部还于 1982 年公布试行了《增值税暂行办法》，对企业单位生产的农业机具、机器机械、缝纫机、自行车、电风扇原在工业环节交纳的工商税，改为征收增值税。

改革开放以来的大规模税制改革，标志着我国的税收制度建设进入了恢复时期，税收收入及其在国家财政收入中所占的比重从 1978 年的 46%，上升

---

① 参见王诚尧：《建国以来税收制度的建立和改革概况》(下)，载《财政研究》1983 年第 2 期。

② 参见徐孟洲、徐阳光：《税法》(第 5 版)，中国人民大学出版社 2015 年版，第 88 页。

到1986年的90%以上。[①] 然而,虽然税制改革使整体上的税收制度基本上适应了商品经济发展的新形势,但税收征收管理体系却没有跟上,无法满足蓬勃发展的商品经济和社会主义市场体系的需要。这一时期,我国仍然未能建立起一个统一的税收征收管理制度,税收的征收管理程序还是依据各单行税法和税收法规中的规定进行。由于商品经济的发展,使企业和个体工商业者比计划经济时期更加注重生产和经营,也更加关心自己的收入和相关利益。一些企业和个体工商业者为私利而偷税、漏税以及欠缴税款的现象日益增多,不仅数额巨大,而且在全国范围内普遍存在,严重影响了国家的财政收入。虽然1981~1985年,我国开展过多次全国范围内的清查偷税、漏税和拖欠税款行动,但是由于税收征收管理本身缺乏一个系统、严密的体制,单行税收规定、办法语言很不规范,弹性较大,同时个别税务机关人员法制观念淡薄、以权谋私、玩忽职守等原因,每次行动查获的偷税、漏税和拖欠税款的情况都很严重,但却无法得到有效的改善。如1981年开展的清查偷税、漏税和拖欠税款行动,由企业自查出的偷、漏、欠税共58,000多万元,在此基础上由税务部门组织的纳税检查工作,在吉林省查出漏欠税款280万元,辽宁省的沈阳、鞍山、本溪等八个地市查补漏税388万元。[②] 1985年在全国范围开展的税收、财务大检查中,仅工商税一项就查出偷漏税款40亿元。[③]

除了缺乏统一的税收程序规定,我国传统的税务专管员专责管理的税收征管模式也无法适应新的经济形势的需要。自新中国成立之后,我国一直采用税务专管员专责管理模式。这种管理模式的组织架构较为简单,其特点表现为"一人进户,各税统管,征管查集于一身,上门收税",[④]即各种税的查、管、征一揽子统一由一个税务专管员承担,按地区、行业、税种或经济成分进行划分,由专管员驻厂(店)征收。这种税收征管模式在计划经济的条件下,由于企业较少、经济规模较小、税制结构简单,具有操作简单、深入工商户的优势,长期驻厂的税务专管员对于所驻单位的生产经营情况、管理人员的工作内容、与外部的经济关系和内部的分配关系都非常了解。然而,随着商品经济的发

---

① 参见金鑫:《谈谈我国税制建设的原则和实践》,载《涉外税务》1988年第1期。

② 参见王丙乾:《在全国清查偷税、漏税和拖欠税款电话会议上财政部长王丙乾的讲话(摘要)》,载《财政》1981年第9期。

③ 参见王家成:《浅议我国税收法制的完善》,载《当代法学》1987年第4期。

④ 施青军:《论税收征管模式及其改革》,载《财政研究》1996年第6期。

展,我国的经济结构和税制结构都日益复杂化,纳税人的数量不断增多,对税务专管员的专业能力提出了更高的要求。同时,这种传统的征管模式给予了税务专管员过大的自由裁量权,缺乏监督制约机制。因此,税务专管员专责管理模式的科学性和有效性也开始受到质疑。

为适应新的经济形势的发展,1985年召开的“全国税收征管工作会议”提出了“建立一个科学的、严密的税收征管体系”的新税收征管战略目标。这个战略目标包括税收征管的法制建设、征管力量的组合、征管资源的合理配置、各个征管环节的分工协作、各种征管手段的综合运用等。[①]

综上所述,从改革开放到1986年,我国处于税收征管制度建立的准备期。虽然这一时期未能建立统一的税收征收管理体系和明确的税收征收管理程序,但是为后续税收征收管理制度的建立打下了一定的基础:一方面,从思想上摒弃了改革开放以前“左”的“税收无用”的思想,开始重视包括税收程序制度在内的税收制度;另一方面,进行税制改革,开征了多种新所得税,将我国自新中国成立以来以间接税为主的税制向以间接税和直接税合理配合的较为复杂的复合税制进行转变,传统的简单的税收征收管理模式和分散的税收征管办法已经不能满足我国税收制度建设的需要。在这样的背景下,1986年《税收征收管理暂行条例》的出台势在必行。

1986年4月21日,国务院发布了《税收征收管理暂行条例》(以下简称《税收征管暂行条例》),共九章44条,于1986年7月1日正式施行。《税收征管暂行条例》是我国第一部关于税收征收管理的全国性统一行政法规,第一次将分散在各个税种法规中有关税收管理的内容,以及国务院、财政部以及各地方人大、政府所制定的一些行之有效的征管法规、规章、制度和方法等进行归纳总结,将其梳理、补充成一部程序性法规,把税收的征收管理纳入了法制建设的轨道。

《税收征管暂行条例》回应了我国自改革开放以来面临的严重的偷税漏税问题,确立了一系列的税收管理程序,包括:

第一章总则,共5条。总则对《税收征管暂行条例》的目的、适用范围和对象、主管机关及其权力和义务作了原则性规定。

第二章税务登记,共5条。税务登记是指纳税人在指定时间内向税务机

---

① 参见金鑫:《税收十年》,载《中国税务》2008年第12期。

关办理书面登记。《税收征管暂行条例》第 6 条规定,“凡从事生产、经营,实行独立经济核算,并经工商行政管理部门批准开业的纳税人,应当自领取营业执照之日起三十日内,向当地税务机关申报办理税务登记;其他有纳税义务的单位和个人,除按照税务机关规定不需办理税务登记者外,应当在按照税收法规的规定成为法定纳税人之日起三十日内,向当地税务机关申报办理税务登记”,第 8 条规定,“纳税人申报办理税务登记,应提出申请登记报告和有关批准文件,同时提供有关证件。主管税务机关对前款报告、文件、证件审核后,予以登记,发给税务登记证”,“纳税人办理税务登记后,发生转业、改组、分设、合并、联营、迁移、歇业、停业、破产以及其他需要改变税务登记的情形时,应当在有关部门批准或者宣告之日起三十日内,向主管税务机关申报办理变更登记、重新登记或者注销登记”。税务登记制度的确立,一方面使我国税务机关可以掌握纳税人的数量及其生产、经营变化等情况,更有效地进行税收征收管理工作;另一方面也通过该程序确认了税收法律关系主体的资格、权利和义务,提高了税收的可预测性,有助于增强纳税人依法纳税的观念。

第三章纳税鉴定,共 5 条。纳税鉴定是指税务机关根据税法的有关规定,对纳税人的纳税情况和代征人的代征、代扣、代缴税款情况所做的书面鉴定。《税收征管暂行条例》第 11 条规定,“办理税务登记的纳税人,应当向主管税务机关申报办理纳税鉴定,根据具体情况,分别就所有制形式、经营方式、经营范围、生产产品的名称、性能、用途,以及收入、所得和其他应税项目,如实填写纳税鉴定申报表”。第 12 条规定,“主管税务机关应当依法对纳税人的纳税鉴定申报进行审核,确定其适用的税种、税目、税率(单位税额)和纳税环节、计税依据、纳税期限、征收方式等,发给纳税鉴定书”。第 13 条规定,“主管税务机关应当依法发给代征人代征、代扣、代缴税款证书,明确代征人代征、代扣、代缴税款适用的税种、税目、税率、缴款期限和缴库方式等”。纳税鉴定将税收法律关系主体的权利义务进一步明确,具体到报税项目、应税项目、税种、税目、税率(单位税额)和纳税环节、计税依据、纳税期限、征收方式等,可以促使纳税人明确自身的纳税义务和履行的方式方法,不仅为税收征管活动提供了档案资料,还起到了对纳税人进行税收宣传的作用。

第四章纳税申报,共 4 条。纳税申报,是指纳税人和代征人向税务机关进行申报的法定手续。《税收征管暂行条例》第 16 条规定,“纳税人必须按照规定进行纳税申报,向主管税务机关报送纳税申报表、财务会计报表和有关纳税资料。代征人应当按照规定履行代征、代扣、代缴税款的申报手续”。第 17 条规定,“纳税人因有特殊情况,不能按期办理纳税申报,必须报告主管税务机关,酌情准予延期”。第 18 条规定,“纳税人发生纳税义务超过三十日或者超过税务机关核定的纳税期限十五日,未向税务机关申报纳税的,主管税务机关有权确定其应纳税额,限期缴纳”。纳税申报是纳税人主动履行纳税义务的活动,也是税务机关办理征收业务、核定应收税款、开具完税凭证的主要根据。

第五章税款征收,共 6 条。税款的征收是税收征管机关依法代表国家行使税权的活动。《税收征管暂行条例》第 20 条规定,“税款征收方式由税务机关根据税收法规的规定和纳税人的生产经营情况、财务管理水平以及便于征收管理的原则,具体确定。主要方式有:查帐征收、查定征收、查验征收、定期定额征收以及代征、代扣、代缴”。第 21 条规定,“税收征收的管理形式,可以采取驻厂管理、行业管理、分片管理、巡回管理等”。第 22 条规定,“代征人必须按照税收法规和代征、代扣、代缴税款证书的规定,履行代征、代扣、代缴税款义务,办理代征、代扣、代缴税款手续。税务机关应当按照规定付给代征人手续费”。第 23 条规定,“税务机关有权对纳税人的货物和应税财产进行查验登记”。

第六章账务、票证管理,共 5 条。账簿和票证是纳税人进行生产、经营活动时必不可少的财务工具,同时也是纳税机关了解纳税人经营状况以及纳税情况最重要的依据。《税收征管暂行条例》第 26 条规定,“纳税人必须按照国家财务会计法规和税务机关的规定,建立健全财务会计制度,配备人员办理纳税事项,并完整保存帐簿、凭证、缴款书、完税证等纳税资料”。第 28 条规定,“发票由税务机关统一管理。未经县级或者县级以上税务机关批准,任何单位、个人都不得自行印制、出售或者承印发票”。对账务和票证进行管理,目的在于确保纳税人账簿和凭证的真实性、准确性,以便于税务机关的检查和核对。

第七章税务检查,共 4 条。税务检查是税务机关依法对纳税人、代征人履行纳税义务和代征、代扣、代缴义务情况进行检查和监督的活动。《税收征管暂行条例》第 31 条规定,“纳税人和代征人必须接受税务机关的监督检查,如实反映情况,提供有关资料,不得隐瞒、阻挠、刁难。税务人员进行税务检查时,应当出示税务检查证”。税务检查可以发现在税收征收过程中的错漏情况和问题,并进行纠正,对于严肃税收法纪、增强纳税人、代征人的纳税意识,促使其正确、及时地履行纳税义务和代征、代扣、代缴义务有着重要意义。

第八章违章处理,共7条。违章处理是指税务机关对于在税收征管活动中违反《税收征管暂行条例》的纳税人和代征人进行纠正、罚款或采取强制措施等处理。《税收征管暂行条例》第36条规定,纳税人违反该条例关于办理税务登记、办理注册登记、使用税务登记证、办理纳税鉴定、办理纳税申报、建立使用和保存账务、票证、提供纳税资料的规定或者拒绝接受税务机关监督检查的,除责令限期纠正外,可酌情处以5000元以下的罚款。第37条对纳税人的漏税、欠税、偷税、抗税行为的处理进行了具体的规定。第38条规定了当纳税人经催缴无效,主管税务机关可以酌情强制执行。同时,这一章还规定了当纳税人、代征人或其他当事人与税务机关在产生争议的情况下的解决程序。第40条规定,"纳税人、代征人或其他当事人同税务机关在纳税或者违章处理问题上发生争议时,必须首先按照税务机关的决定缴纳税款、滞纳金、罚款,然后在十日内向上级税务机关申请复议。上级税务机关应当在接到申诉人的申请之日起三十日内作出答复。申诉人对答复不服的,可以在接到答复之日起三十日内向人民法院起诉"。这一规定确立了我国税收争议产生之后的纳税义务前置和行政复议前置的"双重前置"制度。

第九章附则,共3条。附则中第42条为《税收征管暂行条例》的除外适用条款,第43条规定了该条例的解释权归属于财政部。

《税收征管暂行条例》是我国税收征收管理制度的系统化、规范化的一个进步,是我国税收征收管理立法开始起步的一个重要标志。《税收征管暂行条例》确立了我国税收征收管理程序的一系列重要制度,为后续税收征收管理立法的工作提供了准备。

三、《税收征管法》的制定背景及主要内容(1986~1992年)

《税收征管暂行条例》的出台和实施,是我国税收征管迈向法治进程的非常重要的一步。但是,由于这个时期我国的经济发展水平和开放水平仍然较低,法律意识仍然较为淡薄,整个税收制度整体仍然较为落后,因此,随着改革开放的不断深入和社会的不断发展,《税收征管暂行条例》显示出了滞后性和不适应性,主要表现在:

第一,《税收征管暂行条例》的法律层次较低,法律效力有待提高。《税收征管暂行条例》是由国务院颁布的一部行政法规,而且仅是"暂行",没有经过正式的立法程序，在法律位阶上层次较低，影响了税收征管法规的严肃性和权威性。作为一部程序性法规，其中的基本制度亟待通过立法程序上升为法律，提高其法律效力，才能更好地通过法律的强制力得到保障。

第二，税收征收管理制度仍然不够统一。《税收征管暂行条例》第42条的除外适用条款规定，“中外合资经营企业所得税、外国企业所得税、个人所得税、关税、农业税的征收管理，都不适用本条例”。换言之，只有国内企业税收的征收管理根据《税收征管暂行条例》执行，而涉外税收、个人所得税、农业税的征收管理则依然按照各个单行税法的有关条款执行。因此，事实上我国个人的税收和企业的税收分别适用了两种不同的税收征管制度，国内企业的税收和涉外企业的税收也分别使用了两种不同的税收征管制度，而这些税收征管制度在程序的具体要求和违章处罚上都存在明显的差异。一方面，加大了税收征管程序相关法律法规的解释和执行上的困难；另一方面，国内外企业适用不同的征管办法，对国内外企业进行差别待遇，造成了事实上的不公平，有悖于税法的公平原则。

第三，税收征收管理手段软化，影响了税法的刚性。税收作为国家财政收入的主要来源，需要以强制性为实现的前提条件，保证税款征收的效果。因此，必须赋予税务机关一定的行政执法权。《税收征管暂行条例》中虽然规定了税务机关的检查权、处罚权和强制执行权，但是规定可以采用的手段较少，效力也较低，且具有严重的滞后性。税务机关只能对纳税人在纳税期过后出现的违章行为才能采取措施，对于在纳税期间发生的逃税行为，包括纳税人转移、隐匿财产的行为无法进行有效限制，影响了税收违法行为的查处和税款的追缴。

第四，缺乏对纳税人合法权益的保护和对税务机关的制约机制。《税收征管暂行条例》中没有规定对纳税人权利的保护和对税务机关工作人员的制约，使得纳税人在税收征收管理关系中处于非常弱势的地位，合法权益无法得到保障。税务机关的征税权无法得到有效限制，税务机关工作人员的违法行为也没有相应法律责任的规定。可见，《税收征管暂行条例》下的税收征收管理制度并不健全和完整。

总而言之，《税收征管暂行条例》虽然为税收征收管理程序的法制和法治建设提供了一个良好的开端，但仍存在较大的问题，严重的偷税、漏税问题也没有因为《税收征管暂行条例》的出台得到很好的缓解，严重的暴力抗税事件时有发生。因此,1988 年 7 月 2 日,国家税务局召开了全国税务工作会议,明确提出了“以法治税”(后来的提法改为“依法治税”)的指导思想。同年 7 月 9 日,时任国务院总理李鹏在听取国家税务局关于全国税务工作会议情况的汇报时指出:“必须树立以法治税的观念,以法治税与发展生产力并不矛盾,税务部门要从严治税。”[①]作为税收程序法的税收征收管理法就此被提上了立法的议程。

1992 年 9 月 4 日,第七届全国人民代表大会常务委员会第二十七次会议审议通过了《税收征管法》,于 1993 年 1 月 1 日起施行,相应废止了《税收征管暂行条例》。《税收征管法》是我国第一部税收征收管理的程序法,它在总结我国税收征管经验的基础上,完善了税收征管制度,为我国建设科学的、严密的税收征管体系奠定了良好的基础。同时,《税收征管法》的出台也标志着我国的税收征收管理全面步入了法制化的轨道。

《税收征管法》基本采用了《税收征管暂行条例》的体例,但是在总结我国税收征收管理改革经验的基础上,对其内容和结构进行了修改和调整。《税收征管法》设置了第一章总则、第二章税务管理、第三章税款征收、第四章税务检查、第五章法律责任以及第六章附则共六章 62 条,将《税收征管暂行条例》中所规定的税务登记制度、账簿凭证管理制度、纳税申报制度合并到第二章“税务管理”中,并将“违章处理”一章改为“法律责任”,保留了 1986 年《税收征管暂行条例》中除纳税鉴定以外的大部分税收征管制度。

《税收征管法》对《税收征管暂行条例》暴露出的问题作出了回应,主要表现在:

第一,提高了税收征管法律层级,增强了税收征管法律效力。《税收征管法》通过全国人大常委会完成了正式的立法手续,是一部综合、系统的税收程序法。《税收征管法》的覆盖范围远远大于《税收征管暂行条例》和各个单行税法,既适用于国内税收,也适用于涉外税收。因此,《税收征管法》的颁布和实施,提高了税收征收管理工作的法律地位,体现了 1988 年确立的“以法治税”的指导思想,增强了税收征收管理活动的权威性和严肃性。

第二,全面统一了我国的税收征收管理制度。《税收征管法》第 2 条规定,“凡依法由税务机关征收的各种税收的征收管理,均适用本法”。也就是

---

① 参见金鑫:《税收十年》,载《中国税务》2008 年第 12 期。

说，无论是什么税、无论纳税人是个人、企业、是国营、集体、私营、涉外企业还是个体工商户，一律依照《税收征管法》的规定进行税收的征收管理。这一规定不仅统一了我国对税种的管理，还统一了我国对纳税人的管理，体现了依法纳税的平等原则，对于维护我国税收主权以及扩大对外开放都具有重要意义。

第三，强化了税务机关的行政执法权。首先，《税收征管法》明确了税务机关的组成、权威性和其他相关部门的协税义务，第8条规定，“本法所称税务机关是指各级税务局、税务分局和税务所”；第5条规定，“税务机关依法执行职务，任何单位和个人不得阻挠”，“各有关部门和单位应当支持、协助税务机关依法执行职务”。其次，《税收征管法》赋予了税务机关采取税收保全措施和强制执行的权力，第26条规定，“税务机关有根据认为从事生产、经营的纳税人有逃避纳税义务行为的，可以在规定的纳税期之前，责令限期缴纳应纳税款；在限期内发现纳税人有明显的转移、隐匿其应纳税的商品、货物以及其他财产或者应纳税的收入的迹象的，税务机关可以责成纳税人提供纳税担保。如果纳税人不能提供纳税担保，经县以上税务局（分局）局长批准，税务机关可以采取下列税收保全措施：（一）书面通知纳税人开户银行或者其他金融机构暂停支付纳税人的金额相当于应纳税款的存款；（二）扣押、查封纳税人的价值相当于应纳税款的商品、货物或者其他财产”；第25条和第27条规定了税务机关可以采取的强制执行措施，除了在《税收征管暂行条例》中规定的通知银行扣缴税款外，新增加了扣压、查封、拍卖财产的权力，并明确了对纳税人、扣缴义务人和纳税担保人的适用。再次，《税收征管法》扩大了离境清税制度的适用范围，第28条明确规定，“欠缴税款的纳税人需要出境的，应当在出境前向税务机关结清应纳税款或者提供担保。未结清税款，又不提供担保的，税务机关可以通知出境管理机关阻止其出境”，在此前，离境清税制度只在1980年《个人所得税法施行细则》（现已失效）第18条规定的“在中国负有纳税义务需要出境的个人，应当在未离开中国七日以前向当地税务机关缴清税款，方可办理出境手续”中进行了规定，只适用于个人所得税的征收。《税收征管法》施行后，离境清税制度清缴的范围不再限于个人所得税。最后，《税收征管法》还扩大了税务检查的职权范围，第32条明确规定，税务机关和纳税人员可以到纳税人的生产、经营场所和货物存放地检查，也可以检查纳税人、扣缴义务人在银行或其他金融机构的存款账户和储蓄存款。

第四，初步规定了纳税人权利保护制度。《税收征管法》增加了对纳税人正当权益保护的规定,如第17条规定,“纳税人、扣缴义务人不能按期办理纳税申报或者报送代扣代缴、代收代缴税款报告表的,经税务机关核准,可以延期申报”,保护了纳税人的申请延期申报权。第20条规定,“纳税人因有特殊困难,不能按期缴纳税款的,经县以上税务局(分局)批准,可以延期缴纳税款”,保护了纳税人的申请延期缴纳税款的权利。第26条规定,“采取税收保全措施不当,或者纳税人在限期内已缴纳税款,税务机关未立即解除税收保全措施,使纳税人的合法利益遭受损失的,税务机关应当承担赔偿责任”,保护了纳税人的税务行政赔偿请求权。第30条规定,“纳税人超过应纳税额缴纳的税款,税务机关发现后应当立即退还;纳税人自结算缴纳税款之日起三年内发现的,可以向税务机关要求退还,税务机关查实后应当立即退还”,保护了纳税人的申请退还多缴税款权。第57条规定,“纳税人、扣缴义务人可以委托税务代理人代为办理税务事宜”,保护了纳税人的委托税务代理权。这些规定都明确了纳税人的权利范围,对纳税人权利的保护起到了积极的作用。

第五,完善了对税务机关的执法制约机制,增加了税务机关及税务人员的违法责任。首先,《税收征管法》对征税权进行了严格的限制,第18条规定,“税务机关依照法律、行政法规的规定征收税款,不得违反法律、行政法规的规定开征、停征、多征或者少征税款”。其次,《税收征管法》更加注重手续的完备,如第22条规定,“税务机关征收税款和扣缴义务人代扣、代收税款时,必须给纳税人开具完税凭证”,第29条规定,“税务机关扣押商品、货物或者其他财产时,必须开付收据;查封商品、货物或者其他财产时,必须开付清单”。再次,《税收征管法》注意到税收保全、强制执行措施以及对纳税人存款账户的检查对纳税人财产权的直接影响,严格了其使用条件。第26条、第27条和第32条要求税务机关采取税收保全措施、强制执行措施或对存款进行检查,必须经县以上税务局(分局)局长批准。最后,严格规定了税务人员违法承担的法律责任,第52条、第53条、第54条规定了税务人员帮助纳税人、扣缴义务人犯罪的、索贿受贿的、玩忽职守、滥用职权的,应当承担刑事责任或给予行政处分,这些规定有利于增强税务人员的自我约束和社会监督,促进税务工作队伍的建设。

综上所述,《税收征管法》与《税收征管条例》相比,具有税权集中、制度统一、权责兼顾的特点,结束了我国税收征收管理长期依靠税收政策、税收征管法规不统一的历史,为我国的税收征收管理翻开了新的一页。为保证《税收征管法》的有效实施，国务院于1993年颁布了《税收征管法实施细则》，[①]财政部、国家税务总局相继颁布实施了一系列的相关规章和规范性文件，建立起了以《税收征管法》为中心的法律体系，对于保障各项税法、税收政策的贯彻落实起到了重要的作用，促进了税收征收管理的科学化、规范化。

第二节　税收征管法的四次修订

一、《税收征管法》的首次小幅修订（1995年）

1995年2月28日，《税收征管法》迎来了首次修订，第八届全国人大常委会第十二次会议通过了《关于修改〈中华人民共和国税收征收管理法〉的决定》，对《税收征管法》进行了一次小规模的修改。修改决定将原第14条第1款“发票必须由省、自治区、直辖市人民政府税务主管部门指定的企业印制；未经省、自治区、直辖市人民政府税务主管部门指定，不得印制发票”的规定修改为“增值税专用发票由国务院税务主管部门指定的企业印制；其他发票，按照国务院税务主管部门的规定，分别由省、自治区、直辖市国家税务局、地方税务局指定企业印制”；增设第2款“未经前款规定的税务机关指定，不得印制发票”；原第2款“发票的管理办法由国务院规定”顺延为第3款。

这一次修订的背景有两个：

第一，1993~1994年我国进行了流转税制改革。这一次流转税制度改革将我国由原来产品税、增值税、营业税、工商统一税、城市维护建设税、集市交易税和牲畜交易税等多种流转税并存的模式，向以增值税为主体、增值税、消费税、营业税三税并立、双层次调节的新工商流转税调整模式转化。[②] 这次流转税制的改革重点是全面推行增值税，实行凭专用发票扣抵税款的计征方法并使用增值税专用发票。1993年12月23日财政部令第6号发布了《发票管理办法》，第7条规定，“增值税专用发票由国家税务总局统一印制”，显然与1992年《税收征管法》中第14条第1款对发票的一般规定产生了冲突。为此，1995年的《税收征管法》修订回应了这一冲突，将《发票管理办法》中的这

① 已于2002年9月7日被国务院令第362号《中华人民共和国税收征收管理法实施细则》废止。

② 参见徐孟洲、徐阳光：《税法》（第5版），中国人民大学出版社2015年版，第89页。

一规定纳入《税收征管法》中。

第二,20世纪90年代初,我国的违章发票、伪造、倒卖假发票等违法犯罪活动非常猖獗。有些纳税人利用真发票进行变更发票内容、代开发票、虚开发票等行为,虚报冒领、侵吞公款或隐瞒营业收入、偷漏税款,还有些纳税人伪造、倒卖假发票,为公款消费、侵吞国家和集体财产创造了条件。1990年全国税务机关查获私造私卖的假发票1076多份,发票违章案件147万件,违章发票6.8亿张,造成的国家经济损失无法估量。① 加强打击伪造、倒卖假发票的违法犯罪行为,加强发票印制的管理迫在眉睫。

因此,为了配合1993年、1994年的流转税制改革,也为了进一步加强对发票尤其是增值税发票的管理,打击违章发票、伪造、倒卖假发票等违法犯罪行为,1995年《税收征管法》对1992年《税收征管法》中规定的发票印制制度进行了上述修改。

二、《税收征管法》的二次修订(2001年)

(一)《税收征管法》的二次修订的成因

1995年《税收征管法》修改后相当长一段时期内,我国主要是在巩固20世纪90年代的税制改革成果。但随着市场经济的进一步发展和社会主义经济体制的建立,尤其是企业制度、财税金融制度的改革,使《税收征管法》在执行过程中又面临了许多新的问题,主要包括:

第一,税收征管执法规范性不够而又缺乏力度。一些地方由于经济体制、财政体制或行政区划等影响,只关注自己的地方利益,非法干预税收征管的执法工作,使税务机关不能严格地依照法律规定进行税收征管,引税、包税、摊派以及变相减免税收的现象严重,无视税法的统一性和权威性。同时,税务机关自身的执法严肃性不够,无法做到有法必依、执法必严,对于一些效益不好的国有企业,难以采取税收保全、强制执行等措施,而对于一些普通纳税人,执法又过于随意,侵犯纳税人合法权益的情况时有发生。同时,有些税务机关在执法过程中还存在以补代罚、以罚代刑等问题,进一步破坏了税法的严肃性和权威性。

第二,税源管理混乱、税收流失严重。首先,税务机关征管的税源管控手

① 参见彭文喜:《关于加强发票管理的思考》,载《湖南商学院学报》1995年第5期。

段薄弱,覆盖面少、监控不到位,造成税源失控。税务登记制度的强制力度不够,漏管户众多。例如,1998 年年底全国工商登记户为 3400 万户,而同时期的税务登记户只有 1400 万户,工商登记户远远大于税务登记户,且没有有力的制约机制。① 其次,税务机关的征管手段缺乏刚性,进行税收保全、强制执行和税务检查时,难以得到纳税人、金融机构等相关人员和单位的配合,纳税人转移应税商品、存款的现象严重,甚至一些银行帮助纳税人转移存款,抵抗税务机关检查。虽然 1998 年中国人民银行和国家税务总局联合发布了《关于查核、暂停支付、扣缴纳税人、扣缴义务人在金融机构存款的通知》,但由于其法律位阶较低,缺乏权威性和强制性,对金融机构违反规定承担的责任规定不明确,难以得到有效执行。

第三,《税收征管法》缺乏对税收优先原则的规定。税收优先原则的缺失,使税款的追缴在纳税人进行破产清算的时候无法得到保障。虽然 1986 年出台的《企业破产法(试行)》(现已失效)以及 1991 年《民事诉讼法》中都规定了破产财产按照"破产企业所欠职工工资和劳动保险费用、破产企业所欠税款、破产债权"的顺序进行清偿,也就是税款应当优先于普通破产债权得到清偿,但在实际操作过程中,当税收执法权与其他行政执法权或司法权冲突时,常常处于弱势地位。比如,税务机关在采取保全措施或强制措施时,常常发现要查封、扣押的物品已经被其他行政执法机关或司法机关先行查封、扣押;而税务机关已经查封、扣押的物品,司法机关或其他行政执法机关二次进行查封、扣押。② 由于《刑事诉讼法》和《民事诉讼法》都规定了对财产不得重复冻结、查封、扣押,因此税款常常成为制度漏洞的牺牲品,无法得到保障。

第四,《税收征管法》不适应分税制财政体制的需要。1994 年我国进行的分税制财政体制改革,将税务机构分为国税、地税两套税务机构,并划分了各自的征管范围。《税收征管法》颁布于分税制改革之前的 1992 年,且 1995 年修订并未涉及分税制改革,因此缺乏对国税机关和地税机关职权划分的明确规定,对税款的解缴和入库问题缺乏规定。这就造成部分地方截留税款,从局部利益出发将本应该进入中央金库的税款通过各种方式进入地方金库,影响了我国财税体制的健康运行。

---

① 参见刘剑文:《〈税收征管法〉中的几个重要问题》,载《税务研究》2000 年第 11 期。

② 同上。

第五,《税收征管法》与时代脱节,新的税收征管手段和征管模式亟待通过法律进行确认和保护。随着科技的进步和发展,税收征管可以采用如邮寄申报、电子申报、代理申报等一些新型的方式方法,税务机关也可以通过计算机、网络等新的科技手段进行管理和监控。《税收征管法》颁布时这些新的科技手段尚未得到普及和运用,随着时代的进步,税收征管手段和征管模式也必须现代化、科学化。虽然 1997 年 1 月 1 日国务院批转的国家税务总局《深化税收征管改革的方案》肯定了新的征管手段和征管模式在税收征管中的作用,但是没有得到法律确认和保护的新型征管手段和征管模式依然难以推行,缺乏强制力。

第六,《税收征管法》缺乏与其他法律的配套和衔接。1993 年后我国陆续颁布实施了《行政诉讼法》《行政处罚法》并新修订了《刑法》。1995 年《税收征管法》的修订,也未涉及与其他法律的衔接,因此《税收征管法》中的一些条款存在与新法不一致、不配套、不衔接的问题,在实际操作中难以把握,容易造成执法混乱。

(二)《税收征管法》二次修订的主要内容

针对上述问题,2001 年 3 月 15 日第九届全国人民代表大会第四次会议批准的《国民经济和社会发展第十个五年计划纲要》明确指出,要“积极稳妥地推进税费改革……健全税收制度……依法加强税收征管,打击偷、漏、骗税的行为,清缴欠税,严禁越权减、免、退税”。同年 4 月 28 日,第九届全国人民代表大会常务委员会第二十一次会议对《税收征管法》进行了修订,于 2001 年 5 月 1 日开始实施。

2001 年《税收征管法》的修订是一次全面性大规模的修订,修改多达 90 余处,并增加了一系列条款,由 1995 年《税收征管法》的 62 条增至 94 条。修订的主要内容包括:

第一,加强了对税收执法规范性的要求,增强了对纳税人权利的保护。2001 年《税收征管法》从增加纳税人权利的直接规定和增加对税收执法规范性规定两个方面增强了对纳税人权利的保护。

首先,2001 年《税收征管法》中大量增加了对纳税人权利的直接规定,如第 8 条为新增条款,增加了数项对纳税人权利的明确规定:“纳税人、扣缴义务人有权向税务机关了解国家税收法律、行政法规的规定以及与纳税程序有关的情况”,“纳税人、扣缴义务人有权要求税务机关为纳税人、扣缴义务人的情况保密。税务机关应当依法为纳税人、扣缴义务人的情况保密”,“纳税人依法享有申请减税、免税、退税的权利”,“纳税人、扣缴义务人对税务机关所作出的决定,享有陈述权、申辩权;依法享有申请行政复议、提起行政诉讼、请求国家赔偿等权利”,“纳税人、扣缴义务人有权控告和检举税务机关、税务人员的违法违纪行为”,也就是说,第 8 条明确规定纳税人享有知情权、保密权、依法享受税收优惠权、陈述与申辩权、税收法律救济权和税收监督权。此外,第 26 条规定了纳税人可以选择法律规定的任意一种方式进行纳税申报,即纳税人拥有纳税申报方式选择权;第 34 条增加了“纳税人要求扣缴义务人开具代扣、代收税款凭证的,扣缴义务人应当开具”的规定,即纳税人拥有索取有关税收凭证的权利;第 59 条增加规定了税务机关派出的人员进行税务检查时,未出示税务检查证和税务检查通知书的,被检查人有权拒绝检查,即纳税人拥有对未出示税务检查证和税务检查通知书的拒绝检查权。1995 年《税收征管法》第 17 条规定的申请延期申报权、第 20 条规定的申请延期缴纳税款权、第 30 条规定的申请退还多缴税款权以及第 57 条规定的委托税务代理权,相应调整到第 27 条、第 31 条、第 51 条和第 87 条。因此,2001 年《税收征管法》中明确规定了纳税人依法享有的 13 项权利。

其次,除了对纳税人权利的直接规定,2001 年《税收征管法》还相应增加了对税务机关执法的规范性要求和一些义务性规定。如新增的第 7 条规定,“税务机关应当广泛宣传税收法律、行政法规,普及纳税知识,无偿地为纳税人提供纳税咨询服务”,即税务机关的普法和无偿提供纳税咨询服务的义务;第 9 条则在 1995 年《税收征管法》第 6 条的基础上增加规定,“税务机关应当加强队伍建设,提高税务人员的政治业务素质”,“税务机关、税务人员必须秉公执法,忠于职守,清正廉洁,礼貌待人,文明服务,尊重和保护纳税人、扣缴义务人的权利,依法接受监督”;新增的第 10 条规定,“各级税务机关应当建立、健全内部制约和监督管理制度”,并要求上级对下级进行监督、各级税务机关对其工作人员进行监督检查;第 12 条规定,“税务人员征收税款和查处税收违法案件,与纳税人、扣缴义务人或者税收违法案件有利害关系的,应当回避”,即税务人员负有回避义务;第 42 条规定,“税务机关采取税收保全措施和强制执行措施必须依照法定权限和法定程序,不得查封、扣押纳税人个人及其所抚养家属维持生活必需的住房和用品”。应该认为,2001 年《税收征管法》通过增加对税务机关及其工作人员执法的规范性要求和限制性规定,极大地提高了对纳税人权益的保障力度。

第二,进一步明确了税务机关的范围和主体地位,强化了有关部门的协税义务。首先,2001 年《税收征管法》第 14 条将税务机关的范围扩展到了"各级税务局、税务分局、税务所和按照国务院规定设立的并向社会公告的税务机构"。其次,为适应分税制改革的需要,2001 年《税收征管法》还明确了国家税务局和地方税务局的执法主体地位,并对税款入库进行了规定,新增条款第 53 条规定,"国家税务局和地方税务局应当按照国家规定的税收征收管理范围和税款入库预算级次,将征收的税款缴入国库","对审计机关、财政机关依法查出的税收违法行为,税务机关应当根据有关机关的决定、意见书,依法将应收的税款、滞纳金按照税款入库预算级次缴入国库,并将结果及时回复有关机关"。2001 年《税收征管法》还突出明确了税务机关作为税务执法的唯一主体地位,第 29 条规定,"除税务机关、税务人员以及经税务机关依照法律、行政法规委托的单位和人员外,任何单位和个人不得进行税款征收活动";第 41 条规定,"采取税收保全措施、强制执行措施的权力,不得由法定的税务机关以外的单位和个人行使"。

2001 年《税收征管法》还强调了有关单位的协税责任和义务,如第 15 条规定,"工商行政管理机关应当将办理登记注册、核发营业执照的情况,定期向税务机关通报";第 17 条规定了银行或者其他金融机构的协税义务,包括将纳税人的存款账户和账号向税务机关报告、在纳税人的账户中登录税务登记证件号码、在税务登记证件中登录纳税人的银行账户账号、协助税务机关依法查询纳税人的开立账户情况等;第 73 条规定纳税人、扣缴义务人的开户银行或者其他金融机构在税务机关进行税务检查时的协税义务,如果银行拒绝接受税务机关依法检查纳税人、扣缴义务人存款账户,或者拒绝执行税务机关作出的冻结存款或者扣缴税款的决定,或者在接到税务机关的书面通知后帮助纳税人、扣缴义务人转移存款,造成税款流失的,由税务机关处 10 万元以上 50 万元以下的罚款,对直接负责的主管人员和其他直接责任人员处 1000 元以上 1 万元以下的罚款。

第三,完善了税务机关的执法手段、提高了税务机关的税源管控能力。2001 年《税收征管法》进一步完善了税务机关的执法手段,提高了税务执法的刚性。

首先,2001 年《税收征管法》为治理、预防欠税提供了强有力的措施,第

27 条在原第 17 条的基础上，增加了第 2 款，规定“经核准延期办理前款规定的申报、报送事项的，应当在纳税期内按照上期实际缴纳的税额或者税务机关核定的税额预缴税款，并在核准的延期内办理税款结算”，通过预缴税款避免延期申报被纳税人利用成为延期缴纳税款的行为。同时，2001 年《税收征管法》上收了延期缴纳税款的审批权，第 31 条规定，“纳税人因有特殊困难，不能按期缴纳税款的，经省、自治区、直辖市国家税务局、地方税务局批准，可以延期缴纳税款，但是最长不得超过三个月”，提高了原《税收征管法》规定的、经县以上税务局（分局）的批准就可以延期缴纳税款的标准。

其次，强化了税务机关在进行税务执法时的刚性，如第 21 条规定，“税务机关是发票的主管机关，负责发票印制、领购、开具、取得、保管、缴销的管理和监督。单位、个人在购销商品、提供或者接受经营服务以及从事其他经营活动中，应当按照规定开具、使用、取得发票”，强化了税务机关对普通发票的管理；第 37 条增加了税务机关的强制征收手段，使税务机关可以通过变卖的方式处理所扣押的商品、货物；第 35 条在原《税收征管法》的基础上增加了 2 款，规定当纳税人“擅自销毁账簿或者拒不提供纳税资料的”或“纳税人申报的计税依据明显偏低，又无正当理由的”税务机关有权核定其应纳税额的情况；第 50 条规定，“欠缴税款的纳税人因怠于行使到期债权，或者放弃到期债权，或者无偿转让财产，或者以明显不合理的低价转让财产而受让人知道该情形，对国家税收造成损害的，税务机关可以依照合同法第七十三条、第七十四条的规定行使代位权、撤销权”，赋予了税务机关代位权和撤销权，并且“税务机关依照前款规定行使代位权、撤销权的，不免除欠缴税款的纳税人尚未履行的纳税义务和应承担的法律责任”；第 52 条增加了第 3 款，“对偷税、抗税、骗税的，税务机关追征其未缴或者少缴的税款、滞纳金或者所骗取的税款，不受前款规定期限的限制”，使税务机关对于偷税、抗税、骗税的纳税人可以进行无限期地追征；第 54 条将原《税收征管法》中规定的税务机关有权检查的范围，从纳税人的储蓄存款扩大到了“案件涉嫌人员的储蓄存款”，即将检查范围扩大到了纳税人以外的人员；新增的第 72 条规定，“从事生产、经营的纳税人、扣缴义务人有本法规定的税收违法行为，拒不接受税务机关处理的，税务机关可以收缴其发票或者停止向其发售发票”。这些新规定都有助于提高税务机关进行税务行政执法时的威慑力和有效性，对税款追征起到了良好的作用。

2001 年《税收征管法》还特别强化了税源管理。首先，通过增加对银行等金融机构、工商部门的协税义务的规定，促使税务机关能够准确了解纳税人的工商登记状况以及银行开户情况，从而达到多部门配合监控、管理税源，建立了信息共享的税源管理制度。其次，第一次将税收现代化、信息化的发展要求写入了《税收征管法》，第6条规定，“国家有计划地用现代信息技术装备各级税务机关，加强税收征收管理信息系统的现代化建设，建立、健全税务机关与政府其他管理机关的信息共享制度”，第23条规定，“国家根据税收征收管理的需要，积极推广使用税控装置”；“纳税人应当按照规定安装、使用税控装置，不得损毁或者擅自改动税控装置”，通过规定使用信息化和科技化的税控手段，极大地提高了税务机关对于税源的监控能力和管理能力。最后，2001年《税收征管法》第15条第3款增加了扣缴义务人办理扣缴税款登记的要求，将扣缴义务人纳入了税源监控的范围，对避免税收流失起到了一定的积极作用。

第四，确立了税收优先原则，明确了纳税人合并、分立后的纳税责任以及大额欠税资产报告制度。2001年《税收征管法》第45条明确了税款优先原则。

首先，规定了税款优先于债权，第1款规定“税务机关征收税款，税收优先于无担保债权，法律另有规定的除外；纳税人欠缴的税款发生在纳税人以其财产设定抵押、质押或者纳税人的财产被留置之前的，税收应当先于抵押权、质权、留置权执行”。换言之，税收一般优先于无担保债权，并且有条件地优先于担保债权。如果纳税人既没有缴纳税款，又没有偿还对他人未设定担保的债务，则应当首先保证国家的税款征收，当纳税人有以其财产设定担保的债务时，即应以国家税款和设定担保两者发生的先后顺序作为标准，确定二者的清偿顺序。因此，为了保证相关当事人在经济交往活动中能够及时了解双方的税务情况，从而使债权人在债权的设定之前能够提高可预见性，保护自己的合法权益和利益，第45条第3款规定“税务机关应当对纳税人欠缴税款的情况定期予以公告”，第46条规定“纳税人有欠税情形而以其财产设定抵押、质押的，应当向抵押权人、质权人说明其欠税情况”，“抵押权人、质权人可以请求税务机关提供有关的欠税情况”。

其次，税款优先于罚款和没收违法所得，第45条第2款规定，“纳税人欠缴税款，同时又被行政机关决定处以罚款、没收违法所得的，税收优先于罚款、没收违法所得”。

2001年《税收征管法》还增加了纳税人合并、分立的税款承担的规定，第48条规定，“纳税人有合并、分立情形的，应当向税务机关报告，并依法缴清税款”，“纳税人合并时未缴清税款的，应当由合并后的纳税人继续履行未履行的纳税义务；纳税人分立时未缴清税款的，分立后的纳税人对未履行的纳税义务应当承担连带责任”；第49条规定，“欠缴税款数额较大的纳税人在处分其不动产或者大额资产之前，应当向税务机关报告”。明确企业合并、分立的税款承担，有利于税务机关在企业重组、改制、破产时进行税款清缴，防范企业借重组、改制或破产之机拒绝履行纳税义务而导致税款大量流失。

第五，增强了与其他法律的衔接、配套。2001年《税收征管法》通过规定税收优先原则与《担保法》衔接，通过合并、分立报告制度与《公司法》衔接，通过增加税务机关行使代位权、撤销权的规定与《合同法》衔接。除此之外，2001年《税收征管法》还与《刑法》《行政复议法》以及《行政诉讼法》进行衔接。

首先，2001年《税收征管法》根据1997年《刑法》对涉税犯罪进行了重新界定。对于偷税罪的认定，1992年《税收征管法》第40条规定，“纳税人采取伪造、变造、隐匿、擅自销毁帐簿、记帐凭证，在帐簿上多列支出或者不列、少列收入，或者进行虚假的纳税申报的手段，不缴或者少缴应纳税款的，是偷税”，没有区分纳税人是故意偷税还是因为疏忽大意的过失而没有申报。1997年《刑法》第201条规定偷税罪是“纳税人采取伪造、变造、隐匿、擅自销毁帐簿、记帐凭证，在帐簿上多列支出或者不列、少列收入，经税务机关通知申报而拒不申报或者进行虚假的纳税申报的手段，不缴或者少缴应纳税款”，增加了“纳税人经税务机关通知申报而拒不申报税款”，如果纳税人经过税务机关通知这一程序仍然不申报税款，就可以认定纳税人是故意进行偷税，限制了偷税罪的范围。因此，2001年《税收征管法》第63条也增加了这一规定，与1997年《刑法》相适应。对于骗取出口退税罪的认定，1995年《税收征管法》第44条规定，“企业事业单位采取对所生产或者经营的商品假报出口等欺骗手段，骗取国家出口退税款，数额在一万元以上的，除由税务机关追缴其骗取的退税款外，依照关于惩治偷税、抗税犯罪的补充规定第五条第一款的规定处罚”，将骗取出口退税罪的主体限定为“企业事业单位”。而根据1997年《刑法》第204条的规定，“以假报出口或者其他欺骗手段，骗取国家出口退税款”的主体是一般主体，任何纳税人都可以构成骗取出口退税罪。因此，2001年《税收征管法》第66条也取消了主体的限制。其次,2001年《税收征管法》加强了与《行政复议法》《行政诉讼法》的联系。2001年《税收征管法》第88条取消了原《税收征管法》中对于申请复议和起诉期限的规定,使税务纠纷的解决也适用《行政复议法》和《行政诉讼法》中的程序性规定,与行政法衔接起来。

2001年《税收征管法》的修订,是新时期我国税收征管法制建设的重要成果,也是我国税收法治化的极为重要一步。这一次大规模的修法,对保护纳税人的合法权益、促进税收执法的科学化、规范化以及保障国家税收收入都起到了积极的作用。在接下来的很长一段时间内,我国没有再对《税收征管法》进行修订,但是2002年9月7日由国务院公布了新的《税收征管法实施细则》,并于2012年11月9日进行了完善和修订。

三、《税收征管法》的两次小幅修正(2013年、2015年)

2013年和2015年,《税收征管法》各经过了一次小修,但每次修订仅修改了1条:

全国人大常委会于2013年6月29日通过并实施了《关于修改〈中华人民共和国文物保护法〉等十二部法律的决定(含草原法、海关法、进出口商品检验法、税收征收管理法、固体废物污染环境防治法、煤炭法、动物防疫法、证券法、种子法、民办教育促进法、传染病防治法)》,将《税收征管法》第15条第1款修改为:"企业,企业在外地设立的分支机构和从事生产、经营的场所,个体工商户和从事生产、经营的事业单位(以下统称从事生产、经营的纳税人)自领取营业执照之日起三十日内,持有关证件,向税务机关申报办理税务登记。税务机关应当于收到申报的当日办理登记并发给税务登记证件。"这一规定取消了2001年《税收征管法》"税务机关应当自收到申报之日起三十日内审核并发给税务登记证件"所规定的30日审核期限,是在落实深化行政审批制度改革的过程中,对纳税登记采取的简政放权措施。这一规定不仅为纳税人提供了便利,也对税务机关的行政效率提出了新的要求,对推进税务机关从管理职能向服务职能的转变具有重要意义。

2015年4月24日中华人民共和国第十二届全国人民代表大会常务委员会第十四次会议通过并施行了《关于修改〈中华人民共和国港口法〉等七部法律的决定(含税收征收管理法、固体废物污染环境防治法、枪支管理法、防洪法、证券投资基金法、城乡规划法)》,将《税收征管法》第33条修改为"纳税人依照法律、行政法规的规定办理减税、免税”,“地方各级人民政府、各级人民政府主管部门、单位和个人违反法律、行政法规规定,擅自作出的减税、免税决定无效,税务机关不得执行,并向上级税务机关报告”,取消了我国传统的减免税审批制。2015 年 6 月 8 日为配合《税收征管法》的修改,国家税务总局发布了《税收减免管理办法》,并于 2015 年 8 月 1 日起施行。该管理办法第 4 条规定,“减免税分为核准类减免税和备案类减免税。核准类减免税是指法律、法规规定应由税务机关核准的减免税项目;备案类减免税是指不需要税务机关核准的减免税项目”。第 5 条规定,“纳税人享受核准类减免税,应当提交核准材料,提出申请,经依法具有批准权限的税务机关按本办法规定核准确认后执行”,“纳税人享受备案类减免税,应当具备相应的减免税资质,并履行规定的备案手续”。这些新规定意味着我国的税收优惠由前置审查转向事中、事后的监督,简化了办税程序,减轻了纳税人的负担。

虽然 2013 年和 2015 年的《税收征管法》修订,只是对个别条款的小规模修正,然而在这一时期,我国一直在酝酿着对《税收征管法》进行第二次大规模修订。2013 年 6 月 7 日和 2015 年 1 月 5 日,国务院法制办公室分别先后发布了《税收征收管理法修正案(征求意见稿)》(以下简称《修正案征求意见稿》)、《税收征收管理法修订草案(征求意见稿)》(以下简称《草案征求意见稿》),向社会公开征求意见。这两个征求意见稿都在社会各界,尤其是财税法学界引起了广泛的讨论,为《税收征管法》的下一步修订打下了良好的基础。

第三节 税收征管法草案征求意见稿的最新修订及评析

结合党的十八届三中全会提出的“全面深化改革”战略总布局,税制改革攻坚战在我国全面打响。营业税改征增值税基本实现,《环境保护税法》已列入全国人大常委会公布的 2016 年立法工作计划并得到通过,个人所得税改革方案已提交至国务院,房地产税法草案有望于 2017 年年底露面。实体税法的一系列重大改革措施掀起我国税制改革的新浪潮,程序税法自然也要与时俱进,与实体税法改革相适应,迈向全方位修订的改革时代。

根据党的十八届三中全会对税收制度改革提出的新要求,税务总局、财政部在研究、吸收社会各界意见的基础上，对2013年6月向社会公开征求意见的《修正案征求意见稿》进行了修改完善。2015年1月5日，国务院法制办公布《草案征求意见稿》，向全社会公开征求意见，这标志着我国《税收征管法》的修订已经进入实质性阶段。作为程序税法的《税收征管法》修订改革，涉及国家和纳税人、政府和市场、社会和个人方方面面的权利（力）划分及利益分配，可谓牵一发而动全身。总体而言，2015年公布的《草案征求意见稿》，既有突破和创新，也有遗憾和争议，更有思索和希望。

一、《草案征求意见稿》立法宗旨的评价

立法宗旨是一部法律的灵魂，它统领着法律架构，为立法活动指明方向和提供理论依据，对于确定法律的原则、设计法律条文、处理解决不同意见等具有重要的指导意义。"在实质意义之法治国家中，税捐仅当其系符合宪法价值秩序下正义之要求时，才具有正当化之基础。因此，税捐正义是作为宪法之基本原则，亦为税法之核心价值"。① "税法的正义价值需要通过各部税收法律的立法宗旨得以支撑；同时，其又要求各部税收立法应当在正义价值指引下提炼并确立立法宗旨"。② 因此，阐明并升华蕴含税收征管法内在价值和基本精神的立法宗旨，自然应当成为我国全面修订《税收征管法》的首要任务。

（一）立法宗旨的拟修稿彰显进步

现行《税收征管法》第1条规定："为了加强税收征收管理，规范税收征收和缴纳行为，保障国家税收收入，保护纳税人合法权益，促进经济和社会发展，制定本法。"立法宗旨如此的条文表述，彰显了改革开放后我国程序税法仍然留存着浓郁的税收管理色彩。在该立法宗旨中，尽管税收的组织财政收入功能和促进经济社会发展功能，规范税收征纳行为以及纳税人权利保护都被提及，但强化税款征收水平、提升税收管理能力显然成为现行《税收征管法》的首要价值追求。不可否认的是，改革开放初期，加强税收征收管理对于保障国家财政收入、增强政府宏观调控能力、构建基本税收征管体制、培育纳税人税收意识等诸多方面，具有良好的推动和指引作用。我国金税工程的快速建立

---

① 黄俊杰：《税捐正义》，北京大学出版社2004年版，第2页。

② 刘剑文：《〈税收征收管理法〉修改的几个基本问题——以纳税人权利保护为中心》，载《法学》2015年第6期。

与更新换代，也得益于此。然而，随着我国经济社会的发展，法治建设愈加完备、纳税人意识逐渐觉醒，《税收征管法》重在强化税收征管的立法宗旨则有些不符合现代法治要求和时代潮流，纳税人权利保护、提供纳税服务、规范税收征管行为应当成为税收程序法的主流思想。

《草案征求意见稿》也顺应历史潮流，调整了立法宗旨顺位，将规范税收征收和缴纳行为作为本法的首要价值追求。其将第1条拟规定为："为了规范税收征收和缴纳行为，加强税收征收管理，保障国家税收收入，保护纳税人合法权益，推进税收治理现代化，促进经济和社会发展，根据宪法制定本法。"立法宗旨调整了加强税收征收管理与规范税收征纳行为的前后顺序，并将推进税收治理现代化纳入其中。此一修订看似细微，实则蕴含乾坤。

税是以实现国家财政职能为目的，基于政治权力和法律规定，由政府专门机构向居民和非居民就其财产或特定行为实施的强制、非罚与不直接偿还的金钱课征，是一种财政收入的形式。[①] 可见，税收最为原始的目的是维持国家机器的正常运转，用以向社会成员提供公共产品，即"税捐是作为满足公共财政实现公共任务的需要之用"。[②] 这是纳税人角度下的税收目的，但从国家或征税机关的角度而言，税收几乎就是其履行公共经济管理职能的经济基础，是进行公共财政支出的前提条件。特别在法治国家中，税收收入已基本成为国家和政府唯一的财政来源，税收收入已约等于财政收入。因此，组织财政收入可谓税收的原生功能，亦为基本功能，更是现行《税收征管法》强调加强税收征管、凸显税款征缴之缘由。

然而，税收立法、纳税人缴纳税款以及税务机关征收税收均应当在法律的框架内进行。遵循税收法定原则已成为法治国家和税收文明国家的象征或标志。在全球化进程加快、经济和社会生活复杂多变的今天，市民社会与政治国家的关系已经不再是自由资本主义时期的简单分立和"对抗"。[③] 社会成员通过宪法形成统一意志，产生各项法律制度，作为和平限制国家权力的砝码。税收不仅关系每个社会成员的切身利益，而且关系国家机器运转的经济成本，因而国家征税权应得到相应的制衡和规范，并在宪法法律中加以明确。这是为

---

① 参见徐孟洲、徐阳光：《税法》（第4版），中国人民大学出版社2012年版，第23页。

② 陈清秀：《税法总论》（第4版），台北，元照出版公司2006年版，第65页。

③ 参见马长山：《市民社会与政治国家：法治的基础和界限》，载《法学研究》2001年第3期。

何时至今日，无论是政治理论、经济理论还是普通个人都意识到重整财政宪法的基础在于实现对政府征税权的合宪性控制①的重要原因。税收法定主义是税收立宪精神在法律层面中的体现，税收法定原则是税法的最高法律原则，贯穿于税法的所有领域，当然包括房产税法领域。美国、法国、日本、意大利等国都将税收法定原则以宪法明文规定的形式设定，②并贯彻到具体的程序税收制度中。因此人类争取人权，要求建立现代民主宪政的历史，一直是与税收法定主义的确立和发展密切相关的。③ 规范税收征收和缴纳行为，则是税收法定原则在《税收征管法》中的直接诠释。在这种新型征纳关系下，《税收征管法》的价值定位也就发生了历史性的变化。过去，人们往往只关注了征管法的外在价值，只将其作为政府管理纳税人的工具，以保障税款利益为单一目标。而现在，我们更应彰显其公法色彩，发掘税收程序法控制权力、保护权利的内在价值，将法律作为规范政府征税行为的工具。④

（二）立法宗旨仍需进一步形塑

立法修订的提前公开、与其他法律的协调统一、税收征管范围的必要扩张以及税收征管权力的合理完善等无疑是我国现行《税收征管法》修订过程中的亮点。这些方面至少从立法规范、形式外观以及法律价值层面彰显了财税立法的进步性和合理性。但以前瞻性和批判性的视角看待《草案征求意见稿》可以发现立法宗旨仍存在一定的问题，如条文修改幅度过小、忽视了税收征管理念的提升、保留了许多保守与落后的成分等。⑤

立法宗旨主要涵盖抽象、宏观的法律精神或立法理念，因而《草案征求意

---

① 参见［澳］杰佛瑞·布伦南、［美］詹姆斯·M.布坎南：《宪政经济学》，冯克利等译，中国社会科学出版社2004年版，第3页。

② 美国《宪法》第1条规定，"任何的课税必须得到纳税人代表构成的议会的同意，否则不得课税"；法国《宪法》第34条规定，"有关征收各种课税的税源、税率和方式由法律规定"；日本《宪法》第84条规定，"新课租税或变更现行租税，必须有法律规定的条件作依据"；意大利《宪法》第32条规定，"不根据法律，不得规定任何个人税或财产税"，参见法学教材编辑部：《外国法制史资料选编》（下册），北京大学出版社1982年版，第461页。

③ 参见张守文：《论税收法定主义》，载《法学研究》1996年第6期。

④ 参见刘剑文：《论财政法定原则——一种权力法治化的现代探索》，载《法学家》2014年第4期。

⑤ 参见朱大旗、胡明：《正当程序理念下我国〈税收征收管理法〉的修改》，载《中国人民大学学报》2014年第5期。

见稿》条文的表述也引致诸多学者的不同看法。例如,有学者认为相较"维护纳税人合法权益"的平和表达,"加强税收征收管理"仍显得过于强势,不利于实现征纳双方关系的平衡;"保障国家税收收入"不应成为立法宗旨,它是纳税遵从和规范执法的结果,而非启动税收程序的出发点;在立法宗旨中强调"维护纳税人合法权益"的同时,也可增加"促进纳税遵从"的表达;在逻辑顺序上,则应当是纳税人合法权益优先于纳税遵从,即"通过服务促进遵从"的理路;《草案征求意见稿》中"推进税收治理现代化"的含义模糊不清,跟法律所要求的确定性、稳定性不相符,很难对税收征收和缴纳起到指导作用;现行《税收征管法》中"促进经济与社会发展"的表述则是一个非常间接的目标,而且几乎是所有法律之共性所在,并不能体现税收征管法的特质,故亦无保留之必要。最终建议将《草案征求意见稿》第 1 条修改为:"为了规范税收征收和缴纳行为,保障税务机关依法行使职权,维护纳税人合法权益,促进纳税遵从,根据宪法制定本法。"①也有学者认为,现代税收管理融入了治理、善治、遵从、合作等理念,倡导合作主义、多元共治和征纳平衡,以符合国家治理体系和治理能力现代化的目标。因此,建议将《税收征管法》第 1 条修改为:为了加强税收征收管理,促进税法遵从、征纳平衡和信赖合作,规范税收征收和缴纳行为,保障国家税收收入,保护纳税人、扣缴义务人和其他征纳关系参与人的合法权益,促进经济和社会发展,制定本法。如此彰显信赖合作原则,主要是解决征管制度的法律原则支撑问题,同时为自我评定、事先裁定、个案批复、预约定价等制度提供法理依据,使总则和分则之间,首尾相顾,环环相扣,逻辑严密。② 还有学者认为,2015 年《征求意见稿》第 1 条增设了"推进税收治理现代化",作为立法宗旨和目的。但随后的具体条款对这一立法宗旨的体现显得不够充分,揭示税收治理现代化的内在要求明显不足,使这一表述的加入显得可有可无,对整个《税收征管法》修订的指导作用显得苍白。③ 更有学者认为,从征纳双方在法律关系中所处的地位看,纳税人始终居于主导地位,有必要将纳税人的权利保障提升为立法宗旨之首,强调《税收征管法》的首要立法

① 刘剑文、陈立诚:《迈向税收治理现代化——〈税收征收管理法修订草案(征求意见稿)〉之评议》,载《中共中央党校学报》2015 年第 2 期;刘剑文:《〈税收征收管理法〉修改的几个基本问题——以纳税人权利保护为中心》,载《法学》2015 年第 6 期。

② 参见滕祥志:《论〈税收征管法〉的修改》,载《清华法学》2016 年第 3 期。

③ 参见李万甫、何小王:《〈税收征管法〉修订的基本取向》,载《税务研究》2015 年第 7 期。

宗旨乃为保障纳税人的基本权利。①

尽管各方观点有所差异,但保障纳税人权益、规范税收征收行为则是基本共识,同时也深刻反映我国迈向财税法治、提升纳税服务、规范税收征管的良好夙愿。立法宗旨文义表述之争,昭示了我国税制改革的不同思路和遵循税收法定原则的内在需求,以期统领税收征管制度的"升级换代"。我国《税收征管法》制定实施已经超过20年,2001年第二次大幅修订通过的现行《税收征管法》及其实施细则也已运行10余载,由于经济形势、征管环境以及公民意识等方面的急剧变化,无论是从提高我国税收征管质量与效率的实践角度,还是从更新税收征管模式与理念的理论角度,审视我国《税收征管法》,其作为税收正义精神之承载的法律品性不足已成为不争的事实。② 无论立法宗旨最终以何种形式通过立法机关的审议,终究期望立法宗旨并非仅仅停留于条文的首要位置,而是能够重铸税收征管法律制度之灵魂,切实通过各项机制和安排保障纳税人合法权益、规范税收征管行为、平衡协调征纳关系,实现"国家治理语境下的税收程序契约化",③真正迈向财税法治和税收治理现代化。

二、《草案征求意见稿》修订内容的评析

《草案征求意见稿》的修订内容主要涉及自然人纳税人的税收征管规定、纳税人权益保护体系、规范税收征管行为、争议解决机制等内容。与现行《税收征管法》相比,增加了47条,修改了70条。首先,增加对自然人纳税人的税收征管规定:一是明确纳税人识别号制度的法律地位;二是明确纳税人自行申报制度的基础性地位;三是强化自然人税收征管措施;四是建立税收优先受偿权制度。其次,进一步完善纳税人权益保护体系:一是完善纳税人权利体系,如规定税务机关应按照法定程序实施税收征管且不得侵害纳税人合法权益,延期缴纳税款审批权下放至县以上税务机关,引入分期缴税制度;二是减轻纳税人负担,如规定税收利息中止加收、不予加收的法定情形,降低对纳税人的

---

① 参见敖玉芳:《〈税收征管法修订草案(征求意见稿)〉的总体评价及进阶路径》,载《税务与经济》2016年第4期。

② 参见朱大旗、胡明:《正当程序理念下我国〈税收征收管理法〉的修改》,载《中国人民大学学报》2014年第5期。

③ 李大庆:《财税体制科学化与税收程序契约化的法律路径——兼评我国〈税收征管法〉的修改》,载《税务研究》2014年第6期。

处罚标准，将多数涉及罚款的条款由“百分之五十以上五倍以下”改为“百分之五十以上三倍以下”；三是取消先缴税后复议的规定；四是引进预约裁定制度。再次，进一步规范税收征管行为：一是规范税收征管的基本程序；二是规范税收征管的时效，规定一般情况下税务机关应在5年内对纳税人的税收义务进行确认，欠税追征时效由原来的无限期改为20年；三是专设“信息披露”一章以增强税务机关获取涉税信息的能力。最后，健全税收争议解决机制：一是涉及税款的税收争议实行复议前置；二是鼓励通过和解、调解解决争议。①

由此可见，本次《征求意见稿》较之2013年版亮点颇多，一方面，分解现行法第二章中的“税务管理”为“税务登记”“账簿凭证”“纳税申报”三章。充实法律条文的同时还减少了以往的“管理”色彩，可谓税收服务理念与税收治理能力的提升。另一方面，为更加科学、合理与系统地强化自然人税款缴纳，本次《征求意见稿》还增设了纳税人识别号制度，并将其纳入总则以彰显税制改革之决心和魄力。综合而言，本次《征求意见稿》在立法技术和立法水平均趋向成熟和现代化，注重法律体系相关立法的衔接和协调，通过术语的阐释以及责任的明确也在一定程度上加大了对纳税人权利的保护，已属迈向财税法治、深化税制改革的重要举措。

然而，本次《征求意见稿》并非完美无瑕，对于其中的不足及对其寄予的期望，专家学者也纷纷建言献策，可谓仁者见仁智者见智。如有学者认为《草案征求意见稿》的修法方向是正确的，但步子还应再大一点。目前的修订草案还保留着相当程度的“管理法”思维，带有一定的部门立法色彩。在很多情况下，仍然将税收收入最大化的国库利益作为中心，没有跳出把征税机关和纳税人摆在利益对立面的“非合作博弈”格局，尚未建立起税务机关与纳税人之间的合作与信任关系，征税权控制中的程序正义和利益平衡等原则体现得尚不充分，对纳税人的权利保护范围和力度也都还不够到位。因而从加强对纳税人权利保护的立场出发，可以考虑专设纳税人权利保护专章。② 另有学者认为，《草案征求意见稿》在立法灵魂、核心原则、主体清晰、征管程序、征纳平衡等方面，均未有深入的研究、思考和架构，稿件存在相当大的改进空间和可

---

① 具体参见国务院法制办于2015年1月5日公布的《草案征求意见稿》。

② 参见刘剑文、陈立诚：《迈向税收治理现代化——〈税收征收管理法修订草案（征求意见稿）〉之评议》，载《中共中央党校学报》2015年第2期。

能性。[①] 纳税人权益之保护在《草案征求意见稿》中的欠缺和疏漏从中可见一斑。

总体而言，《草案征求意见稿》仍存在"倾向于强化税收征管部门的权力，没有涉及纳税人权利保障的事项，不能适应新时期税收征管国际化的趋势"等诸多问题，[②]《税收征管法》更加亟须一种正本清源和直面当下的反思和修缮。尤其对于纳税人保护以及税务机关权力规范方面尚有诸多不足之处，可供修改的空间和程度并不小。如在纳税人权利设定方面，《草案征求意见稿》虽增加了纳税人同等保护权和税收规则制定参与权，但对于诚信推定权却没有做任何规定，这不能不说是一大缺漏，需要我们从理论认知和制度建设上加以探讨和完善。[③] 再如在纳税人权利救济体系方面，《草案征求意见稿》的修改反映出传统的"管理"思维仍然存续，其依旧认为税务争议适用行政纠纷解决机制，在直接涉及税款的行政处罚上发生争议的，将税务行政复议作为税收争议解决的必经程序，以体现"穷尽行政救济而后诉讼"的原则。然而殊不知，凡权利受到侵害时应有法律救济之方法，此为权利本质。[④] 一是财税法学研究日益繁荣，对于税收法律关系本质的认识已完成了由"权力关系说"[⑤]向"债务关系说"的嬗变，使得政府与纳税人地位平等、纳税人供养政府获取公共产品的民主政治思想深入人心；二是纳税人法律素养和维权意识的提升，纳税争议案件较之以往呈现明显的上升趋势；三是人民法院法官整体素质快速提高，社会分工加剧，涌现出大批具有专业财税、会计知识的办案法官，为依法准确处理税务诉讼奠定基础；四是美国、德国、法国、日本和中国台湾地区已开

---

① 参见滕祥志：《论〈税收征管法〉的修改》，载《清华法学》2016 年第 3 期。

② 参见朱大旗、胡明：《正当程序理念下我国〈税收征收管理法〉的修改》，载《中国人民大学学报》2014 年第 5 期。

③ 纳税人的诚信推定权，是指纳税人依法进行的纳税申报、设置账簿等行为非有相反证据证实并经依法裁定，都应当被认为是合法的、准确的，纳税人的纳税相关行为都应被推定为是合法的、善意的。参见朱大旗、李帅：《纳税人诚信推定权的解析、溯源与构建——兼评〈税收征收管理法修订草案（征求意见稿）〉》，载《武汉大学学报》（哲学社会科学版）2015 年第 6 期。

④ 参见［英］威廉·韦德：《行政法》，徐炳译，中国大百科全书出版社 1997 年版，第 195 页。

⑤ 税收法律关系是依靠国家权力或财政权力而产生的关系，国家享有优越于人民的权力，而人民则必须服从此种权力。即税收法律关系以国家征税权为核心所建立起的权利服从关系，其性质与行政法无异。参见［德］奥托·迈耶：《德国行政法》，刘飞译，商务印书馆 2002 年版，第 32、55 页。

始由复议强制先行转向自由选择模式，或者改良税务行政复议制度使之更具独立性。[①] 在此背景下，强制行政复议前置模式多少显得有些不合时宜，纳税人更加倾向于根据现实情况，自由选择方便、快捷的税务行政复议或独立、严谨的税务诉讼。事实上，倘若税务行政复议得到纳税人的广泛认可，法院也无须担心纳税争议案件的大量涌入。因此，纳税人权利救济体系最终应以税务行政复议和税务诉讼的自由选择模式为依归，如此也是还原行政复议制度诞生之初始目的——增加行政争议解决的合法途径，更好地维护公民的合法权益。

三、立法衔接的评价

为实现《税收征管法》与相关法律的衔接，一方面，《草案征求意见稿》借鉴《行政强制法》的立法技术，统一将“滞纳金”更名为“税收利息”，利率由国务院结合人民币贷款基准利率和市场借贷利率的合理水平综合确定，以与《行政强制法》中的滞纳金相区别。其还完善税收行政强制执行程序，税务机关临时采取扣押等税收保全措施时，应在24小时内报告并补办批准手续。另一方面，《草案征求意见稿》与《刑法修正案（七）》相衔接。将“偷税”改为“逃避缴纳税款”，同时规定因过失造成少缴或者未缴税款的，承担比逃避缴纳税款较轻的法律责任，以减轻纳税人负担。最后，为实现与《预算法》相衔接，《征求意见稿》规定，除法律、行政法规和国务院规定外，任何单位不得突破国家统一税收制度规定的税收优惠政策。违反法律、行政法规规定，擅自下达的税收收入指标的行为无效，税务机关不得执行。实现法律之间的衔接和统一，不但反映出我国税收立法理念的进步以及立法技术的提升，还展现了我国税收治理现代化的改革决心。然而，《草案征求意见稿》与《行政强制法》的衔接方案却差强人意，没有深刻理解《税收征管法》与《行政强制法》的共通性与差

---

① 法国税务机关自身对纳税人提出的先行声明（中国的税务行政复议）作决定，实际上是同时扮演了当事人和裁判者的双重角色，对纳税人而言违反了公平的原则。另外，从实践看，税务机关往往仍然是根据其在向纳税人征税时的同样理由来驳回纳税人针对该征税行为提出异议的先行声明，因此，先行声明的实际救济作用大打折扣。参见李滨：《法国税收法律争端的解决机制》，载《涉外税务》2006年第4期。美国的财政部立法局之所以得到纳税人的信任，是因为其与负责征收的国内收入署没有任何行政隶属关系。参见熊伟：《税务争讼制度的反思与重构》，载《中南民族大学学报》（人文社会科学版）2004年第5期。

异性，进而无法系统科学地整合两法、消弭两法适用过程中隐藏的法律冲突，难以真正实现税收强制制度的统一与规范。

《税收征管法》是规范税收征收和缴纳行为，保护纳税人合法权益的程序保障法，其中规定的税收强制措施成为保障国家税源充盈的强有力手段。直至2011年，第十一届全国人大常委会审议通过的《行政强制法》，首次以法律形式统一规范行政强制的设定和实施，约束和监督行政机关的行政强制行为。因此，隶属于行政机关序列的税务部门所实施的税收强制措施自然受到两法共同调整与规范。然而，受制于传统法理和法律条文，立法时间跨度较大的两法存在部分适用冲突，为税收征管程序的执行和税务行政诉讼的司法裁判埋下了隐患。值此《税收征管法》的修改之际，应秉承纳税人权利保护之宗旨，探求两法冲突的内在根源，以期平衡两法之适用。

（一）《税收征管法》与《行政强制法》法律适用冲突

法律创制具有客观理性，因受到社会经济发展状况的深刻影响，不同历史时期的立法活动形成不同的法律运行模式。社会环境与立法背景的差异，导致《税收征管法》与《行政强制法》呈现出法律适用的原则与规则冲突。

1. 法律适用原则的冲突

依法理学通说，同位阶的法律发生冲突时，应当遵循特别法优先于一般法、新法优先于旧法、法律文本优先于法律解释的基本原则。税收强制措施属于行政强制的特殊范畴，加之《税收征管法》与《行政强制法》分别修改制定于2001年和2011年，因而两法相较之，《行政强制法》是行政强制的“一般法”和“新法”，《税收征管法》中的税收强制规范属于行政强制领域的“特别法”和“旧法”。法律适用原则的冲突与矛盾，造成两法适用抉择的困境。

特别法优于一般法，或言特别法优于普通法，源于古罗马五大法学家之一帕比尼安的论断，原指公法权力主体在实施公权力行为中，当一般规定与特别规定不一致时，优先适用特别规定。[①] 而在现代法治社会中，特别法优于一般法的法理解读应更为开阔，泛指处于相同位阶的法律，针对特殊法律关系领域所制定的特殊规范，优先适用于笼统抽象的一般规范。我国《立法法》更是首

① 参见喻中：《论“特别法理优于一般法理”——以日本修宪作为切入点的分析》，载《中外法学》2013年第5期。

次以法律的形式确认了这一适用原则，并进一步明确了其适用的条件。[①] 显然，《税收征管法》与《行政强制法》均由全国人大常委会制定，在税收强制领域分属特别法与一般法。两法在税收强制（尤其是税收保全措施）方面，倘若存在规定抵牾情形，优先适用《税收征管法》的相关规定；倘若两法并未发生冲突或《税收征管法》出现法律空缺，则由《行政强制法》的原则性规定补白。[②]

同位阶法律发生冲突，自有智慧处断。法谚"让最后制定的法律发挥法律的效力"逐渐由实践惯例发展为"新法优于旧法"的法律适用原则。[③] "新法优于旧法"的解释为，在新法已颁布、旧法未废止并仍有效力的情形下，如果两部法所涉及的内容有相同或相似性时，应适用新法。[④] 依此原则，由于《行政强制法》更加适应新形势和新变化，立法理念和立法技术得到较大提升，《税收征管法》中关于税收强制措施的"陈旧"规定应当劣后适用或无对抗效力。

通过上述法律适用原则的法理剖析可知，难以决断《税收征管法》（"特别旧法"）与《行政强制法》（"一般新法"）的优先顺位。两法中一旦出现法律条文不一致或相抵触的情形，机械套用法律位阶原则难免进退维谷，难以得出孰优先孰劣后的确定结果，无益于行政执法和司法裁判，因此，应当从法益保护的新视角探寻消解两法冲突之道。

2. 法律适用规则的冲突

《税收征管法》与《行政强制法》法律适用原则的冲突肇始于两法具体规范有差异，换言之，两法规则间的抵牾引起法律适用的困境。两法从强制行为的概念使用，以及强制措施的实施执行均存在不同程度的差失与龃龉。

---

① 《立法法》第83条规定："同一机关制定的法律、行政法规、地方性法规、自治条例和单行条例、规章，特别规定与一般规定不一致的，适用特别规定……"如何深刻把握"同一机关""不一致"和"特别规定与一般规定"是明晰法律适用条件的重点和难点。

② 税收征管受《行政强制法》调整是毫无疑问的，即当《行政强制法》的规定与《税收征管法》的规定不发生冲突时，应当适用《行政强制法》的规定。参见刘剑文、侯卓：《论〈行政强制法〉在税收征管中的适用》，载《税务研究》2012年第4期。

③ 《立法法》第83条规定："同一机关制定的法律、行政法规、地方性法规、自治条例和单行条例、规章……新的规定与旧的规定不一致的，适用新的规定。"

④ 参见张文显主编：《法理学》，法律出版社2004年版，第77页。

(1)行政强制(措施)与税收强制(措施)

目前行政法学界较为通行的观点认为,行政强制,系指法定的行政强制主体,为维护社会公共管理秩序,预防或制止危害性社会事件或违法行为的发生,或者为履行已经生效的行政决定,实施强制手段的具体行政行为。①《行政强制法》亦采纳通说,明确行政强制系行政强制措施与行政强制执行②的合称。其中,行政强制措施包括限制公民人身自由;查封场所、设施或者财物;扣押财物;冻结存款、汇款等,行政强制执行的方式包括加处罚款或者滞纳金;划拨存款、汇款;拍卖或者依法处理查封、扣押的场所、设施或者财物;排除妨碍、恢复原状和代履行等。相反,税收强制尚无通说或明确界定,泛指税务领域具有强制性的具体行政行为。税收强制实为税收保全措施③与税收强制执行④的混合体,但基本逻辑结构仍是依法采取措施后强制履行纳税义务。依据现行《税收征管法》及其实施细则,税收保全措施包括冻结存款、扣押查封财产、离境清税制度、税收代位权制度和税收撤销权制度;税收强制执行则主要包括拍卖变卖所扣押财物、划拨存款等财产执行罚。

厘清行政强制与税收强制的内涵及外延后可知,税收强制属于行政强制的特殊范畴,大多局限于查扣、变卖财物和冻结、划拨存款用以冲抵税款和滞纳金的强制方式,离境清税制度中的限制人身自由程度较为宽松。同时,税收强制因其税收程序法的特点而出现特殊性、专业性的税收保全概念,且与行政强制措施相类似,因而容易在行政强制与税收强制的视野中被忽视或错误理解,为两法冲突徒增混淆。因此,应以明晰行政强制与税收强制的概念及范畴

---

① 参见金伟峰主编:《中国行政强制法律制度》,法律出版社 2003 年版,第 3 ~4 页。

② 《行政强制法》第 2 条第 2 款、第 3 款分别规定,"行政强制措施,是指行政机关在行政管理过程中,为制止违法行为、防止证据损毁、避免危害发生、控制危险扩大等情形,依法对公民的人身自由实施暂时性限制,或者对公民、法人或者其他组织的财物实施暂时性控制的行为。行政强制执行,是指行政机关或者行政机关申请人民法院,对不履行行政决定的公民、法人或者其他组织,依法强制履行义务的行为。"

③ 根据《税收征管法》第 38 条、第 44 条、第 50 条及其《税收征管法实施细则》的规定,税收保全措施是指在税款征收入库前,因纳税人行为导致税款发生无法实现的危险时,税务机关为保障税款按期足额缴纳所采取的一系列行为。

④ 税收强制执行又称税务行政强制执行,是指纳税主体未履行其纳税义务并经由征税机关采取一般税收征管措施仍然无效的情况下,通过采取强制执行措施保障税收征收程序的顺利进行、保证税款足额入库的制度。参见张富强主编:《税法学》,法律出版社 2007 年版,第 469 页。

为依归，准确把握行政强制措施与税收保全措施、行政强制执行与税收强制执行的对应关系，为归纳纾解两法冲突奠定基础。

（2）强制措施的实施冲突

《行政强制法》中的行政强制措施主要涉及限制人身自由、查封扣押财物和冻结存汇款三方面内容，而特别法下的税收保全措施理应与之呼应且具特殊性。然而，由于早先的《税收征管法》框架粗糙、条文稀疏、规定模糊，以《税收征管法实施细则》为代表的行政法规、部门规章等上升为《税收征管法》的"法律解释"。不同行政机关和职能部门对《税收征管法》的立法补丁与法律解读，势必与《行政强制法》系统化的高位阶法律制度发生摩擦。

其一，限制人身自由与离境清税制度的冲突。为保障国家税收利益的实现、避免税款流失，《税收征管法》设立了轻微限制人身自由的离境清税制度①，实施要件有二：一是法定实施条件，即未能向税务机关缴清欠税款及滞纳金或提供纳税担保；二是由省级税务机关审核批准。相反，《行政强制法》强调集中行使行政强制权，一方面行政机关为履行行政管理职责，可在法定权限内限制行政相对人的人身自由，实施要件较为笼统抽象；另一方面明确要求实施前须向行政机关负责人报告并经批准。由此可见，实施要件与审批主体的差异，为税务机关行政职权的扩张留存法律空间，离境清税制度的严格适用受到挑战，纳税人利益之保护有待两法冲突之解决。

其二，两法有关查封、扣押与冻结的冲突。涉及财物查扣和款项冻结的财产执行罚始终是行政机关实施行政强制措施的重要手段，亦是税务机关收缴欠税款过程中最为常用和有效的税收保全措施。《行政强制法》对其规范明确且系统，而《税收征管法》对其规范细致且具体，但两法关于查封场所、扣押财产和冻结存汇款方面的规定不一，具体表现为法定条件、审批主体、执法人员、现场见证人、现场笔录制作、行政文书交付、查扣财产的保管方式、冻结程序、实施期限及其延长等方面的差异（见表1）。两法有关财产执行罚的冲突，有碍于法制统一和依法行政，为税务机关因急于清缴税款或完成预算指标而逾越法规约束、"合法"侵害纳税人权益提供了法律漏洞。同时，诸多行政文

---

① 离境清税制度是指欠缴税款的纳税人离开国境前，必须向税务机关缴清欠税款及滞纳金或提供纳税担保，否则税务机关有权通知海关（或边防）限制其出境。具体内容参见由国家税务总局和公安部联合制定的《阻止欠税人出境实施办法》（国税发〔1996〕216号文）。

书和程序规则的缺省导致纳税人缺乏有效证据提起行政复议或税务诉讼,阻碍了纳税人依法行使申诉权。

表1 两法有关查封、扣押与冻结的冲突①

	《税收征管法》	《行政强制法》
法定条件	法定前置程序——税收担保制度②	无特定要求,依法履行行政管理职责即可
审批主体	税务局(分局)局长或税务机关③	行政机关负责人
执法人员	两名以上税务人员	两名以上具备行政执法资格的行政执法人员
现场见证人	被执行人本人或其成年家属到场	无明确规定④
制作现场笔录	无规定	制作现场笔录,并由行政执法人员和当事人或见证人签章
交付行政文书	仅需开付收据或清单且无时间限制	现场制作并当场交付查封、扣押决定书和清单

---

① 根据《行政强制法》第9~11条、第16~33条,《税收征管法》第37~39条、第42~44条、第47条以及《税收征管法实施细则》第58~64条、第66~68条、第88条的相关规定整理而成。

② 即纳税人和扣缴义务人未按规定期限缴纳或者解缴税款,税务机关可以责令其提供纳税担保。倘若纳税人和扣缴义务人在规定期限内没有提供足额的税收担保或提供的担保条件不符,税务机关方可决定实施税收保全措施。

③ 批准实施税收保全措施的批准主体大致分为两种情况:一是对于查封、扣押和冻结等强制措施的实施,必须经由税务局(分局)局长的批准,实践中往往经由稽查局所属的税务局(分局)局长审批;二是限制出境以及对未按照规定办理税务登记而从事生产、经营的纳税人或临时从事经营的纳税人所实施的扣押,仅是笼统规定由税务机关依法作出决定,实践中大多为集体讨论和决议。

④ 除却规定执法人员和必要当事人到场参与强制措施,《行政强制法》还要求在当事人不到场时必须邀请见证人到场。但《行政强制法》未对见证人的资格条件予以明确,依据我国诉讼法实践,一般由与案件无关、为人公正的公民作见证人,通常从当地社区委员会或街道办事处中抽取或选派。

续表

	《税收征管法》	《行政强制法》
生活必需品范围①	个人及其所扶养家属维持生活必需的住房和用品	公民个人及其所扶养家属的生活必需品
查扣财产保管方式	可指令被执行人负责保管②	行政机关妥善保管,还可委托第三人保管
冻结程序	仅书面通知纳税人的开户银行或者其他金融机构	向金融机构交付冻结通知书,并应当在三日内向当事人交付冻结决定书
实施期限及其延长	一般不得超过6个月;重大案件需要延长的,应当报国家税务总局批准,并无绝对期限限制	不得超过30日;情况复杂的,经行政机关负责人批准,可以延长,但延长期限不得超过30日。并且应当将延长决定及时书面告知当事人,并说明理由

3. 强制措施的执行冲突

强制措施的实施虽旨在敦促纳税人或行政相对人履行义务,但仍需维系法律关系的存在。相反,强制措施的执行则会直接导致法律关系的灭失。因而强制措施的执行冲突更加值得关注,以避免造成无法弥补的损失,切实保障

---

① 《行政强制法》第22条为保障行政相对人基本生活而明确规定,行政机关不得查扣公民个人及其所扶养家属的生活必需品,但尚未设定生活必需品的范围和标准,一般交由行政机关自由裁量。《税收征管法》第38条、第40条规定个人及其所扶养家属维持生活必需的住房和用品,不在税收保全措施的范围之内,并且通过《税收征管法实施细则》将"住房和用品"具体化。如《税收征管法实施细则》第59条第2款规定,机动车辆、金银饰品、古玩字画、豪华住宅或者一处以外的住房不属于《税收征管法》第38条、第40条、第42条所称个人及其所扶养家属维持生活必需的住房和用品。税务机关对单价5000元以下的其他生活用品,不采取税收保全措施和强制执行措施。如此不仅扩充了生活必需品的外延,还明确了生活必需品保护适用的范围,体现出该法对纳税人权益保护的人文关怀。

② 笔者认为,《税收征管法》"可指令被执行人负责保管,保管责任由被执行人承担"的规定,似乎陷入逻辑错讹或悖论。既然税务机关为保障国家税款按时足额入库而实施查扣行为,意在稳定却允许被执行人自行保管,被执行人偷逃税款的隐患依旧没有消失,被执行人自行保管查扣财产的风险表面由被执行人自担。

纳税人合法权益,促进国家法治与社会和谐。两法的强制执行冲突(见表2)一方面体现为金钱给付义务的强制履行方式存在多元化与统一性之争,查扣财产的变价规则遭遇挑战和破坏;另一方面是法律责任的有无与轻重,表现为税务行政机关及其工作人员等责任主体的立法模糊,导致滥用职权行为的法律追责进入盲区。规则混乱、责任缺失的强制执行难以实现权力的规范化和责任制,执法便可能有失公允,公民权益易受侵犯。

表2 两法强制执行的冲突①

	《税收征管法》	《行政强制法》
罚款数额	欠缴税款0.5~5倍的罚款,税务机关罚款恣意性巨大	加处罚款或者滞纳金的数额不得超出金钱给付义务的数额
金钱给付义务执行方式	五种方式:拍卖机构拍卖;当地商业企业代为销售;纳税人限期处理;税务机关自行变价处理;国家禁止自由买卖的商品,交由有关单位按照政府定价收购	只能依据《拍卖法》委托拍卖机构拍卖财物
金融机构的法律责任	处10万~50万元的罚款,并对直接负责的主管人员和其他直接责任人员处1000~10,000元的罚款	金融业监管机构责令改正,对直接负责的主管人员和其他直接责任人员依法给予处分
行政主体的法律责任	税务机关及其工作人员承担财物损害赔偿责任、行政责任和刑事责任	直接负责的主管人员和其他直接责任人员承担财物损害赔偿责任、行政责任和刑事责任

(二)《税收征管法》与《行政强制法》的价值定位与冲突渊源

诚如前述,在现有法律适用原则的背景下,《税收征管法》与《行政强制法》凸显诸多矛盾与冲突,"合法"扩充税务机关行政裁量权的同时增加了侵犯纳税人权益的风险。唯有认清本质,方能为矛盾之化解对症下药。法律规

① 我们根据《行政强制法》第34~49条、第61~68条,《税收征管法》第40条、第65条、第73条、第79条、第81条以及《税收征管法实施细则》第65条、第69条、第70条的相关规定整理而成。

定的角力仅是两法冲突之表象，不同法律部门追求不同立法价值才是两法冲突的内在渊源。

1. 公法之债、纳税人与税收征管法

国家与纳税人之间依据法律设定税收法律关系，而税收征管法则是保障税收法律关系履行的程序法。然而，税收的本原乃公法之债，决定了税收征管法虽含有国家强制力，但应当平等保护税收法律关系当事人（国家与纳税人），并且为防范国家滥用征税权剥夺公民财富，必须更加关注和保障纳税人的合法权益。

(1)税收法律关系的设立：公法之债

税收法律关系的本原一度引发税法学说的纷争。经历了"权力关系说"①向"债务关系说"的嬗变，公法之债理论最能真实反映税收法律关系的性质，明晰国家与纳税人之间的平等地位，以期更好地保护和实现纳税人权利。现代法治社会中，国家征税的目的是为实现国家的公共财政职能，以满足社会的公共需要。即国家或各级公权力机关之"课税权之行使目的应在于获取收入，以满足财政需要，亦即应以财政收入为其目的"，②"税捐是作为满足公共财政实现公共任务的需要之用"。③ 马克思更是精辟地指出，"赋税是政府机器的经济基础，而不是其他任何东西"，④是行政权力整个机构的生活源泉。可见，国家机器的存在及其运转是为了维持公共权力、满足社会公共服务的需要，保障公民财产、生命、自由和幸福而在公民缴税的基础上建立的，这也是我国台湾地区"税法"称税收为"税捐"之来由。因此，税收债权债务关系的实质，决定了国家与纳税人法律地位的平等，而非行政权力主导下的服从与被服从关系。换言之，税收更是支付公共服务的对价，如此"你情我愿"的公共产品交易当然以买卖各方的平等地位为根蒂。因而，公平必然成为税法所追求的核心价值目标，并依靠人民制定的宪法法律约束国家和政府，确保税收"取

---

① 税收法律关系是依靠国家权力或财政权力而产生的关系，国家享有优越于人民的权力，而人民则必须服从此种权力。即税收法律关系以国家征税权为核心所建立起的权利服从关系，其性质与行政法无异。参见[德]奥托·迈耶：《德国行政法》，刘飞译，商务印书馆2002年版，第32页、第55页。

② 黄茂荣：《税法总论》，台北，植根法学丛书编辑室2005年版，第8页。

③ 陈清秀：《税法总论》（第4版），台北，元照出版公司2006年版，第65页。

④ 《马克思恩格斯全集》（第19卷），人民出版社1963年版，第32页。

之于民、用之于民”。税捐的课征应符合公平的法秩序，而非乱无秩序，对于人民的财产单纯诉诸国家权力之强制剥夺，税捐法制的合理化是一个国家之建立所必须之公平、效率与人道的基础。①

（2）纳税义务的履行：自愿缴纳与强制征收

税收的本质为债，但不可忽略其公法之影响，即税收三性之一的强制性。税收强制性集中表现为征税主体必须依法行使税权，纳税主体在法定义务范围内必须履行纳税义务。国家以社会管理者的身份，依据直接体现国家意志的法律对征纳税双方的税收行为加以约束。② 公法之债并非形成于私法的意思自治，而是基于公法（宪法法律）规定设立，自始享有国家强制力保障。私法上的义务履行分为积极履行与消极履行，积极履行义务固然美好，但如果义务人怠于履行约定义务，权利人为满足其权利要求，可寻求公力救济强制履行义务。但“公法与私法同样是法，在规律人与人间的意思及利益之点是具有共同性质的”。③ 相应地，由于法律关系主体与公力救济主体的同一（国家是征税主体和行政主体），一旦纳税人尚未积极按照法定的时间和地点履行纳税义务，税务机关则依法代表国家直接采取强制征收的方式保障国家税收利益不致流失。当税收征管机关合法行使权力受到干扰或纳税人无法定事由拒不履行纳税义务时，违法者还将受到法律的制裁。

（3）税收征管法的价值定位：纳税人权益保护

公法之债理论，深刻诠释了国家与纳税人间的平等关系，明晰了税收征管法的程序保障职能。然而国家与个体相比，国家和政府始终处于优势地位，个体之渺小与国家之强大乃无可辩驳的事实。为追求实质的公平正义，限制国家政府滥用征税权，纳税人权益保护成为税法的基本理念。由于我国缺乏系统保护纳税人的税收基本法，税收征管法实际上成为维护纳税人权益、规范政府税收征收行为的主阵地，涵摄了民主与人权的法治理念。一方面，国家征税权力来源于公众通过契约的让渡和委托，来源于人民。税收征管法为预防决策者以个人偏好代替民众偏好的现象的发生，防止国家异化为一种压迫社会

---

① 参见黄茂荣：《法学方法与现代税法》，北京大学出版社 2011 年版，第 49 页。

② 参见徐孟洲、徐阳光：《税法》（第 4 版），中国人民大学出版社 2012 年版，第 22 页。

③ ［日］美浓部达吉：《公法与私法》，黄冯明译，中国政法大学出版社 2003 年版，第 72 页。

的力量，沦为“追求收入最大化的利维坦”，[①]必须对政府实行有效的税权约束。另一方面，税法赋予政府征税权并非纯粹追求和保障公权的实现，而是为了保障纳税人个体之权利，规范政府征税行为，敦促政府更好地为纳税人提供优质、高效的公共产品和服务。税收征管法的价值目标定位于保护纳税人权利，旨在提升纳税人纳税的积极性和税法遵从度，有利于纳税意识的养成和国家利益的增进。

2. 确权行权、行政公定力与行政强制法

行政权是现代行政法关注的核心，表现为政府必须借助公权力实现行政目的，维持社会稳定状态。为保障行政公定效力，政府通过行政强制促使行政相对人履行法定义务，实现合法的自力救济。

(1)行政强制之始末：社会治理与公法授权

秩序是法的最基本价值之一，亦是“构成人类理想的要素和人类社会活动的基本目标”。[②] 憧憬于建立良好秩序的立法，则交由以政府为代表的法定执法机关具体实施。因而为实现政府的社会治理职能，行政权或执法权全面渗入各类社会活动或公民行为。社会一旦无序，关系的稳定性、行为的规范性和进程的连续性丧失，意外或不确定因素时有发生，人们的信任和安全感降低，经济社会的发展无从谈起。为了维持正常、稳固的社会秩序，政府有必要采取措施预防和制止违法行为或危险状态。行政强制正是预防和消除无序状态、维持国家秩序的经常性手段，行政主体为保障行政管理的顺畅运行，依据宪法法律之明确授权，通过行政强制手段迫使拒不履行法定义务的行政相对人履行义务，以此维护社会秩序或保护公民人身健康和安全的需要。

(2)行政强制法的价值定位：效率与行政公定力

“制约行政权力和保障公民权利是行政法治的永恒话题”。[③] 得益于公法授权，旨在维护社会秩序的行政法，应坚持政府权力与公民权利的辩证统一。如此美好愿景固然值得期待和追求，但法律的实施并不以人的意志为转移，权力运行的平衡状态难以实现，不得不在协调中有所侧重和倾斜。作为行政程

---

① [澳]杰佛瑞·布伦南、[美]詹姆斯·M. 布坎南：《宪政经济学》，冯克利等译，中国社会科学出版社2004年版，第2页。

② 张文显：《法理学》，法律出版社2004年版，第234页。

③ 莫于川：《法治视野中的我国行政强制法律制度建设——论〈行政强制法〉的立法工程与实施工程》，载《南都学坛》(人文社会科学学报)2012年第1期。

序法的行政强制法，并非要在权力与权利间进行取舍，而是要保障行政行为的公定效力，适当突出或强调行政权力的确定性和执行性，兼顾行政相对人的权利保护。行政强制法不仅是限权控权之法，更是确权行权之法。由此，行政强制法的价值追求因行政强制的功能而独具特色。

行政强制法的目的有三：确保行政权力的通畅行使；保障社会公共秩序；规范行政行为实施。[①] 据此可将行政强制法的价值目标归纳为效率、秩序和人权。效率乃行政之生命，其首要目的是确保及时、高效地实施行政行为，避免因行政效力受损所引发的政府信任危机和社会有序状态的陷落。此即行政公定力之体现，国家的意思行为有决定该关系的权力，至被有权机关撤销或确认无效之前，受合法推定的，对方人民不得否其效力，并能强制迫使相对方履行义务。[②] 公定力表现为确定力、约束力和执行力三类，其中的执行力体现为：为维护行政权力的公信与权威，政府一旦依法作出行政行为，自始具备强制执行之效力。

3. 冲突渊源：纳税人权利保护与政府行政权力保障

综上所述，《税收征管法》基于公法之债与限制国家征税权的考量，形为税收程序法、确保征税之法，实为纳税人权益的保护法；《行政强制法》基于社会治理与行政公定力的权衡，虽为政府权力与公民权利的统筹保护之法，但本质上以保障政府行政权力的实现为主。纳税人权利保护与政府行政权力保障的理念差异，是《税收征管法》与《行政强制法》在现有法律适用原则无解状况下滋生冲突的内在根源。

一方面，税收是筹集国家财政的收入来源和实现政府公共事务管理能力的经济基础。因而为确保国库充盈、维护社会公共利益，税收征管法和行政强制法授权税务行政机关采取强制措施稽征税款，给予政府行政权力运行以必要的经济支持。另一方面，税收是国家对个体无偿征收的货币或实物，关乎纳税人的生存发展和人格尊严。税收是约束国家权力的内在动因，也是公民基本权利的主要载体。[③] 税收征管法约束国家不得借公益之名滥用国家征税

① 参见肖金明：《行政强制法释论》，山东大学出版社2012年版，第77页。

② 参见［日］美浓部达吉：《公法与私法》，黄冯明译，中国政法大学出版社2003年版，第112~116页；应松年主编：《行政法学新论》，中国方正出版社1999年版，第240页。

③ 参见闫海：《税收征收管理的法理与制度》，法律出版社2011年版，第15页。

权,损害身为国家权力主人的公民的合法权益,诱发社会危机。显然,税收游走于经济、政治和人权的内在特质,表明两法在交叉运转过程中必然产生隔阂,远非同化具体制度可以缓解和消除。

(三)《税收征管法》与《行政强制法》的理念协调与平衡理路

一部健全的法律,如果用专横武断的程序执行,不能发挥良好的效果;一部不良的法律,如果用一个健全的程序执行,可以限制或削弱法律的不良后果。① 如何在《税收征管法》与《行政强制法》的法律冲突中突破适用困境,严格限制税务行政机关自由裁量权,最大程度保障纳税人合法权益,是行政执法部门和司法裁判机关亟盼解决的问题。借助《税收征管法》的修法契机,实现两法价值理念的和谐统一,能够有效缓和法律冲突,亦为解决当前立法摩擦提供正确指引。

1. 权利时代的理念协调——以人为本

"我们的时代是权利的时代",②历经社会经济之发展,人类的法律意识已由义务本位转向权利本位,保护权利、限制权力的人本法律思潮已是大势所趋。从古至今,无论为了阶级统治抑或社会公共管理,国家强制性地无偿征税已是不争的事实,但公民意识、政府定位、权利思想却发生了天翻地覆之变化,人权保护意识成为社会整体的关注点。在现代法治社会中,政府面前的公民或纳税人不再渺小卑微,普通民众的权利愈加丰富、地位愈加提升,个体权益保护日益受到立法机关的高度关切,国家的征税权和行政权则必须受到应有的限制和羁束。国家不得肆无忌惮地征收苛捐杂税继而无端吞噬纳税人的私有财产、影响纳税人及其家庭的生计和发展,也不得滥用行政职权损害公民的合法权益。"不得仅着重强制人民纳税义务之实现,而系应逐渐强调税捐基本权之肯认,以有效实践纳税者之权利保护"。③ 否则,势必有碍构建和谐社会、易于酿造社会治理危机。是故"夫霸王之所始也,以人为本。本理则国固,本乱则国危"。④ 人本法律观所倡导的"保护权利、保障权益,将权力关在制度的牢笼中",成为良法善治的通行法则。

---

① 参见杨海坤、刘军:《论行政强制执行》,载《法学论坛》2000 年第 3 期。
② [美]路易斯·亨·金:《权利的时代》,信春鹰等译,知识出版社 1997 年版,第 177 页。
③ 葛克昌:《地方课税权与纳税人基本权》,载《台湾本土法学杂志》2002 年总第 35 期。
④ 《管子·霸言》。

直面现代国家社会治理的财政保障,纳税人权利与政府行政权力并行不悖,需要以"以人为本"的新观念和新视野,统筹和衡量两法的立法目的,为两法的合理适用提供理性、明确的价值引导。为了妥善实现政府公共管理职能、筹措施政财源、满足社会公众的利益需求,政府当局应当清醒地认识到"国家权力属于人民、人民让渡权利管理国家"的法治思想,实现税收征管与行政强制的自警自律。"重视税收程序的内在价值,尊重纳税人作为税收程序的主体地位,维护其人格尊严和正当权益……实现纳税人个体利益和社会利益的同步增长"。[①] 即便出现当前法律适用冲突问题,税务行政机关也不得以立法发生摩擦或存有灰色地带为由规避法律约束,反而应当秉承法律保障权利的人本宗旨,慎用法度,推崇正义,维护公民的合法权益。反过来讲,纳税人得以跳出单纯与税款征收有关的身份意义,从一个政治人的角度为维护自己的权利而抗争。[②]

2. 当前应注重依法行政与规范执法

颁行20余年的《税收征管法》已进入修缮期,[③]但修法成功尚需时日。目前我国尚无法通过立法改革减少和消除两法的规范冲突,短期内的法律适用问题仍将持续。因此,不能单纯寄希望于未来的修法而置法律实践于不顾,应秉承保障纳税人权利之宗旨,落实依法行政、合理执法的公法善治思维,参考《行政强制法》关于规范行政强制权的程序性规定,规范税收强制的实施与执行,以期保护纳税人的财产权和申诉权。

其一,为明晰法律责任,应确立机关负责人的审批主体制度。在税收执法实践中,稽查局拟对逃避纳税义务,存在明显的转移、隐匿应税财产或应税收入迹象的纳税人采取行政强制的,往往要经稽查局所属的税务局(分局)局长

---

① 施正文:《税收程序法论——监控征税权运行的法理与立法研究》,北京大学出版社2003年版,第83页。

② 参见刘剑文、熊伟:《税法基础理论》,北京大学出版社2004年版,第79页。

③ 2013年3月15日,第十二届全国人大第一次会议主席团审议通过了全国人大财经委提交的《关于2012年中央和地方预算执行情况与2013年中央和地方预算草案的审查结果报告》。报告建议,加快财税立法进程,做好税收征管法修改和单行税法立法工作。同年6月7日,国务院法制办公室全文公布国家税务总局草拟的《修正案征求意见稿》,征求社会各界意见。党的十八届三中全会通过的《中共中央关于全面深化改革若干重大问题的决定》也指出要深化税收制度改革,完善国税地税征管体制,为《税收征管法》的修改提出了更高的要求。2015年1月,国务院法制办第二次向社会公布《草案征求意见稿》,再次向社会广泛征求意见。

批准。①为防范两法中税务局长与行政负责人的审批主体冲突，应当适用实体从旧、程序从新的执法原则，延续并明确以税务局长作为行政负责人的行政习惯，削减党组书记、主管（常务）副局长等其他行政负责人的审批权限。其二，细化强制程序，切实保障纳税人的申诉权利。针对《税收征管法》因当时立法技术所限而缺乏告知、送达执法凭据和公文的法律空白，应当以《行政强制法》关于执法人员资格要求、现场制作和交付执法笔录与查扣清单、主动交付行政文书和冻结决定书等方面的规定填补漏洞。以完善细致的法律规定，严格约束税收强制程序，有效防范税务执法人员的法律风险，避免纳税人因缺乏证据而无法提起行政复议或行政诉讼。其三，践行税收征管法的人本理念，最大限度地消除蛮横执法。例如，为了体现法律的人文关怀，在非紧急情况下税务机关应遵照《行政强制法》第 43 条之规定，不得在夜间或法定节假日实施税收保全措施，更不得以停水、停电、停热或停气等方式迫使纳税人尽快履行纳税义务。

3. 未来寄望于《税收征管法》的修改

短期内调整和规范税收强制仅能缓解而非解决两法冲突，唯有优化立法的顶层设计才是突破两法冲突困境的必由路径。伴随修订《税收征管法》的契机，应当以保护纳税人基本权利为原则，平衡两法的立法理念与法律适用，在遵循行政强制领域一般性规定的基础上，兼顾税收征管程序的独特性，实现两法的和谐互动。

（1）《税收征管法》的修改原则上应向《行政强制法》靠拢

《行政强制法》作为行政强制领域的一般法，自然对税收强制也有所约束和调整。因而《税收征管法》中涉及税收强制的一般性条款，应当在修法后与《行政强制法》保持一致，进而统一执法尺度，规范税务机关权限与职责，以期“着重税捐正义，有效实践纳税者之权利保护”。②

其一，构建严格的强制程序操作规范，重点调和两法的程序冲突。具体包括：①明确要求税收强制程序必须由两名以上具备行政执法资格的税务人员参与，规范税务机关的强制行为；②执法现场应当场交付查扣或冻结决定书、

① 参见张云、宋玉华：《浅议行政强制法与税收征管法的冲突与协调——基于税收征管视角》，载《特区经济》2012 年第 5 期。

② 黄俊杰：《纳税人权利之保护》，北京大学出版社 2004 年版，第 3 页。

查扣清单、现场笔录以及权利告知书等法律凭证，遇有紧急情况应在 24 小时内补办并送达当事人；③完善当事人不在场的见证人制度，见证人应包括但不限于被执行人的成年家属、街道和居（村）委会工作人员、公证员等；④废除允许被执行人自行保管查扣财物的裁量性规定，明确由税务部门及其工作人员妥善保管查扣财物或委托第三方机构代为有偿保管；⑤提高行政效率和强制效果，将原定 6 个月的查扣期限缩减为 30 日，既迫使欠税人及时缴纳欠税款充盈国库，又督促纳税人及时行使申诉权，节约司法成本；⑥削减税务机关变价处理查扣财物的自由裁量权，遵循《行政强制法》以公开拍卖方式强制纳税人履行金钱给付义务的法制化轨道。其二，充分借鉴发达国家的先进经验，引入《行政强制法》的行政强制事前论证和实施评估制度。[①] 此举可发挥《税收征管法》的评价和预测作用，便于税务机关预判税收强制的法律效果和社会效果，进一步提升税收强制的科学化和规范化，切实保障纳税人的合法权益。

（2）保持和细化税收强制措施的特殊性规定

纵观德国和西班牙等大陆法系国家的行政强制法律，开篇即强调税款强制征收程序的独特性。我国《税收征管法》关于税收强制的内容不仅与《行政强制法》有所交叉，还具有经济法和税法的特殊性，应当在其特殊领域范围内继续深化和优化。一方面，扩大禁止查封扣押生活必需品的数额及范围。税收为强制性无对待给付，不能仅以有法律根据即有服从义务，因为可能有多数暴力或民主滥用情事，为保障少数人，税法应受严格平等原则之约束。[②] 因而为保障纳税人的基本生存与发展权益，应遵循量能课税的原则，综合考虑地域经济发展、通货膨胀等物价上涨因素，提高生活必需品的价值标准并设定幅

---

① 我国《行政强制法》第 15 条规定，行政强制的设定机关应当定期对其设定的行政强制进行评价，并对不适当的行政强制及时予以修改或者废止。行政强制的实施机关可以对已设定的行政强制的实施情况及存在的必要性适时进行评价，并将意见报告该行政强制的设定机关。公民、法人或者其他组织可以向行政强制的设定机关和实施机关就行政强制的设定和实施提出意见和建议。有关机关应当认真研究论证，并以适当方式予以反馈。此外，诸多国家还有更具本土化和特色化的行政强制事前论证和实施评估规定，如德国《行政执行法》规定强制方法需在实施前先行确定，日本《行政代执行法》规定特定即时强制须有法官的许可证，英国受自然正义下的公平受审原则影响，行政强制执行除紧急情况外要预先听证。参见胡建淼主编：《行政强制法研究》，法律出版社 2003 年版，第 225～230 页。

② 葛克昌：《地方课税权与纳税人基本权》，载《台湾本土法学杂志》2002 年总第 35 期。

度，具体数额交由地方税务部门因地制宜规定。另一方面，贯彻经济法责权利效原则，设立阶梯式罚款权限制度。为严格约束税收强制的罚款恣意性，明确罚款数额与决定权限之间的对应关系，如罚款数额为欠缴税款0.5～5倍的，由税务机关及其主要负责人批准；但罚款数额为欠缴税款3～5倍的，还须向上级税务主管部门备案。

《税收征管法》和《行政强制法》的冲突性规定难以机械运用一般法律适用原则得到解决，通过比较两法价值理念探寻平衡协调之道，不失为一条有效途径。无论是短期的执法协调还是长远的修法融合，均需秉承纳税人权利保护之宗旨，充分尊重纳税人的平等地位与合法权益，严格约束和限制政府的行政强制行为，为构建法治国家与和谐社会营造健康环境。

第二章　修订税收征管法应秉持的基本理念

“理念”（古希腊文：eidos；英文：idea；德文：Idee）一词是一个舶来语，是对客观事物的一般抽象，指向一种理想的、永恒的、精神性的意境。[①]“法理念”则为人们对法进行的最高原理上、最抽象层面的整体把握与宏观认识，代表着人们对法应然性的信仰与追求。[②] 正如黑格尔所言，“如果不是某种式样的理念，

---

① 柏拉图将理念视为永恒、单一、不动的绝对存在，认为最高的理念为善，是人类认知真理的源泉。“善的理念是最大的知识问题，关于正义等等的知识只有从它演绎出来的才是有用和有益的。”“现在你必须承认，这个给予知识的对象以真理给予知识的主体以认识能力的东西，就是善的理念。它乃是知识和认识中的真理的原因。真理和知识都是美的，但善的理念比这两者更美——你承认这一点是不会错的。”“在凡是我们能用同一名称称呼多数事务的场合，我认为我们总是假定它们只有一个形式或理念的。”请分别参见［古希腊］柏拉图：《理想国》，郭斌和、张竹明译，商务印书馆 1986 年版，第 260 页、第 267 页、第 388 页。

② 吕世伦先生则认为：“法理念是法的精神与法的实在之间的内在统一。在这里，法的精神亦称法意识、法观念、法概念，属于法的主观性方面；法的实在又称法的定在、法的现象、法的外部存在方式，属于法的客观性方面。”参见吕世伦：《法理念探索》，法律出版社 2002 年版，第 1 页。“理念即是内在精神，直至最高本体”。参见江山：《中国法理念》，山东人民出版社 2000 年版，自序第 2 页。

任何东西都不能生存”。[①] 任何一部法律的存在无不是以内在理念(精神)作为基础。一项制度之创立,必先有创建这项制度之理念;一项制度之推行,也必践行该项制度之理念。如果此项制度之理念逐渐晦昧懈弛,那么其制度亦即趋于腐化消失。[②] 申言之,研析评价一部法律的合理方式不应局限于对法律条文与法律规则的把握,而应扩展到对法律思想与法律理念的深刻解读。只有先行了解法律的理念,才能深刻领悟和体会法律的价值倾向,然后才能逐步提升对法律原理与制度的认知。同样,要有效地制定、修订和实施法律,不应满足于法律条文整理的连贯与法律用语术语的精准,而贵在把握法律的基本理念与内在精神,应着重落实立法的价值内涵与核心宗旨。[③] 总之,在法律理论的研究过程中,法理念作为对法律现实和法律实然的超越,反映了研究者对法的精神或灵魂的抽象感知,是一种受社会物质条件所决定或影响的应然性;在法律实践推进过程中,法理念作为法律制度内含的价值导向,是一项支配实践者思想行为的最高准绳,成了法律实施或法律遵守过程都普遍尊重与认可的基本法则。

正因法理念研究的重要性,[④]以下将遵循法理念的一般维度,深入税收征管法的内部,对税收征管法理念的表达向度予以具体剖析,以便为我们进一步修订税收征管法提供理论指引。

第一节　税收征管法的应有理念及功能

税收征管法作为财税法的重要组成部分,它需要形成具有代表税收征管法自身特质的法理念,这也是修订税收征管法必须加以深入思考的首要问题。税收征管法理念是税收征管法理论本身所应该具备的,对税收征管法的固有

---

① [德]黑格尔:《法哲学原理》,范扬、张企泰译,商务印书馆1961年版,第1页。

② 参见钱穆:《国史大纲》,商务印书馆1996年版,第415页。

③ 我国台湾法学家史尚宽先生曾言:“依法之理念以指导立法及法之运用。故法之理念,不独为立法原理,而亦为法的解释之指导原理……立法不依法之理念,则为恶法,窒碍难行。解释法律不依此指导原理,则为死法,无以适应社会之进展。”史尚宽:《法律之理念与经验主义法学之综合》,载刁荣华主编:《中西法律思想论集》,台北,汉林出版社1984版,第272页。

④ “法律理念过去曾对人类文明有过不可磨灭的贡献,这一点很难否认。由现代世界呈现的紧张情势来看,倘若文明想要存续,那么对于这种基本观念的倚赖当更为殷切。即使没有其他的原因,只为这个缘故,今天对法律理念从事创造性的研究也比过去任何时代还要重要。”[英]丹尼斯·罗伊德:《法律的理念》,张茂柏译,新星出版社2005年版,第278~279页。

本质及其发展规律的一种立体性的、全方位的、最深层次的理性认知、把握和概括,它囊括了税收征管法的本质、本源、运行、本位、精神、目的、价值、方法等多重法律要素,是对税收征管法律的内在特质及运行原理进行高度抽象和理性升华后所形成的意识形态。税收征管法理念凝聚着财税法学者对税收征管法的全部认识和终极寄托,统摄了税收征管法的理论研究与实践应用,它在整个税收征管法理论体系中处于最高形态,已经摆脱了对现代税收征管法律制度直观的、表象的心理体验和认知的局限性。概言之,税收征管法运用之最高原理,方可谓之税收征管法理念。

一、税收征管法理念的基本意义

税收征管法理念作为税收征管法的应然规定性和内在思想性的抽象认知,堪称税收征管法的灵魂,它在整个税收征管法学体系中起着一种统摄全篇的作用。税收征管法的存在是以税收征管法理念作为基础的,只有先行了解和剖析税收征管法的理念,提升对税收征管法的理解和认识,摒弃对税收征管法的误解与偏见,正确地观察与解释税收征管关系,才能夯实税收征管法的存在价值,税收征管法的重要地位也由此得到彰显。概言之,对税收征管法理论问题的深入分析与税收征管法实践问题的具体观察,都离不开税收征管法理念的正确引领和准确导向。正因税收征管法理念在整个税收征管法研究中发挥一种统帅全局的作用,从而无论是税收征管法研究方向的准确指引,还是税收征管法立法质量的充分保障,抑或税收征管法的具体适用、高效实施,都离不开税收征管法理念的强大功能,其作用贯穿于税收征管法发展与完善的始终。也就是说,无论立法者对税收征管法进行何种修改,最为重要的是应遵循税收征管法的基本理念,通过把握税收征管法的内在特质,以明确分辨税收征管法与其他邻近法律(如相关行政法)的真正区别。唯有如此,立法者才能准确把握税收征管法修订的本质和要义。

首先,税收征管法理念是税收征管法之所以存在的关键因素,它蕴含着税收征管法所承载的基本价值与历史使命,也是检验税收征管法正当与否、合理与否的标尺和准则。[①] 税收征管法理念作为税收征管法致力于追求的最高理

① 施塔姆勒认为,“一个正义的法律规则是指这样一种规则,在特定情形下,它与一般法的基本理念相一致”。参见[德]施塔姆勒:《正义法的理论》,夏彦才译,商务印书馆2012年版,第9页。

性和理想范畴，凝聚了税收征管法理论在价值层面所期待的目标模式，是税收征管法研究者在研究中所不可丢失的坚强信念。传统的税收征管法研究正因对税收征管法理念认知上的落后，或者说未能跟上树立现代税收治理观念和构建现代税收征纳制度的脚步，从而产生了对税收征管立法修订上的不足，如将税收征管法定位为一部"管理法""税收征管行政法"以及将纳税人与征管人之间界定为不平等、单向的、对抗的行政管理关系等，这些思维误区产生的根源就是缺乏对税收征管法理念的深刻了解。因此，税收征管法修订并不完全等同于相关法律条文的删废和改动，而是在更深层次上对传统税收征管法价值、理念的重新定位和反省。理念的模糊和观念的陈旧是财税体制改革新时期税收征管法修改的掣肘，从而可能对我国推进税收治理现代化形成一种现实的梗阻。因而，我们只有系统梳理与准确提炼税收征管法应有的基本理念，才能避免税收征管法修订误入歧途。

其次，税收征管法理念作为统率税收征管法修订的指导思想，它是税收征管立法需求与税收征管法律制定之间的"桥梁"，各项具体税收征管法律制度的形成与实施都需要税收征管法理念进行准确指导。申言之，税收征管法理念作为一种理性认识的形态，来源于税收征管的具体法治实践，是对税收征管法实施过程形成的最深层次的、固有的、本质的抽象认知。这种抽象认知将与税收征管法律制度的实施过程形成某种内在融合，从而推动税收征管法律制度的进一步完善。也就是说，由于现代税收征管法治实践过程的日趋复杂，将催生出许多新的税收征管立法需求，但税收征管的立法需求必须借助税收征管法理念这一中介才可能转换为新的税收征管法律制度。其因在于税收征管法理念乃是对税收征管法本质及其发展规律的一种整体把握，它可以协调与融合税收征管法治实践中产生的相互冲突的税收征管法律思想、法律信仰以及价值取向等，从而对现行的税收征管法律制度进行宏观评判和优化选择，最后依照税收征管法理念的基本导向进而推动税收征管法律制度的变革。形象地说，税收征管法理念类似于"建筑图纸"，它站在税收征管法修订的整体视角，从一个较高的角度充分把握立法目的与客观需要，不仅为税收征管法修订指明了正确方向和追求目标，保障税收征管法律制度的每一次修订都不至于偏离正确的轨道，同时也为税收征管法的立法者设计出明确的具体方案。如果没有税收征管法理念的导航，税收征管法修订需求将难以转化为税收征管的立法实际，或者说良法"难产"，势必导致税收征管的制度供给滞后于税收征管的实践需求。

再次,税收征管法理念作为税收征管法的最高表现形态,是税收征管法适用与实施过程中所应遵循的最高原理。只有依照税收征管法理念来指导税收征管法的运行过程,积极适应税收征管理念所指向的发展规律,才能保障税收征管法的适用与实施产生其应有的法律效果。正如荀子所言:"不知法之义而正法之数者,虽博,临事必乱。"[①]也就是说,我们对税收征管法的适用不能仅限于"正法之数",即简单地操作税收征管法的具体规则,更重要的是应"知法之义",即把握税收征管法的理念导向。立法者有什么样的税收征管法理念,就会制定什么样的税收征管法,法条、法规好比躯壳,同样的躯壳置于不同的灵魂(法理念),就成为不同的体制,效果不尽相同,甚至大相径庭。[②] 税收征管法的具体实施不仅要求对税收征管法律规则予以把握,更要求对其所蕴含的法理念进行一定程度的反思。在税收征管法的一般适用过程中,税收征管法的实施者只有严格遵循正确的税收征管法理念,才能达到税收征管立法及其修订的预期目标。即使在税收征管法律制度出现"漏洞"和"空白"的特殊情况下,税收征管法的实施者只要在漏洞或空白填补过程中援引税收征管法理念,就能真正体现税收征管法促进社会分配正义实现的目的。反之,税收征管法的一般适用如果缺乏正确理念的指导,它对税收征管关系的调整也就难以达到预期的目标。

最后,税收征管法理念对税收征管法修订具有前瞻性的指导作用,使修订后的税收征管法具有一定的立法超前性,能在一定程度上避免税收征管法的朝令夕改,保障税收征管法的法律权威。法理念是人们对法的理想化追求,是法的生命之所在,具有超越现实的价值导向性。如果缺乏税收征管法理念的前瞻性导引,那么税收征管法修订将很可能难以满足税收征管法治实践的需要。税收征管法治实践作为一个不断发展的动态过程,要求税收征管法修订能满足和服务于这一动态过程,唯有依靠税收征管法理念对税收征管法治中呈现出的现行或潜在的立法需求予以认知、预测与把握,才能促使立法者从税收征管的法治实践经验中真正总结出对未来具有指导意义的内容,并反馈到税收征管法的立法修订上来,这样才能使修订后的税收征管法既能服务于现

---

① 《荀子·君道》。

② 参见史际春、李青山:《论经济法的理念》,载《华东政法大学学报》2003 年第 3 期。

实需要,又能适当应对未来的立法需求。倘若缺乏税收征管法理念对税收征管法治实践过程中呈现的立法需求进行有机洞察与合理预测,那么刚修订出的税收征管法就有可能难以跟上税收征管法治实践不断变化的步伐,甚至使修订后的税收征管法依旧整体落后于现实的需要。

总之,全面深入地阐释税收征管法的基本理念,提升对税收征管法的理解和认识,摒弃对税收征管法的误解与偏见,对于科学地指导税收征管法的制定、修订与实施,系统地健全税收征管法治体系都具有十分重要的意义。

二、税收征管法理念的主要内容

"法律是一个有意识服务于法律价值与法律理念的现实……除了正义,法律的理念不可能是其他理念。而法律源于正义就如同源于它的母亲一样……因为正义就像真、善、美一样,是一个绝对的价值,也就是说,不可能从其他价值中推导出来的价值。"[①]税收征管法理念作为法理念的一个子范畴,必然以追求公平、正义为己任,[②]这种公平、正义不是对税收征管法起偶然作用的主观所为,而是对税收征管法起长效作用的价值导向。当然,税收征管法作为一部事关国计民生的重要法律,对于何为公平、正义的税收征管理念应予以一个学理层面的阐释与解读,通过紧密结合税收征管法的具体制度和运作环境(如在推进税收治理现代化的大背景下),提炼出符合中国税收征管法的理念表达。

(一)税收征管法理念的研究起点

税收征管法理念是税收征管法的内在规定性和思想灵魂。它与税收征管法律体系中的其他要素不同,税收征管法理念的研究不能以局部素材作为研究对象,而应立足于宏观和整体来观察税收征管法的各种内部和外部现象,需要能勾勒出一幅关于税收征管法原则或规范的基本蓝图,这样凝练出的税收征管法理念,才是对税收征管法律制度的应然状态与理想境地的真实描述。

正如孟德斯鸠的方法论,即"在法律之外,从历史、生活、风俗习惯种种方

① [德]古斯塔夫·拉德布鲁赫:《法哲学》,王朴译,法律出版社2013年版,第34~35页。

② 有学者认为,税法必须符合正义之理念,而为正义之法。税收正义既是宪法之基本原则,也是税收之核心价值。参见黄俊杰:《税捐正义》,北京大学出版社2004年版,第2页。

面去研究法律的‘精神’，从社会的演进去探求这种力量在政制、法律方面所起的作用和一般的规律”。[1] 如此，税收征管法修订问题的研究不能局限于对税收征管法方面的法条解释、案例分析以及国内外法律制度比较，而应全面深入地揭示税收征管法理念的实质内涵，应尝试突破原有研究思维上的束缚与禁锢，需要对税收征管法的理论研究视域予以充分扩展，不断深化对税收征管法内在机理的认知，最终形成对税收征管法理念的准确理解。我们对于税收征管法理论的研究贵在寻求、提炼和厘定合乎国情、接地气的基本理念范畴，质言之，法理念是税收征管法律制度得以发展与完善的内在基石和逻辑起点，也是对税收征管法理论认知的结晶和升华。

（二）税收征管法理念的表现维度

对税收征管法理念的提炼应遵循由一般到特殊、由理论到实践的研究进路。笔者认为，在新一轮财税体制改革的背景下，税收法定理念、平衡协调理念、正当程序理念以及可诉性理念应成为我国税收征管法的基本理念，因为这四大理念能够从不同方面反映税收征管法的本质属性，是贯穿于税收征管法的制度建设的各个环节的基本准则，也是衔接税收征管法的各个环节、各项制度和相关理论的“桥梁”，亦是我国《税收征管法》得以存在、有效实施以及迅速发展的根本。我国立法机关应当在信守上述税收征管法理念的基础上探求税收征管法的修改理路，从而实现税收征管法对纳税人权益保护和国家税收利益保障的双重立法追求。

税收法定理念是税收征管法理念的基石。税收征管制度的发展、演进史就是一部税收法定发展史，税收法定理念的每一次升华都推动着税收征管制度的变革，税收法定理念贯穿于税收征管制度成长的始终。因此，税收征管法的修改必须在税收法定理念向导下，合理规范税收征管权力的运行，科学厘定税收征管法律关系主体间的权义责任，在实现税收征纳主体权力（利）间的动态平衡的同时实现对公民财产权的有力保障。

税收征管法承载的平衡协调理念在于通过构建纳税人与征管人之间权义关系的动态平衡体系，来实现对私有财产权和国家财政权的双重维护，体现税收征管法对征纳双方利益平衡的价值追求。对平衡协调理念进行解读可以发

---

① 张雁深：《孟德斯鸠和他的著作》，载[法]孟德斯鸠：《论法的精神》（上册），张雁深译，商务印书馆1961年版，第18页。

现税收征管法必须制约国家税收征管权力不断扩张的趋势，防范税收征管强权对纳税人利益可能造成的不当侵害。因此，税收征管法修订，必须矫正传统意义上税收征管人与一般纳税人之间不平等的狭隘观念，建立合乎税收债权债务关系理论上的平等博弈机制。

正当程序理念源于自然正义，承继于自然法，具有合理性与合法性的双重限度，承载着内在价值和外在价值的指向，是主体行为及相关制度正当性的归依。税收征管本身是一个流程，税收征管法总体上是一种程序法，程序是税收征管法的核心，要实现税收征管资源分配的公平，必须依赖税收征管法正当程序理念的导向。在税收征管法正当程序理念的导向下，必须从税务登记、凭证管理、涉税信息管理、申报纳税、税额确认、税款追征、税务检查等具体程序角度对我国《税收征管法》予以进一步修订。

可诉性理念作为法的基本属性之一，体现出维权的品质，是增强法的实施效力的必备要素。可诉性理念与税收征管法融合，是司法公正性、制裁性的体现，是维护纳税人基本权益的最后一道屏障。可诉性理念要求税收征管法主体行使税收征管权力一旦越位、错位或缺位，不但能在税收征管法中找到相应的约束性规则，而且能依规则不受羁绊地做出合乎正义的处理。因此，可诉性理念下的税收征管法修订，必须在适当清理税务诉讼障碍（主要体现为《税收征管法》第 88 条“双重前置”之规定）的同时，构建专门的税务法庭和专业的司法审查制度，发挥司法权的威慑力，从而合理规制税收征管权的行使。

（三）税收征管法理念的逻辑关系

如上所述，我国税收征管法修订应秉承税收法定、平衡协调、正当程序和可诉性的法理念。其中，税收法定理念是税收征管法理念体系的逻辑起点，在理念范畴中它是税收征管法律体系构建的基石，从这个逻辑起点出发，开发出平衡协调、正当程序以及可诉性三个理念维度。平衡协调理念是整体的构造要求，正当程序理念是推行的方式手段，可诉性理念则为最终的制度保障，它们彼此融合，自成体系，展现了税收征管法的理念面貌和价值追求，在实践中为理解和适用税收征管法确立了一个精神原点。这不仅有利于在税收征管法立法修订中实现整个法律体系的协调与完善，也有利于指导相应的税法执法和司法工作。

当然，正如黑格尔所言，“法律决非一成不变的，相反地，正如天空和海面因风浪而起变化一样,法律也因情况和时运而变化”。[①] 在具体的法律情境下,每一种税收征管法理念的推行都受制于很多因素,有时候是他们共同作用的结果,那么这诸多因素之间,将可能出现税收征管法理念之间相互冲突或者是需要作出何种理念优先的抉择。这就要求在不同的法律环境下,实现税收征管法理念之间的彼此融合。例如,强调税收征管法正当程序理念,并不意味着通过烦琐与复杂的诉讼程序设计而导致可诉性理念实现的障碍,而应以税收征管法可诉性理念为优先导向,要求设置简单便捷易操作的税收诉讼程序,这就是税收征管法正当程序理念与可诉性理念之间适当融合的体现。

概言之,我们试图把这些税收征管法理念的位序加以明确框定、固定化、程式化的做法将是徒劳无功的。对于一项较为复杂的税收征管制度体系设计,会牵涉到多个税收征管法理念的交锋,此时这些税收征管法理念内涵的位阶关系可能会发生变化,是侧重于某一理念还是兼顾所有理念,都将导致税收征管法律制度设计的差异。因此,我们需要在具体情境下重新考虑它们之间的逻辑优先问题,尤其是除税收法定理念外的其他理念的逻辑关系,即它们之间的逻辑融合问题在征管法修订中应给予高度重视。

第二节 税收法定理念的精神实质及落实

作为税收征管法的统领灵魂和逻辑起点,“税收法定理念(由于税收法定原则成为一种习惯表达,以下即用税收法定原则来替代税收法定理念的表达)”,又称“税收法律主义”或“税收法定主义”,[②]其简明含义是指课征税收必须有法律依据且须严格依法征税和依法纳税。税收法定原则作为近现代市场经济国家税法建制的三大基本原则之一,[③]是税法实践中最为重要、应用最

① [德]黑格尔:《法哲学原理》,范扬、张企泰译,商务印书馆1961年版,第7页。

② 参见张守文:《论税收法定主义》,载《法学研究》1996年第6期。

③ 现代国家税法建制的三大基本原则包括税收法定主义、量能课税原则和稽征经济原则。其中,税收法定主义属于形式正义,量能课税原则属于实质正义,而稽征经济原则则属于技术正义的要求。这三大基本原则分别代表人们在税收征收问题上不同层次的理性思考,并贯穿于具体税法制度的建设和制定中。参见黄茂荣:《税捐法体系建制原则——税捐法定主义》,载黄茂荣:《税法总论:法学方法与现代税法》(第1册增订2版),台北,植根法学丛书编辑室2005年版,第261页。

为普遍的基本原则,它是人民主权原则、人权保障原则、法治原则、权力区分(制衡)原则等现代宪法原则在税法上的体现,对于保障纳税人人民的财产权利及自由,对于维护社会公共利益和市场经济秩序具有举足轻重的作用。改革开放以来,我国在推进社会主义市场经济暨法治建设的过程中,也先后通过1982年《宪法》、1992年《税收征管法》、2000年《立法法》等规定,初步确立了税收法定原则这一基本原则。① 但在现实生活中,由于我国经济社会改革发展任务繁钜、问题错综复杂与亟待解决,再加上主观认识上的偏差,税收法定原则并未能得到很好的贯彻和落实,税收立法领域大量的空白授权立法的存在,税收实践中政府、政府财税部门随意、越权减免税收问题相当突出,不仅使纳税人的财产权及其自由运用丧失稳定、透明、可预期的法律保障,更使市场经济体制条件下公共财政法律制度(当然也包括税法制度)应有的服从和服务于市场经济、给市场主体奠定自由、公平、平等竞争的税制环境无从有效形成,妨碍了市场经济生机活力的充分发挥。也正因如此,党的十八届三中全会《关于全面深化改革若干重大问题的决定》明确指出要"落实税收法定原则",并将其作为"加强社会主义民主政治制度建设"的重要内容之一,就具有非常重大的现实意义和实践价值。但落实税收法定原则,首先就要求我们要深刻认识和准确把握该原则的精神实质,然后根据其内在要求采取相应的解决措施和方法。

一、税收法定原则的历史演进

(一)税收法定原则的源起

英国既是近代宪政理论和议会制度的发祥地,又是税收契约精神和税收

---

① 我国1982年12月全国人大通过的《宪法》第56条明文规定:"中华人民共和国公民有依照法律纳税的义务。"1992年9月全国人大通过的《税收征管法》第3条规定:"税收的开征、停征以及减税、免税、退税、补税,依照法律的规定执行;法律授权国务院规定的,依照国务院制定的行政法规的规定执行。任何机关、单位和个人不得违反法律、行政法规的规定,擅自作出税收开征、停征以及减税、免税、退税、补税的决定。"2000年3月全国人大通过的《立法法》第8条和第9条明确要求,财政、税收的基本制度只能制定法律;尚未制定法律的,只有经由全国人大及其常委会作出授权决定,国务院才可以根据实际需要先制定行政法规。并且,该法第10条、第11条进一步明确规定"授权决定应当明确授权的目的、范围。被授权机关应当严格按照授权目的和范围行使该项权力。被授权机关不得将该项权力转授给其他机关。""授权立法事项,经过实践检验,制定法律的条件成熟时,由全国人民代表大会及其常务委员会及时制定法律。法律制定后,相应立法事项的授权终止。"这些都由全国人民代表大会通过的法律,分别从纳税义务履行、课税权行使、税收立法权分配等角度就税收问题作出了规定,无疑可视为我国确立税收法定原则的具体体现。

法定主义的发源地,英国议会制度和税收制度成长史也体现出税收法定主义的演化史。自英国封建制度形成之日起,便承继了原始民主传统观念,“当时有行新法及关生民利害之事,必须得人民之同意”,于是有关征税问题一般需经“贤人会议”的讨论和同意。[①] 然而,后来由于王权的不断强化,加之财政危机的出现,国王屡屡打破了“国王靠自己的收入生活”和“征税必须获得纳税人同意”(consent to taxation)的封建征税传统与财政惯例,甚至出现了对贵族横征暴敛的暴政统治行为,最终爆发了贵族与国王、教会之间的激烈政治冲突,国王为维系王权的存在与重塑王权的形象,压力之下被迫签署了限制王权的政治文件——《大宪章》——历史上首次确立“非赞同毋纳税”[②]的原则。虽然当时并不存在真正意义上的议会,但《大宪章》的诞生为税收法定原则的形成奠定了良好的制度基础,这也是君主财政专制主义向议会财政民主主义转化的源头。[③] 概言之,“在英国的议会制度上首先确定为议会权限的,便是赋税承诺权——人民金钱上的负担,非得人民本身代表的承诺,不得征课的思想,成为议会制度发达的起源”。[④]

《大宪章》(1215 年)“兵役免除税与协助金”的具体表述如下:[⑤]

第 12 条:[英王征收兵役免除税与协助]

未获余等王国之公众评议(common counsel),余等之王国不得征收兵役免除税或协助金,下列三项除外:赎回余等之身体、册封余等之长子为骑士、出嫁余等之长女(然限一次),即使有上述之理由,亦只可征收合理之协助金。伦敦城缴纳之协助金,情形亦然。

第 14 条:[协助金与兵役免除税之评议程序]

为保有王国内对协助金(上述三项除外)或兵役免除税估税之公众评议,

---

① 参见[英]比几斯渴脱:《英国国会史》,清代翰墨林编译印书局编译,中国政法大学出版社 2003 年版,第 2 页。

② 至 14 世纪,“无纳税人同意不得征税”这句格言在法国和英国都已牢固确定下来,违反它就相当于实行暴政,恪守它相当于服从法律。参见[法]托克维尔:《旧制度与大革命》,冯棠译,商务印书馆 1992 年版,第 139 页。

③ 《大宪章》签订之后,议会的课税权逐渐强化,如爱德华一世在 1275 年、1295 年、1296 年和 1301 年的课税行动均得到了议会的认同。See Bryce Lyon, *A Constitutional and Legal History of Medieval England*, New York, W. W. Norton & Company, 1980, p. 386.

④ [日]美浓部达吉:《议会制度论》,邹敬芳译,中国政法大学出版社 2005 年版,第 264 页。

⑤ Harry Rothwell, *English History Documents* 1189 - 1327, London, Routledge, 1975, p. 318.

余等当用余等之信件逐一召集大主教、主教、修道院院长、伯爵、大男爵，此外，余等将通过余等之郡守及基层官吏对余等所管领之所有主要人士进行普遍召集，评议会召开时间为召集期限届满至少40日之后，并于确定之地点召开；采信件召集者，余等将详细说明召集之原委。召集程序启动之后，拟议事项亦当于指定之日由出席者商讨，即使所召集者并未全部出席。

一直以来，学界对《大宪章》第12条和第14条的评价极高，认为这是税法基本原则（或最高原则）——"税收法定主义"（或税收法律主义）的最早渊源，而且还确立了"议会课税权"和"无代表则无税"的税收立法原则。但是从《大宪章》颁布到光荣革命，《大宪章》屡屡受到国王的挑战，其中内容经常未能得到有效遵守，但是通过贵族势力的艰苦不懈斗争，《大宪章》也一次次被得到确认，[①]其中存在税收法定的精神最终顽强的生存了下来。[②]

（二）税收法定原则的发展

1215年英国《大宪章》已初露税收法定主义的萌芽；1627年《权利请愿书》规定，非经国会同意，不宜强迫任何人征收或缴付任何租税或类此负担，从而正式在早期的不成文宪法中确立了税收法定主义；[③]再至1689年的《权利法案》（Bill of Rights）宣称，"未经议会授权，为王室所需而凭借特权征收钱财，超期征收或以其他非授权方式征收，均属非法"。[④]《大宪章》《权利请愿书》《权利法案》等一系列宪法性文件的颁布，确立了所谓"国家的课税权非基于国民代表议会所通过的法律则不得行使"的宪法原则，即"税收法定原则"，成了税收法定主义流变过程中的重要标志。随着议会权力至上宪法原则的逐渐确立，议会实现了对税收问题在内的国家政治生活的全面、彻底的控制。诚如法国人端洛姆（Delome）形容英国议会之言："在法律上它什么都可以做，除了把女人变成男人外。"[⑤]

---

① 据议会档案记录，在爱德华三世（1327～1377年）和理查德二世（1377～1399年）统治的72年内，《大宪章》被确认了36次。参见程汉大主编：《英国法制史》，齐鲁书社2001年版，第217～218页。

② 参见李健人：《英国税法法律主义的历史源流》，法律出版社2012年版，第76～80页。

③ 参见张守文：《论税收法定主义》，载《法学研究》1996年第6期。

④ Paul L. Hughes, Robert F. Fries, *Crown and Parliament in Tudor Stuart England: A Documentary Constitutional History*, 1485－1714, New York, Putnam, pp. 311－315.

⑤ 祁建平：《英国议会制度的变迁：从"议会主权"到"行政集权"》，载《人大研究》2006年第11期。

在税收法定原则的发展过程中,北美殖民地也因不堪忍受种种重税的压迫,同时受到英格兰税收法定精神的传播和启发,①从而爆发了北美独立战争,经过艰苦卓绝的斗争,最终美国人将税收法定的基本精神写入了宪法文件。

美国《宪法》(1787 年)第 1 条第 7 款至第 10 款②和美国《宪法修正案》第 16 条③有关税收法定原则精神的表述如下:

第 7 款:"征税法案应由众议院提出,但参议院可以其他法案对征税法案提出修正案或附加赞同修正案。"

第 8 款:"国会拥有以下权力:赋课并征收直接税、间接税、输入税与国产税;偿付国债,并提供应美国之共同防务与一般福利经费;惟各种税收、输入税与国产税应全国划一……"

第 9 款:"除与本宪法前文规定之人口普查与统计数成比例之人头税与直接税外,不得赋课人头税与其他直接税。"

第 10 款:"非经国会同意,无论何州均不得对进口或出口课税,在执行其检查法规上绝对必要课税者不在此限……未经国会同意,任何州均不得征收船舶吨位税……"

美国《宪法修正案》第 16 条:"国会有权对任何来源之收入赋课并征收所得税……"

凭借宪法的明确规定,美国国会完全掌握了税收立法权,税收法定主义最终在美国得到了树立。受英美民主宪政思潮和资产阶级革命的影响,加之法国路易十六时期的财政危机,1789 年法国也爆发了一场震惊世界的革命运动。在最终的革命成果中,法国所颁布的《人权宣言》,以美国《独立宣言》为

---

① 1765 年 10 月,马萨诸塞等 9 个殖民地的代表举行了针对《印花税法》的会议,并通过决议要求"非经他们自己亲口同意,或者由他们的代表表示同意,是不能向他们课税的,这是与人民的自由以及英国人毫无疑问的权利分不开和至关重要的……唯一能代表这些殖民地人民的是那些由他们自己在殖民地选出的人,除非经由他们各自的议会,谁也不曾向他们征过税,也不能够合乎宪法地向他们征税……"参见[美]纳尔逊·曼弗雷德·布莱克:《美国社会生活与思想史》(上册),商务印书馆 1994 年版,第 187 ~211 页;[美]塞缪尔·埃利奥特·莫里森等:《美利坚共和成长》(第 1 卷第 1 分册),天津人民出版社 1975 年版,第 290 ~301 页。

② 参见[美]汉密尔顿、杰伊、麦迪逊:《联邦党人文集》,程逢如、在汉、舒逊译,商务印书馆 1980 年版,第 455 ~458 页。

③ 同上书,第 470 页。

蓝本,采用18世纪的启蒙思想家学说和自然权论,宣称"自由、财产、安全和反抗压迫是人天赋的(自然的)不可剥夺的权利",所有政治联合的目的则在于保护这些自然权利。对自然权利的限制仅由法律所决定,法律是公共意志的表达,所有公民都有权亲自或经由其代表去参与法律的制定。为了军事力量的维持和行政管理的支出,公众的税捐是必不可少的。所有公民都有权亲自或由其代表来决定公共税捐的必要性,自由地准许,有权知道税捐的用途,决定税率、税捐的评估和征收方式、纳税期限。由于财产权是人不可侵犯和庄严的权利,任何人的财产除由于公共的需要和法律的判定外,不应当被剥夺……所有这些大大地丰富和完善了财产权仅受法律限制、课征税收应由法律规定、应经过公民或其代表的同意等税收法定方面的内容。

法国《人权宣言》对税收法定主义具体表述如下:

法国《人权宣言》第14条:"所有公民都有权亲自或由其代表来确定赋税的必要性,自由地加以认可,注意其用途,决定税额、税率、客体、征收方式和时间。"

总体上,法国《人权宣言》中的内容不仅将税权交还给人民及其代表,而且还首次将合理使用税金作为租税本身的一项要求,把人民对征税的权利延伸到税金的使用方面,这为后来从租税的征收和支出两个方面理解租税在宪法上的概念以及在此基础上创立的纳税人基本权和税权控制理论提供了历史证明和经验。①

二、税收法定原则的精神实质

所谓事物的精神实质是指其核心、精髓和本质内容。那么,税收法定原则的精神实质究竟是什么呢?我们除了需要了解税收法定原则的产生渊源,还需从税收法定原则的不断成熟过程去加以考察。

(一)课征税收应经纳税人同意

从税收法定原则的产生过程,大家知道,税收法定原则的确立,是资产阶级革命限制封建王权、保护私人财产权的一大胜利,它标志着专制君主滥用税收课征权的终结。伴随着世界范围内民主革命的风起云涌,现代税收制度中的税收法定原则,逐渐为许多国家的宪法所采纳,成了税法领域之最高原

① 参见刘丽:《税权的宪法控制》,法律出版社2006年版,第109页。

则——“帝王条款”。十八九世纪以来的资本主义各国纷纷以宪法或税收基本法的形式明定“税收法定原则”。

例如，德国《魏玛宪法》第134条规定：“全体公民必须依据其资力，遵照法律上的规定公平负担赋税。”美国《宪法》第1条第7项规定：“征税法案应由众议院提出，但参议院对之有提议权及修改权，与对其他法案同。”加拿大《宪法》第53条规定：“任何有关动用税入或征税的法案应由众议院先议之。”日本明治23年的旧《宪法》第21条规定：“日本臣民，有依法律纳税的义务”；现行《宪法》第30条规定：“国民依法律的规定负有纳税义务”，第84条规定：“赋税的新课或现行赋税的变更，以依据法律或法律确定的条件为必要”。韩国《宪法》第29条规定：“国民有依法律纳税的义务。”西班牙《基本法》第9条规定：“西班牙人民有依其经济能力缴纳租税的义务，除议会制定的法律予以规定者外，任何人不得被迫缴纳其他租税。”法国《宪法》第34条规定：“法律由国会投票决之。下列各种事项由法律制定之……各种赋税课税基准、税率及征收方式、货币发行制度。”巴西《联邦宪法》第141条第34项规定：“除法律规定外，不得征收任何税捐，但关税或为战争征收的税捐不在此限。”南非《联邦宪法》第60条规定：“一、有关赋税金钱与征课的法案，仅能先由众议院提出，但有关罚金及特别罚款不在此限；二、参议院不得变更有关课税、拨款与政府经费之法案；三、参议院不得修改法案，增加人民负担或向人民征收租税。”英国《国会成文法》第1条规定：“下列公共事业，得由众议院议长指定为财政法案，包括赋税之征收、废止与豁免、变更。”①

以上宪法性文件和各国宪法确定的税收法定原则深刻表明，税收法定原则历经时代更迭，被赋予了越来越多新的内涵与注解，有了形式意义与实质意

① 许多国家在宪法文本中都确立了税收法定原则，但其具体的表达模式存在一定区别，主要有义务模式、原则模式、混合模式三种。参见刘国：《税收法定主义的宪法阐释》，载《华东政法大学学报》2014年第3期。义务模式即类同于我国《宪法》第56条的规定，如越南《宪法》第80条规定，“依照法律的规定纳税和参加公共事业劳动是公民的义务”。原则模式就是在宪法中仅对税收应遵循的基本原则和基本制度进行了规定。如洪都拉斯《宪法》第351条规定，“税收制度应根据纳税人的经济能力，遵循合法、按比例、普遍性和公平诸原则”。混合模式就是在宪法中不仅规定了公民纳税义务，而且对税收设定、税收原则同时进行规定。如秘鲁《宪法》第77条规定：“所有人都有缴纳应纳捐税和平均承受法律为支持公共服务事业而规定的负担的义务。”第139条规定：“捐税的设立、修改或取消，免税和其他税收方面的好处的给予只能根据专门法律进行。征收捐税需遵循合法、一致、公平、公开、强制、准确和经济的原则。”

义法定主义之分野与纷争，但其原初将课税权本质隶属于立法权这一十八九世纪从形式意义上宪法所确认的国会保留观点至今并未受到挑战与动摇，即"国家据以课征人民租税之权力（或人民负有纳税之义务），必须是以'法律规定之形式'，才属于合法"。而所谓以"法律规定之形式"又系指由全国人民或其选出之代表组成议会，经过长时间之开会、讨论、决定及承诺，完成立法程序，并经国家元首公布之法律。[①] 税收法定原则的逐渐成熟，乃是现代民主法治国家为贯彻宪法所保障之人民既得财产权而在税收领域作出的必然抉择与应然延伸，其主要目的乃在于排除行政机关在无法律明文授权之情形下，擅自发布行政命令或解释以作为课征租税之依据，而恣意进行课税。[②] 也就是说，在发达市场经济国家中国家据以课税、人民据以纳税的正当依据只能是狭义的形式意义上的法律，即国会制定的法律，而不包括行政法规、行政规章。尤其在实行两院制国家，这种制定税收法律据以征税的立法权（或至少是立法优先权）更要置于人民直接选举的下院或者众议院的手中，而参议院的税收立法权则要受到极大的限制。这种国会保留甚至下院保留税收立法权的做法，其背后隐含的基本逻辑（理性思考）为：财产、自由、安全是人民天赋的不可剥夺的基本权利，应当受到国家的切实保护；政府课征税捐虽系提供政务支出满足社会公共需要之所需，但其课征的结果毕竟意味着纳税人人民财产权益的减少和财产运用自由的受限，涉及人民的生存、营业自由、人生规划等基本权利，因而其行使必须取得人民的同意以获得正当性；而同意的方式在民主宪政（政治）体制下则是应由人民或人民选举并可罢免的议会制定法律。

由此我们可以推断，税收法定原则的根本要义和精神实质在于政府课征税收应当经过纳税人人民的同意。同意的途径是人民参与或通过其代表（议会）制定法律；同意的目的是体现人民的意志、限制政府征税权并借由税收法律安定性的保障（可预见性、透明性及信赖保护）来维护纳税人人民的财产权及其营业自由、人生规划自由。也正是基于"纳税人同意"这一最本质的要义，税收法定原则中所称的税收法律的渊源，在现代民主宪政国家权力区分的

---

① 参见李宪佐：《我国宪法第十九条规定为租税法律主义原则之探讨——兼论我国司法院大法官会议历来之解释》，载《李宪佐财经法学论文集》（一），台北，元照出版公司2007年版，第294页。

② 参见田中二郎：《租税法》，有斐阁株式会社1968年版，第79页。

体制下，首先是指一国宪法规定的国家立法机关（民意机关）制定并依法公布的法律，而后包括地方议会或者代表大会（地方民意机关）所制定的关于地方税收的地方自治条例或地方性法规，此外也还包括人民关于全国性或者地方性税收问题的公决。①

（二）税收法定原则的学理解读

在税收法定原则的学理讨论过程中，日本两位学者北野弘久和金子宏的观点对我国财税法学界在20世纪80年代至90年代研究税收法定原则的过程中影响甚大。在北野弘久所著的《日本税法学原论》一书中，税收法定主义原则主要被归结为一种确保租税领域中法的安定性、法的预测性的法律手段，它通过阻止在税法执行过程中（行政过程、裁判过程）滥用权力的方式，以发挥维护纳税人的权利和保障自由权的作用。② 而在金子宏所著的《日本税法》一书中，认为税收法定原则主要包括"课税要件法定主义""课税要件明确主义""合法性原则"以及"程序上的保障原则"这四个原则，除此之外，将禁止溯及既往和保护纳税人权利也列为税收法定主义的内容。③ 在理论界和实务界的共同努力下，当前税收法定原则得到了进一步发展，其内涵与外围都得到了合理拓宽，在现代民主法治的条件下，税收法定主义成了广义财政民主主义的重要一环，税收法定主义不仅贯穿于立法、行政、裁判的三个过程，而且是实体与程序的统一、具有现代法理精神和以维护纳税人的人权为己任的理论。④

三、落实税收法定原则的关键——加强人大的立法能力与有序扩大人民的参与

如前所述，税收法定原则的精神实质是"纳税人同意"，其目的在于维护

---

① 例如，在瑞典，虽然有政府、有议会，但是人民从未让渡征税权。新增税种、改变税种、加税等，议会只有提出动议的权力，必须付诸全民公决方可决定。1993年11月瑞士举行全民公决，通过了自1995年起以增值税（TVA）取代营业税的法案。

② 参见［日］北野弘久：《日本税法学原论》（第5版），郭美松、陈刚译，中国检察出版社2008年版，第62~83页。

③ 参见［日］金子宏：《日本税法》，战宪斌、郑林根等译，法律出版社2004年版，第59~63页。

④ 参见［日］北野弘久：《日本税法学原论》（第5版），郭美松、陈刚译，中国检察出版社2008年版，第81~83页。

和保障纳税人的财产权及其自由，其实现途径是经由法律的形成表达纳税人公意。而要真正全面、准确表达纳税人的同意，首先要求作为课税依据的税收法律必须完备——此即课税要件应当法定，其次要求课税要件应当明确以减少对行政机关的空白授权，最后必须确保纳税人对税收立法的参与和掌控。而这一切都意味着强大的立法机构和纳税人的参与为必须。

（一）课税要件法定原则与税收法律的完备

课税要件即课税构成要件，是指为成立税收债的关系所必备的实体法条件，也是确定纳税人的纳税义务的必备条件。一般应包括税收主体（课税权利人及税收债务人）、税收客体、计征标准（税基）、税率与归属。由于课税要件直接关系到纳税人的纳税义务是否成立及其纳税义务的大小，与纳税人的个人利益和国家（财政）利益休戚相关，因此，它必须由法律加以规定，而形成税收法定主义中的课税要件法定原则。

课税要件法定原则的内容，包括“法律保留原则”和“法律优位原则”。其要求为：（1）税法如同刑法，是对有关主体的自由和财产权利的重大限制，所以应如“罪刑法定”一样，有关纳税人实体权利义务的课税构成要件必须以法律的形式作出规定，非依法律规定不得课征税收。此即“法律保留原则”或称“国会保留原则”。[①] 据此原则，一国作为税收课征依据的法律必须全面、完备，裨使征税机关征税、纳税人纳税有其正当依据。（2）凡违反税收法律，和税收法律规定相抵触的低层次税收行政法规、地方性法规、行政规章等，应当受到法律审查而不具有法律效力，以维护正常的税法秩序，此称“法律优

① 由于法律是由立法机关国会制定，所以在一般意义上“法律保留原则”也即“国会保留原则”。但从严格意义上讲，“国会保留原则”意指立法机关根据宪法规定而保留自己的专属税法立法权。两者在对待税法法源资格问题上也是有差别的。税收法定原则如果定位于国会保留层次，则只承认立法机关制定的规范才具有税法法源资格，尤其在税收主体、税收客体、税基和税率等方面都必须以形式意义上的法律定之，也即实行严格的国会保留。反之，如果仅定位于法律保留层次，则行政机关依据立法机关在法律中的授权而制定的法规命令也具有税法法源资格，这其中主要是为因应税收实践非常复杂的现实需要。但即使承认法规命令的税法法源资格，除其制定的授权应符合授权明确性原则外，授权范围也不能流于浮滥，以至于实质上削弱立法机关对于行政机关当有的制衡功能。参见黄茂荣：《税捐法体系建制原则——税捐法定主义》，载黄茂荣：《税法总论：法学方法与现代税法》（第1册增订2版），台北，植根法学丛书编辑室2005年版，第270～272页。

位原则”。[①]

(二)课税要件明确原则与空白税收立法授权之禁止

按照税收法定主义的要求,税收法律中有关课税要件的实体规定,其意义必须明确、易懂,避免产生歧义,以防止征税机关滥用“公权力”自由裁量。即有关创设税收权利义务的规范的内容、宗旨、范围等都必须由法律明确规定,从而使纳税人可以预测其税收负担,此即“课税要件明确原则”。

课税要件明确原则,是实现课税要件法定原则必要的前提条件。如果税收法律中有关课税要件的实体规定不明确,势必形成对行政机关的一般性、空白性的委任授权立法,使其在确定纳税人的实体权利义务时有很大的自由裁量空间,从而有损于纳税人的合法权益。这显然有悖于课税要件法定原则的宗旨。因此,课税要件明确原则要求税收立法授权的范围、目的必须明确、具体,严格禁止在税收立法领域进行一般性、空白性委任税收立法。

而反观我国税收法制立法实践,由于改革任务的繁钜与迫切,加上对税收法定原则的忽视,改革开放以来的几十年间,我国不仅先后依据1984年全国人大常委会和1985年全国人大的两次空白授权,制定了大量的税收条例草案和税收暂行条例作为税收课征的依据,[②]而且在2000年《立法法》已经明确规定税收基本制度只能制定法律、税收立法授权应明确立法目的和范围的情况下,我国18种税收其高层次的税收实体法律依据仍仅只4部(《个人所得税法》《企业所得税法》《车船税法》《环境保护税法》),其余则均为依1985年人大授权制定的暂行条例,而且一暂行就多达20年。并且即使在已经制定了税收法律的领域,税收法律本身也仍然高度抽象、简单、陈旧,内容不够明确,税收实践中必须借助于低层次行政实施条例及众多的行政规章才能予

---

① 本段所谓“法律”仅指狭义的法律,即由立法机关按立法程序制定、通过,并经法定程序公布的法律。在我国指全国人民代表大会及其常务委员会制定通过,并经国家主席颁布的法律。

② 1984年9月第六届全国人大常委会第七次会议根据国务院的建议,通过《关于授权国务院改革工商税制发布有关税收条例草案试行的决定》,授权国务院在实施国营企业利改税和改革工商税制的过程中,拟定有关税收条例,以草案形式发布试行。该决定2009年已经废止。1985年4月第六届全国人大第三次会议通过《关于授权国务院在经济体制改革和对外开放方面可以制定暂行的规定或者条例的决定》,授权国务院对于有关经济体制改革和对外开放方面的问题,必要时可以根据宪法,在同有关法律和全国人民代表大会及其常务委员会的有关决定的基本原则不相抵触的前提下,制定暂行的规定或者条例,颁布实施,并报全国人民代表大会常务委员会备案。该决定依然有效。

以实施,实际上这些法规、规章才是真正的征税依据,税收法律本身反成可有可无的摆设、具文。例如,我国《个人所得税法》自1980年制定至今尽管已经修改了6次,但其条文却始终只有15条,文字总数仅2500多字,而相应的个税实施条例则有48条5200多字,税务总局发布的个税规章、通知、函令仅目录就多达79页1184条。我国2011年2月新制定的《车船税法》,本身也仅有13条,法律正文连同所附税目税额表仅1700余字,但其授权立法条款则多达6项,且授权多授予地方政府而不是地方立法机构。这种税收法律不完备、课税要件不法定、不明确的状况,不仅严重背离了税收法定原则的要求,无法反映纳税人人民的意愿,而且,由于低层次行政立法的随意性、易变性与透明度缺乏,大大地损害了纳税人的财产权利,也极大地膨胀了行政机关的税收权限,对此,我们必须通过加强民意机关税收立法,细化税收法律的内容,予以改变。

但客观冷静地分析,我国要收回税收立法权、提高立法层次、细化税收法律内容,首要的关键性的问题是要加强人大及其常委会这一民意立法机关的力量,使其真正有能力因应经济社会的快速发展来适时新订、增删和完善税收法律。考虑到我国现行立法机构人大代表的兼职性、行业代表性和人大会期的短暂性所带来的困难,新设人大专门委员会——公共收入委员会,专门研究制定有关税收、公债、国有资本收益、彩票发行等公共财政收入方面的法律,大力充实人大常委会财政预算工作机构的人员,作为人大、人大常委会税收立法的辅助力量。在立法过程中逐步减少对财政、税收主管部门的税收立法起草方面的依赖,对于克服"部门利益法制化"的立法弊端,更好地体现民意立法机关的税收立法主导地位,当属有益之举。同时,应当进一步完善人大立法的程序和机制,通过举办多种形式的税收立法座谈会、听证会、公布法律草案等,扩大纳税人、各行各业代表、专家有序参与税收立法的途径,更好地吸收和反映纳税人的意愿和要求。

四、落实税收法定原则必须实现依法征税和完善程序制度保障

落实税收法定原则,不能仅以提高税法立法层次、完善税收法律制度规定为已足,更应关注的是如何将业已制定的税收法律制度规定在税收实践中贯彻实施和实现。也唯有如此,税收法律中所反映的纳税人的意愿才能真正加以落实,纳税人的财产及其运用自由方面的权利保障才能真正加以实现。为

此，在税收征纳实践中，必须严格贯彻依法征税原则并予以严格的程序保障。

过去，在税收立法层面，我国不仅存在以空白授权、以大量的行政法规、规章、规范性文件甚至批复、通知等形式架空税收法律的事实，而且在现实的税收征管实践中，政府、政府财税部门依政策、按指标征税，随意越权减免、不减免税收或加重、增加税收的现象也比比皆是，税收征收中的畸轻畸重、寻租舞弊行为也时有发生。这不仅严重破坏了税收征收管理秩序、败坏了社会风气，而且有损于国家财政利益的实现和纳税人课税的公平与私人财产的保障。而按税收法定主义依法征税原则的要求，税法既然属于公法、强行法、命令法，则纳税人一旦满足了税收法律规定的课税构成要件，征税机关不仅无减免或不减免税收的自由，更没有擅自征税或不予征税的自由，即必须依据税收法律征收规定的税额。换言之，征税机关有权利依法征税，也有义务依法征税或不予征税。

为做到依法征税，我们首先应逐步减少委托授权立法，尤其要严格禁止一般性空白性的税收委托授权立法，以便从制度源头上压缩税收行政法规、部门规章、规范性文件等的适用空间。同时，在税收征管实践中，应牢固树立税收法定理念，严格依法征税。尤其是应严格禁止征税机关和纳税义务人之间进行税额的和解或协议，以避免课税不公和滥用公权；应严格禁止类推适用，对于税法无明文规定的事项，各征税机关、法院不得比附援引类似事项的规定，来设定、加重或者恣意减轻纳税人的税收负担，以维护纳税人的财产权利和课税公平；应严格禁止税法溯及既往的适用，即就税法的适用效力而言，原则上应仅及于其公布实施以后所发生的事项，而不得溯及税法公布实施前已发生的事项，以维护纳税人纳税义务的安定和对国家税收法律的信赖。

另外，税收征纳程序也非常重要，它是规范税收征管与缴纳行为、保护纳税人合法权益的程序保证。税收法定主义的内涵，不仅要求有关税收核定、课征的实体条件须有法律依据，而且要求税收的征收、缴纳程序也必须具有正当性，即“实体合法，程序正当”。因为税收的课征是“公权力”的行使，是国家公权力介入“纳税人个体”的生活领域，所以它必须依适当的程序行使，并且对其课征中而发生的纠纷也必须依公正的程序加以解决，以维护征纳双方尤其是纳税人的合法权益。在这方面，我们的急迫任务应该是全面审视和修订现行《税收征管法》的规定，改变过去那种重国家课税权、轻纳税人权利的惯性思维，遵循税收征管正当程序[①]的理念，按照开放性、中立性、经济性的内在价值和法定性、平衡性、可操作性的外在价值要求，分化、独立和细化税收征收缴纳各项程序制度规定，重点加强对税务管理程序、税款征收程序、税务检查程序和税务救济程序机制的立法完善和制度建构，才能真正规范税收征管与缴纳行为，夯实税收征管制度的正当性与合理性基础，最终为实现税收法定、保护纳税人的合法权益提供程序保障。

第三节　平衡协调理念的贯彻

平衡协调作为税收征管法理念的标志性要素，是中国税收征管法修订应遵循的基本理念，亦折射出税收征管法内在均衡性、公私交融性、合作性、兼顾性等重要特征，它贯穿于税收征管法的各种制度与各个环节之中。平衡协调理念要求税收征管法的立法、执法、司法都应以维护和实现整体利益作为出发点（既要保障国家税收收入，又要保护纳税人合法权益），税收征管法在规范与调整具体税收征管或征纳关系的过程中，应促进、引导以及实现国家税收利益与纳税人个体利益目标的相统一为落脚点。[②] 平衡协调作为一种税收征管法理念，在税收征管法的宏观抑或微观领域均发挥着基础性的调节与引导作用，它意味着：（1）平衡协调是探索、实现在税收征管秩序和公民财产自由、税收征管效率和税收征管正义的多重价值之中的权衡；（2）通过税收征管法来寻求税收征管人权力和一般纳税人权利之间的协调，来调整国家税收利益和公民财产利益之间的关系，致力追求纳税人的长远利益和社会福利，这才是真正的平衡协调；（3）平衡协调意味着征纳双方主体之间平等合作、相互信任和

---

① 正当程序是表示规范的正规的执法的法律概念。正当程序建立在政府不得专横、任性地行事的原则之上。它意味着政府只能按照法律确立的方式和法律为保护个人权利对政府施加的限制进行活动。参见[美]彼得·G. 伦斯特洛姆编：《美国法律辞典》，贺卫方等译，中国政法大学出版社 1998 年版，第 15 页。

② 在学理上，有学者提出了衡平税法理念，即衡平税法追求税法的价值衡平、税权衡平以及税负衡平的基本目标，衡平税法的目标是在价值衡平的基础上实现税权衡平和税负衡平，共同回应社会财富分配的不均衡现实，矫正税法异化的功能。参见张怡等：《衡平税法研究》，中国人民大学出版社 2012 年版，第 53～54 页。在实质内涵上，衡平税法理念与税收征管法平衡协调理念具有一定的交叉性、相容性。

长期博弈的实现,是税收征管法的发展方向。[①] 总之,在中国新一轮财税体制改革的环境下,平衡协调理念将是推动税收征管法发展的摇篮和提升纳税人税收遵从度的平台,作为一个调和国家与公民之间征税关系或纳税关系的"权衡器",如何发挥平衡协调理念的激励或导引功能将对整个税收征管法修订和完善过程起到不容忽视的作用,也只有充分研究税收征管法的平衡协调理念,方可创造并维护一个令税收征管法发挥合理作用的理想环境。

一、税收征管秩序与公民财产自由的协调平衡

缘于自由与秩序之间的对立统一关系,平衡协调精神是许多传统法律部门都普遍存在的一般法理。只是税收征管法作为一部事关公民财产自由和国家财政利益的重要法律,它所秉承的平衡协调理念更具鲜明性与特殊性,自由与秩序的平衡协调是现代税收征管活动所追求的最高境界。就税收征管秩序而言,公民财产自由绝不是对它的排斥,而是对其更高级和更理性的运用形式。申言之,一个合理的、运行良好的税收征管活动必然将在公民财产自由与税收征管秩序之间形成一种张力,从而使税收征管活动既具有稳定的权力行使秩序,又具有适合的财产自由空间,即税收征管秩序应是保障了公民财产自由的秩序,而公民财产自由又应是实现了税收征管秩序的自由。如果只有税收征管秩序,没有公民财产自由,税收征管活动就会陷入恣意;如果只有公民财产自由,没有税收征管秩序,税收征管活动将面临混乱。概言之,鉴于税收征管秩序和公民财产自由可能处于一种相互对立的状态,因而促进和实现两者之间的平衡协调,这才是税收征管活动的理想境地。

如何才能消弭公民过分追求个体财产自由所生流弊以保持整个社会范围内的税收征管秩序?如何才能消解公民财产自由价值和税收征管秩序价值之间存在的张力?正如社会学家提出,"只有糟糕的社会秩序才是和自由对立的。自由只有通过社会秩序或在社会秩序中才能存在,而且只有当社会秩序得到健康的发展,自由才可能增长。只有在构造较为全面和较为复杂的社会秩序中,较高层次的自由才有可能实现"。[②] 诚如其言,对于税收征管法的立

---

① 参见史际春、邓峰:《经济法总论》(第2版),法律出版社2008年版,第157~159页。

② [美]查尔斯·霍顿·库利:《人类本性与社会秩序》,包凡一、王源译,华夏出版社1999年版,第300~301页。

法修订和完善过程而言，不应将公民财产自由与税收征管秩序对立起来，而应遵循平衡协调理念对自由与秩序价值的有机取舍和适当权衡，税收征管秩序作为实现公民财产自由的手段与条件，只有打造较为全面和相对复杂的税收征管秩序，即寻求征纳双方主体角色、权义关系、整体利益的动态和谐统一，才能更好地保障公民财产自由在这种税收征管秩序中得到更好的生存与发展，最终生成公民财产自由与税收征管秩序动态平衡的税收法治。①

二、彰显税收征管法平衡协调理念的手段与目的

由于平衡协调理念指向的不确定性，税收征管法的平衡协调理念本身难以在具体的税收征纳法律关系中得到直接适用，而是作为税收征管法的立法修订所应遵循的宏观导向或多维立体模式。对于税收征管法平衡协调理念的充分彰显，它是先以构建错落有致的税收征管秩序为手段，然后以实现国家和公民的整体利益保护为目的。税收征管法平衡协调理念的具体表达方式，可以从以下层面展开。

（一）手段层面：税收征管法调整对象的双重平衡

税收征管的立法完善过程意味着对税收征纳关系主体权力（利）、责任、义务予以重新分配与平衡的过程，在此意义上，税收征管法更多表现为一种对权力（利）责任义务分配过程进行调配和规制的协调平衡法。正如自由与秩序价值之间的目的和手段关系，在税收征管法的调整范围内，这种协调平衡既体现为税收征管权力与公民纳税权利的平衡配置，又离不开国家税收征管权力在公权部门间的合理划分（主要指税收征管权力分别在税务系统内部、税收征管部门与其他行政部门之间的分配）。

1. 征纳双方的权义关系平衡

税收征管权力意味着对公民财产权利的法定限制，这种公权力对私权利的干预使二者在发生冲突之时，在强大的征管权力面前，征管人往往成为强势一方，纳税人就显得相对渺小。因此，应认真对待征纳双方权力（利）的分配格局，切忌形成一方独大的税收征纳权局面，以免出现有违实质正义和整体利益的税收征纳情形。倡导税收征管法的平衡协调理念，即在税收征管或征纳过程中的公民财产权与国家财政权之互动，既应当以保障国家税收收入为宗

---

① 参见陈福胜：《法治的实质：自由与秩序的动态平衡》，载《求是学刊》2004年第5期。

旨,又应以充分实现纳税人权益保护为核心,通过"税收征管权力"与"纳税人权利"的均衡配置,达到二者之间的互动平衡。这既是平衡协调理念在税收征管法中的核心表现形式,也是逐步消解税收征管过程中上述失衡现象的关键所在。

通过以平衡协调理念推进税收征管法治化建设,期冀以征纳双方权力与责任、权利与义务关系的平衡来构建税收征纳关系主体一体遵守的行为规则,即通过形成平衡协调理念下税收征管或征纳权体系,将能确保税收征管或征纳活动在良好的税收征管秩序下向前运行,从而为纳税人提供最大限度的确定性和可预测性。因此,平衡协调理念下税收征管法修订的方向和方法,其立法完善过程应通过积极听取多方主体的意见,并着重于从征纳双方权义关系平衡的角度,正确认识和处理各方主体之间的权义关系,使之达到理性平衡,实现对征纳双方权义关系的最佳调整、配置。

2. 税收行政的部门关系协调

税收行政法律关系是一个因税收征管事务联结起来的诸多行政法律关系的有机结合体,它表现为一个由诸多行政主体(如税务部门内部、税务部门与公安、海关、工商管理、金融监管、环境保护部门等)共同参与或相互关联的多层次、结构化的税收征管系统。为保证税收征管过程的秩序和提高税收征管活动的效率,这些不同类型的税收行政主体需要通过制度化和组织化的逻辑安排,将其安置于相互协调与互动合作的既定架构内,形成一个能发挥更大作用的税收行政关系系统。

申言之,对于这种税收行政的部门关系协调,要求既精简又实用的职责配置格局:一方面,应要求在税务部门内部形成专业化分工的结构体系,无论是征收管理、税务稽查、纳税服务皆应有专门机构予以具体负责,并且应尽量避免重复性与交叉性的职能责任配置,以免导致相互推诿或相互争执的两难局面,最终造成税收征管权力资源的浪费;①另一方面,应在税务部门与其他行政部门、金融机构甚至是中介机构之间建立一个涉税信息共享、数据对接的合作平台,这就要求各级政府应加强对税务行政部门之间协调的领导,从而不断健全涉税信息共享机制,最终取得多方主体合作共赢的效果。

---

① 参见梁俊娇、王颖峰:《美国联邦税务局的内部机构设置及对我国的借鉴》,载《中央财经大学学报》2009年第4期。

(二)目的层面:国家税收利益和公民财产利益的协调平衡

税收征管法平衡协调理念所具有的内在本性与外在导向,使无论是要求税收征纳双方都能综合平衡地运用自身权力或权利,还是要求税务系统内部征管权限的明确划分、税务机关与其他政府部门的协调合作,其最终目的莫过于是为了能在税收实体法的共同作用下,更好地实现国家税收利益和公民财产利益的协调平衡,达到对社会整体利益的综合保护。①

税收征管关系其实质是一种依托于强制力而存在的财产分配关系,在公民财产权与国家征税权之间的博弈互动过程中,其背后隐含着国家税收利益与公民财产利益二者在税收征管实践中的对峙或冲突。在税收征管活动过程中,平衡意味着公民与国家之间的良好合作,达到国家税收利益与公民财产利益之间协调统一。但是现实实践中的一个危险信号就是税收征管权力的扩张本性将可能打破征纳双方权益关系的平衡,造成处于弱势地位的纳税主体财产权益被肆意侵犯和过度损害。也就是说,一味强调国家税收利益高于一切的地位,必将对公民财产利益造成侵损。我国税收征管法修订面临的重任就是这样一个难题,即如何平衡国家税收利益和公民财产利益之间的矛盾。税收征管法的修订在平衡和协调这两种利益之时,除了为税收征管权力的活动设定底线外,还必须使纳税人获得应有的自由和权利,这样国家税收利益才能够得到满足,从而在公民财产利益和国家税收利益之间找到一个最佳平衡点。对此,如何才能通过良好的制度设计实现相关各方主体利益的协调与平衡,就成为税收征管法修订者应重点加以考量的内容。

申言之,为避免税收征管法修订过程在利益取向上存在偏颇进而陷入修法困境,立法者应遵照平衡协调理念的要求,设计出可操作性的协调平衡规则(这种规则依附于征纳双方权义关系平衡的架构上)。但这种协调平衡规则是一个“罗生门式”的概念,使立法者所欲调整与规范的国家税收利益或公民财产利益之范围、程序、内容等都具有不确定性。为了更好地落实税收征管法的协调平衡理念,必须合理界定税收征管权力的权限和范围,同时还应通过积

---

① 法理学家庞德认为,法律并不创造利益,它是根据立法的目的,来确定哪些利益应予承认并确定其应被保障的范围,以及“为了判断在任何特定场合下怎样权衡对有效法律行为的各种实际限制”。参见[美]罗·庞德:《通过法律的社会控制》,沈宗灵、董世忠译,商务印书馆1984年版,第36~37页。

极的立法使纳税人权利的内容尽量得到制度化、具体化、可实现性的表达，应尽量避免立法语言上的空洞化与抽象化，应在立法技术上明确限定税收征管权力可允许介入公民财产权利的范围、程度、条件、程序以及内容等。概言之，面对征纳双方之间的利益矛盾，应通过贯彻和落实协调平衡理念来认识和评价这些所涉利益各自的分量，真正实现国家税收利益与公民财产利益在共存和相容的基础上达到合理的优化状态，这是税收征管法的最终价值取向，也是税收征管法修订的目的和任务所在。

三、落实税收征管法平衡协调理念的关键——从“管理法”转向“治理法”

如前所述，作为税收征管领域基本法律的修订，落实平衡协调理念的关键是在于达到征纳双方主体的平等合作、充分信任和协调互动。认真对待这种落定方向，在“推进国家治理体系和治理能力现代化”的治理语境下，体会其中深意，它在很大程度上反映了推进税收治理现代化①和构建现代税收征纳制度的发展要求，即税收治理作为国家治理的重要组成部分，推进税收征纳领域现代化将是提升国家治理能力的关键环节。然而，面对传统税收征纳制度过于重权力本位轻权利本位、重管理轻治理、重结果轻过程的弊端，②我国《税收征管法》在修订理路上应重视“权力关系说”向“债务关系说”“管理法”向“治理法”的转向。

（一）从“权力关系说”转向“债务关系说”

站在税收征管法平衡协调理念的视角来审视税收程序法律关系，“权力关系说”和“债务关系说”的区别相当明显：前者强调税收征管权力主体对权利主体的优越地位，征管人与纳税人之间是一个命令服从关系；后者重视税收征管权力的依法行使，认为税收之债的发生无关于税收征管权力，征管人与纳税人之间是一个地位平等关系。③ 不难得知，“债务关系说”的理论内涵明显更加符合税收征管法平衡协调理念的落定要求。如果要真正实现税收征管法平衡协调理念在立法上的全面表达，即实现征纳双方权义关系的平衡状态，达

---

① 2015年1月国务院法制办向社会公布的《草案征求意见稿》，其立法宗旨增加了“推进税收治理现代化”的表达。

② 参见刘剑文：《〈税收征收管理法〉修改的几个基本问题——以纳税人权利保护为中心》，载《法学》2015年第6期。

③ 参见刘剑文、熊伟：《税法基础理论》，北京大学出版社2004年版，第63～70页。

成税收征管人与一般纳税人之间的平等对接，就必须促进“权力关系说”向“债务关系说”的完全转向。①

按照“债务关系说”的理论要求，对税收征管法的定位必须摆脱对行政法的长期依附性质，即应消除行政法的权力关系模式对税收征管法修订的支配性影响，通过打造公法之债与私法之债之间的理论联结轨道，②逐步确立“债务关系说”的理论主导地位，最终使税收征管法的理论基础从“行政法帝国主义”的奴役中独立出来。例如，无论是税收征纳关系的发生、变更和消灭，还是期待征纳关系的双方能站在一个平等对接的相同高度，这对于提高纳税人的税收遵从度、降低税收征管的成本以及实现公民财产利益向国家税收利益的合法转化，都将起到至关重要的推动作用。

（二）从“管理法”转向“治理法”

审视平衡协调理念下税收征管法修订方向，传统意义上将税收征纳关系主要定位为“管理法”，③这已经与当前我国税收征纳实践存在较大脱节，更是难以适应新形势下构建现代税收征纳制度的要求。伴随着现代国家治理模式改革的步伐，税收征管法领域也正同样经历这种转变，对于税收征纳关系，即从强调“治民性”的不平等、单向的、对抗的税收管理关系转向“治权性”的平等的、互动的、合作的税收治理关系。④ 在此意义上，建构现代税收征纳制度应尽可能地破除传统的“管理法”思维局限，而更多地植入现代税收的“治理

---

① 参见张怡等：《衡平税法研究》，中国人民大学出版社2012年版，第318页。

② 日本学者美浓部达吉认为，“若债权的观念可解为要求特定人作行为不行为或给付的权利，那么，这观念决不仅为私法所独有，而是公法私法所共通的”。参见[日]美浓部达吉：《公法与私法》，黄冯明译，中国政法大学出版社2003年版，第86～87页。当然，作为公法的税收债务关系毕竟与私法债务关系有所区别：(1)产生根据不同，税收债务具有法定与强行性；(2)主体不同，税收债务关系具有一方主体的固有性和他方主体的广泛性；(3)内容不尽相同，税收债务关系具有金钱给付性和关系内容的不均等性；(4)处理争议所采取的方式与适用程序不同，税收债务关系具有特定性。具体分析请参见李刚：《税法与私法关系总论——兼论中国现代税法学基本理论》，法律出版社2014年版，第294～296页。

③ 现行《税收征管法》第1条关于立法宗旨表达，将“为了加强税收征收管理”列为立法宗旨的首要地位。

④ 参见刘剑文、陈立诚：《迈向税收治理现代化——〈税收征收管理法修订草案（征求意见稿）〉之评议》，载《中共中央党校学报》2015年第2期。

法”思维,[①]这种思维方式的转变也是我国《税收征管法》的理论发展模式的一个缩影。为落定税收征管法平衡协调理念,全面完成从“管理法”到“治理法”的理论转向,它描绘出这样一幅关于我国税收征纳向现代治理和善治转型的图景:[②](1)治理主体由不平等转向平等;(2)治理客体由征管人单方主导、纳税人被动服从转向强调征管人与纳税人的合作共治;(3)治理目标由以国家税收利益为中心转向国家税收利益与公民财产利益的平衡协调;(4)治理手段由以税收核定为中心转向以纳税申报为基础;(5)治理方式由一种义务性的征税管理转向权利性的纳税服务。如何彻底实现上述税收治理要素的成功转型,[③]就成为我国修订税收征管法、提升税收治理现代化程度的实质和关键所在。

1. 税收治理的主体

如果说传统税收征管过程主要由国家征税主体所垄断,那么现代税收治理不再局限于国家公权视域这一唯一场所,它至少应能解剖为国家征税主体与公民纳税主体的一体两面。详言之,通过推进税收治理现代化的改革,税收治理的过程应逐渐由以征管人为主的单一管理转向征管人、纳税人的双方共治。征纳双方从原来的不平等地位转变为征管人与纳税人的平等地位,也正是依靠这种平等地位,才能更好地实现税收征纳关系的协调共治。

2. 税收治理的客体

传统税收治理中,纳税人作为被征税管理的对象,纯粹扮演一种被指令、被配给的服从性角色,仅为被动的治理客体。随着税收治理的改革,治理过程

---

① 2015年1月国务院法制办向社会公布的《草案征求意见稿》,相对于原先的立法宗旨,有了一定的进步,体现出“治理法”的气息,即“为了规范税收征收和缴纳行为,加强税收征收管理,保障国家税收收入,保护纳税人合法权益,推进税收治理现代化,促进经济和社会发展,根据宪法制定本法”。

② 有学者生动地描绘出国家治理转型的图景要素:国家治理主体由单一转向多元、治理客体由被动转向主动、治理目标由统治秩序转向以人为本、治理方式由神秘转向透明、治理手段由人治转向法治。参见姜明安:《国家治理现代化过程中国家治理要素的转变》,载《法制与社会发展》2014年第5期。

③ 上述这些要素的转型也正是管理与治理的重要区别所在。前者它总是自上而下的,它运用政府的政治权威,通过发号施令、制定政策和实施政策,对社会公共事务实行单一向度的管理。后者则是一个上下互动的过程,它通过合作、协商、伙伴关系、确立认同和共同的目标等方式实施对公共事务的管理。治理的实质在于建立在市场原则、公共利益和认同之上的合作。参见俞可平:《治理和善治:一种新的政治分析框架》,载《南京社会科学》2001年第9期。

不再单纯依靠国家征税主体的单一力量，它将同时借助与发挥公民纳税主体的能动力量。由此税收治理的公民身份也开始转变，由被动客体逐渐转换为能动性的治理主体。正如一些学者所提出的公民地位理论：[①]税收治理客体将经历一条由被动地位（服从税收征管权威）向消极地位（排除征管人非法侵害）再向积极地位（拥有纳税服务请求）最后向主动地位（行使纳税人权利）的不断上升过程，只有彻底激活纳税人主体地位，才真正符合税收征纳关系的协调共治要求。

3. 税收治理的目标

传统税收征管制度将保障"国家税收利益"列为首要目标，这种过于侧重维护国家本位的立法模式，使得对"国家税收利益"的强化保护成了税收征管立法的出发点。正是这种立法目标的导向下，税收征管制度的立法设计者主要倒向于税收征管权力主体这一方，期冀通过这种倾斜性设计来充分维护"国家税收利益"，自然也就难以形成"国家税收利益"与"公民财产利益"的平衡格局。而在强调管理向治理的转型目标下，现代税收征纳制度的立法设计不再将保障"国家税收利益"列为首位，而是强调要通过对税收征纳行为的规范，即制约税收征管权力的不当扩大，防止其对纳税人权益的不当侵犯，来实现"国家税收利益"与"公民财产利益"之间的平衡协调。

4. 税收治理的手段

传统税收管理多采用命令手段，体现公权机关单边意志，凸显税收征管主体的权威性与强制性，要求税收治理对象无条件遵守与服从，如赋予税收征管主体的税收核定权、过大的税收优惠审批权、税务违法行为处罚裁量权等。而现代税收治理将变得相对温和，开始从单边性管理走向遵从性合作，开始重视和完善对纳税人权利的保障，建立起以纳税申报为基础的现代税收征纳程序，合作共治成为税收征纳过程的基础。这种税收治理手段的转向，既夯实了税收治理的正当性与合理性，同时也增强了税收治理对象的认同感和归属感。

5. 税收治理的方式

传统税收征纳过程体现为一种强制性、义务性的征税管理方式，它是自上而下地由征管人指向纳税人的单轨运作，更多的是税收征管权力主体恣意化

---

① 参见［德］格奥格·耶利内克：《主观公法权利体系》，曾韬、赵天书译，中国政法大学出版社2012年版，第79页。

与封闭化的表达方式。而随着税收管理向税收治理的思维转化，现代税收征纳的方式转变为征管人与纳税人双方互动的双轨模式，或者更确切地说它是一种体现为纳税人服务的权利性治理方式。整个税收征纳过程通过规范化、制度化与程序化的治理方式，将税收征管权力主体的行权过程予以公开化与透明化表达，从而推动税收征管朝着治理现代化的方式转变。

第四节　正当程序理念的价值与制度表达

在现代法治国，课税必须体现正当秩序而不得任意，税收正义堪称税收法治的大宪章。[①] 正义形态下的税收征管体系代表着一种有规则、无偏见的税收征管秩序，而法治形态下的税收征管秩序取决于一定形式的正当征管过程，正当征管过程又主要通过正当稽征程序来体现，这样一来，正当程序理念就成为《税收征管法》的基础范畴。[②] 由于《税收征管法》表现为税收征收管理法律关系主体必须恪守的基本流程与规则，也是实体性税法实施过程不可缺少的程序性配件与要素，因此，《税收征管法》总体上同样应被定位为一种通则性的税收程序法。"程序是社会的保护神。只有程序才能保护无辜，它们是使人们融洽相处的唯一手段。"[③]正当程序作为《税收征管法》的核心要素之一，它是规范税收征管与缴纳行为、保护纳税人合法权益的重要保证。因此，以正当程序理念为导向，综合分析税收征管程序所存在的问题，建构一套形式理性与价值理性相统一的税收征管程序机制，进一步升华《税收征管法》的程序性品格，充分落实税收征管的税收正义原则，有效配置税收征收管理法律关系主体的权力（利）[④]义务责任，应成为我国《税收征管法》修订的根本要求。

---

① 参见陈清秀：《税法总论》（第7版），台北，元照出版有限公司2012年版，第27页。

② See John Rawls, *A Theory of Justice*, Cambridge, Mass., Harvard University Press, 1971, pp. 235－239.

③ ［法］邦雅曼·贡斯当：《古代人的自由与现代人的自由》，阎克文等译，上海世纪出版集团、上海人民出版社2003年版，第236页。

④ 从税权理论上说，国家的税权实际上包括税收权力和税收权利两个方面，在税收权力的背后是国家的税收权利。在国家与纳税人之间，不仅存在国家税收征管权力与纳税人权利之间的关系，也存在国家税收征管权利与纳税人权利之间的关系。参见张守文：《财税法疏议》，北京大学出版社2005年版，第181～183页。

一、税收征管法正当程序理念的界定

正当程序理念滥觞于英国普通法上一个古老的理念——自然正义理念(natural justice)。[①] 根据丹宁勋爵的考证,正当程序的概念第一次在英国成文法上出现,可能是源于1354年爱德华三世第二十八号法令第三章的规定,[②]其后北美殖民地人民继承了正当程序的法律理念,并最终将其载入1791年美国《宪法修正案》第5条和1868年美国《宪法修正案》第14条。[③] 此后,正当程序理念逐渐为许多国家的宪法与宪法性文件所吸取,并成了人权保障的基石,是现代西方宪法精神的核心体现。随着社会的发展历史,正当程序理念的适用范围不断扩大,"正当程序的程序保障变成了另外的对专横立法的实体限制,防范行政专横的程序保障就演变成了对抗恣意行政行为的实体性限制。"[④]鉴于正当程序理念的重要性,而《税收征管法》又是一部关涉基本人权[⑤]的民生性法律,因此,挖掘税收征管法正当程序理念的内涵与功能,[⑥]实现

---

① 对于自然正义的基本要义,至今未有完全令人信服的答案。但在英国行政法上,自然正义理念在经过法院解释之后,其内涵一定范围内得到确定,主要包含两项基本程序规则:一是任何人不能作为自己案件的法官;二是人们的辩护必须公平地听取。参见 H. W. R. Wade, *Administrative Law*, Oxford, Oxford University Press, 1988, p. 466。

② 1354年爱德华三世第二十八号法令第三章的规定:"未经法律的正当程序进行答辩,对任何财产和身份的拥有者一律不得剥夺其土地或住所,不得逮捕或监禁,不得剥夺其继承权和生命"。参见[英]丹宁勋爵:《法律的正当程序》,李克强、杨百揆、刘庸安译,法律出版社1999年版,前言,第1页。

③ 伯尔曼在其巨著中也提到,"法律的正当程序"是一个14世纪用来描述自然法的英国词语,之后自然法的正当程序理论载入美国的实在法。参见[美]哈罗德·J. 伯尔曼:《法律与革命》(第1卷),贺卫方等译,法律出版社2008年版,第12页。

④ [美]约翰·V. 奥尔特:《正当法律程序简史》,杨明成、陈霜玲译,商务印书馆2006年版,第60~61页。

⑤ 美国《宪法修正案》第5条明确提到,"未经正当法律程序,不得剥夺任何人的生命、自由和财产"。因此,财产保护是基本人权保障的核心范畴,征税作为一种关涉公民财产的侵犯或剥夺行为,那么规范征税行为的税收征管法无疑与基本人权保障具有紧密的关联性。

⑥ 正当程序包含实体正当和程序正当两个方面。实体正当指作为租税使用途径的存在方式必须以"和平、福利为本位",并应完善税收法定之理念,同时税务制度、税务行政的存在方式要求与宪法的量能课税原则相符合,如最低生活费非课税原则、一定生存权财产费应少课税原则等。程序正当的内容较多,如对更正、决定等课税处分以及税务调查,都应对纳税人加以告知、辨明、公示等。参见[日]北野弘久:《日本税法学原论》(第5版),郭美松、陈刚译,中国检察出版社2008年版,第309~311页。

《税收征管法》与正当程序理念的有机结合,就具有极其重要的作用与意义。

(一)税收征管法正当程序理念的内涵

美国法律辞典关于正当程序的释义,主要是指“表示规范的正规的执法的法律概念。正当程序建立在政府不得专横、任性地行事的原则之上。它意味着政府只能按照法律确立的方式和法律为保护个人权利对政府施加的限制进行活动”。①《税收征管法》作为正当程序理念在税收征收管理法律制度上的具体化,承继了正当程序理念的本质内涵与价值导向。在《税收征管法》中,存在两个不同性质的权力(利)束——国家征管权和纳税人基本权,这两种性质的权力(利)束之间相互博弈,最终形成了税收征管的法律制度。税收征管法正当程序理念作为一种规范国家征管权和保障纳税人基本权的法律概念,它意味着征管主体只能按照税收法律所确立的方式和法律为保护纳税人权利对征管主体施加的限制进行活动。

(二)税收征管法正当程序理念的功能

根据我国《税收征管法》的立法目的,国家征管权既要受到控制又应获得保障,纳税人基本权既要受到保护又应得到约束。如何按照正当程序理念的基本要求,使国家征管权和纳税人基本权的配置达到合乎正义的中道与平衡,应是正当程序理念下《税收征管法》发展的终极样态。因此,正当程序理念下的《税收征管法》,核心要义是要在理性认识国家征管权与纳税人基本权的性质和作用的基础上,通过国家征管权与纳税人基本权的合理配置,协调国家税收利益与纳税人基本利益之间的冲突,最终实现国家征管权与纳税人基本权之间的相互制约与平衡。②

考察税收征管法正当程序理念的基本功能可以发现,它形同一个“过滤装置”,无论纳税人基本权还是国家征管权,经过这个过滤装置过滤后就更容易获得普遍性和正统性,通过这个连接国家与社会的装置,税收征管和税收缴纳在获得更为安定的秩序的同时还可能具有更强的自省力。③ 换言之,税收征管正当程序理念的一项重要功能就是使税收征管行为趋向理性化。鉴于税

① [美]彼得·G.伦斯特洛姆编:《美国法律辞典》,贺卫方等译,中国政法大学出版社1998年版,第15页。

② 参见张怡等:《衡平税法研究》,中国人民大学出版社2012年版,第316~317页。

③ 参见[日]谷口安平:《程序的正义与诉讼》,王亚新、刘荣军译,中国政法大学出版社1996年版,代译序,第10页。

收征管主体拥有较大的自由裁量权,应通过正当程序的价值导向,在行使税收征管权力(利)的主体能与承担纳税义务的主体之间进行理性的对话与协商,从而压缩征管权行使过程中可能存在的恣意与专横空间,进而保障纳税人的基本权益,提高税收征管的效能,增进纳税人对征管主体的信赖与遵从。

二、税收征管法正当程序理念的价值维度

富勒认为程序是根本性的法律手段,他分析了程序本身的独立性、主导的目的性、结果的正当性、结构的道德性、过程的参与性以及由程序引出的本质属性、功效条件、区别关联、道德限度等问题,提出程序本身是手段与内在目的的混合体,不仅具有某些工具性或手段性价值,程序是实现某些法律目的之渠道,还包含某些重要的内在整体性价值,法律程序具有正当性与道德性等。① 同理,税收征管法正当程序理念也具有内在价值(目的价值)和外在价值(工具价值)双重向度:内在价值是指税收征管法正当程序理念本身所应承载与拥有的独立、内在的道德品质;外在价值是指税收征管法正当程序理念具有一种外在的、作为手段的有益之善,它作为一种技术工具有益于税收正义终极目标的实现。

(一)税收征管法正当程序理念的内在价值

内在价值是衡量法律自身合理与否的标准,是实现法律终极目标的制度性保障,在此意义上,税收征管法正当程序理念的内在价值成为评价程序自身正当性以及实现税收正义的尺度。学界有关正当程序理念内在价值的论述颇多,②

---

① 参见[美]罗伯特·萨默斯:《大师学述:富勒》,马驰译,法律出版社 2010 年版,第 130 ~ 135 页。

② 美国学者贝勒斯认为正当程序的价值主要包含七类:和平原则、自愿原则、参与原则、公平原则、可理解原则、及时原则、止争原则。参见[美]迈克尔·D. 贝勒斯:《法律的原则——一个规范的分析》,张文显等译,中国大百科全书出版社 1996 年版,第 32 ~ 37 页。而泰勒认为正当法律程序的内在价值包含 6 个要素:当事人能否参与程序和有关的程序性决定、裁判结果是否与裁判过程一致、司法者是否独立而中立、司法过程是否符合效率的要求、是否具有纠错设置、是否符合一般的伦理观念。参见 Tom Tyler, "What is Procedural Justice ?: Criteria used by Citizens to Assess the Fairness of Legal Procedures", *Law & Society Review*, Vol. 22, No. 1, 1988, p. 22。德国学者 Volker H. Schmidt 提出了程序正义的 6 个最低标准:广泛性、信息敏感性、发言权、程序公开性、可解释性、可修改性(可逆性)。参见 Volker H. Schmidt. "Procedural Aspects of Distributive Justice", in Klaus F. Röhl and Stefan Machura (ed.), *Procedural Justice*, Oñati, Dartmouth, 1997, pp. 174 – 175。

但笔者认为,税收征管法正当程序理念的内在价值至少应包括开放性、经济性、中立性三重维度。

1. 开放性

《税收征管法》必须强调对程序参与主体的开放性,通过倡导开放性价值来打破传统意义上命令与服从式的税收征收管理法律关系。首先,税收征管程序要求程序的分化和独立,①只有形成不同税收征管程序彼此独立与相互承接的格局,才能控制税收征管中可能出现的恣意裁量行为。其次,税收征管过程的开放性要求税收征管的任何阶段和步骤都应以看得见的方式进行,即除涉及国家秘密、商业秘密和个人隐私外,应当将与征税权行使有关的事项向纳税人和社会公众公开。"如果公正的规则没有得到公正的适用,那么公众的压力常能够纠正这种非正义。"②在征税主体行使征税权时,开放性既可以保障纳税人的知情权,又能借助公众力量来监督、控制一些有违税收正义的行为。最后,"在实体的正义被相对化、纠纷所涉及的关系越来越复杂的当代社会中,以利害关系者的参加和程序保障为中心内容的程序正义观念在其固有的重要意义基础上获得了前所未有的重要性"。③ 税收征管本质上是对公民财产权利和经济自由权利的剥夺或限制,税收征管过程向纳税人开放,实现其对征管过程的参与,能最大限度地获取纳税人的遵从与信任。④

2. 经济性

税收征管程序的设计和运行应当符合经济性的要求,税收正义相伴于稽征经济而生。经济性作为税收征管法正当程序理念的内在价值,一方面是基于税收征管资源有限性的实践考虑,即在兼顾公平与平等征管的原则下,应简化税收征管程序,减少纳税人的遵从成本;另一方面是立足于税收征管的比例

---

① 分化和独立是程序的灵魂,分化是指一定的结构或者功能在进化过程中演变成两个以上的组织或角色作用的过程。参见季卫东:《法律程序的意义——对中国法制建设的另一种思考》,中国法制出版社 2004 年版,第 24 页。

② Michael D. Bayles, *Procedure Justice: Allocating to Individuals*, Dordrecht, Kluwer Academic Publishers, 1990, p. 42.

③ [日]谷口安平:《程序的正义与诉讼》,王亚新、刘荣军译,中国政法大学出版社 1996 年版,第 22 页。

④ 拉德布鲁赫认为,"民众对法律生活的积极参与会产生对法律的信任,对法律的信任同时又是他们主动参与这类活动的前提"。参见[德]拉德布鲁赫:《法学导论》,米健译,商务印书馆 2013 年版,第 177 页。

原则,即在不损害国家税收利益的前提下,要求征管主体有义务选择对纳税人损害最少的征管方式,方才符合比例原则。概言之,税收征管法正当程序理念的经济性要求有三:一是简化税收征管程序;二是降低税收征管成本;三是公正与平等的征管。①

3. 中立性

在保证稽征正义得以实现的各种原则和制度中,中立性处于显要的地位,它不仅是一种税收征管观念或道德上的要求,而且是税收征管程序正当性的内在体现,贯穿于《税收征管法》的始终。按照程序中立性的衡量标准:②首先,应树立税收征管程序设计的中立观,明确征纳双方法律地位平等的基本准则,以扭转税务机关和纳税人之间的不对等状态。其次,应采取审慎对待税收征管具体程序制定的委托,不能随意将有涉部门自身利益的税收征管规则完全委托给税务部门来制定。再次,应要求税收征管人保持中立,能平等对待税收征管中的各方当事人,要保证参与、听证、调查等程序的有效性,对于不同纳税义务人应同等对待,设立回避制度等。最后,应强化税务机关的独立地位,③尽量杜绝按照上级下达的刚性化指令或指标征税而架空《税收征管法》的现象。

(二)税收征管法正当程序理念的外在价值

卡尔·拉伦茨指出:"只有当程序本身是以'妥当'的程序原则为基础,换言之,只有当程序本身符合所谓的'正当'程序的要求,它才能'正当化'(以其固有的、规范性意义来理解)依该程序所作的决定。"④欲使税收征管程序本身符合正当程序之要求,需要挖掘税收征管法正当程序理念的外在价值。⑤ 这

---

① 参见黄茂荣:《法学方法与现代税法》,北京大学出版社2011年版,第261~262页。

② 一是与自身有关的人不应该是法官;二是结果中不应含纠纷解决者个人利益;三是纠纷解决者不应有支持或反对某一方的偏见。参见[美]马丁·P.戈尔丁:《法律哲学》,齐海滨译,生活·读书·新知三联书店1987年版,第240页。

③ 决定人的独立性因素有两个:不受有利害关系的某方当事人或某个群体的控制;不将作出决定的职能和其他一些与此种职能不相容的职能相混合。参见[美]迈克尔·D.贝勒斯:《程序正义——向个人的分配》,邓海平译,高等教育出版社2005年版,第35页。

④ [德]卡尔·拉伦茨:《法学方法论》,陈爱娥译,商务印书馆2003年版,第82页。

⑤ 无论是作为实现实体税法规定之结果公正的手段,还是作为体现税收征管制度之实质正义的工具,正当程序都始终不能或者说不应该脱离它必须具备的外在价值,外在价值被认为是《税收征管法》为实现其目的价值(税收正义)应具备的基本属性或共性价值。

种外在价值之存在取决于税收征管程序产生了税收正义的结果,即税收征管程序作为实现稽征正义的工具或手段必须是有用的、有效的。笔者认为,要判断一项税收征管程序是否具有外在价值,关键是要确立外在价值的衡量标准。

1. 法定性

税收征管程序是税收征管法律关系主体广泛遵守与普遍适用的准则,其外在价值应符合法定性,必须通过合乎立法规范的操作把正当程序理念嵌入税收征收管理法律制度中,从形式正义上保持相对稳定的税收征管秩序,为纳税人提供最大限度的可预期性,从而促使纳税人依法履行纳税义务。

2. 平衡性

税收征管程序只能是一般性的规范,不可能完全考虑税收征管个案的事实与情节。税收征管程序必须为税务机关严格适用法律规则与适当行使自由裁量权预留一定空间,需要在体现普遍性的征管形式正义与实现个别性的征管实质正义之间保持平衡。一项税收征管程序如果既能保障税务机关在法定范围内借助合理的日常经验法则、严密的逻辑规则以及科学的理论原则等,尽可能地收集资料、线索、依据,对与纳税人具有利害关系的税收事实和关系进行客观且全面的甄别、审查、认定,又能在自由裁量的范围内选定最符合实质课税原则的税收征管方法来确定纳税人的具体纳税义务,那么这项税收征管程序就实现了其外在价值。

3. 可操作性

税收征管程序作为动态性的规范集合,必须能将理论上的税收正义转化为现实中的正义结果,这种可操作性堪称税收征管程序的生命力,是税收征管程序不可或缺的外在价值之衡量准则。也就是说,一项税收征管程序必须植入充分的实践理性,使税收征管程序的设计合理性和现实操作性相契合,引导税收实质正义由理论形态向现实形态转化,这种结果正义乃是税收征管程序所要达到的理想状态。结果正义主要表现在两个方面:一是正确认定征税要件事实,征税决定必须建立在真实、准确的应税事实基础之上;二是严格适用法律,符合形式正义要求,合理行使征税裁量权。①

① 参见施正文:《税收程序法论——监控征税权运行的法理与立法研究》,北京大学出版社2003年版,第63~65页。

三、修订《税收征管法》时正当程序理念的制度表达

税收征管法正当程序理念的制度表达，既是通过规范化来对具体的税收征管程序做时间和事务方面的划分，又是借助制度化功能保证税收征管机关能够落实行使征管权所需要的人力、物力和手段。[①] 对于税收征管正当程序理念的制度化走向，应依循其内涵、功能要义，秉承其基本价值维度，夯实税收征管制度的正当性基础。按照我国现行《税收征管法》的基本体例，税收征管程序可分为本体性程序和救济性程序：本体性程序是确认、执行或保障税收征管法律关系主体间的权力（利）义务关系的步骤和方式，包括税收管理程序、税款征收程序以及税务检查程序；救济性程序服务于本体性程序，是维护、救济或恢复税收征收管理法律关系主体间权力（利）义务责任关系的方法和手段，包括税收复议程序与税收诉讼程序。我们拟以本体性和救济性程序作为分析框架，对我国税收征管程序的核心内容予以评析，并提出改善建议。

（一）本体性税收征管程序的评析与完善

1. 税务管理程序

我国《税收征管法》第 15 ~ 27 条主要规定了税收征管的税务管理程序，其作为税款征收的前置性程序，主要体现为纳税义务人及关系人应承担的协力义务，包括登记、记账及保持账簿、取得与保存凭证、申报义务等。[②] 我国当前的税务管理程序存在如下问题：税务管理权背后缺乏法律程序之合理控制，未能明确纳税人承担协力义务的要求或限度，易于出现税务机关恣意加重纳税人负担的行为，甚至影响纳税人享有的实质与程序性权利。

（1）税务登记程序。税务登记是纳税人履行纳税义务以及税务机关进行税收征管的首要条件，它既是税务机关对纳税人信息的统计与对特定申报事项的审核，又是税务机关以书面的税务登记证件形式依法确认征纳双方税收法律关系的成立。2013 年 6 月公布的《修正案征求意见稿》第 15 条新增两款

---

① 参见［德］汉斯·J. 沃尔夫、奥托·巴霍夫、罗尔夫·施托贝尔：《行政法》（第 2 卷），高家伟译，商务印书馆 2002 年版，第 200 页。

② 税务登记义务的功能在于掌握纳税义务人；而记账及保持账簿义务、取得与保存凭证义务的功能在于保存必要之证据方法，使税务机关得于事后查核；申报义务在于使掌握纳税资料之纳税义务人自行诚实申报缴纳，并使税务机关得以获取纳税资料。参见黄士洲：《税务诉讼的举证责任》，台北，瀚芦图书出版有限公司 2002 年版，第 25 页。

规定——个人纳税人应当办理税务登记和税务机关应当建立纳税人识别号制度,2015 年 1 月公布的《草案征求意见稿》第 18 条更是明确“纳税人识别号由税务机关统一登记管理”“事业单位和社会组织办理税务登记”“自然人应向税务机关申报纳税人识别号”,这些规定都意味着税收征管范围的拓宽和税收征管成本的降低,将促使我国税收征管模式由“以票管税”逐渐向资金流监控过渡。但是,纳税人识别号制度的构建作为一项系统工程,税收法律条款的简单增加基本上只能起到宣示作用,仅依靠税务主管部门单方行动也难以实现立法目的。我国现行《税收征管法》存在税务登记严重受制于工商登记以及税源监管受限于信息不足的问题。例如,按照《税收征管法》第 15 条第 1 款、第 16 条的规定:从事生产、经营的纳税人应先办理工商登记,才能办理税务登记;税务登记的变更、注销都需以工商登记的变更、注销为前提。

鉴于上述问题,《税收征管法》的修订,应发挥正当程序理念的导向性作用,即重视税收征收管理法正当程序的外在价值——法定性与可操作性,在构建纳税人识别号制度时,依赖多个部门的联动配合、其他法律规范的配套修改以及一系列具体的程序性规范等,来强化对纳税人登记信息的监督管理。同时,应以开放性与经济性为价值准则实现税务登记程序的合理设计,使税务部门与工商部门、税务部门与金融部门以及国税与地税之间能形成及时准确的信息联系与共享,甚至可以考虑将工商登记与税务登记进行合并处理,提高税务机关的税收征管效率,为纳税人提供更易于遵守的制度规则,降低企业经营成本。

(2)账簿与凭证管理。保存账簿与凭证,既是纳税人的一种法定义务,又是税务机关用以确定应缴税收的证明方法,还是纳税人保护自己合法权利的主要证据。账簿与凭证管理的优劣与税收征管效率的高低成正比。《税收征管法》的修订需要对账簿与凭证管理的范围、内容、标准予以明确,并对账簿与凭证管理方的权力与责任、权利与义务予以明晰。

(3)纳税申报程序。“所谓纳税申报,是指对申报纳税方式之税收,纳税人根据税收法规的规定,向税收行政机关提交纳税申报书的行为。”①由纳税人或扣缴义务人提供应纳税额的依据,既可以培养纳税人诚信纳税的意识,又能提高征管效率、降低征管成本以及避免税务机关自由裁量权的滥用。纳税

---

① [日]金子宏:《日本税法》,战宪斌、郑林根等译,法律出版社 2004 年版,第 421 页。

申报只有遵循税收征管法正当程序理念的基本价值——开放性、经济性以及可操作性等,才能实现纳税申报程序的合理化。

第一,申报方式。现行的申报方式为人们所诟病,主要是由于《税收征管法》第26条规定了纳税人可以自由选择申报方式(直接申报、邮寄申报、数据电文申报等),而《税收征管法实施细则》第30条却为纳税人的自行选择设置了前置条件——“经税务机关批准”。为避免下位法与上位法相冲突,需要废除申报方式的核准制度。鉴于网上申报方式的便捷性,应重点对网上申报方式予以明确规定。

第二,延期申报。我国《税收征管法》第27条对延期申报的规定过于简单,应根据延期申报理由(如不可抗力、特殊困难等)予以区别对待,对于客观的不可抗力则应采取自动延期制度,而对于特殊困难应采用酌定延期制度。通过这种区别化的程序性处理,可以体现延期申报制度的公平性。①

第三,修正申报与更正请求。我国《税收征管法》的修订可借鉴日本《国税通则法》,增加修正申报与更正请求的相关规定。修正申报是一种不利于纳税人自己的变更,日本《国税通则法》第19条第1项对其作了详细规定。②更正请求则是一种有利于纳税人自己的变更,日本《国税通则法》第23条对其作了具体规定。③

2. 税款征收程序

税款征收程序是指税务机关实施税款征收权和纳税人履行税务缴纳义务时的步骤、方式等。它作为税收征管程序的核心内容,可分为两部分:④税的

---

① 对于二者的区别:酌定延期需要经过税务局审查,其延长标准不统一;自动延期则不在税务局的自由裁量范围内,只要按照规定申请,即可自动获批。参见熊伟:《美国联邦税收程序》,北京大学出版社2006年版,第35页。

② 《日本国税通则法》第19条第1项规定了四种修正申报的情形:(1)记载于先前提交的纳税申报中的应缴税额出现不足时;(2)先前的纳税申报中所记载的纯亏损等金额过大时;(3)先前的纳税申报中所记载的相当于退还金数额的税额过大时;(4)先前提交的纳税申报中未记载已被确定的应缴税额的情况下,存在应缴纳的税额时。

③ 更正请求包括两类原因:因申报中所记载的课税基准或税额等有误和因后发理由导致课税基准或税额等的计算基础出现变动。

④ 关于这种界分的具体论述可适当参见[日]金子宏:《日本税法》,战宪斌、郑林根等译,法律出版社2004年版,第451~513页。

缴纳程序和税的征收程序;[①]滞纳处分程序。[②] 无论是2013年6月公布的《修正案征求意见稿》,还是2015年1月公布的《草案征求意见稿》所作的修改都未能完全适应税款征收实践的发展趋势,亟须以税收征管法正当程序理念为导向,进一步完善税款征收的具体程序。

(1)延期缴纳税款程序。对于延期缴纳税款,《税收征管法》第31条第2款规定了需经省级税务机关批准的前置程序。在具体执行中,由于省级税务机关难以确切把握纳税人的真实情况。因此,由其进行审批只能是徒增了操作难度,而且对于存在"特殊困难"的纳税人而言,3个月的延缴期限也难以真正缓解纳税人的窘境。在《税收征管法》的修改中,既要将延缴税款的审批权限适当下放到市级局或县级局,上级局有权进行督察,又要对申请延缴的情形进行明确解释,由税务机关根据实际情形采取不同程度的延缴优惠措施。例如,根据税款延缴期限的长短,对纳税人规定分期缴纳的不同比例。

(2)税收核定程序。税收核定条款是大多数国家普遍设立的税收征管法律条款(我国主要为《税收征管法》第35~37条),其具有适用情形的特殊性和适用规则的复杂性等特点,具体是指税务机关不能依据法定的账簿、收入凭证、费用凭证等直接纳税资料来确定税基时,可以依据各种间接纳税资料来合理估定税基与应纳税额的程序。笔者认为,我国税收核定行为准则的完善,应遵从正当程序理念下开放性价值导向,重点对税收核定的调查程序、听证程序、辩论程序、公示程序以及争议救济程序等进行规范构建。同时,应体现税收征管程序的平衡性价值,合理预设税收核定程序的自由裁量空间,厘定税收核定权力与责任、权利与义务机制的作用范围,发挥税收核定主体的能动性和灵活性,保障税收核定的结果最大限度地接近实质课税的税收要义。

(3)税收强制执行程序。税收强制执行程序的完善应遵循税收征管程序的可操作性、法定性以及开放性等基本价值,融合《行政强制法》的立法精神

---

① 税收的缴纳程序是指由纳税人、扣缴义务人按照法律、行政法规规定的期限和方法缴纳税款的程序。税收的征收程序是指税务机关依照法律、行政法规规定的期限和方式要求纳税人履行确定的纳税义务之程序,主要包括纳税告知(告知纳税义务)和纳税催告(催促履行义务)两大部分。

② 滞纳处分程序是指纳税人在缴纳期限内未完纳税款或有提前逃避纳税义务的行为时,税务机关对纳税人财产进行保全(预防、制止和控制逃税行为的发生)和强制(迫使纳税人履行纳税义务)的程序。

与相关规定,实现《税收征管法》税收强制制度与《行政强制法》行政强制制度的有机衔接。一是《税收征管法》税收保全措施与《行政强制法》行政强制措施的衔接。按照《行政强制法》第三章的"行政强制措施实施程序",《税收征管法》的修订应增加:实施税收保全措施的程序规则(如告知强制理由与救济途径、引入见证人制度、听取陈述申辩),查封、扣押、冻结的具体程序(如查封、扣押发生的保管费用由谁承担)。二是《税收征管法》税收强制执行与《行政强制法》行政强制执行的衔接。根据《行政强制法》第35条、第36条、第37条、第42条、第45条、第46条,《税收征管法》的修订应补充税款、罚款以及税款滞纳金的强制执行程序:①税务机关依法加处罚款或者滞纳金,[①]税务机关应当书面催告,载明履行期限等;②收到催告书后,当事人有权陈述申辩,税收机关应当听取意见等;③特殊情形下可与纳税义务人达成协议,约定分阶段履行;④纳税义务人逾期且无正当理由仍不履行的,税收机关可以作出强制执行的决定。

3. 税务检查程序

税务检查程序,是指税务机关依据税法及其他有关法律的规定对纳税主体履行纳税义务或扣缴义务的情况进行检验、核查以及监督的程序,一般包括选择和确定对象、实施检查、及时审理和送达执行等步骤。其目的在于通过对有关事实进行调查,以查明纳税人是否存在纳税义务与税收违法行为,同时了解纳税人的生产管理、经济核算、内部管理等情况。因此,税务检查作为一项刚性较强的税收执法行为,其进一步完善必须增进法定性与经济性,避免对纳税人合法权益的损害。首先,应对纳税人当然负有的调查协力义务予以法定。"协力义务,不只对课税事实之阐明,纳税人与稽征机关负有共同之责任。同时相对应于协力义务者,为协力权,亦即信息参与及提供之权利,此由于纳税人于稽征程序中立于与稽征机关相对之程序主体地位,非受稽征机关支配之程序客体。"[②]其次,按照税收征管程序的经济性品质,税务检查应尽量采取对纳税人损害最小的方式。对此,应严格规范税务检查机关的权力与义务,明确

---

① 《行政强制法》第45条第2款规定,"加处罚款或者滞纳金的数额不得超出金钱给付义务的数额",而《税收征管法》第65条规定罚款数额为欠缴税款的0.5~5倍。对于这种冲突性的现状,《税收征管法》的修订应降低罚款比例,细化每个罚款区间的适用条件,不应对纳税人合法私益进行不当侵蚀。

② 葛克昌:《行政程序与纳税人基本权》,北京大学出版社2005年版,第11页。

规定纳税人、扣缴义务人以及有关单位与个人的权利和义务。最后,如果在税务检查中发现纳税人有逃避纳税义务的行为,税务机关应该被赋予采取税收保全措施和税收强制执行的权力,以便于及时追缴税款。

(二)救济性税收征管程序的评析与修正

鉴于国家与纳税人之间在税收征纳法律关系上是一种特殊“法定的公益信托和自益信托相混合的关系”,①纳税人作为信托的委托人当然有权对不符合法律规范的税收征管行为申请复议或提起诉讼,有权获得行政机关和司法机关的救济。② 因此,遵循税收征管程序的基本价值,完善税收救济程序,应是《税收征管法》修订必须重视的问题。

1. 税收复议程序

税收复议既是一项基本的纳税人权利救济方式,也是解决税收争议的重要途径。我国《税收征管法》第 88 条第 1 款规定了清税前置程序(必须先依照税务机关的纳税决定缴纳或者解缴税款及滞纳金或者提供相应的担保)和复议前置程序。纳税义务人如果对税收处罚、强制执行以及税收保全存在不满,按第 2 款规定可对复议程序与诉讼程序进行自由选择。上述规定的优点在于税务复议具有税务诉讼无法比拟的优势;③缺点在于该项条款相对注重国家税收利益的保护,阻碍了纳税人权利的救济,也违背了税捐正义与程序的开放性价值的基本要求。笔者认为,国家追求税收利益目的必须以无损于税收正义目的之合理手段去实现,绝不能以不正当手段剥夺纳税人的救济权。其实,按照我国《行政复议法》第 21 条、《行政诉讼法》第 44 条,行政复议与行政诉讼期间原则上都不停止具体行政行为,即使当事人进入行政复议程序,税务机关同样有权予以强制执行,当然,复议机关认为确有必要同样也可以停止执行,这就意味着国家税收利益的保护与清税前置程序不存在实质性关联。

---

① 朱大旗:《从国家预算的特质论我国〈预算法〉的修订目的和原则》,载《中国法学》2005 年第 1 期。

② 参见[美]维克多·瑟仁伊:《比较税法》,丁一译,北京大学出版社 2006 年版,第 215 页。

③ 例如,熊伟教授分析了美国税务行政复议的优势:税务复议可以节约费用开支,缩短争议解决时间;税务复议不适用证据规则,有利于纳税人举证;税务复议更有利于处理关联案件,还可以处理其他年份的税收问题;税务复议便于注册会计师和注册税务师充任代理人;税务复议可以满足穷尽行政救济原则;税务复议解决争议的成功率高;税务复议可以保障纳税人隐私,防止公众形象遭受贬损。参见熊伟:《美国联邦税收程序》,北京大学出版社 2006 年版,第 193 ~ 194 页。

按照正当程序理念的中立性价值,《税收征管法》修订应废除清税前置的规定,纳税人有权自由选择行政复议或行政救济。同时,为充分发挥行政复议的救济功能,应提高我国复议机关的独立性,使其脱离与税务征管部门的隶属关系,考虑设立专门的相对独立的税收复议机构。

2. 税收诉讼程序

防止征税权的滥用和保护纳税人权利都依赖于司法救济。税收诉讼程序是规范税收征管行为并可被法院适用于具体诉讼过程的法律规则的总和。2015 年 1 月公布的《草案征求意见稿》虽然对税收诉讼程序做了一定程度的修改,但依然将导致许多税务纠纷只能停留在司法救济大门之外。对于当前的税收诉讼程序,应着重从以下四个方面予以完善:首先,应扩张税务行政诉讼的受案范围。对此,需突破《税收征管法》第 88 条关于税收行政诉讼范围的列举性规定(如税收争议、税务处罚、强制执行、税收保全),受案范围应拓宽到税收征管的整个过程,可采取概括性与列举性相结合的规定方式。其次,应撤销税务行政诉讼原告的限制。我国《税收征管法》第 88 条规定了三类税务行政诉讼原告(纳税人、扣缴义务人、纳税担保人),《税收征管法》的修改应撤销关于税务行政诉讼原告资格的限制,任何遭受侵害的纳税人都应被赋予诉讼资格。再次,应规范税收诉讼的举证责任。具体而言:(1)基本课税要件事实是课税的基础,有关该项争议,税务机关应承担绝对举证责任;(2)对应纳税额事实,税收机关应承担课税加重的举证责任,纳税人则承担税负减轻的举证责任;①(3)对于税收保全措施与强制执行,按照一般行政诉讼规则分配举证责任;(4)对于税收核定,基于公共利益和税收公平之考量,应适当减轻税务机关的证明程度。最后,应考虑引入小额税务诉讼。2012 年新修订《民事诉讼法》第 162 条正式确立了小额诉讼程序,如果《税收征管法》能适当吸收小额诉讼制度,可以为纳税人的小额税款纠纷提供制度上的救济渠道。小额税收诉讼的价值和目标在于弥补正式税收诉讼程序在便民诉讼方面的缺陷、减轻纳税人的诉讼成本以及提高诉讼效率。结合我国国情,小额税收诉讼的程序设置应与税收案件类型相适应,提起应以违反税法程序与错误适用征

---

① 参见陈少英、曹晓如:《税务诉讼举证责任研究》,载刘剑文主编:《财税法论丛》(第 10 卷),法律出版社 2009 年版,第 248 ~ 250 页。

管规则为必要条件，裁判方式应采用调解与速裁模式。①

四、本节小结

对于法律的程序化，拉德布鲁赫曾形象地比喻道："如果将法律理解为社会生活的形式，那么作为'形式的法律'的程序法，则是这种形式的形式，它如同桅杆顶尖，对船身最轻微的运动也会作出强烈的摆动。"②诚如其喻，《税收征管法》作为程序法，正当程序理念的价值维度的充分表达是其实现税收正义无法替代的方式。税收征管的制度化表达应遵循正当程序理念，这种导向性的作用不仅为税务机关行使征管权设立了基本界限，而且为纳税人提供了权益表达渠道。

从我国2013年6月的《修正案征求意见稿》与2015年1月的《草案征求意见稿》的修订详情来看，主要存在以下问题：本体性税收征管程序关系、救济性税收征管程序关系及其相互之间的关系仍然没有厘定清楚，税收征管程序未能分化、税收征管人行为随意、③纳税人权利规定不足，税收征管争议解决乏力，未能充分体现纳税义务人和税收征管人对等的税收征管理念。目前，《税收征管法》到底会做如何修改（学界俗称的"大修""中修"或者"小修"）仍难以预见，不过，众所认同的是，《税收征管法》的修改应削弱部门立法的色彩，④税收征收管理法治化改革趋势已不可逆转，当前涌动的税收征管国际

① 相关分析可参见章武生：《简易、小额诉讼程序与替代性程序之重塑》，载《法学研究》2000年第4期；范愉：《司法资源供求失衡的悖论与对策——以小额诉讼为切入点》，载《法律适用》2011年第3期；傅郁林：《小额诉讼与程序分类》，载《清华法学》2011年第3期。

② ［德］拉德布鲁赫：《法学导论》，米健译，商务印书馆2013年版，第170页。

③ 根据2011年6月27日审计署办公厅公布的《2011年第34号：国家税务局系统税收征管情况审计结果》，显示受税收计划影响或地方政府干预，2009年至2010年，15个省区市有62家国税局通过违规批准企业缓税、少预征税款、多退税款等方式，少征287户企业当期税款，影响年度收入263亿元；9个省区市有103家国税局通过违规提前征收、多预征税款等方式，向397户企业跨年度提前征税33.57亿元。

④ 例如，2013年6月公布的《修正案征求意见稿》第90条带有浓重的"部门立法"色彩，有关"纳税人、扣缴义务人有权委托税务师事务所办理税务事宜"的规定，将导致注册税务师对税务代理市场的垄断，势必将限制律师、注册会计师以及其他代理人在税务代理领域的职业资格；而有关"注册税务师和税务师事务所的管理办法由国务院税务主管部门另行制定"，将与《行政许可法》第12条、第14条、第15条相冲突，涉及提供公众服务并且直接关系公共利益的职业、行业等资格的许可应制定法律或行政法规，税务总局应无权设定行政许可。

化潮流不仅是明证，而且也为《税收征管法》修订和税收征管的法治化提供了实践经验和宝贵契机。当然，如何借鉴本土与域外的税收征管经验，对税收征管法正当程序理念予以界定，对其价值维度进行深入挖掘并予以制度化的合理表达，将是一项长期的系统工程，许多问题仍有待更为深入的分析和研究。

第五节　可诉性理念的确立与落实

法律必须是“被视为可诉的”（considered justiciable），[①]其因在于制定法律的目的是规范人们的外部行为，既是为了制裁某些外部行为，也是为了保护一些外部行为，但徒法不足以自行，法律对人们外部行为的制裁与保护无外乎最终都要借助司法制裁才能实现。因此，可诉性理念是法的基本属性之一，体现维权（权利）和限权（权力）的品质，可诉性理念下权利救济制度和权力制约制度的形成将是增强法的实施效力的必备要素。一方面，“有权利必有救济”“无救济则无权利”，这就意味着对权利享有的需求与对权利救济的需求同等重要、缺一不可。也就是说，如果赋予了公民一项权利，为维护和保持该项权利，就应同时赋予其在受到侵害后能够获得司法救济的权利。另一方面，“以权利制约权力”“以权力制约权力”，这就反映出通过赋予公民诉讼权利以借助司法权力的力量来防止、杜绝、禁止权力滥用的重要性与必要性。可诉性理念与税收征管法的有机融合，是司法权威性、救济性与制裁性的必要体现，将成为维护纳税人权利和公民财产权益的最后一道屏障。税收征管法可诉性理念要求税收征管权力的行使一旦出现越位、错位或缺位而造成对纳税人权益不当减损、干扰或阻却等情况，不但能在税收征管法中找到相应的约束性规则，而且能依规则不受羁绊地做出合乎正义的司法处理。因此，必须充分发挥司法的救济性和保障性作用，以维护税收征管秩序的正常运转、规制税收征管权力的行使以及防止纳税人权利受不当侵害，这正是可诉性理念下税收征管法如何修订与完善的核心问题。

---

① See Hemann Kantorowicz, *The Definition of Law*, A. H. Campbell (ed.), Cambridge, Cambridge University Press, 1958, p. 79.

一、税收征管法可诉性理念的内涵界定

在对税收征管法可诉性理念的内涵进行界定之前，首先要对法的可诉性理念予以探讨，然后再结合税收征管法，对具体针对其可诉性理念的表达进行深入解读，这样才可能得到对税收征管法可诉性理念的全面把握，进而有助于指导相关税收征管法内容的修订。

(一) 法的可诉性理念

可诉性作为法律的基本特征之一，是沟通立法与司法的纽带，成为“纸面上的法律”转换为“运行中的法律”或“诉讼中的法律”的理论桥梁。① 这种促进沟通或转换的联结性作用，体现出可诉性实质上是一种保障法的有效实施和运行活力的制度工具。因此，任何一项现代法律规范都应具备“可以被任何人(特别是公民和法人)在法律规定的机构中(特别是法院和仲裁机构中)通过争议解决程序(特别是诉讼程序)加以运用的可能性”，②这种依托法律规定的机构而产生的运用力或制裁力成了每一种法律制度所必不可少的重要特征，甚至被视为每一项法律规定得以存在与有效的基本条件之一。③ 基于此，我们可对可诉性理念作一个完整性表达，“法律的可诉性是指凡法律规定的内容被违反或者人们的纠纷可以在法律上找到解决依据时，都可以通过诉讼机制来解决和裁判的法律的内在规定性，它是法所必备的，为判断社会纠纷是非而使纠纷主体可诉求于法律公设的判断主体的属性，是法的基本属性之一”。④ 概言之，“法作为‘可诉的’规则之整体”，⑤法的可诉性成了保障法律良好运行、判断社会纠纷是非以及维护权利主体利益的必备要素之一。

对上述关于可诉性概念的表达予以剖析，不难得出，可诉性理念的实质性

---

① 参见颜运秋：《公益诉讼理念研究》，中国检察出版社 2002 年版，第 336 页。

② 王晨光：《法律的可诉性：现代法治国家中法律的特征之一》，载《法学》1998 年第 8 期。

③ 诚如美国博登海默认为，“制裁问题是一个关系到法理实效的问题……一些有关法律的定义和理论认为，通过制裁可以增进强制力，而且制裁的作用远比其他促使人们有效遵守与执行法律命令的手段大得多……制裁作为附属物乃是一个绝对必要的条件，亦即一项法律规范得以存在和得以有效的根本标准。”参见[美]E. 博登海默：《法理学：法律哲学与法律方法》，邓正来译，中国政法大学出版社 1999 年版，第 341～342 页。

④ 谢晖：《论法律实效》，载《学习与探索》2005 年第 1 期。

⑤ [德]赫尔曼·康特洛维茨：《为法学而斗争；法的定义》，雷磊译，中国法制出版社 2011 年版，第 155～158 页。

内涵包含两个层面的内容：一是可争讼性；二是可裁决性。[①] 前者是指法律能成为提起起诉和辩护的根据，其意味着法律规范只有是明确的、具体的、可操作性的，才适合作为人们向司法提起争诉的引线，也就要求法律制度的设计必须扫除那些抑制人们提起争诉的障碍；后者是指法律能成为用于司法裁判和适用的标准，其意味着司法主体能对起诉者所提起的事项进行裁决，并能对社会纠纷的是非作出公正的司法裁断，也就要求所诉诸的司法诉讼程序能成为社会控制或保护的重要手段。以上法的可诉性理念所反映的双重特性或状态，充分显现了可诉性将是判断法律有无生命力、有无存续价值的重要标志，缺乏可诉性也就减损甚至歪曲了法律的本性，这样的法律也仅是一些具有象征意义、宣示意义或叙述意义的法律，即使不是完全无用的法律或"死的法律"，至少也是有缺损的、有瑕疵的法律，即不符合法律之形式完整性和功能健全性之要求的法律。总言之，可诉性理念要求下一部法律的完美设计，既要通过立法内容之完善以创造可诉性存在的充分条件，又要借助司法机制的力量以促成可诉性实现的必要条件。

（二）税收征管法的可诉性理念

税收征管法中税收征管行为的产生始终相连于司法实践或行政救济，司法实践或行政救济将是税收征管行为的最终落脚点。如果脱离税收征管行为来看待税收征管法的可诉性，这将是一种大且空的讨论以致没有任何实际意义。准确而言，税收征管法的可诉性指向税收征管行为的可诉性，是指税收征管主体作出的税收征管行为在一定条件下可诉诸救济主体提起行政复议或行政诉讼的一种本质属性，它既包括受到税收征管行为不法侵害或不利影响的纳税人拥有提起税务诉讼的请求性，也指向救济主体对违反税收征管立法目的的税收征管行为的可审查性，亦体现为突破了权力界限范围的税收征管行为应接受司法裁决的必要性，[②]设计这些税收诉讼程序的目的就在于促进税务机关适用税收征管立法指令之行为的准确性、合理性以及可审查性，[③]即保

---

① 参见舒国滢：《法律原则适用的困境——方法论视角的四个追问》，载《苏州大学学报》2005年第1期。

② 参见郝明金：《行政行为的可诉性研究》，中国人民公安大学出版社2005年版，第78～80页。

③ 参见[美]理查德·B.斯图尔特：《美国行政法的重构》，沈岿译，商务印书馆2011年版，第1页。

障税收征管权力的行使能达到税收征管立法本身所追求的正当目的。

一方面,税收征管法可诉性理念的普适性,要求税收征管法的可诉性应普遍适用于税收征管机关作出的一切税收征管行为,即在立法创设税收征管权力的同时,实际上也应创设制约该项权力的途径,其中就包括了行政复议与司法制裁的途径,税收征管权力的存在为税收征管法的可诉性提供了正当性根据,税收征管立法目标的实现需要监督与救济机制的协调配合。在理论层面上,税收征管机关所有的违法行使税收征管职权的行为都应受到监督与纠正,纳税人的所有权利都应得到尊重和保护,复议机关或人民法院应拥有对所有违法税收征管行为进行审查和对纳税人权利提供司法保护的权力,而不应存在例外。反之,如果上述情形有不属于复议机关或人民法院的救济范围,那么就不符合税收征管法可诉性理念的普适性要求。法律的生命在于施行,缺乏司法的威慑,法律的施行将大打折扣。在税收征管法领域着重强调可诉性理念的普适性,要求所有的税收征管行为都应当是可以诉诸行政复议或司法诉讼的行为,通过发挥监督与救济主体的强制性、权威性、制裁性,将形成维护税收征管秩序的最有效手段,并且是保护纳税人权益的最后一道屏障。

另一方面,在税收征管法可诉性理念下要求纳税人的诉权受到尊重。依法纳税,固然是公民的法定义务,但是公民对于税收征管机关所做税收征管行为(如税收核定、行政处分与行政处罚)或对于行政复议机关有关复议决定,如果认为有违法或不当的地方,应有请求有关机关撤销或变更原税收征管行为或原税收复议决定的权利,此项申请法律救济的权利,就是可诉性理念下纳税人诉权的体现,这种纳税人诉讼不能被否定。正所谓“无诉则无判”,只有先行承认纳税人的普遍诉权,才可能依照诉讼程序请求法院作出公正的审理与判决,纳税人诉权乃是启动与延续审判权的本质性前提。因此,税收征管法的可诉性理念意味着税收征管救济机制的构建要求充分尊重纳税人诉权,允许纳税人自主决定是否提起税收诉讼。这种纳税人诉权具有绝对性和不可否定性,①不得为纳税人诉讼的实现施加任何附加条件,也不得以任何理由来剥夺纳税人诉权。

---

① 有学者研究认为,诉权产生和形成于人权属性之内,诉权的人权性质使得诉权具有绝对性、不可放弃性与不可否定性。参见吴英姿:《论诉权的人权属性——以历史演进为视角》,载《中国社会科学》2015 年第 6 期。

二、税收征管法可诉性理念的主要功能

"法律是功能性的，无论是它的追求或事实上，它都不是表征的或符号的。"①在税收征管法领域，它通过遵循可诉性理念下的制度建构实现对征纳双方关系规范调整的功能。我们只有懂得税收征管法可诉性理念究竟有什么功能，即可诉性理念到底对税收征管法的实施过程发挥什么指导作用，那么税收征管法修订与完善才能更好地落定可诉性理念，从而营造出一个功能完善的税收征管法律体系。基于此，以下分别对税收征管法可诉性理念的功能——争议解决功能、权益救济功能与权力制约功能逐一予以解析。②

（一）争议解决功能

税收征管法可诉性理念的首要功能或直接功能在于对税收征纳双方纠纷与矛盾的合理解决，以保障一个稳定的税收征纳秩序之形成。正如我国《行政诉讼法》对于立法宗旨的表述，将"为保证人民法院公正、及时审理行政案件，解决行政争议"列为立法宗旨的首要地位，这就充分表明可诉性理念的实践功能其首要是为了解决征纳双方的税务争议。税收征纳过程中发生的争议作为一种公法争议，争议当事人之间存在对立，决定了它需要借助一个中立而又不失权威的公法力量来针对这一对立做出某种权威的判断，③而复议机关或人民法院通过法律的授权和程序规定正是扮演着这样一个重要的调停角色，④它将

---

① [美]理查德·A.波斯纳：《法理学问题》，苏力译，中国政法大学出版社2002年版，第574页。

② 有学者通过司法功能并提出，司法功能分为原始功能与衍生功能，其原始功能即在于对社会纠纷的解决，而衍生功能即包括法律维护与规则创设、权力制约与权利保障、社会控制与政策推进等功能。参见蒋红珍、李学尧：《论司法的原初与衍生功能》，载《法学论坛》2004年第2期。

③ 针对解决纠纷功能而产生中介功能，其意指帮助当事者疏通意思以促进合意的形成，其大致有三种机制：第一是由于某种原因当事者之间对话有困难时，为他们提供一种使对话可能进行的渠道；第二是通过中介过程当事者的要求转化为更具有明确性、客观性的主张，变得更有说服力，结果使合意更容易形成；第三是中介者的威信和事实上的影响力能给所传递的信息带来某种分量，迫使对方不得不给以负责任的回答。参见[日]棚濑孝雄：《纠纷的解决与审判制度》，王亚新译，中国政法大学出版社1994年版，第85~89页。

④ 正如托克维尔所言，"法院不但审理私人间的几乎一切纠纷，而且在大多数情况下是私人与国家间的仲裁人"。参见[法]托克维尔：《论美国的民主》，董果良译，商务印书馆1988年版，第859页。

提供一个独立且专门的争议解决平台，必要时还可采取临时措施提供紧急救济，使争议当事人能通过平等参与、对等沟通的诉讼程序达到充分交涉的目的，让这些税务争议在这个平台上得到彻底展示和充分表达。在税务争议的终极解决方式上，依托于司法的公信力、司法权威以及国家强制力，人民法院在充分考量双方当事人的意思主张、举证资料以及依据法律法规设计目的的基础上，依法依理尽量让这些税务争议的内容得到不偏不倚、及时妥善的解决，取得一个双方都比较信服与相对满意的结果。

(二)权益救济功能

依托于对税务争议的解决功能，税收征管法可诉性理念衍生出第二个功能——纳税人的权益救济功能，这是纳税人权益保障的最后一道屏障。[①] 有学者将权利划分为应有权利、法定权利和实有权利。[②] 应有权利是社会主体天生享有的权利，当其受到侵害时，只要求助于司法，就应享有救济权，其可诉的范围应不受到限制，如果权利得不到保障，那么在法律中确立权利将毫无意义。[③] 因此，在税收征管过程中，为纠正或制止可能对纳税人权益造成减损的行为，国家法律将赋予纳税人在其权益受到不当侵害或不法否定之时，拥有一种请求法院通过审判方式保护其合法权益的权利，这种在税收征管法可诉性理念下所必须体现的对纳税人权益的公力救济，即权益救济功能。正因权益救济功能的存在，使原本处于被动地位或弱势状态的纳税人，能够通过这种对司法救济方式的积极运用，使那些已发生的不当行为或实际造成的权益损害得到恢复或补救，当然也就增强了纳税人对相关税法与税收征管法实施结果的认同感，纳税人自身这种主观能动地位和对法律认可程度的提升，更是体现出充分落实可诉性理念将成为提高税收遵从度的有力手段。

(三)权力制约功能

在彰显争议解决的基础功能之同时，除了权益救济功能，还隐含着可诉性理念的权力制约功能。正如博登海默之言，“法律在本质上是对专断权力之

---

① 对于权益保障，立法机关和行政机关是当然权益保护的首要屏障，尤其是通过一般权利体系的建构和现代法治观念的落实，使权利保障的需求得到满足。可诉性理念要求的司法诉讼导向，体现出当权益遭受立法机关和行政机关的不当侵犯之时，司法机关将担负起最后一道屏障的功能。

② 参见李步云：《论人权的三种存在形态》，载《法学研究》1991年第4期。

③ 参见颜运秋：《论经济法的可诉性缺陷及其弥补》，载《当代法学》2000年第1期。

行使的一种限制……一个完善且充分发达的法律制度……通过一个行之有效的公法制度,它可以努力限定和约束政府官员的权力,以防止或救济这种权利对确获保障的私人权益领域的不恰当侵损、以预防任意的暴政统治。”①税收征管法可诉性理念的充分彰显,要求构建一个完善且充分发达的关于纳税人权益的公法救济制度。如果真正形成一个完整严密的纳税人权利保障体系——既包括第一性的纳税人权利(如纳税人的知情权、异议权、保密权),又包括第二性的救济权,它将形成对税收征管权力的强大制约和有效监督,在这个权利制约权力的平衡机制下,甚至能提前预防与制止税收征管权力可能出现的异化倾向。申言之,由于可诉性理念的权力制约功能源自于古典法治思想上立法、行政、司法之间的分权制衡理论,在税收征管法领域,集中体现为司法权力对行政权力的制约,即税收征管法可诉性理念的实质是通过赋予纳税人一种救济性的诉权,允许其以提起诉讼的形式来激活司法机关的力量,从而形成一道以司法制衡权力侵犯的安全屏障,这种情形实际上就体现出司法机关对税务机关的不当与违法行为的审查与监督,即通过提升司法的能动性来实现对税收征管权力的制约。②

三、落实税收征管法可诉性理念的关键

以上对税收征管法可诉性理念的阐释,应将其落实到作为税收征管领域基本法律的修订上来。税收征管诉讼机制的建构必须遵循明确的可诉性理念的指导,只有在正确的税收征管法可诉性理念的功能导向下,才会真正产生诉讼制度变革与完善的动力。税收征管法可诉性理念的倡导在于表达一种法哲学理念——社会能动主义,一种以达到税收正义为目的的司法能动主义。③坚持法的可诉性,要求立法者在税收征管法修订时,一方面,应当尽量避免税

① [美]E. 博登海默:《法理学:法律哲学与法律方法》,邓正来译,中国政法大学出版社1999年版,第233页。

② 参见陈晴:《以权利制约权力:纳税人诉讼制度研究》,法律出版社2015年版,第99~104页。

③ “一项司法行为之所以具有巨大的社会影响力,是因为它通过对法律秩序的保障来保证了社会秩序,这也许是其他任何行为都无法与之相比拟的。一旦争议产生,司法的职责就是宣告保障诉讼过程中的公正与能力的手段存在于什么之中。”参见[法]狄骥:《公法的变迁·法律与国家》,郑戈、冷静译,辽海出版社、春风文艺出版社1999年版,第194页。

收征管立法的空白与扫清可诉性理念的落实障碍，一旦出现纳税人不服某项税收评估、决议、通知或决定等行为之时，可诉性理念指导下司法机制能妥善解决这些税务争议，真正成为维护税收正义的最后一道防线；另一方面，税收征管法对其涉及的具体对象进行规定时必须尽量保持条文的细致性、精确性、一致性，通过打造顺畅的不正当、不合法税收征管行为的纠正机制以及纳税人权益的救济机制，使这些税收征纳过程中的纠纷与矛盾得到及时的化解。以下结合税收征管法的修改概况，重点对落实可诉性理念的税务争议解决方面予以探讨，同时对税务司法审查方面进行前瞻性思考。

（一）税务争议解决渠道的疏导

可诉性理念体现一种维权的价值和精神，即当纳税人的权益受到侵害时，能求助于司法机制保护其合法权益。税收征管法可诉性理念的落实，首先需要针对纳税人的权益构建一个完善、合理、科学的救济体系，具体可以从行政机关的救济和司法机关的救济两个维度进行：一是税收行政复议制度；二是税收行政诉讼制度。前者，是指纳税人对征管人的具体税收征管行为不服，依法向复议机关提出请求对这些行为的合法性与合理性进行审查，并对审查的对象请求作出复议裁决；后者，是指纳税人对征管人的某些税收征管行为或对复议人的裁决不服，依法向人民法院提起诉讼请求对这些行为进行审查，并请求依法作出司法裁决。

1. 立法现状及其评析

归纳与解析我国现行《税收征管法》对税务争议解决的规定（第 88 条）：第一，税收行政复议与税收行政诉讼为法定的税务争议解决渠道；第二，申请税收行政复议，必须先缴纳税款或提供担保（“复议前的清税前置”）；第三，一般性的税务争议，纳税人必须先申请税收行政复议，才能申请税收行政诉讼（“诉讼前的复议前置”）；第四，特殊性的税务争议，包括对税务机关的处罚决定、强制执行措施或者税收保全措施不服，纳税人可自由选择以上两种税收救济途径。

简评上述税务争议解决的立法规定，粗略统计我国裁判文书网的案件数据，以 2015 年为例，涉税行政诉讼案件约占整个行政诉讼案件的 0.87%（2015 年全国行政诉讼案件为 254,322 个，其中税务诉讼案件为 2200 个）。我国涉税行政诉讼案件比例如此之低，出现这种不正常现象，正因税收征管法对税务争议解决机制的严苛规定，即纳税人提起税收行政诉讼之前必须先提起税收行政复议,提起税收行政复议之前必须先"缴纳或者解缴税款及滞纳金或者提供相应的担保"。这种不合理的"双重前置"立法规定造成了纳税人提起涉税行政诉讼的阻碍,从而导致了我国税务司法实践中不正常现象的发生。

2. 解决思路及其建议

针对税收征管法对税务争议解决机制的不合理规定,秉承可诉性理念的要求,以期从税务争议解决的正当性、规范性及实效性等视角对税务争议解决的理论基础、制度设计与司法运行予以简单诠释。

一方面,现行税收争议解决机制的核心修订建议。理论上评析我国对税务争议解决机制的规定,以大陆法系的税收债权债务理论作为认知导向(税收实体关系是债权债务性质,税收程序关系为权力服从性质),对税务争议存在的性质予以类型化解析:第一,如果税务争议涉及税收之债的发生、变更和消灭,如涉及税款争议的纠纷,此类税务争议的解决依据应遵循实体上税收债务关系理论,那么其税务争议的解决理应降低"门槛",既不应设定"复议前的清税前置",也不应完全要求"诉讼前的清税前置"(可要求纳税人缴纳一定比例税款或提供相应担保后,即可提起税务诉讼),更不应强制规定"诉讼前的复议前置";第二,倘若税务争议类如处罚决定、强制执行或税收保全等,则应遵循程序上税收权力关系结构,那么此类税务争议的解决应由纳税人自行选择提出复议或提起诉讼,不应设定"诉讼前的复议前置"要求。

另一方面,现行税收争议解决机制的配套完善方向。第一,对于税务争议的解决方式,除了可申请税收行政复议与税收行政诉讼之外,还应增加税务争议解决的和解、调解制度,可通过这种较为柔和的方式来有效解决征纳双方之间的争议;第二,当前税收征管法的规定未能明确税务争议解决过程中纳税人的具体权利,使对纳税人对自身权益的维护处于不利地位,对此修法时应相应完善税务争议解决过程中纳税人应享有的申辩陈述、提出异议、提请听证等权利;第三,当前我国税收复议机构下设于税务机关,这种设置模式缺乏独立性,如何提升税收复议机构的专业性与独立性,使税收复议机构能独立于税收征收机构,这是税收争议妥善解决的必然要求,也是我国税收管理体制改革和征管法修订中必须重视和予以解决的问题。

(二)税务司法审查机制的探讨

在税法与税收征管法领域,我国经由立法机关制定的法律较为单薄,税收立法的形式主要集中体现为国务院及其下属的财政部、国税总局等部门颁布的法规、规章以及规范性文件等。为防止这种以规范性文件为载体的抽象税收征管行为的不当行使,亟须完善相应的税务司法审查制度。党的十八届三中、四中全会公布的决定,已分别明确“完善规范性文件合法性审查机制”“把所有规范性文件纳入备案审查范围”。2014 年新修订的《行政诉讼法》更是具体回应了这种状况,该法第 53 条与第 64 条的规定,①相应赋予了纳税人有条件地对部分规范性文件请求司法审查的权利以及明确了法院对部分规范性文件(除行政法规和行政规章之外的所有行政规范性文件)的司法审查权力。为充分贯彻上述政策性文件的要求和遵循《行政诉讼法》的相关规定,通过税务司法审查机制的构建来防止税收征管权力的不当扩张,从源头上预防税务争议现象的发生,这将是落实可诉性理念的必要路径之一。

“‘司法审查’(judicial review)一般是指法院或司法性质的机构对政府行为的审查,主要包括立法与行政行为的审查。”②它是现代民主法治国家普遍设立的一项重要司法制度,是司法监督行政机关遵守法律的强力工具。对于司法审查制度的重要性,有学者提出:“司法审查乃是一部宪法中必要的且不证自明的部分。”③因此,构建司法审查制度对税收征管权力予以监督和制衡,对政府滥权、僭权与侵权行为进行防范与矫正,这是对税收征管法可诉性理念的现实演绎,以司法的力量来协调公权力主体间权力之平衡,这是司法审查制度的全景展示,也应是司法审查制度的价值依归。

1990 年《行政诉讼法》由于缺少对法的可诉性理念之足够重视,忽略了司法审查制度的规范构建——将不当行政行为和许多抽象行政行为都排除在司

① 2014 年修订的《行政诉讼法》第 53 条规定:“公民、法人或者其他组织认为行政行为所依据的国务院部门和地方人民政府及其部门制定的规范性文件不合法,在对行政行为提起诉讼时,可以一并请求对该规范性文件进行审查。”第 64 条规定:“人民法院在审理行政案件中,经审查认为本法第五十三条规定的规范性文件不合法的,不作为认定行政行为合法的依据,并向制定机关提出处理建议。”

② 张千帆:《宪法学导论——原理与运用》,法律出版社 2014 年版,第 161 页。

③ [英]弗里德利希·冯·哈耶克:《自由秩序原理》,邓正来译,三联书店 1997 年版,第 235 页。

法审查的范围之外，[①]造成司法审查的机能严重受损。2014年新修订的《行政诉讼法》在一定程度上改变了这一状况，第6条规定："人民法院审理行政案件，对行政行为是否合法进行审查。"第70条规定："行政行为有下列情形之一的，人民法院判决撤销或者部分撤销，并可以判决被告重新作出行政行为：……(六)明显不当的。"也就意味着，通过打破具体行政行为与抽象行政行为之间的藩篱，将明显不当税收征管行为纳入税务行政诉讼范围，这必将促使人们重新思考税务行政诉讼的审查原则，即税务行政诉讼中法院既要审查被诉税收征管行为的合法性，也应审查其合理性。这种司法审查范围的扩大不仅有助于真正树立起税收征管法可诉性的权威，而且对纳税人利益的保护将具有重要意义。

对于税务司法审查制度的不断完善，这种对司法能动主义[②]的认可，它符合了税收征管法可诉性理念的落定需要。尊重行政权与司法权的权力分野是必要的，但不能走向司法消极主义，否则忽略了税收法治存在的根本目的之一——保障纳税人合法权益，任何形式的机械分权都应服务于保障人权这一终极目标，只有在此基础上考虑司法审查权的界限问题才是适当的。[③] 因此，按照可诉性理念的落定要求，只有促进我国税务司法审查制度的不断发展(如进一步扩大审查的范围，考虑将税收行政规章也纳入其中；进一步明确司法审查的程序与强化司法审查的效力)，才能更好地发挥司法审查的强大功能，对我国当前众多的税收规范性文件(其名称上表现为某某"办法""规定""规程""规则"等)的合法性与合理性予以审查，真正实现公民财产利益与国家税收利益之间的平衡保护。

---

① 根据《行政诉讼法》第5条规定："人民法院审理行政案件，对具体行政行为是否合法进行审查。"不难看出，司法审查的范围仅限于不合法的具体行政行为，而不合理的具体行政行为和抽象行政行为都被排除在司法审查之外。

② 理论界，长期以来存在"司法能动主义"(Judicial Activism)和"司法克制主义"(Judicial Restraint)两种主义之争。司法能动主义着眼于追求实质正义，强调通过解释对法律进行创造和补充，对社会生活的变动进行及时的积极的回应。反对司法能动主义的人往往认为，奉行能动主义的法院侵犯了立法权或行政权，违背了权力分立原理。参见[美]克里斯托弗·沃尔夫：《司法能动主义——自由的保障还是安全的威胁?》，黄金荣译，中国政法大学出版社2004年版，第3~6页。

③ 参见王贵松：《论行政裁量的司法审查强度》，载《法商研究》2012年第4期。

第三章　税收征管法中纳税人权利保护之补强

第一节　纳税人权利溯源、演进及我国的现状

一、纳税人权利的理论演变

在西方社会,“权利”与“权力”的词义不同,前者带有价值判断的色彩,而后者则表现得更为中性。这一点在词源上就有明显的体现。从词源上看,印欧语系中的“权利”一词可溯源于拉丁文“jus”(ius)一词,比如法语中的“droit”,衍生于拉丁文“drectum”,而“drectum”则是古典拉丁语“rectum”及“jus”的通俗用语。“Ewxrum”本意是指,“真实、正当、正确,它是英语“right”、德语“Recht”等词的词源。因为印欧语系中的权利的首要内涵往往是与正当、正义等价值评判有密切的关系”。①

在罗马法中,“jus”常指根据法律在各方当事人之间分配的份额,“正义是给予每个人他应得的部分的这种坚定而恒久的愿望”。“法律的基本原则是……

---

①　舒国滢:《权利的法哲学思考》,载《政法论坛》1995 年第 3 期。

给予每个人他应得的部分。”[①]这种份额也许是一种利益,也许是一种负担,它并不具有现代社会权利所具有的含义。一直到十四五世纪,“jus”的用法才发生了变化,如在14世纪英国修道士奥肯的著作中,权利才具有了一种归个人所有、受法律保护的特征。[②] 17世纪西班牙教士弗朗西斯·苏亚雷斯认为,准确意义上的“jus”一词是指每个人都拥有的道德权力,这一权利或者针对他的财产,或者针对他那些应当属于他的事务。此后荷兰法学家胡果·格劳秀斯在其著作《战争与和平法》中对“何为正义”的题目下对“jus”做了阐释:“jus”就是指一种道德资格,由于这种道德资格,一个人能够公正的占有某种东西或做某件事情。他还把道德资格分为完全意义上的道德资格与不完全意义上的道德资格。前者包括三种情况:其一指权力,这种权力可以针对自己(称为自由权);其二指所有权;其三指债权。格劳秀斯与苏亚雷斯的观点尽管不一致,但是他们都把“jus”看作基本上属于某人拥有的某项事物,而且其首要含义就是权力或者自由。[③]

权利既是法律的核心概念,也是国家制度运作的目标。现代意义上的“权利”一词具有强烈的个人主义色彩、自由主义色彩,是源自现代自由主义政治及法学的核心概念。根据古典自然法学派,权利被视作个人与生俱来的道德品质,具有不可剥夺的性质。其自我保护、生存、自由和取得财产的正当要求发端于自然法,并要获得国家实在法的保护。依这种观念,权利的主体是个人,个人之所以能够享有这些权利是因为个人具有理性,而不是因为个人属于某些政治团体或者宗教派别,具有纯自然法色彩。这种权利观念肯定了一个独立于他人、独立于群体并具有内在性深度的个人形象:个人不仅是肉个体的存在,还是有意识的、感情的、心理的、具有语言能力的存在。对于个人来说,谁也无法站在“我”的立场上判断“我”的生活方式,以及事务对“我”的意义。个人要有尊严的生活,就要拥有决定自己行动的能力。就个人是肉体的存在而言,个人的生命同样具有独一无二的、不可复制的价值。因而,无论是将权利视为“人之所以为人”而应当具有的道德资格,还是将权利看作人不受

---

① [意]查士丁尼:《法学总论》,商务印书馆1989年版,第5页。

② 参见[英]彼得·斯坦、约翰·香德:《西方社会的价值》,王献平译,中国人民公安大学出版社1989年版,第144页。

③ See John Finnis, *Natural Law and Nature Right*, Oxford, Clarendon Press, 1980, pp. 206－209.

干扰、自己决定自己如何行动的行为自由,在古典自然法学派的相关著作中都体现了对个人的尊重。个人之所以拥有权利,就是为了保障和尊重个人的价值。因此,个人主义认为个人所享有的权利来源于人类不证自明、不可剥夺的道德本性。因而,该学说也认为,人所享有的自然权利先于和独立于政府的承认,具有不依赖法律存在的道德性质。相反,治理社会的法律规制必须以维护和实现个人的道德权利为目标,并以此取得法律的正当性,尊重权利的法律才是正当的法律。①

个人主义的权利观被许多学者奉为圭臬,例如,德沃金就认为:"权利是掌握在个人手中的政治王牌,是要求保护的道德主张,也是对抗政府的理由。"②哲学家、伦理学家罗伯特·诺奇克在《无政府、国家和乌托邦》中论述道:"每一个个人都拥有权利。有一些事情是任何他人和团体都不能对他们做的,否则就侵犯了他的权利。如果说这些权利与其他的事情有什么不同的话,那就是这些权利是如此强大而广泛,以至于引发了国家与官员能够做什么的问题;个人为国家留下了多大的空间?"他进而论述道:"权利是人民行为的道德边际限制。它不要求人们做什么,而是限制人们做什么。把权利作为道德边际,就是要求人们在任何行动中不得侵犯个人权利,更不能为了社会整体利益而牺牲某个人和少数人的利益,国家和政府也无权要求一些人为另一些人作出牺牲,而必须小心翼翼地在公民中保持中立。"③

纳税人权利是指纳税人以宪法为基础,在税制设计、税收征收和管理活动以及对税收的使用过程中所享有的作为或不作为以及要求他人作为或不作为的资格。④ 纳税人权利体现着纳税人在租税国家中的正当要求和合法权益,纳税人权利是一项以私人财产权为基础的基本社会经济权利。从世界范围来看,纳税人权利保护已经得到各国和国际组织的广泛重视。有的国际组织已经制定了保护纳税人权利的国际文件以供成员国参照使用,如经济合作与发展组织(Organization for Economic Co-operation and Development,OECD)为其

① 参见黎江虹:《中国纳税人权利研究》(修订版),中国检察出版社2014年版,第88页。

② [美]罗纳德·德沃金:《认真对待权利》,信春鹰、吴玉章译,中国大百科全书出版社1998年版,第6页。

③ [美]罗伯特·诺奇克:《无政府、国家和乌托邦》,何怀宏译,中国社会科学出版社1991年版,第156~159页。

④ 参见莫纪宏主编:《纳税人的权利》,群众出版社2006年版,第71页。

成员国制定了《纳税人宣言》范本等。而且越来越多的国家制定了专门的纳税人权利保护法案,例如,美国于1988年通过的《纳税人权利法案》(1994年、1996年进行了两次修订),加拿大于1985年通过的《纳税人权利宣言》,英国于1986年制定的《纳税人权利宪章》,等等。可以说,纳税人的权利保护是民主宪政、税法发展的世界性主流。

在财政国家,税收是国家不可或缺之金钱要素。因此有学者指出:"税法为强制性无对待给付,不能仅以有法律依据即有服从义务,因为可能有多数暴力或民主滥用情事,为保障少数人,税法应严格平等原则之拘束。"①鉴于征纳双方的关系是属于重大利益调整,故现代国家的税法对于征纳双方的关系的制度设置上应当是平等的。纳税人的权利就应当是一种去做、去享有、去要求、去据有、去完成的资格。纳税人对于自己财产权的让渡决定了他的地位不能落后于征税机关,纳税人应享有一系列权利。纳税人的权利是一种新型的、有效的权力监督范式。就纳税人而言,他们必须参与税收的全过程,他们能够参与税收全过程是因为他们拥有权利。这种权力不仅赋予了纳税人的欲想不被人干涉的权利,也赋予了纳税人对于征税权力的监督权。

纳税人的权利保护也经历了一个从国家主义到纳税人保护主义的变迁过程。税收是文明的对价,如果没有税收支持的有组织国家力量的保护,生活和自由将无法得到保障。② 政府要保证施政能力,就必须有与事权相匹配的财权,其中最重要的财政收入来源就是税收。税收是对公民私有财产的一种合法侵夺,纳税是对公民宪法基本权的限制,③美国最高法院大法官约翰·马歇尔就曾经指出:"征税的权力是事关毁灭的权力。"征税所造成的财产减少在规模上和数量上都是任何私人犯罪(如盗窃、抢劫)所无法比拟的。④ 法国1789年召开三级会议时,纳税人权利已经深入人心,直接为法国大革命铺平了道路。但是1614年法国摄政王玛丽·德·美第奇(Marie de Medicis)召开旨在增税的三级会议时,纳税人权利理论并未得到推广并为公众所接收,三级

---

① 葛克昌:《地方课税权与纳税人基本权》,载《台湾本土法学杂志》2002年总第35期。

② 参见[美]菲利普·T.霍夫曼、凯瑟琳·诺伯格:《财政危机、自由和代议制政府(1450~1789)》,褚建国译,格致出版社、上海人民出版社2008年版,第1页。

③ 参见黄俊杰:《税捐基本权》,台北,元照出版公司2006年版,第23~43页。

④ 参见高军:《纳税人基本权研究》,中国社会科学出版社2011年版,第2页。

会议软弱依顺,无法阻止绝对君主制的崛起。[①] 古代西方国家如此,传统中国社会更是如此。“普天之下,莫非王土;率土之滨,莫非王臣”,从终极意义上来讲,整个社会的所有财富均属皇权所有,对皇权征税的正当性及应遵循的原则等缺乏系统的、科学的政治学解释,皇权对税款实施“强制征收”,并不征求纳税人的意见或同意,更不会尊重纳税人的权利诉求。对臣民而言,缴纳“皇粮国税”乃天经地义,对于来自皇权及其各级代理人的苛捐杂税则只有容忍的份,若税负超出了容忍的底线导致实在无法承受,则只有揭竿而起进行殊死一搏。在中国历史上,历次农民起义多源自于税赋过重,起义者们所高呼的“轻贡赋”“不纳粮”“均田免粮”等口号,就是对封建苛捐杂税敲骨吸髓般盘剥的抗议。中国古代历史长河中,历代开国君主都因为亲自体验到民众反抗的强大力量,王朝建立之初一般会采取“轻徭薄赋”“休养生息”的政策,甚至将税率固定下来并承诺“永不加税”,但专制体制的内在逻辑决定了这样的政策无法长久。虽然不乏明智之士对统治者发出“不竭泽而渔”的警示以及“苛政猛于虎”的叹息,亦曾有过唐代杨炎的两税制、北宋王安石变法、明代张居正的“一条鞭法”、清代“摊丁入亩”等各式减轻农民负担的改革,但自身范围内局部的修补,难以最终扭转农民起义、王朝更迭的命运,整个中国封建社会始终无法逃避“权威主义与黄宗羲定律”[②]的宿命。[③]

现代财政理论认为,“租税之征收,其本身即隐含扼杀个人自由之危险”,“宪法所保障之一切经济自由,如将租税效果纳入计算后,则均不免逊色,盖公权力借由课税行为而无孔不入,成为法治国家不设防之侧翼”。[④] 特别是租税的征收和使用都表现为一种行政权力,财税机关为了能达到课税目的,在进行税法解释、颁布政策和采取行政措施时,难免比较偏重财政收入的目的及税收效率的提高,从而忽略了纳税人在宪法上的各项权利。无论是征税权还是用税权都摆脱不了权力会被滥用的风险,并且相对于国家的这种权力,纳税人

---

① 参见[美]弗朗西斯·福山:《政治秩序与政治衰败:从工业革命到民主全球化》,毛俊杰译,广西师范大学出版社2015年版,第36页。

② 黄宗羲指出:每个王朝进行赋税制度改革后,虽然农民的负担在短时间内有所下降,但很快就会反弹,而且比改革前更重,这就是著名的“黄宗羲定律”。

③ 参见高军:《纳税人基本权研究》,中国社会科学出版社2011年版,第12~13页。

④ 葛克昌:《租税规避与法学方法——税法、民法与宪法》,载葛克昌:《税法基本问题》(财政宪法篇),北京大学出版社2004年版,第5页。

往往处于弱势的地位。“正是在税收这个领域,政府政策专断的趋势,要比在其他领域更为凸显。”[①]因此,现代国家必须加以警觉,“如果不实时加以防阻,则宪法所保障之自由与权利,亦将失其意义”。[②] 随着世界民主潮流的变迁以及对国家与社会之间关系的反省,许多国家的公民已经认识到虽然纳税被认定为一种公民义务,但并不是无限义务,纳税人在承担纳税义务的同时也拥有不容侵犯的权利。

当前对纳税人权利的研究已成为了当代税法研究的重点领域之一。德国学者 Joachim Lang 曾经指出:“基于意识到人民拥有捐税基本权,故联邦宪法法院在许多争议案件中,必须对相关捐税规范加以宪法审查。甚至,当在国家与人民间加以比较时,亦将作有利于人民之思考。”[③]而对于纳税人权利进行深入研究并有深远影响的则是日本税法学者北野弘久教授。北野教授所创立的“北野税法学派”的特点在于站在宪法的高度审视税法,认为从国民主权原理和人权保障原则出发,税法并非征税之法,而是保障纳税人基本权利之法。北野教授运用纳税人基本权利这一理论,将日本税法中的租税征收、使用予以统一,认为在日本宪法中的租税都必须是以福利为目的的税,他讲这种观点称为“新目的税论”。[④] 循着北野教授的观点路径,可以得出其所蕴含的必然逻辑:在国家与人民的租税关系中,无论国家的征税、用税还是人民的纳税行为,其中都包含着人民的基本权利。甚至可以说,人民承担纳税义务也是以宪法规定的基本权利为前提的,离开了基本权利的规定,纳税义务也就失去了存在的基础。北野教授认为,日本国宪法作为现代宪法,尊重和保护国民(纳税人)主权以及和平的生存权在内的基本人权是日本宪法的重要理念。因此,应该从宪法所预定的这个理念出发,去构造一个完全不同于传统租税的概念,这个概念以维护纳税人、国民的福利为核心,现代租税的概念强调建立在人民

---

① [英]弗里德利希·冯·哈耶克:《自由秩序原理》,邓正来译,三联书店 1997 年版,第 72 页。

② 葛克昌:《租税规避与法学方法——税法、民法与宪法》,载葛克昌:《税法基本问题》(财政宪法篇),北京大学出版社 2004 年版,第 5 页。

③ 黄俊杰:《纳税者权利之维护者》,载黄俊杰:《纳税人权利之保护》,北京大学出版社 2004 年版,第 2 页。

④ 参见[日]北野弘久:《日本国宪法秩序与纳税者基本权》,陈刚、雷田庆子译,载《外国法学研究》1998 年第 2 期。

主权基础上的财政民主,即"身为主权者的国民、纳税者应对财政(税的征收和使用)进行民主性统治"。[①] 北野教授进一步指出,纳税人基本权利理论应当成为全部立法(包括预算法)上的指导性法理。因此,即便尚未有容许"纳税人诉讼"(taxpayer' s suits)的特别立法,但由于纳税人基本权利的存在,纳税人可以对故意造成纳税人基本权利受到侵害的行为,即违宪的不公平税制(包括不公平税务行政),看作对某个纳税人基本权利的侵害。同理,违宪支出的租税行为,无论在何种情形下,都会在数量上相对地增大该纳税人的纳税义务额,所以这种违宪支出租税的行为实际上侵害了该纳税人的法律上的利益,因为该行为构成了主观上的侵权,而该纳税人即便未依据特别立法规定的民众诉讼、公益诉讼形式,也可用通常诉讼形式提起诉讼。[②]

北野税法学派在我国台湾地区有较大的影响,一些税法研究学者对纳税人基本权利(在我国台湾地区通常被称为税捐基本权)的概念予以引进并进行了阐述。葛克昌教授在相关研究中,采用了"纳税人基本权"这一概念,并指出纳税人基本权保障主要是指平等权、职业自由、财产权和权利救济等内容。[③] 黄俊杰教授对税捐基本权概念进行了系统的论证,认为在民主法治国家中,人民与国家之间的关系是有限的,人民通过履行纳税义务以换取个人经济自由的空间,以维持社会发展的秩序,所以纳税义务受到法律保留的拘束性尤为强烈。国家财政需求越高,其国民承担税捐分配越正义,税赋的普遍性与平等性的应用应越严格。虽然税的本质与基本权利体系不符,而具有一种先义务的性格,但是,这种不同事态,却拥有相同的实务本性,基于公平正义的要求,应得到相同的对待,即具有要求国家依实质正当法律课税的权利。[④] 对于税捐基本权的内涵,黄俊杰教授认为税捐基本权是一种"宪法"保障的基本权利,它无法由"宪法"财产权所完全覆盖,它从纳税义务条款中通过"宪法"解释发展而来,对于违"宪"之课税权行使,得主张拒绝缴纳,并主张排除侵害。

---

① [日]北野弘久:《税法学原论》,陈刚等译,中国检察出版社 2001 年版,第 53 页。

② 参见[日]北野弘久:《日本税法学原论》(第 5 版),郭美松、陈刚译,中国检察出版社 2008 年版,第 59 ~ 60 页。

③ 参见葛克昌主持:《台湾地区"财政部"2005 年度委托研究计划"纳税人权利保障法"可行性研究》,第 58 页以下。转引自高军:《纳税人基本权研究》,中国社会科学出版社 2011 年版,第 46 页。

④ 参见黄俊杰:《税捐基本权》,台北,元照出版公司 2006 年版,第 60 ~ 62 页。

因此,具有直接民主正当性的税收立法者,在税收立法时,不得滥用立法的形成自由。纵然民主之立法者所为之多数决定,亦不得忽略基本权利应作为拘束立法者之最根本的正义规范。[①] 税捐基本权的核心领域,是指符合人性尊严基本生活需求的经济生存权,禁止税法对纳税人及其家庭的最低生存需求采取税捐侵犯。因此,应以人民扣除家庭及个人人性尊严基本生活等必要费用以外的可支配剩余的财产权,作为国家课税权行使的对象或符合宪法秩序之税法之规范内涵,并以维持人民重新运营经济生活所必要的再生利益为国家课税权的宪法界限。[②]

就我国而言,我国真正开始构建法制始于20世纪80年代,在这之前一直是强调国家利益、公共利益、社会利益高于一切,个人一直是由一种相互间休戚与共的集体感所连接,个人义务受到特别强调而权利感则相对较弱,个体权利受到抑制。因此,我国法制改革的路径选择应更加强调权利的重要性,重点提升个体权利规定在各项法律制度中的比重。就税法这一法律部门而言,纳税人权利更应该是税法修订关注的重中之重。国家税收收入是从每一个纳税人手中筹集起来的,纳税人理应对国家税收制度具有发言权等一系列的权利。纳税人是国家税收收入的活力源头,对每一个纳税人的权利保护是否切实都会直接影响到国家财政收入的及时和稳定。纳税人如果不履行其依法应负的纳税义务,国家固然可以凭借强制力强制其履行或者追究其法律责任,从而达到保护每一个人享受公共产品、公共福利的目的。但如果纳税人的权利得不到切实保障,纳税人就会采取各种那样的措施避税、欠税、逃税、抗税,甚至进行革命来推翻现行政府,那么公共利益也就失去了纳税人的配合而无从实现。因此,没有个人权利的保护,公共利益或者社会利益就会成为无源之水、无本之木。

二、我国纳税人权利保护的体系及存在的不足

在纳税人权利保护运动高涨的今天,不少国家都公布了自己的纳税人权利宣言或者纳税人权利法案。在美国,税收几乎关系到每个普通人的生活,保

---

① 参见黄俊杰:《纳税者权利之维护者》,载黄俊杰:《纳税人权利之保护》,北京大学出版社2004年版,第8页。

② 参见黄俊杰:《税捐基本权》,台北,元照出版公司2006年版,第62～78页。

护纳税人的权利也得到了各方面的高度重视，美国的《纳税人权利法案》就是美国纳税人保护自身权利的重要依据。美国纳税人的权利包括自然权利、抗辩权利。前者如信息权、隐私权和忠诚推定权；后者如权益保障权和数量抗辩权等。①

近年来，一些国际组织也日益重视纳税人权利保护的问题。如OECD组织为成员国制定了《纳税人宣言》范本，规定纳税人的基本权利如下：(1)信息权。纳税人有权要求税务机关提供有关税制及如何测算税额的最新信息，同时，税务机关有义务告知纳税人包括诉讼权在内的一切权利。(2)隐私权。纳税人有权要求税务机关不侵害其个人权利，并有权拒绝税务机关无理搜查住宅及被要求提供与正常课税不相关的信息。(3)只缴纳法定税款的权利。纳税人有权考虑个人的具体情况和收入多少，并按税法规定只缴纳应纳税金，拒绝缴纳额外税金。(4)税收预测与筹划的权利。纳税人对自己的经营行为的课税结果有权进行预测和税收筹划。(5)诉讼权。纳税人对税务机关行政行为的合法性、适当性存在异议时，有权提起诉讼。②

就学理上而言，不同学者对纳税人权利的内容有着不同的分类方法。例如，莫纪宏教授将纳税人权利分为宪法层次上的权利和税法层次上的权利，其中税法层次上的权利又分为税收实体法上的权利和税收程序法上的权利。莫纪宏教授认为，宪法层次上的纳税人权利是纳税人享有的最根本权利，是纳税人享有经济主权的集中反映。它主要以公民权的形式存在，如财产权、平等权、生存权以及基本的政治权利和自由等宪法基本权利。宪法层次上的纳税人权利不与具体的纳税行为相关，它反映的是公民与国家之间的关系，是纳税人履行纳税义务的制度依据和合法性保障，也是纳税人履行纳税义务的一个政策目标。也就是说，正因为纳税人履行了纳税义务，所以国家就有义务依据宪法和法律的规定来保护纳税人作为公民应当享有的基本权利。基本权利虽然是一种公民身份权，与公民的国籍身份密切相关，但是，对于符合纳税条件的纳税人来说，基本权利又是对纳税人的一种整体性保障制度。而税法层次上的纳税人权利是一种具体的税收法律关系上的权利义务关系。税收实体权

---

① 参见王岩、靳东升、李秉瑞：《我国与美国纳税人权利的比较研究》，载《涉外税务》2000年第2期。

② 参见刘剑文、熊伟：《税法基础理论》，北京大学出版社2004年版，第89页。

利是纳税人具有的受法律保护的获得某种实体利益的资格,一般指纳税人从征税主体的征税活动中获得的实际利益。纳税人的实体性权利包括免税权、减税权、缓税权、出口退(免)税权、再投资退税权、即征即退权、先征后返权、税额抵扣权、税收抵免权、税收饶让权、税收豁免权、投资抵免权、以税还贷权、亏损结转权等。税收程序性权利是纳税主体为了行使、主张或保障其实体权利而必须具有的为一定行为或不作一定行为的能力或资格。税收实体性权利派生出相应的税收程序性权利,税收程序性权利服务并制约一定的税收实体性权利。税收程序性权利主要涉及税负确定权、诚实推定权、知情权、保守秘密权、损害救济权、税收返还请求权、税负从轻权、延期申报权、延期纳税权、委托税务代理权、要求回避权、平等对待权等。①

刘庆国教授认为,纳税人的权利体系分为纳税人基本权利、纳税人的程序权利和纳税人的实体权利。纳税人的基本权利包括:(1)知情权。国家税收法律一经制定,就成了直接影响纳税人切身利益的规范,国家有义务让纳税人知悉、了解其具体内容,其权利的核心在于税款支出方向、效率的知情权。(2)最低生活保障之税收豁免权。该权利是生存权在税法上的延伸,最典型的体现是《税收征管法》所规定的纳税人维持生活所必需的住房和用品被排除在税收保全和强制执行措施之外。(3)正当程序权。税务机关在行使职权时,应当依法行使,不得违反法定程序行使职权。(4)救济权。纳税人的程序权利包括:(1)程序主持者或决定者的中立保障权。纳税人在纳税的各个环节,有权要求有利害关系的税务人员回避,有权要求征纳程序实行职能分离,有权反对程序主持者与当事人一方单方面接触。(2)权利被告知权及卷宗阅览权。(3)听证权。(4)陈述、申辩权。(5)要求说明理由权。(6)程序抵抗权。即纳税人拒绝权,主要是指在法律明确规定征税机关采取征税行为时负有某种程序义务,但却没有履行这些义务的情况下,征税相对人所采取的特定行为——有权拒绝执行或拒绝给予合作,即程序抵抗权针对的是“有瑕疵的程序行为”。(7)保密权。(8)纳税人的救济权。纳税人的实体权利包括:(1)法定最低限额纳税权。纳税人应当依法缴纳其应缴纳的税款,有权在法律规定的范围内选择最低幅度的税款数额,在不违反税收法律的情况下,有权进行合理的税收筹划,使其税负最小化。(2)减、免税权。(3)抵免税权。(4)税

① 参见莫纪宏主编:《纳税人的权利》,群众出版社2006年版,第73~75页。

收返还请求权。(5)出口退税权。(6)纳税人信赖利益保护权。[①] 信赖保护的核心是国家应当保护公民正当合理的信赖利益,在税法领域,主要是指纳税人对税务机关的信赖,而非税务机关对纳税人的信赖。税收作为宏观调控的重要手段之一,税法要通过制度安排,保证、约束政府信守承诺,或者在政府不得不违背承诺时要求其承担民众的信赖利益损失,以此强化政府信誉,保证宏观调控目标的实现。

黎江虹教授认为,纳税人权利分为实体权利和程序权利两大类。所谓纳税人实体权利,包括纳税人的征税同意权、税收支出监督权、公共产品的请求权和选择权、税收信息权等;所谓纳税人的程序权利,包括要求程序主持者中立的权利、知情权、陈述申辩权、保密权、要求税务稽查程序正当的权利、平等对待权、救济权等。其中,比较有代表性的是征税同意权和支出监督权。纳税人的征税同意权是对于国家或政府征税的行为,纳税人有权决定是否具有效力的权利,每一个纳税人都享有征税同意权,但是就成本角度而言,政府不可能和每一个纳税人讨价还价,只能和纳税人的代表进行谈判,因此,最终的结果可能是一部分纳税人对征税的建议没有采纳,这是代议制度中必然会出现的现象。从某种意义上讲,征税同意权就是税收法定原则在纳税人权利上的表现。而税收的支出监督权是指纳税人对于税收收入支出用途、支出规模、支出方式等方面进行监督的权利。税收支出的监督往往都被列入预算法的内容,而在税法中往往被忽略了,因此黎江虹教授认为,这是"重大的理论误区",应当明确赋予纳税人对税收支出的监督权。[②]

从我国现行《税收征管法》的立法内容来看,更多的是赋予了纳税人以程序性权利。例如,《税收征管法》第 11 条规定:"税务机关负责征收、管理、稽查、行政复议的人员的职责应当明确,并相互分离、相互制约。"此实际上为纳税人要求程序主持者或决定者的中立保障权。第 51 条规定:"纳税人超过应纳税额缴纳的税款,税务机关发现后应当立即退还;纳税人自结算缴纳税款之日起三年内发现的,可以向税务机关要求退还多缴的税款并加算银行同期存

① 参见刘庆国:《纳税人权利保护理论与实务》,中国检察出版社 2009 年版,第 128 ~ 154 页。

② 参见黎江虹:《中国纳税人权利研究》(修订版),中国检察出版社 2014 年版,第 177 ~ 197 页。

款利息，税务机关及时查实后应当立即退还；涉及从国库中退库的，依照法律、行政法规有关国库管理的规定退还。”此为纳税人的税收返还请求权。第59条规定：“税务机关派出的人员进行税务检查时，应当出示税务检查证和税务检查通知书，并有责任为被检查人保守秘密；未出示税务检查证和税务检查通知书的，被检查人有权拒绝检查。”此为纳税人的保密权和程序抵抗权。就《税收征管法》的规定所涉纳税人权利而言，有十几项之多，涵盖了知情权、保密权、申请减免税权、申请退税权、陈述申辩权、申请复议权、提起诉讼权、请求国家赔偿权、控告检举权、请求回避权、举报权、延期申报权、取得代扣代收手续费权、申请延期缴纳税款权、索取完税凭证权、索取收据或清单权、拒绝非法检查权、委托税务代理权等。除此之外，2009年国税总局还专门出台了《关于纳税人权利与义务的公告》（以下简称《纳税人权义公告》），是专门规定纳税人权利的文件。这些权利和税收保全、强制执行、行政处罚、行政诉讼等程序中的权利及税务机关的每一项义务所对应的纳税人权利，共同构成了我国纳税人的权利体系。

虽然我国现行《税收征管法》已经规定了纳税人的部分权利，《税收征管法（征求意见稿）》第11条又对纳税人的权利作了进一步的扩充规定，如纳税人、扣缴义务人平等保护权、税法制定的参与权等，但总体而言有关纳税人权利的规定相对其承担的纳税义务、协力义务而言仍显单薄，纳税人应该享有的隐私权、诚实推定权、税收确定权等权利仍旧没有被列入其中，已经作出规定的权利也仍然停留在宣示的层面而缺乏相应的程序制度加以落实，纳税人权利义务规定严重失衡。这需要我们依循平衡协调理念、借鉴他国经验等在未来的立法修订中进一步加以完善。下文将结合我国当前的《税收征管法》规定及《税收征管法（征求意见稿）》的相关内容，就纳税人应当享有而未作规定的程序性权利以及已有规定但不完善的程序性权利予以重点解析，以期能对我国《税收征管法》的修订有所补益。

三、我国纳税人权义不均衡的原因分析

（一）历史之维：我国革命的特殊历史任务

中西方革命的历史任务和进程存在巨大差异。近代西方的革命与其税制的改革和发展是密不可分的，英国资产阶级革命（1640年）的导火索是国王查理一世为满足战争军费需求而跳过议会直接征收吨税和磅税，革命的目的是反抗国王的肆意征税，因此确定了“税收法定原则”。法国大革命的直接动因

是国王路易十六为开征新税而召开三级会议,第三等级通过革命的形式予以抗争,从而形成了《人权宣言》,使每一个人都有权直接或间接地参加税法的制定。美国独立战争也是起源于英国《印花税法》(1765 年)、《汤森法》(1767 年)的高印花税以及对玻璃、茶叶、纸张等收取的重税。可见,对于西方国家而言,其革命的目的就在于争取税权,是为权利而斗争。因此,其革命的结果也必然是纳税人权利的确立、巩固和发展。

相比较而言,新中国的革命更多地被赋予了反帝、反封建的历史任务,属于为民族的独立和解放而进行的斗争(在革命目的上与英、法等资本主义国家的革命存在明显的差异),而不是人民作为纳税人为了争取自己的权利而进行的斗争。因此,客观地说,新中国革命的胜利,并没有像资产阶级革命那样奠定“税收法定原则”并赋予纳税人更多的权利。而从社会法治意识来讲,在新中国成立之后的相当长时期内,由于公有制基础上的计划经济体制的存在,我国的税种、税收很少甚至“虚无”,我国纳税人的权利意识、税的意识都随之而极其淡薄,社会上更不可能形成争取纳税人权利的思潮和立法需求,加之税收立法的专业性及立法技术的不成熟,使我国税收立法,尤其是有关纳税人权利的立法远远落后于其他法律部门的立法。

(二)文化之维:官本位思想的影响

对于一国法治思想产生影响的,除了历史原因,还包括文化因素。《税收征管法》作为税收程序法定的依据,本应是一部权利保障法、服务法,纳税人的诚信推定权应当且必然规定于其中。但通观我国的《税收征管法》,其反而更加强调“管理性”和“强制性”,这与我国数千年来的官本位法律文化是有很大关系的。

中国古代法律思想崇尚礼治,而礼治的核心思想之一即是“尊尊”,即尊重一切应当尊敬的人,它实际是强调了上下级的等级差别以及下级对上级的服从、人民对君主和官员的服从。而自从中国古代法家兴起之后,更是形成了一种“权重位尊”的思想(以慎到为代表),于是“尊尊”就演化为“尊权”,实际上形成了对权力的一种膜拜,而掌握权力的官员就成为人们的膜拜对象,这种官本位思想在税收领域的逻辑演进就形成了我国税收理论的权力代表学说。该权力代表说认为:税收是国家的固定权力,而税务官员就成为固定权力的具体实施者,税收征管的目标是保障国家的税源,纳税人权利的保护只是次目标。而西方的权利代表学说则认为,国家是人民权利的代表,政府和政府官员则是具体的受托人，应当代表人民的利益行事，因此税收的征收与否、如何征收都是应当以人民利益为出发点、归宿的。正如詹姆斯·密尔(James Mill)所言："任何掌握权力的人具有一种滥用权力的倾向，这是一个尖锐而又重要的真理。"①在官本位思想影响之下，税务官员更容易认为纳税人对其服从是天经地义的，纳税人对国家的税收缴纳和牺牲是理所应当的，从而于自觉和不自觉中忽视了纳税人的权利和纳税人对权利的诉求。

(三)法治之维：法定权利的大幅缺失

我国的税法理论正在经历由"国家权力说"("纳税人义务说")向"民众公共需要说"("纳税人权利说")的过渡，我国的税收立法也正处于"征税权力保障法"和"纳税人权利保护法"的融合过程中。但从税收法治的情况来看，有关纳税人权利保护方面的规定并不乐观。

首先，在宪法层面上，片面强调税收"纳税人义务说"。我国现行《宪法》只是强调规定了公民的纳税义务，②而未明确规定纳税人应有的税收基本权利，以至于诚信推定权这种人权领域的税收权利等，都需要借助于对宪法中"国家尊重和保障人权""任何公民享有宪法和法律规定的权利"等抽象权利规定的解释来推定。

其次，从法律层面来看，我国现行税收法律对纳税人权利的规定供给不足。目前，我国由立法机关制定的法律位阶上的税法非常少，只有寥寥5部，③在我国现行已经课征的18个税种中，只有3个税种有法律依据，而其他税种都以国务院行政法规的形式加以规定。在缺乏一部《税收基本法》或《税收通则》的情况下，《税收征管法》实际上起着规定和保护纳税人权利的税收基本法的作用。④ 国务院法制办公布的新的《税收征管法(征求意见稿)》中虽然进一步增加了纳税人的一些权利规定，如纳税人、扣缴义务人平等保护

---

① Stephen Leslie, "The English Utilitarian", *Bristol Thoemmes*, Vol. 2, 1991, pp. 76 - 78.

② 参见《中华人民共和国宪法》第56条规定："中华人民共和国公民有依照法律纳税的义务。"

③ 目前，法律位阶上的税法除了作为程序法的《税收征管法》之外，仅有《企业所得税法》《所得税法》《车船税法》《环境保护税法》四部实体税法，而《环境保护税法》尚未实施。

④ 原《税收征管法》(1995年)并没有关于纳税人权利的集合规定，只是零星分散的规定了检举权(原第7条)、减免税申请权(原第21条)以及复议申请权、起诉权(原第56条)。2001年修订的《税收征管法》专门以第8条罗列了纳税人权利并增加了纳税人权利方面的若干规定，如知情权、要求保密权、陈述申辩权、申请国家赔偿权等，但总体来看还很不够。

权、税法制定的参与权(见第11条)等,但总体来讲《税收征管法(征求意见稿)》的立法目的仍旧是以征管为先,权利保护理念仍很不足,对于权利的规定和保障难以满足现代税收法治的要求。

最后,从其他税收法律文件来看,2009年国税总局专门出台了《权义公告》。但《权义公告》的立法位阶非常低,严格来说该公告所规定的14项纳税人权利仍算不上"法定"权利,且这14项权利不能涵盖纳税人应当享有的所有权利,包括诚信推定权在内的许多权利都未体现。此外,《权义公告》没有采用"列举+概括"的授权方式,使其把纳税人权利限定在了14项之内,因而实质上成了一部"限制权利法规"。

通过以上分析可知,我国税收法律规范对于纳税人诚信推定权、隐私权等的缺失不是个例,而是我国税法对纳税人权利规定和保护不周延的一个缩影。事实上,在现代国家治理中、在现代民主政治的大背景下,只有注重纳税人权利,尤其是其基本人权(如本章所议之诚信推定权)的保护,兼顾各方利益,包括国家的、纳税人的、社会的利益,税法的立法和实施才能取得"合理性"而呈现"良性"。[①] 正如学者指出的:"新世纪的中国税法学必须明确以纳税人权利为中心的立场,这既是民主法治的思想要求,也是市场经济的需要。"[②]我国应当重塑税收理念,构建以权利本位为主义观的"税收法治"理念。[③] 也就是说,以纳税人权利为中心并据此设计税法制度、规范税收行为,是现代国家"良法之治"的应有之义,是"税收法治"的应有之义。如何扩大纳税人的权利范围、完善纳税人的权利体系,是我国进一步修订《税收征管法》的一大要务。

第二节 纳税人诚信推定权之明定

纳税人的诚信推定权是现代法治国家中宪政层面的要求,是人权保障在税收征纳关系中的映射,它对于保护纳税人合法权利、约束征税权力、落实税收法定原则、提升税收遵从程度有着重要的作用和意义。当前我国学界虽

① 张守文:《经济法理论的重构》,人民出版社2004年版,第477页。

② 刘剑文:《二十年来中国税法学研究的回顾与前瞻》,载刘剑文主编:《税法专题研究》,北京大学出版社2002年版,第48页。

③ 参见谭志哲:《当代中国税法理念研究——从依法治税到税收法治》,法律出版社2013年版,第155~168页。

然认可纳税人诚信推定权的存在，但是缺乏对其的研究热情，相关的研究成果也非常少。2015 年 1 月 5 日国务院法制办公布了《税收征管法（征求意见稿）》向社会广泛征求意见，其第 11 条关于“纳税人权利”的规定与原《税收征管法》第 8 条的相关规定相比，增加了同等保护权和税收规则制定参与权，但对于诚信推定权这一至关重要的纳税人权利却没有做任何规定，这不能不说是一大缺漏。因此，这需要我们从理论认知和制度建设上加以探讨和完善。

一、纳税人的诚信推定权的权利解析

纳税人的诚信推定权，是指纳税人依法进行纳税申报、设置账簿等行为非有相反证据证实并经依法裁定，都应当被认为是合法的、准确的，纳税人的纳税相关行为都应被推定为是合法的、善意的。纳税人的诚信推定权有以下特征：第一，纳税人的诚信推定权是一种被动的、防御性的权利。与知情权、获得救济权等权利不同，诚信推定权不能也不应该依靠纳税人的主动行使来保障，而是具有一定的被动性，如同一面权利之盾抵御征税机关公权力的不当侵扰，而不能作为一支权利之矛主动出击。第二，诚信推定权是一种对纳税人的信赖利益，它包括三方面的要素：一是权利主体，诚信推定权的权利主体是纳税人，既包括自然人纳税人，也包括作为纳税人的法人和其他组织，既包括公民纳税人，也包括非公民纳税人。二是权利客体，诚信推定权的权利客体是纳税人的人格尊严和信赖利益，这也是现代社会经济关系的基石。在现代市场经济条件下，经济活动主体之间的基础性信任是必需的，这也是鼓励市场交易和提升经济效率的需要。三是权利的内容，诚信推定权的内容是征税主体默认纳税人的纳税行为是诚实的、合法的，除非税务机关可以提出确凿的相反证据予以证实。

世界上多数民主国家都已经将纳税人的诚信推定权写入了国家的税收法律中。从世界各国的立法实证分析来看，对于纳税人诚信推定权的立法模式有两种：一是明示规定；二是隐含规定。韩国是典型的对纳税人诚信推定权加以明示规定的国家，其《纳税人权利宪章》规定了 7 项权利，首要的就是纳税人在设置账簿、如实申报的情况下，应当被认为是诚实的，其所提供的资料也应当被视为真实资料,且在特定情况下有权拒绝税务机关的重复调查。① 澳大利亚《纳税人宪章》中也有类似的明示规定:“我们假定纳税人告知我们的都是真实的,除非我们有理由相信不是这样。”②而对诚信推定权隐含规定的典型国家是美国,美国的法律中并没有明确出现“诚信推定”的字眼,但是美国《纳税人权利法案》(2005 年)第 3 条规定纳税人有权获得专业、礼貌、公平的服务和照顾,而在税收实践中否定纳税人的“诚实性”即可以被认为是不礼貌的,纳税人有权向税务机关投诉或起诉。

诚信推定权的实质是一种信赖利益,但这种信赖又不同于一般意义上的信赖利益保护,前者是指服务型税务机关对纳税人人格尊严的信赖,后者是指纳税人对税务机关及税收法律规定的信赖。对征税机关的信赖不会给纳税人带来直接利益,但若缺失了这种信赖则可能会带来不必要的损失。③ 同样,诚信推定权未必可以给纳税人带来直接经济利益,但是这种诚实推定的信赖一旦被破坏,除了会损害纳税人的人格尊严外,还可能严重影响纳税人的正常生产和生活,造成其经济上的损失。可见,纳税人在两种信赖中都应当受到保护,无论哪种信赖推定被破坏,受到损害的都是纳税人本身。

二、纳税人诚信推定权的价值意义

纳税人诚信推定权不仅仅是纸面上宣誓性、口号性的权利,对于纳税人人性尊严的保障、税收法定的落实、保障征纳双方平等以限制公权滥用、提升纳税遵从度等方面都有着重要的现实意义。

(一)人性尊严的宪法要求

人性尊严代表哲学、伦理学中将个人视为主体和目的的伦理学说。④《世界人权宣言》中即认为人权源于“人固有的尊严”。有学者认为,现代意义上的宪法要求的不仅仅是简单意义上少数服从多数的形式民主,其实质要求是“以人性尊严与个人基本价值为中心”的所有国家行为(当然也包括国家的征

① 参见莫纪宏:《纳税人的权利》,群众出版社 2006 年版,第 92 ~ 93 页。

② 张富强:《论纳税人诚实纳税推定权立法的完善》,载《学术研究》2011 年第 2 期。

③ 参见刘剑文、熊伟:《税法基础理论》,北京大学出版社 2004 年版,第 169 ~ 173 页。

④ 参见胡玉鸿:《个人的法哲学叙述》,山东人民出版社 2008 年版,第 57 页。

税行为）也必然以人性尊严为价值追求。①

2004 年我国正式将“人权”一词引入宪法，也正式开启了我国法治的人权保障时代，在具体的立法、执法、司法中也应引入人权保障的理念。现代国家要满足人权保障的需求，至少应当对公民的人权承担尊重、保护、满足、促进四方面的义务。② 可见，尊重人权、尊重人性尊严是社会主义宪治的首要要求，作为人性尊严在税收法律关系中的映射，诚信推定权也应被税法规范加以尊重和保障。

（二）税收法定原则的内在要求

税收法定原则源于“无代表则无税”的古老理念，强调非经人民代表（议会）同意，国家无权征税。税收法定原则起源于民权与王权的博弈斗争，其形成的过程就是纳税人不断争取权利，并利用争取到的权利来制约国家征税权力的过程。税收法定原则又可以引申出两个内涵：一是纳税人权利保护原则；二是要求税法必须是“良法”。无论是出于对纳税人权利保护的考量，还是“良法”本身的内在要求，都要求税法本身必须尊重纳税人本身及其基本权利。而预先假设纳税人都有机会主义倾向而对其加以审查、防范的理念和做法显然与现代法治理念相悖。现代宪治理念下纳税人与国家公民是高度契合的，税收法定原则本身要求税法规定要征得公民（纳税人）代表同意，而纳税人的代表在制定税收法律时不可能将自己视为潜在的逃避法定纳税义务的人，即不可能在立法时对自己做否定性的评价。换句话说，若税收立法中缺失了诚信推定权，往往意味着立法者的意见与纳税人、公民产生了偏差，立法的过程没有完全听取民意或者立法者不能代表全体纳税人的意见，而这对于税收法定原则的落实将形成一定程度的损害。

（三）公法之债中征纳双方平等的要求

税收“公法之债”理论肇始于德国，1919 年德国《租税通则》颁布后，亨泽尔据此提出“公法之债”说，认为税收是国家对纳税人的一种“债权请求权”。③ 与传统“权力关系说”不同，“公法之债”理论不再把税收简单地认为

---

① 参见李震山：《人性尊严之宪法意义》，载李震山主编：《人性尊严与人权保障》，台北，元照出版公司 2001 年版，第 3 页。

② 参见秦奥蕾：《基本权利体系研究》，山东人民出版社 2009 年版，第 250～251 页。

③ 刘国庆：《纳税人权利保护理论与实务》，中国检察出版社 2009 年版，第 55 页。

是国家为满足公权力需要而无偿获得收入的过程,而将其视为基于公法而产生的债务。纳税人的代表与国家签订的让渡部分财产权利而购买公共服务的公法之债之契约,即公民代表(议会等立法机关)制定的税收法律。基于这种公法契约,纳税人有依约定纳税的义务,国家有依约定提供公共服务的义务。在“公法之债”理念下,税收法律关系中的征纳主体的法律地位是平等的。[①]由于德国税收立法的示范作用和法学家的不断论证,“公法之债”理论逐渐被许多国家所接收,传统上管理与被管理的税收征纳关系逐渐向“合作与服务”关系转变,学界形象地称为“税法私法化”。在此前提下,征税机关就无权对地位相等的另一方主体(纳税人)的道德品质、诚信状况、守法状况在毫无依据的情况下做出不利于对方的假设并采取相应的歧视性审查、稽查行为。

(四)提升纳税遵从度与税收公信力的要求

纳税人对税法的遵从度与纳税人对税法规定的认可程度是正相关的,只有获得纳税人发自内心认可的“良法”,才能得到纳税人主动的、自愿的遵守。否则,单纯依靠税法的制裁性规定和否定性评价的威慑,只能迫使纳税人被迫遵从。而得不到纳税人主动遵从的税收法律,很可能导致大规模的逃税、避税现象出现。要获得纳税人的认可,首先要尊重纳税人,尊重纳税人的人格尊严,若税法预先将纳税人设定为“潜在的偷逃税者”,必然会引起纳税人的反感,在个别情况下甚至会激发出逆反心理,而这对税收征纳工作是有百害而无一利的。

此外,纳税人的诚信推定权与征税机关的公信力也息息相关。首先,纳税遵从度与税收公信力是一枚硬币的两个面,二者相互影响。纳税遵从度提高,则纳税人对税收公信力的评价也会水涨船高,良好的税收公信力评价也会提升纳税人的遵从度,反之亦然。作为纳税遵从度的一个正相关变量,纳税人的诚信推定权也可以提升税收公信力。其次,认可度存在映射效应。有些税务官员简单地认为只要征税机关依法征税、足额完成税收任务、依法追究违法者的责任、加强自身队伍的党风廉政建设,那么就可以提升税收公信力。诚然,上述几项确实是影响税收公信力的因素,却并未囊括全部,还缺失了一个重要的因素:对纳税人的认可度。社会关系主体对对方的认可度往往是相互的,存

---

① 参见陈少英:《试论税收法律关系中纳税人与税务机关法律地位的平等性》,载《法学家》1996 年第 4 期。

在相互映射的现象。先秦先贤早已在论述中阐明了统治者与被统治者的认可度映射现象:“君之视臣如手足,则臣视君如腹心;君之视臣如犬马,则臣视君如国人;君之视臣如土芥,则臣视君如寇仇。”①具体到税收法律关系来说,若征税主体认为纳税人是诚实的,则纳税人也倾向于认为征税主体是诚实的;反之,若纳税人不享有诚信推定权,则其也会倾向于认定征税主体不具有公信力。

三、我国纳税人诚信推定权的立法进路

纳税人诚信推定权的缺失,是我国纳税人权利体系保障中的一大缺憾。我国新一轮的税制改革正在进行,作为税收程序法定的重要依据——《税收征管法》的修订工作也在如火如荼地展开,应当以此为契机,推进诚信推定权的立法进程。

(一)转变税收观念,理顺对权力和权利的价值排序

《税收征管法(征求意见稿)》与现行规定相比做了大幅度的调整,新增47条,修改67条,增、改部分就多达114条,但其修订的目的还是给“新一轮税制改革保驾护航”,②而非推进服务型政府建设、加强和完善对纳税人权利的保护,这在立法目标的确认上就与现代财税理念产生了偏离。

新中国的税收立法,更多的是强调国家权力本位,历来的税法教科书上都强调税收的强制性、固定性和无偿性,对税收的返还性、合法性鲜有提及。由于长期以来固有的国家本位观念的影响,国家在立法上也预先将自己置于优先的位置,即在立法的价值排序中已经习惯性地将税收权力置于纳税人权利之上,形成了一种国家税收权力大于、优先于纳税人权利的思维定式。体现在《税收征管法(征求意见稿)》第1条的立法宗旨上,虽然也言及了纳税人合法权益的保护,但在目标顺位上却排在“加强税收征收管理,保障国家税收收

① 参见《孟子·离娄下》。

② 语自国家税务总局总会计师(时任)范坚,参见李远方:《填补征管空白　建自然人征税体系》,载《中国商报》2014年9月30日,第P03版;李珏、单晓宇、苏御:《税收征管法修订要为新一轮税制改革保驾护航》,载 http://www.tax-edu.net/ch/news/News_View-2.asp?NewsID=17123,最后访问日期:2015年3月21日。

入”之后。[①] 这种“征管优位、保障收入”立法宗旨和理念确实可以最大限度地保障国家税权和税收,避免纳税人滥用诚信推定权而造成偷逃税款的情况。但在面临“保护纳税人权利,哪怕少征税款”和“保障国家税收,哪怕侵犯纳税人人权”的两难选择中,我国立法例也倾向了后者。

从一定意义上讲,纳税人的诚信推定权与刑事诉讼程序中的被告人无罪推定原则类似,只不过前者是人权在税收领域中的体现,后者是人权保障在刑事诉讼中的诉求,前者是“保护纳税人权利,哪怕少征税款”和“保障国家税收,哪怕侵犯纳税人人权”的选择,后者是“宁可错放,不可错杀”与“宁可错杀,绝不错放”的选择。在2012年新《刑事诉讼法》颁布之前,我国也曾实行过多年的有罪推定的刑事理念,但人权呼吁的曙光最终照耀到了刑事诉讼领域——无罪推定得以确立。但我国税收观念的转变,仍在从“有罪推定”到“无罪推定”的路上。这要求我们的税收立法首先要厘清税收权力和税收权利的价值排序,切实以服务型政府的理念转变税收观念,摘掉对纳税人的“有色眼镜”,树立纳税人权利保护优位的理念。税务机关不能将纳税人预先设定为机会主义者,认为他们是潜在的偷逃税者,并通过种种在无证据支持的情况下的税务稽查、检查、重复检查等行为侵犯纳税人的人权。可以说,诚信推定权是纳税人权利的起点与基础,只有确立了诚信推定权,才能最大限度地保护纳税人权利和推进税务行政法治的现代化进程。

(二)以修订《税收征管法》为契机,明示规定诚信推定权

在我国税收法治进程中,曾经有过对诚信推定权的探索。2009年厦门市地税局出台《对纳税人适用“无过错推定”原则的指导意见》,规定在无证据的情况下不得推定纳税人有偷逃税款的行为,税务机关对纳税人违法行为有全部举证责任,且在处理具体案件时要采用“疑罪从无”的处理原则。该规定的出台得到了学界广泛认可,并得到了国家税务总局的转发,但由于种种原因,该做法并未在全国得到推广和普及,未能成为我国立法中的明示规则。

要赋予纳税人诚信推定权,必须以《税收征管法》修订为契机,采用类似英国、澳大利亚、韩国的明示立法方式,将诚信推定权明确、具体地规定在《税

① 参见我国《草案征求意见稿》(2015年1月5日)第1条规定:“为了规范税收征收和缴纳行为,加强税收征收管理,保障国家税收收入,保护纳税人合法权益,推进税收治理现代化,促进经济和社会发展,根据宪法制定本法。”

收征管法》中。因为相对来说,隐含规定的方式比明示规定的方式要求有更完善的配套规定和理念认同,否则《税收征管法》的条文就可能在税务机关解释和适用法律的过程中失去其原有之意。冰冻三尺非一日之寒,经过了数千年"官本位"文化浸熏的中国,政府官员的"优越感"还或多或少的存在,"服务型政府"的理念还没有深入每一个中国人的骨髓成为我们法律文化中的一部分,因此在理念上我国还很难满足诚信推定隐含型规定的要求。而如果没有完善的配套措施,隐含规定的诚信推定权很可能成为无本之木。《税收征管法(征求意见稿)》第 11 条用 7 款的篇幅罗列了纳税人的一些权利,但尚未完备,仍需加入纳税人的诚信推定权,以明示的方式加以保护。

(三)限定税务机关检查权的权力边界

《税收征管法(征求意见稿)》第 88 ~ 93 条规定了税务机关的检查权及可以采取的相应措施,从其第 89 条的规定来看,有以下两层含义:第一,税务检查的对象从原《税收征管法》第 55 条规定的"从事生产、经营的纳税人"扩展至所有"纳税人",检查对象进一步扩大,税务检查的范围和力度也得到了增强,从一定意义来讲也意味着税务检查权力可能膨胀。第二,根据《税收征管法(征求意见稿)》第 88 条规定,在检查中发现纳税人有特定的逃避纳税情况时就能采取保全措施,那就意味着税务机关检查权的启动不以发现逃避行为为前提,这使得税务检查权的启动缺乏必要的限制和监督。此外,在何种情况下可以检查、采用什么样的程序启动检查、能否重复检查、检查无果又当如何处理,都没有相关的法律规定,这就使得税务机关拥有巨大的检查裁量权,缺乏法定的、明晰的权力边界。

税务稽查或者检查对于税收征管是必要的,但这种公权力的应用应当有一定的适用条件和边界,以避免不受约束的公权力对纳税人的基本权利造成侵害。德国《税收通则》第 97 条第 2 款规定:"通常情况下,只有在出示义务人未提供情况、提供的情况不充分或者对所提供的情况的准确性有所怀疑时,方可要求出示账册、记录、业务文件或者其他证书。"①法国《税收程序法》第二编专章规定了税务检查程序,其中第 L12 条规定,只有在对个人纳税情况进行正反对照检查时,检察机关才可以检查纳税家庭所申报的收入,且正反对照

---

① 《外国税收征管法律译本》,《外国税收征管法律译本》组译,中国税务出版社 2012 年版,第 1695 页。

时间不得超过 1 年。[①] 美国《国内税收法典》第 7605 节(b)规定:"如无必要,纳税人不受检查或调查"。第 7606 节规定,原则上税务检查只在白天进行,只有被检查的场所在夜间开放时,财政部长才能在履行公务时进入该开放场所。[②] 我国在《税收征管法》的修订过程中,亦应当明确税务检查的种类、程序,尤其是启动的条件。第一,税务检查权的启动必须有明确的法律依据。在纳税人诚实申报的情况下税务机关不得滥用检查权,只有在纳税人拒不进行纳税申报或者申报的内容存在问题时,或接到举报、得到线索证明纳税人有逃避纳税义务可能的,税务机关才可以进行税务检查。第二,检查权的启动应当有明确的程序。《税收征管法(征求意见稿)》第 88 条只规定了税务机关有检查权,但没规定具体程序。检查权的启动应当由税务部门经过严格的申报材料审核且发现问题或接到举报线索之后,由税务部门的行政首长批准、签发检查令;执行税务检查的税务工作人员不得少于两名,检查开始时应当向纳税人出示证件、检查令并说明情况,且应当听取和记录纳税人正当的陈述和申辩。第三,启动税务检查,只意味着纳税人的纳税申报内容可能存在问题,并不意味着纳税人一定存在逃避纳税义务的情况,因此在税务检查过程中也不能预先认定纳税人存在逃避纳税义务的行为,仍应秉持税收服务的理念。第四,禁止采用循环检查、重复检查的方式干扰纳税人的正常生产和生活。第五,对于不当的税务检查侵犯纳税人权益的,纳税人可以提出申诉、复议、起诉等。

(四)完善举证责任分配

《税收征管法(征求意见稿)》第 36 条第 2 款规定:"纳税人、扣缴义务人对纳税申报、扣缴税款申报的真实性和合法性承担责任。"此条为《税收征管法(征求意见稿)》新增内容,旨在要求纳税人、扣缴义务人真实、合法的申报纳税,但此处不能进行扩大解释和不利于纳税人的类推解释,不能将"对于纳税申报真实性和合法性承担责任"引申理解为"对申报材料的真实、合法负有证明责任"。在刑法领域存在一句著名的法谚:任何人不得被迫自证其罪。同样在税收领域,任何纳税人也不能被迫自证存在逃避纳税等违法行为,举证的责任应当主要归税务机关。美国《国内税收法典》第 7491 节规定,纳税人

---

① 参见《外国税收征管法律译本》,《外国税收征管法律译本》组译,中国税务出版社 2012 年版,第 1746 页。

② 同上书,第 1381 页。

举出可靠证据时举证责任转移:“如果在审判程序中,纳税人针对与确定 A 或者 B 分标题(A、B 分标题为犯罪或其他违法行为)所课征税款的纳税义务相关的事实争议提出了可靠证据,则针对上述争议,财政部部长应当承担举证责任。”①

要落实诚信推定权,需要对纳税人、税务机关的举证责任进行合理的分配,这里所说的合理分配包含两方面的含义:一方面,原则上证明纳税人纳税行为存在瑕疵的义务归于税务机关,以防止税务机关滥用权力侵犯纳税人的合法权利;另一方面,税务机关对纳税人纳税违法行为的证明程度和标准在不同税收阶段中应有所区别,以免产生妨碍税收检查权的正当行使的后果、造成纳税人滥用诚信推定权以偷逃税款的情况。具体而言,在税务行政诉讼与税务检查启动程序中税务机关的举证责任与证明程度是不同的。在税务行政诉讼的过程中由税务机关负主要举证责任,②税务机关必须有充足的证据证明纳税人存在税务违法行为法院才能认定纳税人违法,即必须达到证明有违法事实存在的程度。在纳税人申诉、提起复议的过程中,举证责任的分配与证明标准也是如此。而在税务检查启动时,税务机关只需事先证明纳税人存在不申报的事实或者虚假申报的可能,即通过对纳税申报材料的审查或者根据收到的群众举报线索使税务机关对纳税人纳税行为的合法性产生了合理怀疑。此时税务机关只需证明纳税人存在或然性的违法纳税可能,而不必证明其存在既然性的违法纳税事实;而在税务检查的实施过程中,纳税人负有有限的举证责任,有义务根据税务机关的要求出具相关证据证明自己纳税行为的合法性,对于纳税人提出的合理抗辩证据,税务机关若要继续检查也必须提出反证。

(五)诚信推定权的可诉性

在纳税人诚信推定权受到侵害时,除了可以采用申诉、复议等救济手段外,法律还应当赋予纳税人通过诉讼以维护自身权利的可能性,即诚信推定权应当具有可诉性。德国法学家赫尔曼·坎特洛维奇曾提出,法律必须是“被视为可诉的”,它是规制人们的外部行为并可以被法院适用于具体程序的社

---

① 《外国税收征管法律译本》,《外国税收征管法律译本》组译,中国税务出版社 2012 年版,第 1368 页。

② 参见王桦宇:《论税法上的纳税人诚实推定权》,载《税务研究》2014 年第 1 期。

会规则的总和。诚信推定权属于纳税人的基本权利，而对纳税人基本权利的侵害，即使不用“法律上特别规定的权限”，在现行法的基础上也可以作为“法律上的纷争”，以通常诉讼的形式，使纳税人可以广泛的主张法律上的权利。①

税收诉讼主要分为取消诉讼、无效确认诉讼、争点诉讼、不作为的违法确认诉讼、超纳金和误纳金还付请求诉讼和请求国家赔偿诉讼六大类，②对侵犯诚信推定权行为的取消之诉或确认无效之诉没有实际的救济效果，而维护诚信推定之诉也不涉及争点、不作为或返还请求，因此应当采用国家赔偿诉讼对其加以保护。现阶段我国立法中的国家赔偿之诉主要是保护行政相对人的人身权与财产权，纳税人诚信推定权是含有人性尊严因素的基本人权，与名誉权、荣誉权一样含有人身权属性，其本身虽然不含有财产价值因素，但对其的伤害很可能造成附随的财产侵害，如由于连续检查、暴力检查造成正常生产经营的影响与财产损失等。因此从权利性质与内容上看，以国家赔偿之诉来实现诚信推定权的可诉性是可行的。但也应当注意，诚信推定权的可诉性也应当有合理性的界限，不能“一刀切”地将所有已启动的、未发现偷逃税款行为的税务检查活动都看作对诚信推定权的侵害而追究法律责任，因为在税务检查中纳税人也是忍受义务人，③这也与诚信推定权的被动性、防御性特征相契合。认定某一具体税务行政行为是否侵害了纳税人的诚信推定权，是否具有可诉性，应当看该行为是否产生了损害纳税人人身权或财产权的结果，《税收征管法》应当在修订过程中对纳税人诚信推定权的可诉性、起诉标准乃至相关法律责任做出规定。因此，《税收征管法（征求意见稿）》不仅要考虑为“新一轮税改保驾护航”，还要合理限制税务机关的权力，合理安排举证责任的分配，创造符合现代财政理念的税收法治环境。

---

① 参见［日］北野弘久：《日本税法学原论》（第5版），郭美松、陈刚译，中国检察出版社2008年版，第60页。

② 参见［日］金子宏：《日本税法原理》，刘多田、杨延津、郑林根译，中国财政出版社1989年版，第403～404页。

③ 参见［日］北野弘久：《日本税法学原论》（第5版），郭美松、陈刚译，中国检察出版社2008年版，第278页。

第三节　国家税权与纳税人权利的平衡：税收核定权之修缮

税权（taxing power，the power to tax）概念在国外文献中早已有之，著名经济学家布伦南和布坎南早在20世纪70年代末80年代初就集中对税权，特别是对税权的约束问题进行了研究。[①] 我国立法文件中第一次出现税权的概念是在1991年3月的第七届全国人大第四次会议通过的《中华人民共和国国民经济和社会发展十年规划和第八个五年计划纲要》中。该纲要提出，新一轮税制改革应坚持"统一税政，集中税权，公平税负"的原则。此后的1993年国务院批转国家税务总局报送的《工商税制改革实施方案》又提到了"统一税法、公平税负、简化税制、合理分权"的原则，其中"分权"一词也被多数学者理解为"税权"的分散。有学者认为，税权可以分为国家税权、纳税人税权、扣缴义务人的税权、纳税担保人的税权、税务代理人的税权、协税保税人的税权等，因此作为法权的税权是税法上不同主体所享有的一系列权利（力）所构成的体系。[②] 也有学者认为，税权是由宪法和法律确定的国家权力，属于"公权力"的范畴。[③] 其实，税权不同于纳税人权利，它是由国家主权派生出的，是国家对税拥有的课税权和支出权，简言之，是国家所享有的课征和使用税的权力。税收的性质是由国家的性质决定的，故我国税法上的税权是人民民主专政和社会主义国家对税的课征和使用享有的权力，人民代表大会以制定法律的形式代表人民行使税权，包括通过预算。[④] 这个意义上的税权又可以进一步分为税收管辖权、税收立法权、税收执法权、税收司法权等，其中税收执法权是税权的核心。

税权和纳税人权利是一个硬币的两个面，纳税人权利的存在会制约、影响税权的行使，这也是现代国家约束公权力的应有之义。但是美国学者弗朗西斯·福山曾经指出，虽然近代政治理论的发展趋势是用公民权利来制约政府，

① 参见白彦锋：《税权概念辨析》，载《兰州商学院学报》2006年第6期。

② 参见魏俊：《税权效力论》，法律出版社2012年版，第17～20页。

③ 参见施正文：《论征纳权利——兼论税权问题》，载《中国法学》2002年第6期。

④ 参见陈刚：《税的法律思考与纳税者基本权利的保障》，载《现代法学》1995年第5期。

但政府在受到约束之前,必须要有实际做事的能力,换句话说,政府必须能够施政。[①] 纳税人权利和税权必须处于一个相对平衡的状态,必须保证国家的税权能够正常行使,同时国家税权的行使必须保障纳税人的权利。国家在税款征收的过程中,在特定情况下有权力用各种间接资料来合理估定税基与应纳税额,此为税收核定权。税收核定权是税收执法权的一部分,体现着国家意志。"税收不遵从是一个普遍现象。它发生于所有的社会、所有的社会阶层、所有的职业、所有的行业、所有的宗教,从本质上说,发生于所有的经济体系"。[②] 同时,一些特殊税收征管情形的存在(如中小微企业财务制度不健全),导致税务机关难以按照准确的财政制度进行计税。为维护国家税收的权益和提高公民纳税的遵从度,税收核定普遍存在于大多数国家的税收征管法律中,[③]成为税款征收中的重要一环。它对于稳定税收征纳法律关系、减少各种税收征管纠纷以及保障纳税人之间税负公正具有重要作用。同时,税收核定权又处于一种国家税权与纳税人权利的冲突博弈之中,需要在平衡协调理念、正当程序理念等理念的指引下谋求其程序制度规定在税收征管中尽量满足权力和权利的平衡。

一、税收核定权的基本内涵

根据税收征管的基本精神,税收核定制度具有适用情形的特殊性和适用规则的复杂性。为科学、合理地确立税收核定权行使的范围与空间,我们首先应厘定税收核定权的基本内涵。

(一)税收核定权的定义及适用

1. 定义。税收核定权,又称推定课税权、推算课税权、推计课税权、估算课

---

① 参见[美]弗朗西斯·福山:《政治秩序与政治衰败:从工业革命到民主全球化》,毛俊杰译,广西师范大学出版社 2015 年版,第 46 页。

② [意]埃里希·科齐勒:《税收行为的经济心理学》,国家税务总局税收科学研究所译,中国财政经济出版社 2012 年版,第 234 页。

③ 许多发展中国家和转型期国家广泛应用推计的方法,尤其是对小企业和农业征税。但是有些国家的税制(如美国)并不适用推计课税(presumptive taxation)。所有取得经营所得的纳税人均被要求正确记账并根据实际收入和支出申报纳税。小型企业可以采用现金记账,但这属于简化的范围。只有在少数情况下允许纳税人在税收上使用推计金额,如差旅费用,可以用日标准扣除额代替实际花费进行计算。参见[美]维克多·瑟仁伊:《比较税法》,丁一译,北京大学出版社 2006 年版,第 306~308 页。

税权、核定征税权，世界各国法律对其规定不一，①不同学者之间也存在一定的认知差异。② 根据我国的税收立法，结合税收核定的相关理论，我们认为，税收核定权，是税法赋予税收征管主体行使征管职权时享有的一项权力，具体指税务机关在无法依据法定的账簿、收入凭证、费用凭证等直接资料来确定税基的情况下，税法赋予税务机关能够利用各种间接资料来合理估定税基与应纳税额的权力。

2. 适用。通常而言，税务机关作为公益信托的受托人，对征税原因事实负有主要证明责任，纳税人只是承担一定程度的协力义务。③ 当纳税人未能尽到协力义务（无论是出于主观故意还是由于不可抗力），④致使税务机关不能准确地获得法定的计税依据（如无账可依、账目不全），或者税务机关能证明直接的计税依据有违真实性时（如虚假账目、多重账簿），税务机关将开启适用税收核定权的特殊程序。

（二）税收核定权的性质

就法律性质而言，税收核定权是一项税务行政权力。为保障税收课征结果最大限度地接近实质课税，不少国家税法赋予税务机关在特定条件（情形）下以较大的自由裁量空间，其可依照间接证明事实来推定纳税人应纳税的数额。税法这方面的相关规定及授权，赋予了税收核定权的行使兼具税法灵活

---

① 例如，德国《税收通则》第162条，罗列了5项关于应予以税收核定的情形；日本《所得税法》第156条，对因推算而发生的更正或决定进行了具体规定。

② 例如，日本学者金子宏认为，推算课税，是指税务署长在对所得税或法人税实施更正或决定行为时，不是根据直接资料，而是运用各种间接资料进行所得认定的方法。参见［日］金子宏：《日本税法》，战宪斌、郑林根等译，法律出版社2004年版，第437页。我国学者丛中笑认为，税收核定是指税务机关在无账可查或难以查账的情况下，依照税法的规定，运用各种间接资料合理确定纳税人的应纳税额，并据以征收税款的一个必要环节。参见丛中笑：《我国税收核定制度的梳理与重构》，载《经济法论丛》2009年第1期。我国台湾地区学者黄茂荣认为，推计课税指不依直接之证据方法，而依间接之证据方法证明待证之税捐客体的数额。参见黄茂荣：《法学方法与现代税法》，北京大学出版社2011年版，第240页。

③ 纳税人承担的义务可概括为：扣缴义务和协力义务，违反协力义务时，其法律效果应为“推计课税”。参见钟典晏：《扣缴义务问题研析》，北京大学出版社2005年版，第9页。

④ 纳税人违反协力义务的情形可归纳为：一是主观层面上，纳税义务人未设置计税的账簿凭证等；或是纳税义务人拒不提供纳税资料；或纳税人提供的纳税资料被税务机关证明其内容有失真实等。二是客观层面上，纳税义务人实属客观不能提供纳税资料，如因不可抗力因素致使纳税义务人的账簿资料灭失等。

性与相对稳定性的基本特征。具体言之，税收核定权的行使具有以下多重性质。

1. 税收确认行为。税收核定权的行使是一种以确定纳税义务人应纳税额为目的的税收确认行为，对纳税人的权利义务关系产生拘束力、执行力、确定力、存续力等。[①] 税务机关在职权范围内，依纳税人申请或依自身职权，尽可能地收集间接证明资料，依法对与税收核定相对人具有利害关系的税收法律事实和征纳法律关系进行甄别、认定，做出具有确定征收效力的独立税收行政行为。

2. 羁束行政行为。税收核定的内在机理建立在一定的类推与假设的基础上，但它作为一种重要的课税方式之一，必须符合税收法定的基本原则，要求税收核定权的存在和行使都必须接受法律的严格限制。因此，税收法律上应对税收核定法律关系的构成要素进行直接规定，例如税收核定的适用条件、核定方法以及核定程序等，才能将其束缚在一定的原则和框架之内，以消除和克服税收核定的负面效应，从而最大限度地确保税收核定结果的准确性。

3. 事实推定行为。税务机关行使税收核定权，是借助合理的日常经验法则、严密的逻辑规则以及科学的理论原则，如参照同业利润标准、比较前年度收入水平、加权平均应税利润等，来推算纳税义务人具体的应纳税额。因此，税务机关以证明力较低的材料与方法来确定应纳税额，实属一种事实推定行为。虽然税收核定本身具有或然性与主观性的局限，但其在直接事实证明力所不及的地方，却是征管实践中衡量应税税基的一种无可替代的证明方法。

二、税收核定权的理论基础

对于法律原则的重要作用，德沃金认为，"法律的观念是建设性的：它以阐释的精神，旨在使原则高于实践，以指明通往更美好的未来的最佳道路，对过去则持正确的忠实态度。"[②]因此，税收核定基本原则作为税收核定权的理论基础，体现了税收核定法律规范的应然规定性和内在价值性，是税收核定实践经验的高度总结和实践活动的方向指引，预示和指导着税收核定法律制度的变动与完善。

---

① 参见刘剑文、熊伟：《税法基础理论》，北京大学出版社2004年版，第388~391页。

② [美]德沃金：《法律帝国》，李长青译，中国大百科全书出版社1996年版，第367页。

（一）税收核定的恣意禁止原则

税收核定权蕴藏自由裁量性，它易于表现出恣意的行为。恣意禁止是税收核定的基本规则，它要求税务机关在限制纳税人利益的手段与实现税收利益的目的之间进行权衡，以选择一种既为实现税收利益所绝对必要，也为对纳税人利益限制或损害最少的手段，具体包括最小侵害原则和合比例性原则两部分。最小侵害原则是指税务机关面对多种适合达成核定目的的手段可供选择时，应选择对纳税人利益限制或损害最少的手段。合比例性原则主要表现出一种相称性，指税务机关对纳税人合法权益的剥夺或干预，不得违背税收征管所追求的目的，二者间应符合比例或相称。它要求税务机关对纳税人合法权益的合法限制，不应超过所追求的公共税收利益之界限。

（二）税收核定的程序分化原则

税收核定本身是一个流程，程序是税收核定权的核心。要保障税收核定结果的正当性，应依赖程序分化原则的正确导引，[①]完善税收核定法律关系主体的行为准则，重点应从税收核定调查、税收核定听证、税收核定辩论、税收核定公示以及税收核定争议救济等具体程序角度对税收核定权予以合理构造，从而在实现税收核定制度的规范构建的同时保证核定结果尽可能接近实质课税。如果能对税收核定规则按照程序分立的理念予以进一步细化，将有助于保障纳税义务人的合法权益、提高税收核定的公正性。

（三）税收核定的经济效率原则

税收核定离不开效率法则，经济效率原则应是构建税收核定权的基本原则，它要求以最简的税收核定规范、最小的税收核定成本来实现税收核定的目的。最简的税收核定规定，主要指税收核定方法的设计，可以采用法律拟制的立法技术，例如可参照同业成本利润、纳税人前后年度的类比标准来设置不同类型的税收核定方法，来适当减轻税收核定机关的举证责任。最小的税收核定成本，主要指税收核定自由裁量的过程应尽可能利用一般社会经验法则，依据类型化的观察法，迅速获取税收核定的标准。同时按照税收核定的不同情形，可以采用税收核定的简易程序和紧急程序，简化税收核定举证的环节，从

---

① 分化和独立是程序的灵魂，分化是指一定的结构或者功能在进化过程中演变成两个以上的组织或角色作用的过程。参见季卫东：《法律程序的意义——对中国法制建设的另一种思考》，中国法制出版社2004年版，第24页。

而提高税收核定的效率。

（四）税收核定的公开原则

“没有公开则无所谓正义”，[①]税收核定公开是税收核定结果的正义之源。税务机关的税收核定活动及其过程和税务机关制定或决定的税收核定文件、资料、方法、准则以及相关信息等都应以当事人和社会公众看得见的方式进行（涉及国家秘密、个人隐私和商业秘密除外），以增强税收核定权行使的透明度。通过税收核定公开，纳税义务人可以有效地参与税收核定程序，维护自身的合法权益；而社会公众通过税收核定公开，则可以监督税务机关依法行使税收核定权，减少“暗箱操作”的空间，提高税收核定的效率。[②]

（五）税收核定的参与原则

没有纳税义务人的积极参与，税收核定事项公开也就没有任何意义。美国《国内税收法典》第6330节(a)(1)总则规定“禁止对任意主体的任意财产或者财产权利进行征税，除非财政部长在上述征税之前以书面的形式通知上述主体其根据本节规定所享有的听证权利”。因此，税收核定参与的核心是公平听证，税收核定主体负有听取当事人意见的责任。税收核定主体做出对纳税义务人的不利或有利决定时，都必须听取其意见，应保证当事人享有充分陈述意见和辩论参与的机会，尊重纳税义务人的合法权益，并适应与纳税义务人平等地对话和沟通，形成税收核定主体间基于共识与合意的互动关系格局，最终提升纳税义务人的独立主体地位以及增进其对税收核定结果的认可度。

（六）税收核定的权利救济原则

“权利救济为法治国家之核心价值，税捐关系为人民与国家基本法律关系，税捐救济程序之法治国家要求，为现代法治国家之基础。”[③]例如，澳大利亚《1953年税收管理法》第ⅣC章第1条14ZL规定“如果不满某评估、决议、通知或决定……可以用本章规定的方式提出异议”。通过为纳税义务人提供

---

① ［美］伯尔曼：《法律与宗教》，梁治平译，生活·读书·新知三联书店1991年版，第48页。

② 有学者提出“影响税收征管效率的重要因素是信息”，对税收核定信息予以披露能有效提高税收核定的效率。参见［英］锡德里克·桑德福：《成功税制改革的经验与问题：税制改革的深层问题》（第4卷），许建国等译，中国人民大学出版社2001年版，第68页。

③ 葛克昌：《行政程序与纳税人基本权：税捐稽征法之新思维》（第3版），台北，瀚芦图书出版有限公司2012年版，第767页。

权利救济的必要途径，构建税收核定执法者的纠错与责任制度，可以减少税务机关的滥权行为，维持税收征管的秩序以及提高税收核定的公正性。

三、税收核定权的结构分析

税收法律关系应被定位为一种公法上的债权债务关系为中心的法律关系。于是，税收制度与权力关系说、债务关系说的密切关联使得税收核定权研究中的权力服从思维和权利保障视角为必需。前者（权力关系说）以国家权力为本位，特别强调国家的征税权，后者（债务关系说）突出债权人和债务人之间的平等地位关系，注重对纳税人基本权利的保障。于是，提炼税收核定权关系的核心，可抽象为税收核定权力与责任、权利与义务的关系。[①] 梳理当前我国关于税收核定权的法律规范，[②]以权力与责任、权利与义务关系作为研究范式（见表3），分析税务核定人与纳税义务人之间的互动，才能揭示税务核定权的内在逻辑。

（一）权力与责任范式下的税收核定权

分析权力与责任范式下我国的税收核定规范，在税收核定人的权力方面：税务机关有权"核定应纳税额"的规定（见表3）主要体现在《税收征管法》中，其第35条规定了税务机关可以采取核定征收的六种情形，第36条明确了税务机关有权调整关联企业的应纳税额，第37条提出了对未按照规定办理税务登记以及临时从事经营的纳税人核定征税的情况。对于"核定方法自由选择权"的规定（见表3），主要体现在《税收征管法实施细则》第47条第1款与第2款当中，同时《税收征管法实施细则》第51条至第57条以及《企业所得税法》第44条，《个人所得税法实施条例》第10条、第17条、第19条，《增值税暂行条例》第7条、第23条，《消费税暂行条例》第10条、第14条，《营业税暂行条例》第7条、第15条，《车船税法实施条例》第6条等，都对税收征管权力进

---

① 霍菲尔德将法律概念划分为8个最小的公分母，他认为一切法律关系皆可化约为（reduced to）为权利与义务，而法律权力和法律责任这对概念也普遍适用于一系列法律关系，本文于是将权力与责任、权利与义务作为基本范畴来分析税收核定权的逻辑结构。参见［美］霍菲尔德：《基本法律概念》，张书友译，中国法制出版社2009年版，第26～78页。

② 当前中国税收性法律中有关税收核定的规定较为凌乱，其中以《税收征管法》和《税收征管法实施细则》为核心，以国务院的行政法规、国家税务总局的规范性文件等为辅助，形成了关于税收核定权的规范体系。

行了细化规定。在规定税收核定人的责任方面:关于税务人员的“核定回避”(见表3),主要规定在《税收征管法实施细则》第8条;而关于“及时送达”《企业所得税核定征收鉴定表》,规定在《企业所得税核定征收办法(试行)》第10条;《税收征管法》第39条、第43条规定了“税务机关依法承担赔偿责任”;“公示”责任仅体现在《企业所得税核定征收办法(试行)》第12条第1款。

表3 我国税收核定权的结构解析①

法律主体	权义结构	法律规定
税收核定人	权力	核定应纳税额;核定方法自由选择权;税收保全权;强制执行权
	责任	核定回避;及时送达;损害赔偿;公示
纳税义务人	权利	核定异议权;陈述权;申辩权;申请保密权;行政复议权;行政诉讼权;国家赔偿权;控告权;检举权
	义务	缴纳核定税款;保管纳税资料;设置账簿凭证

评析我国税收核定权的权力与责任范式:一方面,从实体规范来看,整个税收法律体系对税收核定的规定不够重视,已有的法律条文多散见于位阶较低的行政法规和部门规章之中,并且实体规范之间缺乏体系性。相较于《德国税收通则》对核定程序和确认程序的规定极为详细,②我国关于税收核定权的规定中缺乏对税收核定的形式要件、客体内容、法律效力、变更方式以及撤销要素等法律规范的具体规定。另一方面,从程序规范来看,税收核定权的程序性规定明显不足,《税收征管法》第35条第2款③将税收核定程序的制定权委托给国家税务总局,国家税务总局这种既制定规则又负责实施的双重角色

① 表3中分析中国税收核定权的逻辑结构所采用的法律素材,主要有:《税收征管法》《税收征收管理法实施细则》《企业所得税法》《个人所得税法实施条例》《增值税暂行条例》《消费税暂行条例》《营业税暂行条例》《车船税法实施条例》《企业所得税核定征收办法(试行)》《非居民企业所得税核定征收管理办法》。

② 德国《税收通则》对税额核定的一般规定、核定之时效,存续效力、费用、分别确认、核定征税计算额、分割及分配、责任等都进行了详细规定,具体条文多达37条(第155~192条)。

③ 《税收征管法》第35条第2款规定,“税务机关核定应纳税额的具体程序和方法由国务院税务主管部门规定”。

的混同违背了程序公正的基本准则。[①]《税收征管法》第37条关于税收核定权的规定缺乏必要的程序性规范。其他规范性文件，如《企业所得税核定征收办法（试行）》《非居民企业所得税核定征收管理办法》，虽然对税收核定程序规定较多，但其适用范围毕竟有限。正因如此，税收核定人在与纳税义务人的关系中长期占主导地位的局面注定了税收核定结果难以接近实质课税的要求，税收核定的实践过程往往缺乏必要的证据调查，税收机关就直接粗暴地进行税收核定。[②] 概言之，税收核定结果“实质合理性”的实现依然任重而道远。

（二）权利与义务范式下的税收核定权

分析权利与义务范式下我国的税收核定规范，在纳税义务人的权利规定方面：对于“核定异议权”的规定（见表3），主要体现在《税收征管法实施细则》第47条第3款中，《企业所得税核定征收办法（试行）》第12条第2款进行了类似规定；而对于“陈述权、申辩权、申请保密权、行政复议权、行政诉讼权、国家赔偿权、控告权、检举权”集中规定在《税收征管法》第8条中。在规定纳税义务人的义务方面：《税收征管法》第27条第2款规定纳税人“应当在纳税期内按照上期实际缴纳的税额或者税务机关核定的税额预缴税款”；《税收征管法》第24条第1款、第2款分别规定保管纳税资料义务和不得伪造、变造或者擅自损毁纳税资料的义务；《税收征管法》第19条明确了设置账簿凭证的义务。

我国关于税收核定的权利与义务之规定比较抽象，权利义务之间缺乏对等性：一方面，从权利规范来看，《税收征管法实施细则》第47条第3款虽然规定纳税人可对核定结果提起异议，但是其条文内容明显过于含糊、简单，比较片面、抽象，缺乏具体的核定知情权、核定听证权、核定陈述权、核定申辩权、相互质证程序、告知权利等规定，也导致了税收核定实践中往往忽视了纳税义务人的合理诉求，降低了税收核定结果的公正性。《税收征管法》第8条关于纳税人权利的系列条款，也明显缺乏可操作性，纳税人权利大多成了一种停留于“纸面上的权利”。另一方面，从义务规范来看，主要规定了缴纳核定税款、保

---

① 美国学者戈尔丁提出了程序公正的诸标准，其中关键在于中立性：一是与自身有关的人不应该是法官；二是结果中不应含纠纷解决者个人利益；三是纠纷解决者不应有支持或反对某一方的偏见。参见［美］马丁·P. 戈尔丁：《法律哲学》，齐海滨译，生活·读书·新知三联书店1987年版，第240页。

② 参见刘剑文、熊伟：《税法基础理论》，北京大学出版社2004年版，第384页。

管纳税资料、设置账簿凭证三项义务(见表3)。[①] 纳税人负有税收核定的义务,乃是贯彻稽征公平与稽征经济原则之必要。税收核定义务来源于税务机关的处分确定(征收决定),它在性质上属于按税法规定从税收要件理论上,对客观的稽征标准及税额作确定的确认行为。[②]

四、我国税收核定权的规范与完善

当前我国税收核定权的相关规定,仍然凸显国家本位,强调国家作为公共利益的代表,其税收核定权行使的自由裁量性,忽视了纳税人权利与核定人权力的平衡性,不利于纳税义务人权益的维护,难以实现稽征实质公平的核定目的。[③] 税收核定权的规范与完善,除了在形式外观上应尽可能体现稽征法定原则的要求外,还必须在实质内涵上突破一种单方的命令与服从关系,应借鉴"公法之债"理论,对税收核定权力与责任机制、权利与义务机制进行合理设计,保障税收核定人在充分、合理的事实依据下,做出符合税收核定权立法宗旨的核定结果。

(一)税收核定人权力与责任机制的规范

从权力与责任关系的合理控权理论[④]出发,税收核定权的行使必须受到法律的制约,在设定的权力与责任范围内进行。未明确税收核定权力与责任

---

① 我国台湾地区学者黄士洲认为,租税协力义务包括登记义务、记账及保持账簿义务、取得与保存凭证义务、申报义务以及调查协力义务;而对于租税协力义务之合宪性问题则提出:形式合宪性之要求——法律保留原汁,实质合宪性之要求——比例原则。参见黄士洲:《税务诉讼的举证责任》,台北,瀚芦图书出版有限公司2002年版,第185~189页。

② 我国税收核定义务的确定有点类同于日本税法上"依赋课征收方式确定纳税义务",这是一种按课税厅处分来确定应纳税额的方式。具体可参见[日]北野弘久:《日本税法学原论》(第5版),郭美松、陈刚译,中国检察出版社2008年版,第202~204页。

③ 税收核定权的运用存在"有利国库推定"和"有利纳税人推定"两种截然相反的主张。前者认为当征税事实存在疑义时,应站在维护国库收入的立场推定纳税人的纳税义务并强制其履行,应限制使用税收推定中纳税人的某些权益以示制裁。后者认为从税收法定主义和有利于纳税人出发,应减少税收核定的适用,在难以判断课税要素事实情况下,应当本着宁纵勿枉的原则认定其纳税事实不存在,如必须适用税收核定,应确保核定结果的准确。参见王惠:《推定课税权制度探讨》,载《法学家》2004年第3期。

④ 对于控制税收核定权力的理解,切忌纯粹将"控制"理解为"限制","行政控权"不只是对税收核定权力行使的限制,还应包括为税收核定权力行使指明方向、提供税收核定行为依据和确立税收核定行为标准等内容。

的基本准则，只会导致税收核定权的滥用，形成权力腐败，违背税收法治。从这个意义上说，要对税收核定自由裁量权范围进行控制，关键在于通过厘定税权核定权力与责任的边界，强化税收核定人的自我控制，这是税收核定权规范实施的基础。

1. 恣意禁止原则的落实。由于税收核定本身具有不确定性，核定方法只是逼近事实，核定结果将在一定程度内违反课税公平与实质课税原则。针对我国税收核定权的规范现状，为减少税务机关恣意核定行为的出现：一是应提升税收核定规范的法律层次，抓住当前《税收征管法》的修订契机，[①]通过税收核定立法来梳理税收核定的杂乱条款，有必要强化税收核定制度在整个税收征管法律中的独立性。二是应严格税收核定征税的适用范围。当前《税收征管法》第35条规定，纳税人违背协力义务，未设置或未提供账簿等纳税资料，税务机关有权核定其应纳税额，该项条款仍不够严谨。若税务机关能以其他方式来调查与确定纳税人税基，且并未完全违背经济效率原则，则不能适用税收核定的征收方式，税收核定应被定位为税收课征的最后手段。三是应要求税务机关依法做出的税收核定结果必须有合理、充分的理由，应与所要参照的客观税收事实之间保持紧密的联系。凡属欠缺科学、有失理性以及有违"税收事实"本质的税收核定，其核定结果应被视为恣意而失去其效力。

2. 程序分化原则的贯彻。为限制恣意核定的行为，税收核定权应予以程序分化，这是实现税收核定的理性化之关键，也是当前我国税收核定权完善过程必须认真对待之处。一是分化当前的税收核定，要求先经过税收认定后，才能进行税收核定，再进入税收征收。例如，美国实行税收核定（tax assessment）与税收认定（tax determination）分立规则，税收认定只是为了确定应纳税额，纳税人不需立即缴清税收，应纳税额处于一种"欠税"状态，它不会导致税务强制执行的后果，纳税人可对认定的税额提出异议，可以申请税务法院重新认定（redetermination），只有完成税收核定后仍然不缴纳时才能启动强制执行。[②] 二是《税收征管法》第38条规定"税务机关有根据认为纳税人有逃避纳税义务行为的，可在纳税期之前，责令限期缴纳税款"，该条文的前提规定中

---

① 2013年6月7日国务院法制办公室关于《修正案征求意见稿》公开征求意见，其中未对税收核定的条文进行任何修改，也未出现税收核定方面的补充规定。

② 参见熊伟：《美国联邦税收程序》，北京大学出版社2006年版，第118页。

的情形，实质上大多应属于税收核定的范围，而现行该条款的内容规定实际上充当了核定确认、税收核定以及税收催缴的三种职能。为避免税收核定权的滥用，应对该项条文予以细化规定，分离出不同的税收征管程序。

3. 经济效率原则的明晰。为增强税收核定的经济效率，需要对税收核定所涉及的各种因素进行权衡，通过选择合理的核定方法，减少纳税人所受的不当便利，达到核定纳税人税基的目的。一是《税收征管法实施细则》第47条、第55条，规定了一系列的类型化方法，[①]乃是基于实现实质课税和经济效率原则的考量，税务机关一旦选择某种核定方法，在自由裁量的限度内得出税收核定的一般结果，纳税人可提出合理异议，但纳税人如无合理可靠的证据将难以推翻之。这是源于税收核定结果是一种法律拟制之事实。二是核定举证责任的合理配置。按照税收构成要件说，一旦存在税收构成要件，将发生税收债务关系请求权之法律效果，税务机关应对税收构成要件的存在承担举证责任。而在税收核定情形下，如果纳税义务人未履行协力义务，将引发税务机关的税收核定行为，但基于公共利益和税收公平之考量，应依据具体情形的不同适当减轻税务机关的证明程度。例如，德国财务法庭针对纳税人与税务机关对税收事实的共同证明责任，如纳税人未按规定履行阐明事实之协力义务时，财务法庭将弹性地减轻税务机关的证明程度，在纳税人所属的生活领域内，所掌握之事实或证据方法越多者，所担负的事实阐明责任也就越高。[②] 三是明确税收核定的时效。通过税收核定的程序分化，将产生不同类型的税收核定程序，法律的修改应相应明确各程序环节的税收核定时效，避免核定久拖不决，从而提高税收核定的效率。

（二）核定相对人权利与义务机制的完善

从税收核定相对人权利与义务的合理保护理论出发，纳税人基本权既要

---

① 税务机关在进行税收核定的过程中，较为普遍采用的是比率法和效率法。前者是以采购金额、销售金额、收入金额等构成税基的要件，适用一定比率推算出应税税基的方法；后者是以纳税人的产销量、从业人数、原材料以及能量消耗量等乘以每单位的一定效率，推算出应税税基的方法。其中比率或效率的选取可以分为本人率（比率数据来自被核定者本人）和同业者率（数据来自于与被核定者诸多方面相同或类似的纳税人）。参见刘继虎：《论推定课税的法律规制》，载《中国法学》2008年第1期。

② BFH BStB. 83,760,761;87,679,680;90,993,996. 转引自黄士洲：《税务诉讼的举证责任》，台北，瀚芦图书出版有限公司2002年版，第206页。

受到保护，又要受到约束，核定相对人的权利是由法律设定的，权利的行使同样既要受到法律的保障，又要受到法律的制约。税收核定权利的存在对应于税收核定权力的行使，通过法律来保障纳税人的权利和明确纳税人的义务，实现核定人与纳税人之间的权义平衡。这应成为税收征管法治的基础和核心。

1. 核定公开原则的确定。税收核定法律规范的修订与完善，应确定税收核定的公示制度。归纳其表现形式：在静态层面，税收核定信息应对纳税义务人公开，如公开税收核定的依据、初步结果以及最终结果等。具体税收核定程序应向社会公众公开，如公开税收核定的方法、条款以及实施细则等。在动态层面，税收核定公开行为则包括纳税义务人对税收核定具体过程的参与、查询、告知等，以及社会公众对税收核定环节的监督。如税务人员向纳税人表明身份、依法告知纳税人相关事项、纳税人有权查阅卷宗以及向纳税人说明核定理由等。

2. 核定参与原则的明确。纳税义务人对税收核定过程的参与不仅使其成为税收核定行为的承受者，而且是税收核定结果的创制者，这种自我实践者的角色极大地增进了核定相对人对核定规则、核定自身以及核定结果的认同感。① 对于税收核定参与原则的明确，应在税收核定规范的完善过程中，设立以下两项制度：一是确立听证制度。税务机关必须重视纳税义务人的意见，尽可能为纳税义务人发表意见提供便利，应确立税收核定听证制度，主要包括通知、送达、告知权利、举行听证等程序。二是确立申辩制度。在对税收核定异议的辩论和对税收核定证据的质证过程中，必须认真考虑纳税义务人的意见，应当及时采纳可取意见，可取性较弱的，应向纳税义务人说明不采纳的理由，通过构建这种对纳税义务人意见的回应机制，有助于促使税收核定的结果趋近客观真实。

3. 权利救济原则的拓展。对于权利救济原则在税收核定中的落实，既要发挥权利救济原则的传统功能，又要进一步拓展其在税收核定中的运用空间：

---

① 其实税收核定的参与制度，早在20世纪50年代初期在上海开征工商企业盈利所得税制度之时，对于无账或账务不健全的行业和企业，采用一种参与型民主评议模式，即由税务局按行业分类抽查若干家企业，根据它们在年内做了多少营业额、产生了多少毛利、支付了多少开支，分类采用加权平均的方法，再由直接税务局同市商会，会同各该同业公会，酌定该会所属各类企业的销售毛利润、销售开支标准，从而到户计算出各户应税利润，按率计征。参见陈敏之、丁冬：《顾准寻思录》，经济科学出版社2013年版，第258页。

一是应修订《税收征管法》第 88 条第 1 款、第 2 款中“清税前置”的强制规定。如果能按照前文所述区分税收认定与税收核定,那么在税收认定的“欠税争议”状态,纳税人申请救济就无须以缴纳税款为前提。而在税收核定的情形下,纳税人则应先按核定结果缴纳税款,然后才可申请税收救济。即在税收核定的“退税争议”状态下,才可保留“清税前置”的规定。二是禁止惩罚性税收的滥用。在纳税义务人未履行申报税收义务的情形下,税收核定不应作为督促履行税务申报义务之强制手段,也不应对纳税义务人进行不利负担的惩罚性税收核定。[①] 三是应严格规范税收核定结果在税收惩罚上的适用。只有在进一步确立了税收核定之正确性的前提下,才能运用税务机关的核定结果。如果无法消除税收核定的非正当性时,则应采用有利于纳税义务人的规则。

第四节 纳税人税收确定权之进一步厘定

“税收确定”的概念在国际范围已经得到普遍的应用,[②]但是尚缺乏对其全面、系统的理论研究。税收确定的理论基础是什么?税收确定的准确内涵是什么?税收确定的法律性质、法律地位和法律效力如何?它与相关的概念、制度之间相互关系怎样?这些问题关系到税收确定存在的正当性、运行的有效性,下文尝试在已有研究成果的基础上,从价值论、本体论、立法论等方面对税收确定进行全面研究,以期能对税收法律理论有所裨益,对我国税收征收管理法的修订有所启发。

一、税收确定权的理论基础

税法(或者法律,甚至整个社会科学)就实践论的角度而言,它的研究理

① 参见陈清秀:《税法总论》(第 7 版),台北,元照出版有限公司 2012 年版,第 538 页。

② 日本学者金子宏、北野弘久,我国台湾地区学者葛克昌、陈清秀,大陆学者施正文等,在有关税法著作、文章中税收确定都有所探讨,我国最新的《税收征管法(征求意见稿)》也专章讲述税额确认。详见[日]金子宏:《日本税法原理》,刘多田等译,财政经济出版社 1989 年版;[日]北野弘久:《税法学原论》,陈刚等译,中国检察出版社 2001 年版;葛克昌:《行政程序与纳税人基本权》,北京大学出版社 2005 年版;陈清秀:《税法总论》(第 7 版),台北,元照出版公司 2012 年版;施正文:《税收债法论》,中国政法大学出版社 2008 年版。The OECD Committee of Fiscal Affairs Forum on Tax Administration:“Taxpayers' Rights and Obligations-Practice Note”, The right to certainty(涉税结果确定权).

念与中心,都是依社会大环境而变化的。如果现实中法的制定、解释、适用需要某种理论支撑以满足更高层次的正义要求,该法的研究理念和中心就会改变。税收确定权的提出正是适应了税法研究与实践的需要。

在税法发展史上,曾经对税收法律关系的性质产生过激烈的争论,先后形成了“权力关系说”和“债务关系说”两种代表性的学说。“权力说”的核心观点是,租税法律关系的性质是权力关系,国家相对于人民在法律关系的地位上具有优越性,行政行为对租税法律关系有重要影响,无须区分租税程序法律关系和实体关系,租税法律关系是单方性的命令服从关系,发布命令者对相对方不负回答责任,作为服从的相对方无权审查命令的适当性而必须服从。而“债务关系说”认为税收法律关系是一种公法上的债权债务关系,在法律上国家与人民处于平等的地位,税收法律应该划分为租税实体法关系和租税程序法关系,并且实体法是最基本的法律关系,程序法是为实体法服务的,由于国家与人民的对等性,有必要为纳税者提供权利救济的程序。

“权力说”与“债务关系说”理念都是一定税收理论和实践条件的产物。“权力说”曾经有效地反映了税收、法律的要求,但是随着社会的进步,“债务关系说”取代“权力说”成为必然。在市场经济尚未繁荣之时,税收实体关系简单,税收法律关系主体是以征收为代表的程序法律关系,运用传统的行政法理论研究以行政机关参与的以程序为核心的税收法律关系,自然会得出“权力说”的结论。而在市场经济高度发达时,“租税实体法吸收了财政学、会计学等相邻学科的成果,在今天它在质和量上都达到了构成税法中心的地位”。[①] 如果说在程序法上,税务机关享有较大行政自由裁量权、能为诸多单方性命令性的具体行政行为而较纳税人处于优越地位,因此税法关系符合“权力说”。那么在实体法上,法律明确规定税法实体关系成立的构成要件,仅仅需要法律(大前提)、与纳税人有关的法律事实(小前提)就能够产生实体税收法律关系(结论),行政机关的介入不是实体税法关系成立的必要条件,而且税务机关所为的程序性行为(虽然仍具有权力的因素)只是为实体法律关系服务,因而税法关系“权力说”已不符合现今社会的实际情况。

---

① [日]北野弘久:《税法学原论》,陈刚等译,中国检察出版社2001年版,第9页。

同时,由于“税收利益交换说”①深入人心,税收是国家基于为公共服务的对待给付而对人民享有的金钱给付请求,是依国法的规定而要求给付一定金钱的权利,和私法上的金钱债权毫无异处,②再者,人民主权理论和人权理论在认识税法过程中的应用导致人们热情期盼“一切租税尽可能被人税化(租税中的尊重人权)”,③税收债法说强调了国家与纳税人的平等以及对纳税人的尊重,因此,该理论必然取代“权力说”。

“权力说”的衰弱与“债务关系说”的兴起导致了两个结果。

第一,纳税人享有主体性的权利成为可能。在“权力说”之下,税收关系何时成立、如何征纳、征纳多少等,税收实体和程序关系的变动均取决于行政行为。虽然近现代以来法律“由身份向契约”的发展潮流不可阻挡,个人愈渐脱离依附获得独立的法律人格,但在权力说的条件下,纳税人仅仅是被动的税收缴纳行为者,法律上“纳税主体的荣耀资格”被压缩至“依命令缴付税款”自然生命体,整个税收法律关系正常运行过程中,纳税人权利无规定,行为无尊严,被行政机关驱赶运动。但在税收债务关系中,纳税人缴纳税款以国家提供公共服务为对待给付,税收关系由法律规定,纳税人的权利与义务来自法律,行政机关无权自由裁量、不可单方命令,纳税主体光辉的人格堂堂正正行于税收法律关系之中。从“权力说”到“税收债务说”,是纳税人主体资格的实质恢复,是纳税人权利的生根发芽。

第二,税收确定成为必要。“权力说”认为税收法律关系的成立以行政机关的具体行政行为为重要前提,税务机关在认定税务关系成立的同时,税收的具体内容也一并确定,税收成立与确定混而为一。“税收债务关系说”把税收作为法定之债(区别于契约之债),税收成立由法律规定,但是在符合税收构成要件时,仅仅成立抽象税收之债,税收债权人仅单纯地享有赋课权,法律不能自动确定该债的具体内容,只有经过法定的确定程序,对于应纳税额加以确

① 税收法律关系的性质与税收的性质紧密相关。税收法律关系的权力说以税收性质的国家分配说、义务说(牺牲说)为基础,债权债务说与税收的利益说(交换说)密切联系。具体税收的性质学说归纳,参见甘功仁:《纳税人权利专论》,中国广播电视出版社 2003 年版,第 2 ~ 6 页。

② 参见[日]美浓部达吉:《公法与私法》,黄冯明译,周旋勘校,中国政法大学出版社 2003 年版,第 74 页。

③ [日]北野弘久:《税法学原论》,陈刚等译,中国检察出版社 2001 年版,第 9 页。

定后,具体的税收之债才成立,征税权才可以行使。[1] 事实上,有关纳税人的法律事实被税法“框入”,就必然自动产生税收之债,但它仍然是应然的、尚无法行使请求权的抽象债,“它是一种事实的过去,只有经过法定程序加工,才能成为确定的过去。”[2]“税收债务说”,将税收关系的成立归于法律,但要实现税收之债“从抽象到具体”“从应然到实践”,必然要求增加“税收确定”这一道法律程序。

基于以上论述,可以总结出:人民主权理论、人权理论的普及渗透到税法研究中,人们对税收的本质认识发生变化,导致税收法律关系“权力说”朝“税收债务关系说”转向,由此引起了纳税人权利的兴起以及税收确定程序的确立,最终税收确定权呼之欲出。

二、税收确定权的内涵

对于一项权利的研究,必然要从权利的主体、内容、客体、效力等主要方面入手。研究税收确定权[3]也需同样如此。下文主要从税收确定权的主体及其效力方面进行论述,至于权利的内容、客体则附带略述。

(一)税收确定权的主体

纳税主体通过为一定的法律行为将已经发生的涉税事项的税收结果予以确定,以便后续的税款的实际缴纳和征收。该税收确定行为即是税收确定权的客体,它承载着主体所追求的某种有形或无形的社会生活利益(权利的内容),[4]享有该利益的主体就是税收确定权的主体。

税收确定权的权利主体包括征税机关和纳税人。对于纳税人而言,一方面税收确定行为有精神上之利益追求,关乎当事人“纳税光荣”的心理荣誉,另一方面也是出于现实经济利益的考虑,税额确定可将纳税人先前涉税行为的不确定性予以确定化,从而脱去负担放开手脚直面市场大胆经营。纳税人行使税收确定权的典型方式是纳税申报。纳税申报是纳税人以税收主体的姿态推动税收关系实现,象征着在纳税程序中的人民主权观念,一经申报,抽象

---

① 参见施正文:《税收债法论》,中国政法大学出版社 2008 年版,第 13 ~ 14 页。

② 季卫东:《法律程序的意义——对中国法制建设的另一种思考》,中国法制出版社 2004 年版,第 40 页。

③ 在此将税收确定定性为一种权利,其理由在后文详述。

④ 参见史尚宽:《民法总论》,中国政法大学出版社 2000 年版,第 248 页。

的纳税义务即得以确定、具体化。至于税务机关,作为国家在税收关系中的代理人,确认税额是其代为国家实现税收债权的必要手段,确认程序蕴含着税务机关(国家)的经济利益,因此税务机关也享有税收确定权。在税务机关作为税收确定权主体时,纳税人应纳税额完全根据税务机关的具体行政行为加以确定。由于申报制度体现了民主纳税思想,也能够提高征税的效率。① 因此,在现代税收治理体系中,纳税人是税收确定权的主要主体,而税务机关享有的税收确定权所能行使的税收范围极其有限,主要适用于法律规定的核定纳税以及纳税申报出现重大瑕疵的情形。

具体而言,根据税种类别和制度条件,税收确定权的配置可以分为三种类型:第一,自动确定,无须纳税人或税务机关为确定行为,如印花税。第二,仅赋予税务机关税收确定权。无须纳税人为税收确定行为,只需要税务机关确定,如适用税收核定的情况。第三,同时赋予纳税人和税务机关税收确定权,纳税人享有初次确定权,税务机关享有最终确定权。前两种配置方式较为简单,第三种情况复杂且具有普遍性,因此,以下主要针对第三种情况进行讨论。②

(二)税收确定权的效力

任何法定权利的背后都有强制力支撑,法定效力则是权利强制力的表现形式,没有法定效力的权利,就像无光之灯、无热之火。只有辅之以相应的效力,税收确定权才能真正被尊重、被作为行为权利。借鉴一般法学理论,税收确定权的行使应当具备以下三种法律效力。

第一,确定力。税收确定权的行使能够产生法定的确定效力,即将纳税人的纳税义务内容(也是国家税收权利的内容)具体化,纳税的额度、纳税的具体时间和地点得以确定,纳税人即依此纳税。应然而言,在税收确定权行使之前,税收关系已经成立,且当时的税基、税率、纳税环节、税收优惠等课税要件事实已经确定,这些客观情况不以人的主观意志转移,但是要能够现实地进行纳税操作,必须经过确定程序,使课税要件事实由客观存在进一步转变为主观

---

① 参见[日]金子宏:《日本税法原理》,刘多田等译,财政经济出版社1989年版,第299~301页。

② 理论上还有一种情况:仅赋予纳税人税收确定权。这在理论分析上可以成立,但实践中没有任何一个国家会将缴税额度完全由纳税人自行确定。

所知,税收确定权就是实现这一转变的纽带。

第二,拘束力。税收一经确定,对纳税人和税务机关都产生约束的效力,非经法定程序,不得变更和撤销。纳税人通过申报行使确定权后,正常情况下,纳税人应当依此缴纳税款,不得随意取回申报材料,或者再次提交不同的申报材料,除非依据法定程序撤回或者修正。税务机关应当依据纳税人的申报收取税款,除非申报存在法定的重大缺陷,税务机关不得改变纳税人申报所确定的税收内容;税务机关通过税收确定税收内容后,不得随意否认已经做出的具体行政行为,除非因税务机关本身重大过失导致税收额度确认过高或者因纳税人故意提交税务材料不真实不全面或者其他不法行为导致税收额度确认偏离实际,税务机关不得再次进行税收确定。

第三,执行力。税收确定后的执行力是指纳税人依据已经确定的税收内容(主要是税款额度)缴纳税款,税务机关依据已经确定的税收内容征收税款,相对方不得拒绝,也不得要求对方多缴或少缴(多收或少收),税收之债的主体不按照确定的税收缴纳征收,可以申请或者自行采取强制执行措施。执行力真正体现了税收确定权背后的法律力量,实实在在展现了权利的刚强面孔。

三、税收确定权有关问题再追问

(一)税收确定为何定性为权利

我们知道,公法是调整公共利益、统治权的掌握并且与国家相连的法律,①税收法律关系无疑应当认定为公法上的债权债务关系,那么为税收实体法服务的税收程序法则无疑也属于公法之列。税收确定既是公法上的一种法律行为,那么它在性质上是权利还是义务,是权力还是职责?如前文税收确定权主体的分析,纳税人和税务机关都是权利主体,下文将分别论述各自的权利基础。

对于纳税人而言,税收确定是为履行税收债务服务的,纳税申报是法律规定的纳税人应为的行为,那么,依申报而确定应纳税款使税收确定何以变成了

① 公法与私法的界限充满了疑问和争议,利益说、支配说、归类说、代理人说等不一而足,但是每一个理论都包含了这个核心内容。参见[德]哈特穆特·毛雷尔:《行政法学总论》,高家伟译,刘兆兴校,法律出版社2000年版,第40~43页。

权利？首先，根据私法一般原理，债务人履行法律义务的相关行为既可能是义务，也可能是权利。如在合同之债的法律关系中，债务人应当履行一定的给付义务，但是当债权人无法收取相关标的物时，义务人有权对标的物提存或者变价后提存。当义务主体积极地履行义务而相应的权利主体却不是很情愿地实现权利时，这种义务就转换为履行义务方的权利。① 可以说权利与义务具有相互转化的可能。② 因此，与履行税收债务的有关行为不能简单定性为附随义务。其次，如前文所述，税收确定承载着纳税人的利益，且税法规定了纳税人缴纳税款的期限，③在这个期限内，纳税人可以自主决定何时申报、何时缴纳。由于权利是主体以相对自由的作为或不作为的方式获得利益的一种手段，④那么此期间内纳税人的税收确定就是一项权利，进行税收确定的行为就是行使权利的行为。最后，税收确定过程中纳税人与税务机关的关系也符合权利义务相互关系的特征。在法定纳税期间，纳税人主动申报纳税，税务机关对应地应当履行配合的义务而不得拖延、阻碍、拒绝。

对税务机关而言，同样其确定税收的行为也符合权利的核心要素。其一，税法规定了税务机关核定纳税人税额的期限，在规定的期限内，税务机关可以自由决定何时行为；其二，税收确定直接影响税款能否有效征收，税款虽属国家所有，但是税务机关作为国家的代理人，将税收及时有效地征收必然关系到他的核心利益；其三，税务机关为税收确定以纳税人提供资料协助调查等为对应的义务。这里特别强调，税务机关所为的行为，不排除有权力的因素在里面，但其所为的行为主要是基于税法的规定，能够自由裁量的范围极其有限，特别是对实体税法内容，即使是核定征收，法律也规定了相应的核定的条件和方法，核定税收必须以此为根据。由于"税务机关之任务不在于国库收入，而

---

① 参见钱大军、武红羽：《论权利义务之间的转换》，载《南京社会科学》2013年第7期。

② 权利与义务的相对转换，也符合辩证逻辑。在辩证逻辑看来，任何实体都有"既是又不是"的属性，"税收确定"既是权利，又不是权利，"是"不是"等于"，而是"是起来"，是一种"能动的是"，内在有成为"不是"的倾向，是其所不是，不是其所是。权利与义务在某种条件下相互转换就是辩证逻辑的体现。关于辩证逻辑的论述，参见邓晓芒：《哲学史方法论十四讲》，重庆大学出版社2008年版，第130～154页。

③ 如《个人所得税法》第9条规定，自行申报纳税人每月应纳的税款，都应当在次月15日内缴入国库，并向税务机关报送纳税申报表。

④ 参见张文显主编：《法理学》，高等教育出版社2011年版，第94页。

在于法治国原则,应恪守法定原则而非便宜原则”,[①]所以,权力的命令——服从因素极少,往往是循于法律规定。由此,税务机关的确定行为的权力性质较弱而权利性质更强。

纳税人的确定权是纳税人对税务机关(国家)的权利,税务机关的确定权是税务机关对纳税人的权利,同一种程序性权利(包含实体因素)依情形不同法律规定由不同主体享有,背后交织着理论与实践的价值和经济考量。

以上论述说明两种税收确定权均有(公法上的)权利属性,但是纳税人的税收确定行为也符合法律义务的特征,税务机关的税收确定行为也具有权力的属性,为何单单将其定性为权利呢?诚然,纳税人的申报行为有义务的特征,其根源在于公法上权利义务的相对性,公法关系中双方主体(国家与个人)的利益是共通的,权利不只是为权利者的利益而存在,同时又为保护对方的利益而存在。[②] 纳税人的税收确定权既包含个人利益,也包含国家利益,对纳税人而言是权利,对国家而言则是义务,所以,纳税人的纳税确定权不可避免带有义务的性质。税务机关税收确定权包含的少量权力因素,亦可同化为公法上的权利——即使将税务机关的核定行为视为权力,这种权力也不是毫无限制的,只有在国法的容许限度内才能如此,即权力是国法所公认的权利,作为法主体的国家和纳税人一样须服从国法的规律,其与对方的法律关系是依国法的规定互享权利互负义务的关系。[③] 因此,将税务机关的税收确定权定性为权利也是合理的。此外,从公法私法化、纳税人权利保护、促进纳税人税收遵从等法实践论的角度综合考虑,将税收确定定性为权利更为妥当。

(二)税收确定权与税收评估(税收评定)的关系

在确定纳税人税款后,税务机关是否有必要再次核查税收确定的真实性与合法性呢(特别是纳税人自行申报时)?学者对此有不同观点。有学者认为,对于申报纳税的情况,应该分为两个阶段,纳税人行使初次确定权,必须经过税务机关通过税收评定行使评定权,应纳税额才能最终确定。[④] 有学者认

---

① 葛克昌:《行政程序与纳税人基本权》,北京大学出版社2005年版,第7页。

② 参见[日]美浓部达吉:《公法与私法》,黄冯明译,周旋勘校,中国政法大学出版社2003年版,第106~109页。

③ 同上书,第72~73页。

④ 参见施正文:《论〈税收征管法〉修订需要重点解决的立法问题》,载《税务研究》2012年第10期。

为,税收评估在纳税期限届满之后进行,是税务机关的内部行政行为,可以用适法行为解释,税务机关可以选择对哪些税种、哪些纳税人评估,无须法律强制性规定。[①] 国外对此立法的规定也不尽相同。英国确定的自评自估纳税制度,由纳税人自行申报,税务机关进行评定,最终确定纳税额;美国主要由纳税人自行申报,税务机关的计算机信息中心每年将10亿多份申报材料与储存的信息库核对,一致无误后向纳税人寄发纳税通知单。

实际上,是否将税务机关的税收评定作为税收确定的法定程序,主要是法实践论而不是法认识论的问题。就税法学研究而言,将税收评定定性为必经程序或选择性程序,理论上都是融洽的,将税收确定权一分为二、纳税人与税务机关前后同享未尝不可,将税收评定界定为税务机关内部税收管理行为,纳税人没有义务配合,逻辑上也可自洽。不过,税收立法不能仅在学术逻辑中打转,需要深入税收制度运行的现实土壤中。如果将税收评定作为税收确定权的一部分与必经程序,那么针对我国十几亿纳税人,税务机关需要庞大的人力物力才能对申报进行普遍的税收评定,而且有效的税收评定离不开完整的信息数据库,否则税务机关仅仅依据申报的材料重复进行核查实难发现问题。因为税收问题所匿之处不在提交的材料,而是隐藏着的税务机关未能掌握的信息,即往往在申报材料之外。但如果将税收评定确定为税务机关管理税务的手段,可以自由选择适用,那么在纳税人申报不自觉、不诚信的情况下又可能出现大量税收遗漏,而税务机关的选择性管理又增加了寻租的可能性和纳税人税收结果的不确定性。

因此,将纳税人税收确定与税务机关税收评估视为一个确定程序的两个阶段,还是两个独立的程序,要视一国的具体税收环境而定。在社会信息收集健全、处理技术发达、纳税人诚信度不高、税务机关廉洁性不佳的情况下,应当将两者作为同一税收确定程序的必经阶段,反之,则宜确定为两个独立的程序。

(三)税收确定权与纳税人诚实推定权

纳税人诚信推定权近年来逐渐受到人们的重视。所谓的诚信推定权或称诚实推定权,是指纳税人有被征税机关假定为诚信纳税人的权利,征税机关向

---

① 参见龚伟:《论税收评估的适法性》,载《河南工程学院学报》(社会科学版)2011年第3期;杨卫红:《论纳税评估的法律地位》,载《扬州大学税务学院学报》2008年第3期。

纳税人征税时,必须先假定纳税人是诚信纳税人,没有充足证据,不能提出对纳税人是否依法纳税的怀疑。[①] 该权利提出的背景是税收服务理念蓬勃发展、纳税人权利意识高涨,不仅要求税务机关在行为上化刚强为柔和,还要求其在思想观念上变怀疑为信任,对于营造和谐的征纳关系、提升税务机关的服务意识、保护纳税人其他权利具有重大作用。

诚实推定权与纳税人税收确定权密切联系。第一,对于税收确定与税收评定相分离的制度设计,诚实推定权可作为纳税人税收确定权的理论基础,纳税人自行申报能够直接导致税收内容具体化、确定化并依据申报的数额纳税,其理论逻辑是,假设纳税人所提供的资料信息是完整而准确的,因而依据该资料信息缴纳税款是合理的。[②] 如果不假定纳税人诚信,法律却允许纳税人依据申报信息纳税,则税收如数入库在理论上就是天方夜谭,所以,诚信推定是纳税人税收确定权的内在基础,将其确定为一项权利仅仅是将隐含的法律前提明晰化,并适当拓展到其他方面。第二,这两项权利共同制约税务机关行为的恣意。税收一旦确定,税务机关不得任意启动调查,一方面由于确定权行使之确定力、拘束力,另一方面也是诚信推定的持续要求,除非有充足的理由并经正当程序,否则税务机关必须受税收确定权、诚信推定权的约束。特别是,税务机关不得对主观上不顺眼之纳税人进行选择性核查,这将极大放纵行政机关的任性而伤害纳税人的法情感。第三,这两项权利的效力可因同一个法律事实而灭失。诚实推定和税收确定并不反对税务机关对有关涉税信息再次进行核实,它们排斥的是任意、无根据或者报复性、选择性地核查,税务机关可以而且应该平等地运用有效的技术手段在特定时期内对涉税行为普遍核查,发现申报信息与核实的结果不一致,或者有提供相关证据初步证实举报纳税人不诚实,这种情况下,确定力和诚实推定就失效,税务机关才可以进一步核查或者立案稽查。

---

① 参见张富强:《论纳税人诚实纳税推定权立法的完善》,载《学术研究》2011 年第 2 期。

② See "Australia Taxpayer' Charter", Treating you as being honest unless you act otherwise. We presume you tell us the truth and that the information you give us is complete and accurate unless we have reason to think otherwise.

四、我国修订税收征管法应对税收确定权作出进一步厘定

(一)修订草案的整体状况及评价

2015年发布的《草案征求意见稿》对现行的《税收征管法》进行了大幅度的调整,结构上和内容上都有重大变化。结构上,现行法共六章94条,修订草案共十一章139条,增加了近一半的条文,将现行法中第二章税务管理中的税务登记、账簿凭证管理、纳税申报三节独立成章,增加信息披露、税额确认两章,税款追征、争议处理两章由原来内容调整而来。内容上,落实税收法定原则,强调税务机关依法征收;加强纳税人统一管理,采纳纳税人识别号制度;建立健全涉税信息提供机制,强化第三方信息披露;完善税收优先权制度,引进预约裁定制度;减轻纳税人权利救济负担,废除复议纳税前置等等。结构上更加合理,内容上更体现依法治税、纳税人权利保护。

(二)《草案征求意见稿》对税收确认权的规定及评价

《草案征求意见稿》中第六章专章规定税额确认,第47条规定,税务机关有权对纳税申报的真实性、合法性进行核实、确认;第48条规定税额确认的信息依据;第49条规定应当及时确认的情形;第50条规定核定税额的情形;第51条规定纳税调整(关联方之间);第52条规定应当出具税额确认通知书的情形(确认与申报不一致或者未申报);第53条规定视同确认的情形(未作确认后者确认超过时效的);第54条规定应当再次确认的情形;第55条规定确认与稽查的衔接;第56条规定确认的时效(一般5年内);第57条规定纳税人对应对真实性合法性负责。

关于税额确认的性质。《草案征求意见稿》将税额确认定性为税务机关的权利。本来第47条规定税务机关有权确认税额,这里的"权"可能是权力,也可能是权利。但是,第一,如果是权力,则必然有相应的职责对应,纵观法律责任一章,并未规定履行税额确认不当之责任;同时,税务机关可以自由地决定是否进行税额确认。第二,权力是不可以放弃的,而权利则可以不行使,草案第53条规定了税务机关未作税额确定可以视同确定,即税务机关可以不行使税额确定权。

关于税额确认的效力。第一,税额确认并不是法定的缴税程序,至少不是缴纳税款前的必经程序。虽然第53条规定如果未作确认,申报额视同确认额,结合第56条5年的确认时效规定,即在纳税人申报期届满后5年内一定

会有税额确认程序(包括实际确认和视同确认),但是实际缴纳税款却是在法定申报期内,未在规定期限申报将受到罚款(第96条)并加收税收利息(第59条)。所以,纳税人缴纳税款前,并不一定经过税额确认程序。第二,税额确认的效力优先于申报的效力。第52条规定,经确认的应纳税额与申报的应纳税额不一致时,税务机关出具税额确认通知书。自然,纳税人应当按照确认通知书缴纳税款。

关于税额确认与税收确定的关系。首先,税收与税额之间是包含与被包含的关系,税收不仅包括税额(纳税额度),还包括与纳税有关的其他要素,如纳税时间、纳税地点,但税额是税收的核心要素,其他要素都是围绕实现税额缴纳得当而设置。法律规定是使用"税额"还是"税收",关系不是很大,但是税收更全面。其次,确认与确定,两者在逻辑上有先后的关系,确认是明确承认,只有对已经存在的情况,才能进行确认,换言之,只有税额确定下来才能进行税额确认。在这里,可以明显感觉到,修订草案有赋予纳税人申报以确定税额的效力,否则税务机关对其进行税额确认就是毫无根据的。由此推之,修订草案欲将税收确定(具有确定力、约束力、执行力的法律行为)分为两个阶段,一个是纳税人的申报,另一个是税务机关的确认。最后,稍作延伸,既然确定是确认的前提,将未经确定的税收确定(第50条)规定在税额确认一章,有些不符逻辑。

实际上,草案并未赋予纳税申报以确定税额的效力(纳税申报独立为第五章,税额确认独立为第六章),也未规定税收确认为必经的缴税程序,可以看出草案对于税额确认的规定存在逻辑混乱,详言之:

1. 草案将纳税申报作为第五章独立于第六章的税额确认,即认为纳税申报并不是税额确认的方式,纳税申报不会产生确认税额的效果,如果不产生税额确认的效果,那么纳税人在法定的申报期内就不能依据纳税申报进行税款纳税;如果同时在申报期内,税务机关未作纳税确认,则缺乏具有法律效力的对税额进行确认的依据,纳税人无法纳税。

2. 草案第57条规定纳税人应当证明其纳税申报的真实性、合法性。但是由于申报的材料只是作为税额确认的参考资料,不会产生法律效力,纳税人无须证明其真实性和合法性,而应当如第47条的规定,由税务机关就申报的真实性、合法性核实确定,此两条存在矛盾。

(三)进一步的完善建议

笔者认为,出现以上两个问题的根源在于,未赋予申报纳税的税收确定的效力,也未将税务机关进行税额确认作为税款缴纳前的必经程序,赋予效力或者规定为必经程序,二者有一,问题就迎刃而解。

根据前文的分析,在社会信息收集健全、处理技术发达条件下才可能将税务机关的认定作为税额确定的必经程序;在纳税人诚信度高、税务机关廉洁性强的情况下,则可以更大程度上赋予纳税人诚信推定和税额确定权。况且如前文所述,赋予纳税人税收确定权有理论基础,也符合实践的发展,再加上税收信息化建设、涉税信息机制逐步完善,赋予纳税人税收确定权的优势将得到张扬,其弊端将得到有效回避。另外,根据草案原意,是在税务机关未作税额确定时,依纳税人的申报纳税,实质上是有赋予纳税人税额确定权之意。因此,赋予申报纳税以税收确定的效力以解决草案中的问题,既符合客观情况,也适应立法者的主观意图。

具体改进的建议为:

第一,将第六章标题"税额确认"改为"税额确定"(或者税收确定)。一方面,税额确认需要确定的前提,使用"税额确定"可避免"核定税额"未经确定的尴尬;另一方面,使用"税额确定"包含"税额确认"的作用,只是将税额确定分为两个阶段,其中针对纳税人申报后税务机关所为的税额确定行为就是"税额确认"。

第二,明确纳税人享有税收确定权,纳税申报具有确认税额的效力,同时税务机关也享有税额确认的权利。不过在具体的内容上,两者的确认权是有差别的,纳税人确认权的权利属性是从"纳税人可以在纳税期限内自由行使且可以产生税额确定的效力"角度而言,由于还负担有公共利益,因而它也具有义务性质而不可放弃;而税务机关的税收确定权虽然也承载公共利益,但是考虑到实际操作的情况,税务机关在有限的纳税期限内对所有纳税申报再次进行核实确认,实在不现实,因此,可在法律上规定税务机关不需要全面核实确认。

但是在具体的法律结构设计上,并不一定要将纳税人的税收确定权(纳税申报)和税务机关的税收确定权规定在同一章,两者内容都相当复杂,分章规定实有其必要。针对修订草案,依然保持申报纳税为独立一章,只将第六章(税额确定)第47条改进为:"(第1款)纳税人依照本法第36条进行的纳税申报,具有确定税额的效力。(第2款)税务机关有权对前款所确定的税额的真实性、合法性进行核实、确认。(第3款)在税务机关确认税额或者视为确认税额之前,纳税人可以在纳税期限内依据纳税申报所确定的税额缴纳税款。”同时为与第3款的“视为确认税额”相协调,将第53条的语句调整为:纳税人填报的纳税申报表以及修正的纳税申报表,税务机关对其应纳税额未作确认或者确认超出时效的,视为税务机关依申报表或修正的申报表中的应纳税额做出税额确认。

第三,将第57条第1款修改为:纳税人应当证明其纳税申报的真实性与合法性。因为原修订草案并未赋予纳税申报确定税额的法律效力,无法律效力则无须证据证明,要求纳税人证明申报的真实性和合法性则缺乏法理基础。因此建议,将税额确定权分为两阶段,纳税人的申报能够产生初步确定税额的效力,税务机关确认的结果具有最终的确定税额的效力。如果税务机关未作确认或确认超过时效的,则申报也能产生最终确定税额的效力,这样,分配纳税人证明义务才具有合法性。

第五节　保护纳税人隐私权制度之完善

纳税人隐私权作为纳税人的基本权利之一,已经获得了世界范围的承认(当然不同国家对该权利的称谓有所不同,美国等国家将之称为“privacy of taxpayers”,而我国立法中则将之概括为“税收秘密权”)。我国的《税收征管法》及其实施条例、《纳税人涉税保密信息管理暂行办法》(以下简称《暂行办法》)等法律法规也作出了关于纳税人隐私权的相关规定,但总体来说这些规定过于粗糙,立法位阶偏低,可操作性差,在实践中经常发生纳税人隐私权保护不到位以及过分保护涉税信息而阻碍其合理使用的双重困境,因此需要我们从理论认知及制度建设上对其进行进一步的探讨和完善。

一、纳税人隐私权的理论廓清

(一)纳税人隐私权的内涵

纳税人隐私权,是指纳税人享有的在税收征纳过程中产生的涉税信息及个人隐私不受非法侵犯的权利。纳税人隐私权是民事权利意义上的隐私权在税收领域的投射,但又与一般意义上的隐私权相区别。因此,通过比较民法上的隐私权与税法上的纳税人隐私权之异同可以帮助我们更好地理解纳税人隐私权的含义。

王利明教授认为，隐私权是公民享有的私生活安宁与私人信息依法受到保护，不被他人非法侵扰、知悉、收集、利用和公开的一种人格权。[①] 张新宝教授认为，隐私权是指自然人享有的私人生活安宁与私人信息秘密依法受到保护，不被他人非法侵扰、知悉、收集、利用和公开的一种人格权，而且权利主体对他人在何种程度上可以介入自己的私生活，对自己是否向他人公开隐私以及公开的范围和程度等具有决定权。[②] 通过以上定义可以看出：首先，民法意义上的隐私权主体仅仅是自然人，法人和其他组织不享有隐私权；其次，隐私权的主要内容是个人信息保护使之不被非法获知和使用，但又不限于此，个人的生活安宁也是其保护的范围；最后，隐私权主要限于精神保护。

相较而言，纳税人隐私权与民法意义上的隐私权存在以下几方面的不同：第一，主体不同，民法上隐私权的主体只能是自然人，而纳税人隐私权的主体是纳税人。纳税人的范围比较广，既包括公民纳税人，也包括非公民纳税人，企业法人和其他组织可以享有税法意义上的隐私权。第二，权利内容不同。纳税人隐私权并不包含个人生活安宁的内容，主要是以信息的形态而存在的，而其存在的载体就是税收秘密，我国目前的立法例中就是通过保护纳税人隐私权的载体（税收秘密）来保障纳税人隐私权的。依据《税收征管法实施细则》第5条的规定，税收秘密包括纳税人、扣缴义务人的商业秘密及个人隐私。可见，以民法上隐私权形态存在的个人信息也包含于纳税人隐私权中。此外，纳税人隐私权还包括一般民事隐私权不包含的商业秘密，而一般情况下商业秘密的享有主体是企业，这也从权利内涵及其享有主体的角度印证了前述纳税人隐私权主体包括非自然人的论证。第三，纳税人隐私权的客体只能在税收征收管理过程中形成。一般隐私权的客体在自然人正常的生活中可以自发生成，但纳税人隐私权的客体只能通过纳税申报、税务稽查、代扣代缴等税收征纳行为才能从一般的个人信息上升为税收秘密，非经税收征纳而形成的个人信息不具有税法意义上的税收秘密属性。第四，纳税人隐私权不仅是精神上的抽象权利，还具有实在的经济利益性质。纳税人隐私权的客体中包含商

---

① 参见王利明：《隐私权的新发展》，载中国人民大学法学院《人大法律评论》编辑委员会组编：《人大法律评论》（2009年卷·总第7辑），法律出版社2009年版，第3页。

② 参见张新宝：《隐私权的法律保护》，群众出版社2004年版，第12页。

业秘密,而商业秘密的最重要特征便是可以给主体带来经济利益,因此,侵犯该商业秘密时的救济应当是经济损失的赔偿而非精神损害赔偿。第五,相对于一般隐私权强烈的个体指向性,纳税人隐私权更具集合性。民事主体与其隐私权的对应性很强,民事主体也更为关注自身的权利,一旦隐私权被侵犯,民事主体会更加主动地寻求救济。但纳税人隐私权主体与客体相对分散,一旦纳税人的隐私权被侵犯,往往不是以个案的形式出现,而是体现出集合属性,会涉及诸多权利人,单个纳税人的个别维权活动难以从根本上解决集合性的纳税人隐私权保护问题。

(二)纳税人隐私权源流考

税收隐私权最早诞生于美国,但其历史不长,区区几十年的时间,经历了不同的变迁阶段。在19世纪、20世纪的美国,税收隐私权是否存在是一个备受争议的话题,当时纳税申报材料被普遍认为是公共文件,1862年美国税法中明确认定了税收信息的公共性,根据这一法规的表述,个人纳税信息会被张贴在法院门口或者被刊登在报纸上,[①]这种信息公开规定的初衷是为了提升税法的遵从程度。1925年,美国联邦最高法院在U. S. v. Dickey案中也进一步支持了政府税务检查的需求和通过报纸刊登税收核定金额信息的权力。

然而,将税收申报信息视作"公共财产"的见解并非是没有争议的。美国前财政部部长梅隆就认为由公众中的一个成员去知悉其他成员的纳税情况是错误的,除了满足无聊的好奇心和填充报纸的空间之外,没有什么理由可以规定信息的公开了。[②] 梅隆用他和他的律师之间的保密协议举例,认为当政府不知道纳税人的每一个收入来源,只能依赖纳税人诚信申报来收税时,税收的遵从与信任在很大程度上都是正当的,这主要是因为纳税人知道自己将自身纳税收入来源信息提供给政府将披露到政府为止,这就好像是人们对自己律师的信任一样。只有在政府不进一步披露纳税人向其提供的信息时,纳税人才更倾向于做出诚信的申报和信息提供。

随着1976年税收改革法案出台,美国开始规定税收秘密法定、限定税收

---

① Congressional Research Service, Legislative History of Tax Return Confidentiality: Section 6103 of the Internal Revenue Code of 1954 and Its Predecessors, Washington, D. C.: Library of Congress, 1974: 6 – 8.

② See Andrew Mellon, Statement of Hon. Andrew Mellon. Revenue Revision, House of Representatives, Committee on Ways and Means, Washington, D. C., October 19, 1925: 9.

秘密的获取途径，该法案废除了总统可以通过法案以公布税务信息的权力，其第6103节以税收隐私保护为一般规则、以国会法定之例外的形式规定了税收秘密的保护。从1976年起，国会陆续通过了一系列对第6103节规定的例外披露规定。目前，政府披露纳税人信息被认为仅仅在刑事和民事诉讼、儿童抚养费执行以及反恐等目标下才能适用。

（三）纳税人隐私权保护的限制：以财政合伙理论为基础

在纳税信息的使用权问题上，1908年美国时任总统本杰明·哈里森提出了限制纳税人隐私权的新主张，此即财政合伙理论。哈里森曾指出：在现代公共财政国家，国家与纳税人（或曰公民）之间存在一种类似于商业上的合作、合伙关系，一个合伙人对其余合伙人达成合伙目的和个人目标负有一定的责任。而通过“财政合伙”这种商业模型来解释国家的财政运作，意味着每一个合伙人都有权了解其他合伙人到底在合伙中做了些什么，与之相对应的是，每一个合伙人所进行的与该合伙有关的行为都应当通过一定的途径被其他合伙人所知悉。作为合伙中的一员，每一个成员（纳税人）都有权知道其他成员到底对这个合伙做出了什么样的财政贡献，以及他从哪里取得了这些收入。①

一般而言，政府越多地获取并利用涉税信息，就越能保证税源，但政府权力的增加也可能会导致行政国家的产生。在涉及服务和收益的管理程序中，国家越来越认识到通过个人信息数据库可以减少税务欺诈及由此产生的成本，但个人信息数据库的建立会使纳税人隐私权处于被全面监控的境地。因此，要建立我国纳税人隐私权保护制度，必须在保护纳税人隐私权与合理使用中找到平衡点，在保护纳税人基本权利的同时，满足国家的财政需求。这就要求我们吸取其他国家的经验，发挥后发优势，查缺补漏，完善纳税人权利保护程序机制与税收法治。

二、我国纳税人隐私权保护存在的问题

（一）纳税人隐私权的非主动性保护

我国现行《税收征管法》第8条规定：“纳税人、扣缴义务人有权要求税务机关为纳税人、扣缴义务人的情况保密。税务机关应当依法为纳税人、扣缴义

---

① See Benjamin Harrison, The Obligations of Wealth, In Views of an Ex-President, Indianapolis: Bowen-Merrill Co., 1901: 355 – 356.

务人的情况保密。”从此规定来看，税收秘密作为纳税人隐私权的客体已经被《税收征管法》所承认，但对其的保护却并非是主动的、必然的。从法律解释的角度来讲，上述规定虽然明确了税务机关“应当”保护纳税人、扣缴义务人的税收秘密，但是这种“应当”是有条件的，是置于纳税人、扣缴义务人主动要求的前提之下的，即只有在纳税人、扣缴义务人主动要求的情况下税务机关才为其保守秘密。而一方面我国纳税人的权利意识相对淡薄，实践中极少主动要求税务机关予以保密；另一方面，法律并未明确规定纳税人应当以何种形式提出纳税人隐私权保护的要求，税务机关很容易以“口头申请不合格”“书面申请格式不符合要求”等为由作为违反其保密义务的借口。我国《暂行办法》第 3 条规定“对于纳税人的涉税保密信息，税务机关和税务人员应依法为其保密”，虽然排除了以纳税人申请作为保护隐私权的前提，但是该规定的立法位阶过低，仅为国税总局的规章，也就是说，税务机关主动保护纳税人隐私权的义务并非其法定义务。

（二）纳税人隐私权客体的内涵不周延

我国目前对于纳税人隐私权的客体主要分为商业秘密和个人隐私两个部分，换句话说，要构成纳税人隐私权意义上的税收秘密，必须先符合商业秘密与个人隐私的构成要件。这样的规定使纳税人隐私权的内涵过于狭窄，且不够明确，在具体的保护过程中留给了税务机关较大的裁量权。具体而言，以上规定存在以下问题：第一，对于不属于商业秘密和个人隐私的纳税人信息缺乏保护。我国的税收法规并没有规定商业秘密的内容，而根据我国《反不正当竞争法》的相关规定，“商业秘密，是指不为公众所知悉、能为权利人带来经济利益、具有实用性并经权利人采取保密措施的技术信息和经营信息。”企业纳税人的纳税信息很难判断其是否具有实用性，也难以直接为纳税人带来经济利益，使得具体信息是否属于税收秘密多取决于税务机关的裁断，而超出商业秘密与个人隐私范围的涉税信息则成为现行规定的保护盲区。第二，在税收征管过程中，税务机关可以基于税收征收行为而取得纳税人、扣缴义务人以外第三方主体的信息，该主体掌握的税收信息亦应作为税收秘密进行保护，而现在这方面的规定显然不完备。第三，税务总局国税函〔2007〕1248 号文件对年所得 12 万元以上并自行纳税申报的个人纳税人的税收信息做了扩张，使税收实践中出现了对不同纳税人的隐私权进行偏颇性保护的情况，反而造成了纳税人之间权利保护的不平衡。

(三)缺乏合理使用规则

正如财政合伙理论所说,隐私权的壁垒很可能成为不法活动的保护伞,因此对于纳税人隐私权的保护也不能绝对,必然会存在一定的例外,这些例外的情况就是税收秘密的合理使用规则。目前,《暂行办法》中规定的合理使用仅限于"(一)按照法律、法规的规定应予公布的信息;(二)法定第三方依法查询的信息;(三)纳税人自身查询的信息;(四)经纳税人同意公开的信息",这样的规定与美国《国内税收法典》第6103节的规定相比显得过于粗糙,缺乏可操作性,实践中还需要许多具体的解释和内部规定来进行细化,而这些细化规定很多又与该规定相抵触。这样的模糊规定给税务机关造成了巨大裁量空间,而许多原本应当获取该信息的主体却难以接触到相关的税收秘密。例如,若作为纳税人的自然人死亡,其继承人想要查询被继承人的涉税信息就不被现行的法律规定所允许;公司小股东要了解本公司的财务状况或经营状况,在无公司授权(大股东往往能控制这种授权)的情况下便无权调查公司的涉税信息,不利于中小股东权益的保护;在离婚诉讼中,原告要查询配偶的纳税信息难以得到支持等。因此,完善我国纳税人的隐私权保护机制,不仅仅要单独强调对其的保护,也要划定对其保护的界限,如此方能勾勒出完整、清晰的纳税人隐私权。

三、完善我国纳税人隐私权的立法进路

(一)以《税收征管法》修改为契机明确纳税人隐私权的主动保护范式

2015年1月5日,国务院法制办公室公布了《税收征收管理法修订草案(征求意见稿)》,其中第11条增加了纳税人的一些权利,但仍显不足,对于纳税人隐私权的保护仍然不到位,其对纳税人隐私客体的保护仍有纳税人申请前置的表述。我国并未出台自己的税收基本法或《纳税人权利法案》,而《税收征管法》在一定程度上就承担了税收基本法或《纳税人权利法案》的作用,因此,《税收征管法》应当最大限度地规定并保护纳税人的权利。当前,我国国民的权利意识逐渐觉醒,以管制为目的的《税收征管法》已经无法满足当今社会的需要,而从世界其他国家的立法例来看,对纳税人隐私权及税收秘密的保护都是税务机关的主动义务,该义务并不因纳税人未申请保护其隐私权而灭失。我国的税收立法应当厘清税收权力与税收权利的价值排序,切实以服

务型政府的理念转变税收观念，梳理纳税人权利保护优位的理念。① 为了体现这一理念，应当对《草案征求意见稿》第 11 条的相关规定作出进一步修正，将其修正为“纳税人、扣缴义务人的税收隐私权受到法律保护，税务机关应当依法为纳税人、扣缴义务人的情况保密，法律另有规定的除外”。

（二）明确纳税人隐私权的客体内涵

纳税人隐私权保护的前提是对其客体作出合理的界定。与我国对税收秘密的有限认定主义形成鲜明对比的是，发达国家在立法中对税收秘密的界定显得极其广泛且复杂，一方面将几乎所有的涉税信息都作为税收秘密进行原则规定，另一方面又往往采用烦琐的列举形式将实践中可能存在的涉税信息形式都进行立法罗列，以减少税务机关的自由裁量范围。美国《国内税收法典》第 6103 节规定“纳税申报以及相关信息应当保密”。而“相关信息”包括了纳税人的身份、所得的性质、来源或金额、支付款、收据、扣除、免税、抵免、债务、资产、资产净值、纳税义务、扣缴税款、未讫税款、过高估计、完税，且不考虑该纳税申报是否已经、正在或即将接受审查或出于其他调查、处理中。此外，“相关信息”还包括财政部部长在纳税申报中获得、记录、准备、收集或纳税人向其提交的其他数据。澳大利亚《1953 年税收管理法》第 IA 章第 3C 条规定的保密信息是指为了本法而被透露或获取的信息。从以上国家的立法例可以看出，大多数国家对于纳税人隐私权客体的规定都采用了“概括 + 列举”的形式，其中列举的部分尽可能详细地罗列税收征收过程中税务机关可能掌握的纳税人信息，再以概括的兜底条款确保未被列举的纳税人涉税秘密仍可被纳税人隐私权所涵射，原则上，所有的涉税信息都作为税收秘密。

基于以上分析，《草案征求意见稿》应当在以下两方面扩展纳税人隐私权的客体内涵：第一，采用“概括 + 列举”的形式明确税收秘密的内涵。纳税人、扣缴义务人在税收征纳过程中所形成的所有信息都应当是纳税人隐私权的客体，税务机关应当保密的不仅是纳税的情况，还包括由此产生的各种信息。第二，纳税人、扣缴义务人的税收违法行为信息也应当属于保密的范围。当前我国的《税收征管法实施细则》将纳税人、扣缴义务人的税收违法行为排除在应当保密的信息之外。实际上，税收违法行为本身可能会涉及纳税人、扣缴义务

---

① 参见朱大旗、李帅：《纳税人诚信推定权的解析、溯源与构建——兼评〈税收征收管理法修订草案（征求意见稿）〉》，载《武汉大学学报》（哲学社会科学版）2015 年第 6 期。

人的诸多涉税信息，如其身份证号码、纳税识别号、所在单位等。因此，应当对税收违法行为所涉及的信息也进行保密，在案件需要或者法律另有规定的情况下进行合理使用。

（三）界定纳税人税收秘密的合理使用范围

目前，无论是现行的《税收征管法》，还是《草案征求意见稿》，都没有对税收秘密的合理使用进行规定。一方面，是因为我国对于纳税人隐私权的保护还不到位，尚未形成以税收秘密保护为原则、以合理使用为例外的纳税人隐私权保护制度；另一方面，是因为公权力机关垄断了税收秘密使用情况的界定权，公权力机关甚至可以根据情况对税收秘密的使用进行自我授权。因此，从这个意义上说，界定纳税人税收秘密的合理使用范围，既是保护纳税人隐私权的需要，也是合理限定公权力对税收秘密干预、将权力放进笼中的需要。

纳税人税收秘密的合理使用，可以分为公权力的合理使用和私权利的合理使用两种类型。以澳大利亚《1953 年税收管理法》为例，公权力对税收信息保密例外情况的合理使用包括向澳大利亚打击犯罪委员会提供涉税信息、执法机构及适格的皇家委员会对税务信息的使用、法律执业者对澳大利亚安全情报局提供的税务信息的使用、安全情报检察长的办公人员对由澳大利亚提供的税务信息的使用、提供税务信息给海关的执行总裁、为特定行动提供税务信息等，无论哪种情况都有明确的程序限定。我国在立法中可以将对税收秘密的合理使用分为两个部分：第一，司法机关、政府相关部门在案件审理或信息统计等情况下可以收集并使用纳税人的税收秘密，但需经省级以上税务局局长授权，以防止公权力机关进行税收秘密使用的自我授权。税务机关在税务稽查中当然地享有税收秘密的使用权，不必经省级以上税务局局长授权，但仅能将税收信息用于税务稽查活动。公权力机关使用纳税人税收信息应当为纳税人保密。第二，私人在特定情况下对税收秘密的合理使用，主要包括继承人、配偶、财产托管人、公司的股东、合伙企业的合伙人等，这类合理使用可以由《税收征管法》进行授权，也可以由其他法律规定进行授权，但立法应当及时、明确，防止法无授权造成的限制。

（四）强化对侵犯纳税人隐私权行为的责任追究机制

根据现行《税收征管法》第 87 条的规定，对于侵害税收秘密的行为，对直接负责的主管人员和其他直接责任人员，由所在单位或者有关单位依法给予行政处分。而《草案征求意见稿》第 125 条中将其改为“由所在单位或者有关单位依法给予处分”,删除了“行政”二字。这样的规定,一方面显示了当前对侵犯纳税人隐私权行为的主体规定的过于狭窄,另一方面体现了对于侵犯纳税人隐私权行为的处罚畸轻,难以起到震慑的效果。根据我国《刑法》第253条的规定,出售、非法提供公民个人信息罪及非法获取公民个人信息罪的保护客体并不包括税收信息,根据罪刑法定原则的要求可知,税务机关出售或非法提供税收征纳过程中获知的纳税人信息,并不构成犯罪。实际上,刑法中也没有任何条文对纳税人隐私权及税收秘密进行保护,使得纳税人隐私权的保护手段不够多样。

要完善对侵犯纳税人隐私权行为的责任追究机制,首先,要扩大责任主体的范围,不能将责任主体仅仅限于税务机关,任何人、任何组织非经法定程序对税收秘密进行使用,都构成对纳税人隐私权的侵犯,都应当被追究责任。其次,应当扩大侵犯纳税人隐私权的客观表现范围,不能仅将其笼统地规定为“侵犯税收秘密的行为”,非经法定授权的获取、占有、出售、使用、提供税收秘密的行为,都是侵犯纳税人隐私权的行为。最后,应当加大对侵犯纳税人隐私权行为的处罚力度。因为税收秘密中可能会含有商业秘密,因此侵犯纳税人隐私权可能会对纳税人的经济利益造成损害,对此纳税人可以提起相关的民事诉讼请求赔偿;对于相关责任主体的问责也不能仅限于处分,而应当采用民事责任、行政责任相结合的方式,必要的情况下还应当追究其刑事责任,对于严重侵害纳税人隐私权和税收秘密,造成严重损害社会利益的结果的行为,可以通过《刑法》或者附属刑法的形式规定其刑事责任。

第六节　美国纳税人权利保护制度及对我国的启示

一、美国纳税人权利保护的法律依据

一般认为,美国是一个典型的现代法治国家,它在税收征收管理活动中也较好地体现了法治的特征,即依据法律开展税收征管活动。美国税收征管活动的法律依据包括由美国国会通过的税务立法以及美国财政部制定的税收法规及美国国内收入局(Internal Revenue Service,IRS)所制定的税收规则。同时,税务法院的判决也可以作为先例加以应用。因此,美国国会的税收立法、财政部的税收法规、IRS的税务规则以及法院的税法判例共同组成美国的税法体系,形成了对纳税人权利的系统、严密保护。

(一)美国税法体系:纳税人权利保护的总括

1913年美国第十六宪法修正案通过后,美国国会获得了征收所得税的权力,征税范围覆盖"来自任何来源的所有收入",同时,美国国会也获得了税收征管的立法权。与美国在其他法律领域的判例法传统相区别,美国的税收立法是成文法。目前,美国税收领域的基本法是《1986年国内收入法典》(Internal Revenue Code of 1986,以下简称《国内收入法典》),该法自制定以来每年都会进行修改。由于宪法规定,只有总统可以行使对国会立法的否决权以及只要参众两院都以2/3通过该立法就可以再推翻总统的否决权,从而实际上使美国国会的税收立法权几乎不受任何限制。

由于美国《国内收入法典》的语言较为晦涩,覆盖范围又广泛多变,因此在实践中需要大量的解释和指导。为更好地解释并执行《国内收入法典》,美国国会将税收政策和税务管理的规则制定权委托给了美国财政部。根据《国内收入法典》第7805节的规定,美国财政部部长"应当制定为执行《国内收入法典》所必要的规则和规章"。根据这一赋权,财政部制定了联邦税收法规(以下简称"法规"),对《国内收入法典》进行解释并指导实践。

在保留税收政策制定权的同时,美国财政部根据《国内收入法典》第7803节将自己的税收执法权委托给IRS。① IRS的负责人是美国国内收入局局长,由总统提名并获得参议院通过选出,其职责为监督管理税收法律的执行和应用。IRS对局长负责,其使命为"协助大多数的守法纳税人,了解税法的运作,并且确保少数不愿守法的人,缴纳他们应缴的税额"。② 为达到这一目的,除财政部制定的税收法规外,IRS每年还会发布大量的税收规则、税收程序、通知、公告和适用于特定纳税人的裁决。税务规则是IRS对《国内收入法典》、美国参与的税收协定及联邦税收法规的官方解读,这一解读主要是对实践经验的归纳总结,主要来源于对纳税人的裁决、对地区办公室的技术性指导、IRS主持进行的研究、法院判决、实践团体的建议等。③ 税收程序是IRS对纳税人权利和义务的程序性规定,包括向纳税人解释IRS的地位及指导纳税人进行

---

① 事实上,在经过负责税收政策的财政部副部长的同意后,IRS得以接受财政部的委托制定法规,财政部只是最后对法规进行发布。因此,IRS事实上承担了所有的税务行政职能。

② IRS:"The Agency, its Mission and Statutory Authority", http://www.irs.gov/uac/The-Agency,-its-Mission-and-Statutory-Authority,2016-11-30.

③ Internal Revenue Manual, Section 32.2.2 Summary of the Published Guidance Process.

纳税申报等。通知和公告都是 IRS 发布的公开声明，区别在于，通知可能包含尚未被纳入税收规则或税收程序中的或在特定情况下适用税收规则或税收程序不适当时，IRS 对《国内收入法典》及其他法律的解释，公告则仅用于概括总结法律、法规，而不进行任何解释。适用于特定纳税人的裁决是 IRS 对纳税人特定问题的回复信件，仅对特定纳税人有效，当特定纳税人与 IRS 发生争议时则按照这一裁决处理。虽然适用于特定纳税人的裁决不能作为其他纳税人诉讼中的先例，但仍然具有重要的指导意义。

此外，美国是判例法国家，通过税务法院的裁决，IRS 与个别纳税人之间的案件将会形成先例，作为法律适用于其他案件。

（二）纳税人权利法案：纳税人权利保护的“宪章”

美国税收法律体系中广泛分布着对纳税人权利进行保护的条款。其中，最为重要且显著的是纳税人权利法案，它集中体现了对纳税人权利保护的内容。美国历史上的纳税人权利“法案”共有三部。在美国民众和各个组织的不断呼吁下，1981 年美国国会开始对纳税人权利法案进行听证。1988 年美国国会将第一部纳税人权利法案作为“技术和杂项收入法案”（Technical and Miscellaneous Revenue Act）的一部分通过。1996 年为进一步增强对纳税人的保护，美国又通过了“Public Law 104 – 168”，即第二部纳税人权利法案。1998 年美国国会再度通过了《IRS 重组和改革法案》（Internal Revenue Service Restructuring and Reform Act of 1998），其中标题三为“纳税人保护和权利”，这就是第三部纳税人权利法案。该法案对《国内收入法典》进行了大量的修改，进一步确定了纳税人的权利，强化了对纳税人的保护。

以上三部法案从多方面作出了保护美国纳税人权利的规定。首先，从法律上对纳税人的权利进行了确认，明确地列举了纳税人在纳税活动中应当享有的权利。例如，在 1988 年纳税人权利法案以前，由于没有对 IRS 的面谈地点和时间作出限制，因而一些小企业主不得不歇业以应对 IRS 的约谈。1988 年纳税人权利法案对此作出回应，要求 IRS 必须在合理的时间及地点进行约谈。其次，纳税人权利法案对纳税人每一项权利的内容都作出了具体的规定。如规定纳税人享受优质服务的权利，并具体规定了 IRS 在征收税款时必须礼貌对待纳税人，只能在早 8 点到晚 9 点联系纳税人，在知道或应当知道雇主不允许雇员通话的情况时，不能与该雇员在其雇佣地点进行沟通等。再次，纳税人权利法案完善了纳税人对联邦政府诉讼以获得赔偿的权利。在 1988 年纳税人权利法案前，纳税人不能因IRS雇员的“过失”所导致的长期损害而向法院提起诉讼要求联邦政府赔偿，提起赔偿诉讼只能是针对IRS雇员的“鲁莽或故意”[①]的行为。因此，美国纳税人在1988年前常常因为无法承受起诉所带来的沉重的证明义务和高昂的时间金钱代价而选择接受IRS不合理的税负决定。1988年纳税人权利法案规定，纳税人可以因IRS雇员的过失行为获得最高10万美元的赔偿，进一步促进了美国纳税人通过诉讼解决税务争端的积极性，保护了纳税人的财产权。最后，纳税人权利法案为保护纳税人权利设立了专门的纳税人支持服务处。纳税人支持服务处根据纳税人权利法案保护纳税人的权利，帮助纳税人解决与IRS相关的问题，并帮助纳税人向IRS和国会提出对IRS或税法的相关意见。

总体来说，不断发展的纳税人权利保护法案为美国纳税人更好地维护自己的权利提供了法律依据。然而，由于这些法案中所规定的权利和支持性条款散落于近400万词的税法中，内容不集中且语言晦涩难懂，不仅不便于普通纳税人的查找和理解，而且未能对IRS及其雇员起到警示作用。事实上，纳税人支持服务处的报告指出：“即使国会通过了一些名为‘纳税人权利法案’的法律，大部分纳税人并不相信自己在IRS面前享有任何权利，甚至很少有人知道自己有什么权利”。[②] 2013年5月美国爆出IRS对“茶党”等保守团体进行过度审查的丑闻，2014年IRS又被爆出于2010年中期选举前向美国联邦调查局（Federal Bureau of Investigation，FBI）泄露了多达110万页的纳税人机密材料。[③] 这些丑闻激起了美国民众的愤怒和一波新的加强对纳税人权利保护的呼吁。为回应民众的要求并挽回形象，2014年6月IRS公布了新的“纳税人权利法案”。[④]

从严格意义上来讲，IRS 2014年公布的纳税人权利法案并非是一个法案，而仅是一个纳税人权利清单。IRS将现有的、散落于税法中的纳税人权利概

---

① TAMRA, Pub. L. No. 100 – 647, Title Ⅱ, Sec. 3102 (a) (1) (A), 102 Stat. 3342, 3733 (Nov. 10, 1988).

② IRS: “IRS Adopts ‘Taxpayer Bill of Rights’; 10 Provisions to be Highlighted on IRS. gov, in Publication 1”, https://www. irs. gov/uac/Newsroom/IRS-Adopts-Taxpayer-Bill-of-Rights; – 10 – Provisions-to-be-Highlighted-on-IRSgov, -in-Publication – 1, 2016 – 11 – 30.

③ Wall Street Journal: “Another IRS Abuse: Lois Lerner’s office sent confidential taxpayer data to FBI”, http://www. wsj. com/articles/another-irs-abuse – 1402404794, 2016 – 11 – 30.

④ 名称为“Taxpayer Bill of Rights”，但并不具有法案的法律效力。

括为10项,分别为:知情权、获得优质服务权、只缴纳应纳税款权、质疑IRS并获得听证的权利、在独立平台上诉IRS决定的权利、①知悉终局的权利、②隐私权、机密权、获得代理权以及享受公平和公正的税收制度的权利。IRS在2014年12月发布的出版物1号中以最直白简洁的语言对这些权利进行概括,并通过网站、传单等多种渠道发布。除纳税人享有的10项基本权利,出版物1号还简要介绍了税收征收中可能遇到的问题、有关机构及问题相关的具体指导性文件。当IRS针对一个纳税人采取任何一项措施,如征税或审计时,都会随信件向纳税人寄送出版物1号,从而帮助纳税人了解自己所能享有的权利和维护权益的方法。此外,IRS还在其网站和各大视频网站发布视频,宣传纳税人权利法案及纳税人维护权益的方法,鼓励纳税人积极维护自己的合法权益。

二、美国税收征收活动中的纳税人权利保护

(一)美国税收征管的自我评估制度

美国的税收征收实行自我评估制度,即纳税人必须自己先行评估其收入,确定自己应当纳税的所得、是否可以获得扣除或抵免并计算出具体的纳税金额。自我评估后,纳税人须填写纳税申报单并向IRS进行申报,缴纳税款。然而在实践中,纳税人所应缴纳的大部分税款在填报纳税申报单前已经被IRS通过扣缴或预付税征收。扣缴税主要针对个人固定周期和固定来源的收入,例如,雇主从雇员的应发工资中扣缴个人所得税和工资税,并在下1年的1月31日前通过W-2表告知雇员上一年应发的工资额和所扣缴的税款。预付税主要针对营业收入、分红和利息等非固定收入,以季度为周期进行申报缴纳。因此,纳税申报事实上起着纳税人与IRS之间"对账"的作用,由纳税人填报应缴纳的税款和其中应当扣除或抵免的部分,交IRS检查。如果IRS认可纳税人所申报的扣除或抵免额,则将纳税人在上一纳税年度中缴纳的多余税款向纳税人返还。因此,美国的纳税申报又被称作退税申报。

由于税款通常已被先行扣除,所以IRS在检查纳税申报时主要以核对计算为主,同时进行抽查审计。在核算和审计之后,如果确认纳税人预缴的税款多于其应缴的额度,IRS会向纳税人退还多出的部分。如果IRS认为纳税人

---

① 即"行政上诉"制度,与我国的行政复议相似。

② 纳税人有权知道挑战IRS的决定、IRS进行审计或IRS征收税款所需要的最长时间。

预缴的税款少于其应缴的额度，则会向纳税人寄出30日信件，[①]载明IRS认定的应缴税额，并要求纳税人补齐差额。如果纳税人没有异议，应当向IRS回复同意并缴纳尚未缴纳的税款。同时，该信件载明当纳税人对IRS的核算持有异议时，应当在30日内申请行政上诉。

自我评估制度使纳税人能最大化地参与到税收征收管理活动中，从而使其能够自觉、有效地采取行动，切实维护自己的财产权。

（二）美国税务机关的服务化改革

出于对纳税人权利保护的需求，美国税务机关历经半个世纪，完成了从行政型机构转向服务型机构的改革。早在1953年，美国税务机关就通过更改名称，力图实现从征收管理型机构向服务型机构转型。1988年纳税人权利法案以法律形式明确规定纳税人享有优质服务的权利，同时，也确定了IRS是纳税人服务者的地位。此后，IRS一直致力于去行政化。10年后，IRS根据《1998年IRS重组和改革法案》进一步进行重组和改革，从行政性极强的政府机关逐渐转化为类似私人领域围绕客户组织、根据客户所需提供服务的办公机构，其任务明确确定为“帮助美国纳税人理解并履行他们的纳税义务，诚实、公正地对所有人执行法律，从而提供顶级的优质服务”。[②]

如上所述，由于美国税法条文较多，语言晦涩且条文之间的关系较为复杂，大部分美国纳税人在没有专业人士的帮助下很难理解。为帮助纳税人能够便捷地缴纳税款和理解税法，IRS通过多种形式提供服务，包括通过电话、信件、电子邮件向IRS官员直接进行咨询，或是在IRS设置的地区办公室进行当面咨询。如果报税遇到困难，可以向IRS认证的所得税志愿者援助项目或老年人税务咨询项目寻求帮助。此外，在IRS所印发的每一份寄送给纳税人的材料中，都要求用清楚、简洁的语言解释材料中可能涉及的问题，所参照的法律依据，并说明纳税人若有疑问应如何咨询等。

为了帮助纳税人向IRS和国会提出意见，纳税人支持服务处也经历了独立化的改革。1979年设立之初，纳税人支持服务处的名称为“纳税人监察官

---

① 由于该信件是IRS用以通知纳税人有权在30日内申请行政上诉的信件，因此一般称为30日信件。

② IRS："The Agency, its Mission and Statutory Authority", https://www.irs.gov/uac/The-Agency,-its-Mission-and-Statutory-Authority, 2016-11-30.

办公室”，由监察官帮助纳税人监督 IRS，并向国会反映情况。但是，由于监察官要与负责纳税人服务的 IRS 副局长一起向国会汇报 IRS 提供服务的质量，且该官员由 IRS 局长任命，其独立性无法得到保证。1996 年第二部纳税人权利法案将其更名为“纳税人支持服务办公室”，提升了监察官的地位，并使其可以独立向国会进行汇报。然而，由于服务处的官员只能由 IRS 的长期雇员担任，其独立性仍然受到质疑。为使其进一步独立化，以便更好地帮助纳税人维护权益，《1998 年 IRS 重组和改革法案》将监察官更名为“国家纳税人支持官”，并规定纳税人支持服务处的工作人员在其上任前 2 年及卸任后 5 年都不可以是 IRS 的工作人员。基于这一规定，纳税人支持服务处的雇员不被认为是 IRS 的雇员，与 IRS 脱离了从属关系。此外，各州设置了“地方纳税人支持官”，通过国家纳税人支持官向国会直接进行报告，不受 IRS 的影响。纳税人支持服务处作为一个具有代表性的为纳税人服务的机构，较为集中地体现了美国税收征管活动的服务性。

三、美国税务纠纷解决中的纳税人权利保护

在税收征管过程中，虽然 IRS 尽可能详尽地对《国内收入法典》进行解释，但仍不能完全涵盖税收实践中潜藏的所有事实和法律问题。同时，由于美国采取自我评估系统，纳税人为在最大限度上保护自己的财产权，往往会在 IRS 没有明确规定的“地带”尽可能地避税。即使不刻意避税，纳税人在遇到 IRS 的核算超出自己预估的情况下，为保护自己的财产权，也会就收入的性质、扣除和抵免的范围、税收征管的程序等与 IRS 发生争议。为了解决实践中存在的大量税务纠纷，美国采取了两种税务纠纷的解决机制，即行政上诉和税务诉讼。一般而言，纳税人与政府的税务纠纷可以通过行政程序解决，当行政程序失败时，才会进入法院的税务司法诉讼程序。

（一）行政上诉程序与纳税人权利保护

当纳税人收到 30 日信件并对 IRS 的核算结果持有异议时，可以在 30 日内向寄出信件的个人或办公室提出上诉请求，要求 IRS 对审计结果进行重新审查。这一上诉为行政上诉，即纳税人经 IRS 允许可以与 IRS 设置的上诉办公室商谈，并通过达成协议的方式解决争议。行政上诉程序相对诉讼程序而言较为简易，可以通过信函、电话和私人会议等非正式形式进行，花费较少且不需要严格遵循诉讼程序中对证据和程序的严格规定。同时，由于申请行政

上诉并不会导致纳税人诉讼权利的丧失，也使许多纳税人更愿意选择通过行政上诉的方式解决纠纷。

如果纳税人在收到30日信件后没有提出行政上诉或者在行政上诉中没有与IRS达成协议，IRS会向纳税人发出补缴税款通知。这意味纳税人如果不补缴税款，将面临处罚。该通知同时会告知纳税人可以在90日内向税务法院提起诉讼，所以，该通知也被称作90日信件。① 只有当纳税人收到90日信件后，才可以被认为有欠缴税款的行为，在纳税人收到90日信件前，纳税人不被认为有欠缴行为。这也意味着，纳税人收到90日信件时，行政程序也就宣告终结，如果有异议，可以向法院提起诉讼。在尚未收到90日信件时，纠纷解决属于行政程序的范畴。

虽然纳税人必须等到30日的行政上诉期结束和收到90日信件后才能提起税务诉讼，但这并不意味着美国的税务诉讼存在行政上诉前置。因为，提起税务诉讼并不要求必须经过行政上诉，纳税人可以选择在30日行政上诉期间内不采取任何行动，而是等收到90日信件后直接提起税务诉讼。但是，如果没有经过行政上诉，纳税人不可以要求IRS就行政程序或诉讼程序中的花费进行赔偿。也就是说，如果纳税人不通过行政上诉尝试与IRS达成协议而直接进入诉讼，则使双方都不可能避免成本高昂的诉讼，不仅使IRS丧失了重新决定税款以避免诉讼的机会，而且使纳税人和IRS在行政程序和诉讼程序中承受不必要的花费。因而，没有经过包括行政上诉在内的、完整的行政纠纷解决程序，纳税人即使在诉讼中获胜，也不可以要求政府承担其诉讼费用。

在税务纠纷的解决中，特别是在行政上诉过程中，必须保证纠纷解决机构的独立性，否则，纳税人就有可能得到不公正的裁判，纳税人权利也就无法得到保障。美国IRS的上诉办公室于1927年设立，虽然是由IRS设置，但其性质为独立组织。上诉办公室由IRS的首席顾问②领导，在美国境内各州都有常设的上诉官。当纳税人提起行政上诉时，可以直接与上诉官进行协商，达成协议。独立性是上诉办公室最重要的核心价值，IRS强调上诉办公室必须保

---

① 此处的90日信件仅针对其通讯地址位于美国境内的纳税人。对位于美国境外的纳税人，提出诉讼的期限为150日，对应的信件则为150日信件（150 – day letter）。参见Internal Revenue Manual，Section 8.2.2. Statutory Notice of Deficiency Cases。

② IRS的首席顾问是IRS局长的首席法律顾问，其职责主要是筹备税务法规、监督IRS参与的税务诉讼、制定税务规则等。

持“客观、公正、中立”，不倾向于政府或纳税人任何一方。为此，当接到上诉后，上诉官和上诉办公室的雇员一般将会被禁止与国内收入局的其他雇员进行私下的接触。① 如果纳税人对上诉办公室的客观性产生怀疑，则可以选择通过诉讼解决纠纷。

（二）税务诉讼对纳税人权利的保护

虽然 90 日信件中告知纳税人可以“向税务法院提起诉讼”，但在实践中，纳税人可以采取三种途径提出税务诉讼。

第一，当纳税人收到差额通知时，可以先补足差额，然后向国内收入局提出退款要求。如果在 6 个月内没有收到国内收入局的回应，则可以根据 28 U. S. C. A § 1346② 向适当的地区法院提起执行该要求的诉讼请求。如果纳税人败诉，可以向适当的上诉法院上诉，并可以向最高法院请求复审令。

第二，当纳税人收到差额通知时，可以先补足差额，然后向国内收入局提出退款要求并根据 28 U. S. C. A § 1491③ 向联邦索赔法院提起诉讼。与前一种途径中纳税人直接提起诉讼不同，在这一途径中，纳税人必须等到国内收入局拒绝其退款的要求后再提出诉讼，起诉期限为收到拒绝通知后的两年内。如果纳税人败诉，可以向联邦巡回上诉法院上诉。

第三，当纳税人收到差额通知时，可以拒绝补足差额，并在 90 日内根据《国内收入法典》第 7441 ~ 7478 节向税务法院提出诉讼，请求重新审查国内收入局的审计结果。如果对国内收入局的决定不满，纳税人或国内收入局都可以向适当的上诉法院上诉，并最终请求最高法院进行审查。当纳税人选择通过税务法院提起诉讼时，《国内收入法典》第 7463 节还提供了一种可供选择的简易诉讼程序，对争议金额在 5 万美元以下的较小税务争议案件适用。但纳税人应权衡风险，因为在简易诉讼中，一旦判决即是终审判决，且不能成为其他案件援引的先例。

以上三种诉讼方式最主要的区别在于纳税人是否在收到差额通知后向

---

① 这里的私下接触是指在没有给予纳税人或其代表参与机会的情况下，与 IRS 雇员进行的接触。

② 该节规定地区法院对“错误的或非法的估算或征收……任何形式的不当征税”具有初审管辖权。

③ 该节规定联邦索赔法院对“任何基于宪法、国会通过的法律、行政部门的法规……向美国政府提出的要求”具有管辖权。

IRS 补足差额。如果纳税人选择对地区法院或联邦索赔法院提起诉讼,需要在诉讼前补交差额,这意味着纳税人认为自己多缴纳了税款,其诉讼请求为要求政府赔偿其损失,如果纳税人胜诉则可以得到退还的争议税款。如果纳税人选择对税务法院提起诉讼,则意味着纳税人的诉讼请求是要求法院对补缴金额进行重新认定,若纳税人胜诉,则无须补缴税款。之所以有这一区别,其原因在于税务法院只处理关于所得税、遗产税、赠与税、特定的消费税以及特定罚金的案件,而不处理退税案件。

为更好地保护纳税人的权利,使纳税人获得更好的司法救济而不受到行政机关的限制,美国税务法院经历了去行政化的改革。美国税务法院的发展经历了三个阶段:1924 年,国会建立税务上诉委员会作为"政府行政部门的一个独立机构";1942 年,税务上诉委员会更名为税务法院,但其性质仍为政府行政部门下的机构;直到 1969 年,国会才确定税务法院的性质为法立(立法地位)法院而非行政机构。

税务法院在美国司法系统中是一种较为特殊的法院,其最初设立所依据的并非普通法院依据的美国《宪法》第 3 条(Article Ⅲ),[①]而是美国《宪法》第 1 条(Article Ⅰ)。[②] 与联邦法院不同,税务法院司法的依据是国会的立法权,而非宪法赋予的司法权。因此,税务法院与一般的联邦法院相比,管辖权范围较小,且税务法官由总统任命,一共仅有 19 人,不享受联邦法院法官的终身任期,任期为 15 年。在税务法院案件的处理中,由审判长指派一名税务法官参与庭审,该法官在庭审结束后提交纸质报告,然后由 19 名法官组成的法院会议投票决定结果。正是由于这一特殊性,即使国会在法律中确定了其独立地位,税务法院仍然无法摆脱其行政色彩。直到 1991 年,在 Freytag v. Commissioner 一案中,最高法院审查了税务法院在宪法中的地位,经过投票确定了税务法院属于联邦司法体系的一部分。税务法院的司法地位明确后,其行政色彩也就得以袪除,因而也就具有了很强的独立性。税务法院地位和独立性的提高,从一个侧面也反映对纳税人权利保护的加强。

值得注意的是,并非所有涉及税法的案件都由税务法院处理,只有当 IRS

---

① 美国《宪法》第 3 条规定了美国的司法权,最高法院和联邦上诉法院、地区法院均根据此条所赋予的权力建立,属于宪法地位法院。

② 美国《宪法》第 1 条规定了美国的立法权,赋予了国会立法的权力。

要求纳税人补缴与所得税、遗产税、赠与税、特定的消费税以及特定罚金相关的税款，且纳税人持有异议不愿缴纳时，案件才由税务法院管辖。其缘由正是由于税务法院是由税务上诉委员会发展而来，而税务上诉委员会的管辖范围仅限于补缴税款的重新认定。

四、美国纳税人权利保护制度对我国的启示

（一）应系统化构建我国纳税人权利保护法律体系

美国纳税人权利保护法律体系是由法律、法规、规则、法院判例组成的完备体系。而我国目前在法律层面，对于纳税人权利保护的规定较为零散地分布在《税收征管法》中，且多为原则性规定，对权利的具体内容在立法中少有详细的阐述。在行政层面，2009 年国家税务总局发布的《纳税人权义公告》，对纳税人的权利义务进行了一定的总结归纳，将纳税人的权利义务概括为纳税人的知情权、保密权、税收监督权、纳税申报方式选择权、申请延期缴纳税款权、申请退还多缴纳税款权、依法享受税收优惠权、委托税务代理权、陈述与申辩权、对未出示税务检查证和税务检查通知书的拒绝检查权、税收法律救济权、依法要求听证的权利、索取有关税收凭证的权利等 14 项权利及 10 项义务，并于 2011 年发布了《〈纳税人权利与义务公告〉解读》（以下简称《解读》）。[①] 虽然《纳税人权义公告》及其《解读》可以认为是中国版的纳税人权利法案，然而，我国的《纳税人权义公告》及《解读》类似于普法宣传材料，不具有法律效力。因此，建议我国在立法上进一步完善《税收征管法》，并通过行政法规、部门规章对我国纳税人权利进行系统化、具体化的规定；在行政层面上，我国税务机关应当增强服务意识，帮助纳税人更为便捷地理解、实现权利，并及时根据税务及行政立法的最新情况更新《纳税人权义公告》及《解读》。

（二）应推动服务型税务机关的建设，保障纳税人权利的实现

从 IRS 对纳税人权利保护的实践中不难看出，IRS 更强调其行政者的服务角色，通过管理者向服务者转变，为纳税人权利提供保障。孟德斯鸠曾言，国家的收入是每个公民所付出的自己财产的一部分，以确保他安全或快乐地享用所余的财产。纳税人应当是税收征收管理活动中的主角，税收征管应当强调纳税人的自主性，政府对纳税人则起到引导、帮助的作用。只有为纳税人

---

① 《解读》对纳税人的每一项权利、法律依据和实现途径进行了解释。

提供优质的服务，才能更好地引导纳税人自觉、自愿缴纳税款，构建和谐的税收征纳关系。因此，在未来《税收征管法》的修订中，应当强化税务机关的服务理念，提高税务机关的服务质量，将其服务内容方面的规定具体化，更好地保障纳税人权利的实现。

(三)应取消行政复议前置并建立税务法院

目前，我国的税务诉讼并不经过专门的税务法院，而属于行政诉讼中的一种，且必须经过行政复议。不可否认的是，行政复议有着时间短、花费少的巨大优势，可以为纳税人和税务机关节约诉讼成本。然而，事实上行政复议前置限制了纳税人对解决纠纷渠道的选择权，也使行政复议的优势难以发挥。首先，我国的税务行政复议机关并不独立于税务征收机关，复议结果常会受到征收机关的影响，这样的复议结果难以得到纳税人的信服。如果纳税人并不信服复议结果，即使在行政复议后仍然会提起诉讼，从而使行政复议前置失去意义。其次，行政复议前置也体现了行政权力的优越性，违背了税收征管的平等要求和程序正义的理念。因此，取消行政复议前置对于保护纳税人的权利具有重要的意义。当然，我国在赋予纳税人自由选择救济途径权利的同时，还可以借鉴美国不经过行政上述程序则不对纳税人在行政上述程序及诉讼程序中受到的损失进行赔偿的做法，以鼓励纳税人积极选择行政复议。

长期来看，美国设立专门性的独立税务法院的做法是可取的。目前我国尚没有专门的税务法院，在未来应当探索设立。由于税法具有很强的专业性和技术性，涉税诉讼也呈现出对专业技术的要求，在没有专业税务司法机关的情况下，普通法院审理税务案件经常需要求助于税务部门，其审判的独立性也就难以保障，相应地，也会引起对纳税人权利救济的担忧。因此，建立具有较强专业性的税务法院对于保护纳税人权利无疑具有重要意义。

第四章　税收征管法征纳程序机制之完善

第一节　我国税收征管程序问题检视与域外制度经验借鉴

程序是法理念的要素之一，它决定了法治与任性的区别。“没有程序的正义就没有实体的正义。”程序法实际上是维护正义的第一道大门，程序不仅仅体现在形式上对法律本质的保护，同时也是对法律价值理念的维护。从税收程序的基本逻辑来看，一个完整的征纳程序应当包括以下内容：在正常情况下，纳税人对应纳税额应当主动申报；如果不履行申报义务，税务机关则启动税务稽查程序，并根据稽查结论进行税收核定；在稽查过程中或者税收核定后，如果出现危及国家税收的情形，税务机关可以要求纳税人提供担保，或者采取税收保全措施。当纳税人拒不履行纳税义务时，税务机关还可以强制执行。对于税收违法行为，税务机关可以依法进行行政处罚；而对于税务机关的行为，如果纳税人不服，可以申请复议或者提起诉讼，以解决双方的税务争议。具体而言，纳税申报是一种私人公法行为，体现了纳税人的“自我课赋”。其意义在于降低税收成本，提高税务行政效率。税务稽查是税务机关对涉税事实的调查,核定和征收已经发生的税收,不仅是税务机关的权力,而且也是一种职责。税收核定是纳税申报制度的补充程序。税收担保具有公法属性,固然有保全税收的意义,但从纳税人的角度来看,由于其具有减少损害的作用,因而也能为纳税人带来利益。税收保全是一种保障税收安全的制度,其内容既包括针对财产的查封、扣押和冻结,又包括针对纳税人或其负责人的限制出境,还包括针对第三人行使代位权或撤销权。从法治国家的角度来衡量,强制执行属于法律保留的领域,不能由行政机关任意裁量。税务行政处罚必须有法定依据,同时还必须遵守法定程序。税务争讼是法定机关通过法定程序解决税务争议的过程,关于复议前置和清税前置是否合理的问题,一直是学界争论的焦点。

《税收征管法》是一部通则性的税收程序法,直接影响税务机关与纳税人的相互权利关系。在正当程序理念的要求下,税收征管主体只能按照税收法律所确立的方式和法律为保护纳税人权利对征管主体施加的限制进行活动。因此,正当程序理念下的《税收征管法》的修订,其核心要义是在理性认识国家征管权与纳税人基本权的性质和作用的基础上,通过国家征管权与纳税人基本权的合理配置,协调国家税收利益与纳税人基本利益之间的冲突,最终实现国家征管权与纳税人基本权之间的相互制约与平衡。

一、我国税收征管法程序机制的问题反思

自2001年大幅修订以来,现行《税收征管法》对于规范税收征收和缴纳行为,保障国家税收收入,保护纳税人合法权益,促进经济社会发展,都发挥了积极作用。但随着经济社会发展和改革开放的深入,税收征管的内外部环境皆发生了巨大变化,《税收征管法》中自然人征管措施缺失、纳税人权益保护不够、涉税信息获取能力不足、税收治理能力不强等程序问题日渐显现,具体表现为以下五大方面。

其一,在税收管理方面。我国现行《税收征管法》没有建立涉税信息管理制度,税务机关只能通过税务登记、纳税申报等间接手段获取信息,缺乏直接获取涉税信息的必要权力和手段,严重影响了税收征管工作。鉴于现行征管法在涉税信息制度建设方面的严重滞后,为适应所得税、房地产税等直接税改革和发展的需要,必须建立专门的涉税信息管理制度。除了要求纳税人在并购重组、破产清算、向境外转移资产、使用大额现金等情形下应当向税务机关

报告涉税信息外,关键是应建立第三方涉税信息提供制度。应明确规定支付人具有提供与交易有关的涉税信息的义务,这对于获取有效、有用的涉税信息意义重大。应设定银行等金融机构提供涉税信息的义务并对其向税务机关报告涉税信息的范围、标准、内容、格式和时限等作出明确规定,在特定情形下可以排除银行保密制度的适用。应建立涉税信息行政协助制度,建立税务与工商、公安、国土资源、房地产、证券、社保、海关等部门的涉税信息交换和共享制度。为了督促第三方切实履行涉税信息提供义务,应规定相应的法律责任。同时为了保护纳税人商业秘密权和隐私权,应严格税务机关对涉税信息的保密义务及违反时的法律责任。税务机关应大力运用信息技术建立全国统一的涉税信息采集、提供、整理、传递、应用等平台及其机制,强化涉税信息的稽查、评估和应用。只有真正建立涉税信息管理制度才能最终告别税收管理员制度,告别传统的人海战术,从而开创全社会协同治税的税收征管新局面。

其二,在税收确定制度方面。在税收征纳程序的三大核心环节(流程),即报税—评税—征税中纳税评定是与纳税申报相对应和配套的一项税收确定程序,在申报纳税方式下纳税评定是必须设置和必经的一项税收确定程序。并且纳税评定对于税收征收、税源管理、纳税服务、税收稽查等方面都具有重要意义。多数国家设置专门的纳税评定部门配备相当比例的税务人员具体负责实施纳税评定工作。我国现行《税收征管法》没有区分税收确定程序和税收征收程序(纳税申报被规定在税务管理一章而不是规定在税款征收一章,是这一认识的集中体现),也没有纳税评定的概念和相关规定。我国从1998年开始在税收征管工作中探索实行纳税评估虽然在一定程度上具有纳税评定的作用,但由于其定位不明确,纳税评估与税收稽查、税源管理职责交叉,工作重叠试行效果不理想。

其三,在税收强制制度方面。为确保税款征收顺利进行,有效保护国家税收债权,必须健全税款征收保障制度,特别是适当强化税收行政强制权。税款征收制度涉及行政强制权的行使,涉及国家税收债权与私人民事债权的协调,其制度规则较复杂。在这方面,日本制定了专门的《国税征收法》,其主要内容即是关于税收行政强制(滞纳处分)的规定。由于税收行政强制权对纳税人的财产权具有直接的影响和损害,必须予以严格限制,以规范税收征收行为。我国于2011年6月30日通过的《行政强制法》对行政强制的设定和实施作出了系统规定,其处理行政权与公民权、行政权与司法权、公共利益与个人利益、公正与效率等关系中的平衡保护精神对修订税收行政强制制度具有重要参考意义。《行政强制法》的不少规定与现行《税收征管法》存在不一致甚至冲突，现行税收行政强制在适用范围、措施配置上也存在缺陷。为配合《行政强制法》的实施、解决两个法律之间的衔接问题、发挥税收行政强制制度的功能，必须改革和完善税收行政强制制度，将税收行政强制的适用范围由从事生产经营的纳税人扩大到所有纳税人，①健全税收行政强制的实施程序，规范和监督税收行政强制权的行使，切实保护纳税人权利。

其四，在税收检查方面。税收检查是税务机关为了监督纳税人履行纳税义务，发现和收集证据，查明应税事实和税收违法事实，依法进行的调查工作和采取的行政强制措施的活动。税收检查制度对于税收确定制度、税收征收制度和税收处罚制度的实施具有重要意义。为适应税收征管工作面临的新形势，一方面应适当强化税收检查权；另一方面必须规范税收检查权的适用条件、实施程序，切实保护纳税人权利。《税收征管法》修订时应当明确界定税收检查作为行政调查的法律性质，规定税收稽查是税务机关查处税收违法行为的执法活动，以回应关于明确税收稽查法律地位的要求。为解决税收稽查立案随意性大的突出问题，应当规定税收稽查的立案条件，以增强税收稽查执法的公平性。

其五，在税收法律责任方面。我国现行《税收征管法》规定的税收处罚制度存在的主要问题：一是现行偷税罪规定与刑法关于逃税罪的规定不一致，没有关于非过错的漏税罪规定，不符合过错责任的归责原则。二是税收违法行为的种类比较杂乱，相互界限和构成要件不清晰，影响了税收法律责任功能的发挥。三是税收处罚严厉程度和处罚裁量幅度都过大，缺乏实效性和执行性，是典型的"厉而不严"，无法实现制裁和教育功能。四是缺乏税收免责制度，不利于促使纳税人依法诚实纳税。

总之，我国现行《税收征管法》自 1992 年颁布实施以来，虽然经过了大大小小四次修改，但囿于法制环境和税收征管实践，总体来说都是在传统税收征管理念和制度范畴内的局部调整。为建立现代税收征管制度的基本框架和制度体系，上述五个方面的程序制度问题都是必须加以认真研究解决的。

---

① 参见林雄、陈孟媛：《〈税收征管法〉中亟待解决的若干税收强制执行措施问题》，载《涉外税务》2010 年第 11 期。

二、域外税收征管程序的制度性经验借鉴

从宏观上看,发达国家税收征管立法中最为突出的两大理念便是保护纳税人权利和改进纳税服务。进一步考察,此二者可谓"一体两面",前者从纳税人角度出发,后者则建基于税务机关的立场,两相结合,实质上反映的是"税收国家""人本"、服务型政府等理念。如果说一部法律应当有其"精神气质",那么税收征管法的"精神气质"应当就是这些方面。历史地考察,国外税务行政经历了一个理念上的变迁,即由强制向服务的根本性转变。发达国家传统的税务行政以强制管理为中心,即税务机关在税收征管中居于主导地位,纳税人被动地听从税务机关的行政命令和处分通知。在这种模式下,纳税人的遵从在很大程度上依赖税务机关的执法强度和惩处的严厉性来维持。当税务机关不堪行政重负而促使申报赋课方式向纳税人自我评估申报演进时,这种传统的管理与服从式的关系模式就不适应新形势发展需要了,新型的以服务为主旨的税收征纳关系也就应运而生。税收征管的过程主要表现为税务行政机关与纳税人之间的良性互动。在此服务理念的指引下,发达国家的相关税收征纳程序制度也建树颇多。

(一)涉税信息管理与征管信息化建设

关于涉税信息管理,学者们普遍认为,纳税信用体系基本程序法律制度应该是在我国税收征管法中亟待填补空白的制度。① 在这个问题上,比较法经验值得审视。第一,纳税人有提供涉税信息的义务,但也有例外的规定。德国、英国、荷兰、澳大利亚等国均规定,纳税人通过电子申报的方式,主动向税务机关申报有关涉税信息;税务机关有权要求纳税人配合,提供涉税信息、资料和文件。美国则主要通过规定纳税人提交年度申报表、扣缴义务人提交有关信息申报表等方式,收集涉税信息。第二,第三方有义务提供有关涉税信息。德国、澳大利亚、英国、荷兰等国规定,税务机关可以依法向涉税信息第三方出具通知书,要求其提供具体的涉税信息。银行作为扣缴义务人要向税务机关报告利息所得税扣缴情况、纳税人姓名和纳税识别号等。澳大利亚还规定税务机关在纳税审计时,纳税审计人有权要求纳税人开户银行提供有关涉

---

① 参见涂京骞、涂龙力:《修改〈税收征管法〉的指导思想及需要商榷的几个问题》,载《涉外税务》2009 年第 9 期。

税信息。

关于征管信息化建设,各国进行税收征管信息化建设主要采取了三种方式:一是建立统一的税收征管计算机信息系统,夯实税收征管基础。美国、澳大利亚、荷兰等国建立了专门的税收征管计算机信息系统,并不断更新完善。德国则规定全国范围内应使用统一的税收征管电子处理程序,还专门设计了纳税申报的软件系统,免费提供纳税人使用。税务机关与纳税人通过软件系统实现电子信息交流。二是确定个人税收身份识别编号,方便税收征纳双方处理涉税事务。个人所得税是税收征管的重点与难点,美国、德国、澳大利亚等国通过税收信息化建设,极大提高了个税的征管效率。三是广泛采用信息化手段,开展税收风险分析和税收审计。美国、德国、澳大利亚、英国、荷兰等各国普遍采用数据自动处理程序,通过计算机软件进行税收风险分析,自动处理低风险的案例,密切监管高风险的案例,并适时开展税收审计,以节约征管资源、降低征管成本、提高征管效率。

(二)纳税评定、税务检查与税务稽查

第一,纳税评定。从法律制度设计的逻辑看,税收程序包括一般程序和特殊程序,前者包括税收管理制度、税收确定制度、税收征收制度和税收检查制度,后者包括税收处罚制度和税收救济制度。事实上,应纳税额的确定制度是整个税收程序制度的中心,对各类税收征管制度都具有极为重要的影响。由此,几乎所有的税收程序活动都是指向或围绕应纳税额的确定程序而展开的。

我国现行税收征管制度的一个明显不足,便是没有明确提出"税收确定"的概念,没有明确区分税收确定行为与税收征收行为,而是直接用税款征收行为涵盖了两类性质完全不同的税收法律行为,导致有关税收确定的基本程序制度在税收征管法上严重缺失。① 因此,我们有必要借鉴发达国家的立法经验。从国际范围来看,税收确定的方式包括申报纳税方式、核定征收方式、预约定价和信件裁定等特殊税收确定方式。纳税评定是申报纳税中的一个环节,对防范纳税风险具有重要作用。②

第二,税务检查与税务稽查。税务检查(Audit),在有些国家也被称为"税

① 参见施正文:《我国纳税评定制度的法律构建》,载《中国税务》2012 年第 9 期。

② 参见罗一帆:《对深化税收征管改革若干问题的认识》,载《湖南税务高等专科学校学报》2012 年第 5 期。

务审计”。美国、法国、德国等国规定,税收管理部门对纳税人纳税情况进行检查,如果发现纳税人有严重违反税法的行为,会移交到另一个部门进行税收违法犯罪调查,这个部门类似于我国的税务稽查部门。因此,税务稽查是对涉税违法行为的调查,而不是对纳税人申报纳税情况的检查,更不是帮助纳税人自查。纳税人自查是在申报过程中或者申报后一定期限内对自己申报行为的纠正,是纳税人的自主行为,大部分国家规定了纳税人有进行申报纠正的权利和义务;而税务稽查是对纳税人履行纳税义务是否合法的继续调查,目的是纠正已经发生的税收违法行为。

通过国际比较,可以发现,我国现行的税务稽查制度有着明显不足,例如,税务稽查的职责不明、稽查与征管机构间的职能划分不清、税务稽查刚性不足等问题。

美国税务机构的设置分为三级,即联邦、州和地方。美国非常重视税务稽查,特别是在州和地方税务机关中,稽查工作占有特别重要的地位。[①] 联邦税务机构以国内收入局为主,它行使征收税费、评定税负、税务稽查等职能。国内收入局中的税务稽查部门分为稽查部和刑事调查部。前者主要职责是一般的稽查,即检查处理民事欺骗性质的涉税违法案件;后者则主要是侦办刑事欺骗性质的重大涉税违法案件。在税务稽查过程中,若稽查部发现社会违法案件存在严重的犯罪行为时,就会移交给刑事调查部,由其查办。美国税务稽查人员拥有很大的执法权力。例如,稽查人员有权查阅纳税人的账簿,扣押有关材料,冻结银行存款,监视、跟踪纳税人等。稽查人员在危机状况时,有权向司法机关申请逮捕令,逮捕涉税违法犯罪的纳税人。法律还赋予了稽查机关在一定条件下可以窃听纳税人的电话、用录音作证的权力,从而有效地打击了税收违法行为。

德国税收管理体制有其自身的特色,即实行税务征收、税务稽查和税务违法案件调查分立的模式。[②] 征收局的主要职能是处理联邦、州、地方的税收管理工作和中小企业的稽查工作。征收局在负责日常税收检查工作中,如果发

① 参见胡孝伦:《对美国税收管理经验的借鉴》,载《涉外税务》2007 年第 3 期。

② 参见[德]克劳兹·克鲁茨:《德国税收征管与征收概述》,载《中国税收征管法修改国际研讨会论文集》(2012 年 4 月 26 日至 27 日全国人大常委会预算工作委员会在武汉市召开“中国税收征管法修改国际研讨会”)。

现涉税违法现象,则要移交给稽查局处理。除此之外,稽查局还要负责大型企业的日常稽查。税务违法案件调查局,即税务警察的职能是侦查稽查局移送的重大犯罪案件和公民举报的违法犯罪案件。它拥有刑事侦查权,经过侦查,作如下处理:构成犯罪的案件由法院审理,未构成犯罪的案件由征收局处理。征收局、稽查局和违法案件调查局这三个机构的职能虽然有所不同,但是它们之间相互联系、分工合作。这样,既避免了各机构之间重复稽查,节省了人力和物力资源,又提高了办案的效率和准确度。德国征收局、稽查局和税务违法案件调查局的执法权限各不相同。征收局稽查处的执法权限主要包括检查纳税人的纳税申报表和查阅纳税人的账簿等。而稽查局不仅可以检查纳税人的生产经营场所,而且还可查看纳税人的存款状况等。税务违法案件调查局拥有的权力包括税务检查权、侦查权和起诉权。税务调查局同征收局稽查处和稽查局所行使的职权大致相同。侦查权是指税务违法案件调查局可以行使警察在刑事侦查中使用的手段。因此,税务违法案件调查局行使着警察、检察和行政执法等职能。①

日本税务机关的建制分为厅、局、署三级。税务稽查工作由税务机关中调查查察部下设的调查课和查察课来执行。调查课和查察课在调查对象、行使职能、工作性质等方面各不相同。调查课主要是对一般纳税人行使税务稽查职能,追究涉税违法行为人的行政责任,来保证税收收入。而查察课主要是对性质恶劣、具有故意行为、金额巨大的逃漏税案件进行刑事侦查,追究其刑事责任,以打击犯罪。查察课在机构组织上隶属于同级税务机关,但是业务关系上却由国税厅的查察部领导。税务警察虽然与警察一样拥有刑事侦查权,但与一般警察不同,税务警察隶属于税务机关,且不配备枪支。

(三)税收强制措施

从总体上看,有关国家对于纳税人不及时履行纳税义务的,税务机关依法审慎实施强制措施。税收征管强制措施是在纳税人未按税务机关确定的应纳税额履行纳税义务的情况下采取的强制其进行税款缴纳的措施,是税收征收程序的组成部分。

为了提高税收征收效率,完成税款及时入库的任务,美国税法赋予了税务

① 参见汪中代:《外国税收征管制度比较与借鉴》,载《山东省农业管理干部学院学报》2004年第5期。

机关自主灵活的强制执行权。对于负有缴纳国税的义务人财产的查封和扣押,税务机关无须经过司法机关授权或批准,即可对自己做出的行政决定强制执行。只有税务机关向法院申请执行时,司法执行程序才会启动。因此,美国税收债权的强制执行是行政主导模式,司法执行作为最终的执行程序,在一般情况下不会被启动。联邦税务局会给纳税人提供各种机会,促使纳税人主动履行纳税义务。只有当这些手段都无效时,才能启动强制执行程序。美国税法在对税务机关授权的同时,也对其进行了严格的限权。美国税收强制执行程序的规定是相当完备的。联邦税务局完成上述程序之后,其强制执行权还必须遵守一些限制。

1953 年联邦德国颁布了《联邦行政强制执行法》,但德国的税收强制执行制度独立于该法之外,有关税务方面的金钱债权的强制执行适用税法的有关条款,即德国税收债权的执行适用特别的立法——《租税通则》。《租税通则》第 6 章的强制执行对税收债权执行的有关问题作出了全面的规定,共分为通则、金钱债权的强制执行、金钱债权之外其他给付的强制执行和费用四节,每一节规定的内容非常具体细致。德国税收强制执行方式区分为两种:一种是通过扣押执行金钱债权或执行不动产;另一种是通过代执行、执行罚或直接强制的方法强迫相对人履行作为、容忍或不作为的义务。德国的税收强制执行制度采用以行政机关为主、以法院执行为辅的分权模式。德国认为行政行为就是行政执行的充分基础,无须法院的执行名义。法律赋予了税务违法案件调查局非常大的权力,同时又十分注重权力的相互制衡。法院虽不能监督行政行为的合法性,但法院可以监督每项执行措施是否符合法律规定,使税收执法符合效率、公平原则。

当纳税人不履行纳税义务时,通过处理纳税人财产强制实现税收债权的程序,称为滞纳处分或强制征收。滞纳处分分为狭义滞纳处分和交付要求。狭义滞纳处分是指国家或地方政府通过扣押纳税人的财产,以满足税收债权的程序,由财产的扣押、财产的折抵、分配折抵财产等一系列处分行为构成。日本税收征收机关拥有强制征收权和自力执行权。在扣押纳税人财产时,法律规定征收人员拥有调查权限。征收人员在进行强制执行认为必要时,还可以搜查纳税人或与其有一定关系的物品、居住场所或其他场所。搜查与一般质问、检查不同,它是一种强制调查。日本实施强制执行必须履行纳税告知和督促程序。从发布督促状之日起 10 日以内没有交纳完毕的,便实施扣押。日本除了根据《国税征收法》实施强制执行外，有时还根据《民事执行法》进行强制执行。为调整二者的关系，日本制定了《关于滞纳处分和强制执行等程序调整的法律》。

第二节 纳税人识别号制度之建构

2015年1月5日国务院法制办公室公布的《草案征求意见稿》第8条规定："国家施行统一的纳税人识别号制度。"本条明确了纳税人识别号制度的法律地位，意味着自然纳税人将和企业纳税人一样有唯一的纳税人识别号。统一的纳税人识别号制度对于完善税收管理体系大有好处，但其建构和完善是一个长期的、渐进的过程。

一、纳税人识别号制度的产生及功能

（一）纳税人识别号制度的产生和发展

纳税人识别号是指纳税人依法办理税务登记时，税务机关给纳税人编制的身份代码，或者说是税务登记证上的号码，是每个纳税人唯一的、终身不变的、用来确认其身份的数字代码标识。也有人把它称为自然人的第二张"身份证"，是纳税人数据信息内外部交换共享的基础。在现代政治文明中，纳税人身份是每一位合法公民的首要身份。政府运行的大部分资金，也基本来自纳税人的供给。国际上，很多国家都已经建立了适应本国的纳税人识别号制度，以规范自然人税务申报行为，保障政府税收，保证所有纳税人公平自愿纳税。如美国1935年8月14日，由时任总统罗斯福正式签署并开始生效的《社会保障法》，就规定并建立了社会安全号制度（Social Security Number，SSN）和社会保障体系。1962年联邦税务局开始采用SSN作为纳税人正式的身份证号，要求每个纳税人提供SSN作为其纳税申报的依据。[①] 荷兰在1988年就启动了个人税号制度，当时个人税号由税务局发放给16岁以上的纳税人，属荷兰财政部登记管辖，全称是"社保税号"。结合本国实际情况，澳大利亚也于1989年推出了纳税人识别号码制度，要求纳税人注册统一的税号，这个税号

① 参见杨卫华：《建立纳税人识别号制度促进依法治税》，载《羊城晚报》2015年2月5日，第2版。

详细记录了澳大利亚公民的收入、家庭情况（包括未成年人）、信用状况等信息，再结合纳税人与第三方的申报情况，税务机关能够有效防止偷、逃、漏税行为，提高税收管理效率和质量。瑞典在 1991 年 7 月 1 日以后，税收权力机构开始从事纳税人登记工作，对所有在瑞典拥有居住权的居民进行税务登记。公民一出生就拥有终身税务号码，这个号码用于一切经济活动，管理十分严格，有效完善了瑞典的税源监控体系，也为个人所得税的征收提供了信息控制基础。英国个人税号与国民保险号是绑定的，但它本身没有严格意义上的纳税人识别号制度，而是有"单一纳税人参考号"和"英国国民保险号码"这两套类似于纳税人识别号的识别系统。丹麦、挪威的纳税人识别号与其身份证号是重合的，身份证号对个人征税起着约束作用，各种经济行为都需要纳税人身份证号来实现，将身份证号作为纳税人识别号，使税务机关能够相对简单地完成对纳税人税款的征纳。① 就亚太地区而言，日本的纳税人识别号制度也是初步应用阶段，2015 年日本政府实施了社会保障支付和纳税统一个人号码管理的"我的号码制度"，该号码可以终身使用，涵盖经济、福利等方面。

从整体来看，这些实行纳税人识别号制度的国家通常都要求公民有义务申请纳税人识别号，并要求纳税人和其他税收义务人广泛使用纳税人识别号。如填写纳税申报表和第三方信息申报都特别要求纳税人填写纳税人识别号。纳税人和其他税收义务人不遵从规则的，其纳税人识别号将被取消并受到严厉处罚。这些国家在纳税人识别号制度上的既有实践，已经比较充分地证明了该制度的优越性，能够有效提高的税收征管效率，促进社会协同发展。

（二）纳税人识别号制度的基本功能

1. 增强信息管税能力

信息管税，借助于现代信息技术手段，建立税收信息管税机制，在一定程度上可以解决征纳双方信息不对称的问题。② 它是现代税收征管工作思路的一次重大变革，是税收管理走向科学化、精细化的必由之路，能够有力降低税收成本、增加税收收入。然而，随着经济、社会的不断发展，人们的需求越来越多，新事物层出不穷，税收管理中的信息不对称现象日益严重，税收征管的复杂性和工作难度明显加大。

---

① 参见解悦：《国外严管纳税人识别号》，载《南京日报》2012 年 3 月 14 日，第 4 版。

② 参见肖厚雄、郝荫昌：《信息管税》，中国财政经济出版社 2012 年版，第 1 页。

一是税务机关与纳税人之间的信息不对称。对于常规收入以外的财产，人们尽可能让其表现为税务机关不可监控的形式，这样就产生了税务机关与纳税人之间的信息不对称，导致“偷、逃、漏”税现象的发生。二者的目标不同导致了利益的冲突，纳税人的目的是实现自身利益最大化而尽可能少缴、不缴纳税款，税务机关则是为了履行自己的职责，尽可能收取到税收。二是税务机关与税务人员之间的信息不对称。由于税收征管的各项工作是由税务人员实际执行的，相比税务机关，税务人员有信息优势。现代组织学中有一个理论，即当组织和成员存在利益差别时，就会出现一方损害另一方利益的情况。同样的道理，如果税务机关与税务人员存在利益差别，比如税务人员的待遇无法满足其基本需求，那么税务人员有可能做出损害国家利益的行为，如贪污腐败或者损害其他纳税人利益。三是上下级税务机关之间的信息不对称。上级与下级税务机关是一种委托代理关系，它们之间的信息不对称产生的原因在于下级机关直接管理所辖范围内的税收，比上级机关更加了解当地的情况，这样上级机关就处于信息劣势。那么，在这种情况下，上级机关只能通过下级机关呈送的报告判断当地税收，并通过下达指令来实现监管，而下级机关为了避免税负过大，就会隐瞒当地税源。四是税务机关与其他部门之间的信息不对称。这种情况主要存在于我国这种实行分税制的国家，主要表现为不同税务部门各自为政，自行管理其纳税信息，不能很好地实现信息共享。而且在税务系统和工商、海关、银行等部门之间，也缺乏有效的信息沟通，这就为一些纳税人提供了寻找“逃、避、漏”税的机会。而建立纳税人识别号制度，增强信息管税能力，则可以较好地解决前述信息不对称问题。

2. 提高税收遵从度

影响纳税人税收遵从的因素有很多，如税制设计科学性、纳税服务质量、宏观税负水平、社会公民纳税意识高低、征税人的税收遵从行为、纳税遵从成本、社会公民对政府的满意度、征纳双方之间的信息非对称性等。科学合理的税制 + 周到细致的纳税服务 + 适度的税收负担 = 较高的税收遵从度。[①] 在某些国家，由于税收制度的改革起步较晚，整个社会并没有形成一个“逃漏国家税款可耻”的积极理念，相当一部分人对“自己作为一个社会成员、一个公民在享受国家提供的公益设施、公共服务的同时理所当然应承担起相应的纳税

① 参见刘振彪：《基于行为博弈的税收遵从论》，厦门大学出版社2012年版，第5页。

义务”这种观点的认识还是十分模糊的。这种现象直接阻碍着国家税收征收管理工作的正常进行。为此，必须从社会心理、社会认知调整、税制优化的角度来着手培养人们的税法遵从意识。

在纳税人识别号制度之下，税务机关可以以唯一的纳税识别号来统一归集纳税人相关信息，及时掌握个人经济往来状况，使纳税人各项收入与支出变得透明化，这样就可以有效避免偷逃税。制度性税收遵从是指国家税制设计科学和税收征管严密，迫使纳税人如实申报并按时缴纳税款的税收遵从行为。① 在有的国家，纳税人识别号制度已经十分成熟，其他这方面落后的国家可以根据自身情况借鉴相关做法，保证识别号制度设计科学，并建立起奖惩机制，在涉税事务中强制使用纳税人识别号，从而保证税收征管规范化以及有效监控税源。

3. 实现社会共同治理

社会治理是由社会管理发展而来，虽然一字之差，却是一次很大的创新，代表着理念上的很大转变。治理作为一个新的词汇，它强调多主体，国家管理者是主体，人民也是主体，还有各组织、各单位，都是参加管理的主体之一。“治”更体现了主动迎难而上、各主体合力而为。国外学界普遍将治理的主体概括为公共机构、私人机构和非营利组织，用我国的话语体系表达则是指政府、市场与社会组织。这种概括聚焦于三个主要层面，具有一定的合理性，然而并不十分全面。现代社会复杂多样化的发展趋势使现代社会的决策变得愈加困难，需要更多的专业经验、特别信息、专门技术知识和不同意见者的合作参与，需要社会权力更多地参与秩序整合，这显然不是任何一个组织或简单的组织间合作就能承担的，它需要社会各方面对公共事务承担责任，需要既代表“公”利、又代表“私”利的组织和个人共同参与。②

纳税人识别号覆盖面广，用于记录纳税人的收入、家庭情况、经济活动、信用等情况，是全社会信息资源共享的基础。工商、海关、财政、金融等部门可以通过税务部门在纳税人识别号上所记载的信息了解纳税人的情况，同时也可以将纳税人的其他活动反馈给税务部门，实现部门与部门之间的信息联动。

---

① 参见刘振彪：《基于行为博弈的税收遵从论》，厦门大学出版社2012年版，第5页。

② 参见王名、蔡志鸿、王春婷：《社会共治：多元主体共同治理的实践探索与制度创新》，载《中国行政管理》2014年第12期。

这是维护交易安全、消除监管盲区的有效途径，是推进简政放权、建设服务型政府的必然选择，对于提高国家治理体系和治理能力现代化水平，使市场在资源配置中起决定性作用和更好发挥政府作用，具有十分重要的意义。

二、我国建立纳税人识别号制度的现状和必要性

（一）我国建立纳税人识别号制度的现状

我国提出建立个人税号至少可以追溯到10年前。2005年国家税务总局在涉及个人所得税改革时已经提出，依托个人身份证件号码，编制纳税人识别号，以此为基础，按照“一户式”储存的要求，建立完整、准确的纳税人档案，对纳税人的收入和与其纳税事项有关的各种信息进行归集和整理，并实施动态管理。2013年，我国企业、事业单位和社会组织都拥有税务登记代码，主要由区域码和组织机构代码组成，个体工商户税务登记代码为其居民身份证号码。但对于自然人，税务代码制度却没有实现全覆盖。2015年1月5日国务院法制办公布了《草案征求意见稿》，其第8条规定，国家施行统一的纳税人识别号制度。本条明确了纳税人识别号制度的法律地位，意味着自然人将和企业纳税人一样有纳税人识别号。

《草案征求意见稿》的核心内容是建立覆盖企业和自然人的统一的纳税人识别号制度。《草案征求意见稿》公布以后，2015年3月国家税务总局发布《关于修改〈税务登记管理办法〉的决定》（国家税务总局令第36号），规定新修订的《税务登记管理办法》自2015年3月1日起施行。新规明确了纳税人识别号的唯一性，将原“税务登记代码”的表述统一为“纳税人识别号”，纳税人识别号由省、自治区、直辖市和计划单列市国家税务局、地方税务局按照纳税人识别号代码行业标准联合编制，统一下发各地执行。2015年6月，国务院审议通过了《法人和其他组织统一社会信用代码制度建设总体方案》（以下简称《方案》）。其后，为贯彻落实“三证合一、一照一码”改革的相关工作要求，国家税务总局发布了《关于修订纳税人识别号代码标准的公告》（以下简称《公告》）。“三证合一”将营业执照、组织机构代码证和税务登记证三合一，满足了我国当前简政放权的基本要求，有助于协调推进纳税人识别号的应用、激发市场活力，实现经济蓬勃发展。根据《公告》、国家税务总局《关于发布纳税人识别号代码标准的通知》（税总发〔2013〕41号，以下简称《通知》）的相关规定，企业和法人的纳税人识别号代码的编码规则分两种情况：已取得统一社

会信用代码的，纳税人识别号为18位的“统一社会信用代码”，已设立但未取得统一社会信用代码的，纳税人识别号共15位，由纳税人登记所在地“6位行政区划码”“9位组织机构代码”组成；个体工商户如果没有取得统一社会信用代码，纳税人识别号由“身份证件号码”+“2位顺序码”组成。自然人的纳税人识别号根据其有效身份证明来定，以中国居民身份证为有效身份证明的自然人，其纳税人识别号为其“居民身份证号码”。

但是，在《草案征求意见稿》颁布之前，纳税人识别号在实践中只是作为一个简单的税务登记号，并没有被赋予其他更多的含义，加上技术手段不成熟，也没有得到充分利用。总体而言，统一规范的纳税人识别制度是一项重要且有诸多用途、利益的举措。但建立该制度的过程也是一个长期、渐进的过程。目前，我国仅对如何统一纳税人识别号编号作了相关规定，但对其作用、适用范围仍没有确切的指导文件。因而，建立和完善统一规范的纳税人识别号制度，为税制改革奠定征管基础，是非常必要的。

(二)我国建立纳税人识别号制度的必要性

1.纳税人识别号制度有利于加强对税源的监控

当前我国现行的税源管理主要涉及税源的监管、税源的宏观调节、税源的全面控制等环节，需要有关管理部门设置一套规范完备、科学合理、现代可行的方法管理税源。[①] 然而，在市场经济条件下，由于各种利益的驱使，加上管理方面存在漏洞，税收违法手段呈现出多样化的发展趋势，造成了国家大量潜在税源的流失。而纳税人识别号制度可以实现全国信息联网，从多环节监控纳税人的应税行为，把各个相关的管理环节前移到税源的监控和管理上来，以降低潜在税源的流失程度。

《草案征求意见稿》中规定了在经济活动过程中一个纳税年度给付5000元以上、[②]单次给付现金达到5万元以上[③]需要提供纳税人识别号，并规定纳税人签订合同、缴纳社会保险费、进行不动产登记，以及办理其他涉税事项时

---

① 参见姜爱萍、林健：《对税源监控的几点认识》，载《地方税务》2002年第12期。

② 《草案征求意见稿》第31条第1款规定：从事生产、经营的单位和个人在其经济活动过程中，一个纳税年度内向其他单位和个人给付5000元以上的，应当向税务机关提供给付的数额以及收入方的名称、纳税人识别号。

③ 《草案征求意见稿》第31条第2款规定：单次给付现金达到5万元以上的，应当于5日内向税务机关提供给付的数额以及收入方的名称、纳税人识别号。

都应使用纳税人识别号。① 通过纳税人识别号,税务部门可以将纳税人所有的涉税事项归集统计,并对纳税人税种的涉税记录进行对比分析,实现对收入、消费和支出等全方位的监管,为金融机构、第三方、有关部门以及其他企事业单位之间提供信息基础,以实现信息传递与共享,这不仅有利于保障税收的安全和完整,而且能够在一定程度上解决纳税公平的问题。具体来说,构建纳税人识别号制度的意义主要体现在以下几个方面。

一是"灰色收入"将无法再逃税。目前,我国对个人所得税的征收方式有两种,一种是代扣代缴制度,另一种是自行申报制度。为了便于管理,纳税人的工资、薪金等常规收入都由单位代扣代缴,从目前的执行情况来看,这方面做得较好。但是,除了常规收入,需要纳税人自行申报的这一部分存在较大的漏洞。这部分难以被监控到的收入,也就是我们通常所说的"灰色收入",其主要是以现金形式给付,而不是通过银行转账等可查询的方式结算。有很多人对"灰色收入"存在误解,认为就是不合法的收入。事实上,不尽然如此。"灰色收入"只是因为其在暗处,监控不到,让纳税人有了逃税、避税的机会,并不代表这些收入是不合法的。从主观上来看,"灰色收入"的接收者逃税的原因主要是两个方面:一是为了避免减少收入而有意逃税;二是"灰色收入"的来源不清,不愿意让其"见光"而不自行申报,这一点是主要原因。总体来看,目前对"灰色收入"的监管手段确实存在不小的漏洞。不过,《草案征求意见稿》针对这些问题作了相应的规定,②这就意味"灰色收入"不再隐匿在暗处,相关的权利义务人也必须按照法律的规定来办事,否则将会受到法律的惩罚,即如果没有依法纳税,这部分收入也需要由给付者履行一定责任。那么,付款方如果要给谁钱必须登记其纳税人识别号,这样从付款方这个源头上就可以将存在灰色地带的现金往来予以控制,从而实现资金的全程监管,提高税收征管效率。

二是依据消费监管收入将成为可能。目前,从国家的角度来讲,我国的税

---

① 《草案征求意见稿》第32条规定:"纳税人签订合同、协议,缴纳社会保险费,不动产登记以及办理其他涉税事项时,应当使用纳税人识别号。"

② 《草案征求意见稿》第31条第1款和第2款分别规定:"从事生产、经营的单位和个人在其经济活动过程中,一个纳税年度内向其他单位和个人给付五千元以上的,应当向税务机关提供给付的数额以及收入方的名称、纳税人识别号。""单次给付现金达到五万元以上的,应当于五日内向税务机关提供给付的数额以及收入方的名称、纳税人识别号。"

收制度还不是很严密。在税收征管过程中存在很多监管漏洞，人们可以隐藏自己的真实资产，让税务部门无法真正确认其收入，从而不能全部征税，尤其是很多富豪、老板，收入来源复杂，监管成本高、不全面。这会让那些依法纳税的人在纳税过程中会产生不公平感，如工薪族把当前的个人所得税制度称作"工薪族所得税"，就是因为他们的收入来源单一，易于监管。显然，这和税收制度的设立初衷是相违背的，会纵容逃税、避税行为，挫伤依法纳税人的积极性，最终影响整个社会的税收信用。而有了纳税人识别号后，今后公民在参与买房、买车、高档消费以及投资、理财等经济交易活动的时候都要使用纳税人识别号，从消费源头掌握资金动向，可弥补收入监管的不足。这样，就可以从收入和消费、支出等多个角度对税源进行监管，改变以往单一的收入管理手段，从而在一定程度上解决纳税公平的问题。

三是为个人网店税收的征收扫清障碍。2015 年上半年，中国电子商务交易额达 7.63 万亿元，同比增长 30.4%。其中，B2B(Business to Business)交易额达 5.8 万亿元，同比增长 28.8%。网络零售市场交易规模达 1.61 万亿元，同比增长 48.7%。[①] 无论是在线上还是线下经营，每个经营主体都应当履行自己的义务，依法经营，依法纳税。但是，由于电子商务是虚拟经营场所，难以全面了解经营主体的信息，便成为征税监管的"漏网之鱼"。近年来，越来越多的人在淘宝上开店，并利用税收漏洞逃税、避税，给我国税收造成了重大的损失。同时，随着微信的兴起，微商也成了电商的主力军，由于很多微商都是在微信上做商品展示，再通过微信或者银行转账，无法查验交易信息。构建纳税人识别号制度，将会对淘宝等第三方平台信息披露做出要求，明确电子商务活动中纳税人主体身份，保证所有的涉税交易都被有效监管，兼顾税收公平和行业发展。

2. 纳税人识别号制度有利于实现以家庭为征、缴税单位

家庭式个人所得税制度是以家庭为征、缴税单位计征个人所得税的一种方式，[②]可表示为公式"应缴纳税所得额 = 家庭某一段时间取得的总收入 - 全部家庭成员的免征额或扣除标准"。我国自开征个人所得税以来，实行分类

---

① 参见中国电子商务研究中心：《2015 年(上)中国电子商务市场数据监测报告》，载中国电子商务中心网：http://www.100ec.cn/zt/2015sndbg/，最后访问日期：2016 年 2 月 15 日。

② 参见王晓玲：《中美税制比较》，立信会计出版社 2015 年版，第 90 页。

所得税,以“个人”为征收主体,采用“一刀切”的扣除标准。选择分类所得税的主要原因是税收征管简单方便,效率高,可以从源泉扣税,但存在明显的不公平问题,与纳税人实际负担能力存在差异,不能体现量能负担原则。由于地域、年龄差异等会导致纳税人在同等收入的情况下生活开支的不同,因此,在征税时应该考量纳税人的具体情况。在当今社会,家庭结构呈多样化发展,劳动成本上升,传统的家庭分工已不再是主流。越来越多的家庭选择一人全职照顾家庭,另外一个人赚钱养家,这就意味着家庭所有人的生活都要依赖于一个人的收入。如果这种情况与一个人挣钱一个人花的情况都实行相同的税率,很明显有不合理之处。尤其,目前的独生子女较多,大多数家庭是“4 + 2 + 1”的模式,即除夫妻双方外还有 4 个老人和 1 个小孩。夫妻作为社会纳税主体,他们赡养老人、抚养小孩的负担日益沉重,压力也更大。

而纳税人识别号制度的建立,将促使全国地方税务系统个人信息联网,多个部门实现信息资源共享,破除技术障碍,有助于实现综合与分类相结合的个人所得税制,使以家庭为征、缴税单位成为可能。以家庭为征缴单位,将更好地落实公民权利,提升整个社会的公平程度。一方面根据各个家庭的人员构成、总体收入等情况可以更好地体现纳税人的综合纳税能力,体现税收公平原则;另一方面通过合理的税率和减免政策设计,鼓励家庭中次要工作者离职,为自己家庭服务,从而缓解我国日益突出的劳动力供需矛盾。

3. 纳税人识别号制度有利于推进依法治税

在当今社会,为了实现国家治理现代化,法治是其必然要求。同时,作为国家治理体系和治理能力的重要依托,法治涉及社会生活的方方面面。当前经济领域存在的问题,都需要通过法治方式来健全、完善。党的十八届四中全会作出了加强法制建设,推进依法治国的决定,具有重大的现实意义和深远的历史意义。依法治税作为依法治国的重要一环,在税收领域也集中体现了依法治国的基本方略,全面贯彻了在税收工作中党的主张和人民意志。

建立统一的纳税人识别号制度,可以有效实现社会全覆盖,每个自然人、法人和其他组织都有了一个区分于别人的唯一的身份证明。有了明确的行为准则后,税务工作人员在开展工作时能够根据相关规定依法征税,有助于强化税收法治观念,提高依法治税的能力;纳税人每次在使用税号时,无形中都会想到“我是一名纳税人”,从而激发自身的参与、表达和监督意识,也就会更主动关心税用到哪里去了,从而推进国家治理。法的生命力在于实施,尽管《草案征求意见稿》已经公布征求意见，但是如果缺乏相应的具体细化的制度建设，税收征管法修订草案即使通过也难以真正落到实处。建立和完善纳税人识别号制度，不仅有利于树立税法的权威性，而且有助于提高税收征管法的可操作性，优化依法治税工作体制机制，促进强化税务登记，规范税收征管，加强纳税档案管理和税源管理，从而实现依法治税，让依法治税的生命线深深扎根全系统。

4. 纳税人识别号制度有利于实现信用查询

在市场经济条件下，为了降低税收成本，进一步提升税收的高效化运行，加强信用建设、建立完善的社会信用体系是一个重要的途径。但是从总体来看，我国目前的税收信用状况是不理想的。就征税信用、用税信用而言，在立法、执法、司法三个方面都有所缺失；就纳税人纳税信用而言，纳税人逃税、骗税、欠税问题严重，抗税现象时有发生，并且普遍存在不正当避税行为。而政府征税、用税信用的缺失会产生许多负面影响，不仅使市场资源得不到有效配置，造成公共资源扭曲和浪费，而且会削弱政府汲取税收的能力，使税收征管成本上升。更严重的是，容易产生"晕轮效应"，对纳税人起到反面的"示范"作用，让纳税人对征税、用税部门的信心下降，挫伤纳税人的纳税积极性，导致征管社会信用体系的崩溃。同样的道理，纳税人的纳税信用直接关系到财政收入的入库，影响国家机构的正常运转。

而纳税人识别号制度的建立，表面上看只是一个小小的号码的登记与使用，但其背后捆绑的是纳税人的纳税信息，再从深层次看，则是整个社会的信用体系。它可以将纳税人的缴纳税款的时间和缴纳税款的种类等涉税信息进行整理汇集，并与其他涉税记录相联系，实现税务信息共享，更加利于税务机关加强税收监管工作。一方面，通过纳税人识别号，征税人可以随时查看纳税人的纳税记录，对纳税人的纳税信用予以评级，并根据纳税人的纳税情况给予奖惩。另一方面，纳税人在从事经济活动时，能够借此在交易前查询对方相关的信息，看对方是否有良好的信用记录，从而正确做出判断，这在一定程度上避免了交易风险，同时，企业和个人为了不留下信用的"污点"，在经济活动中会更加严于律己，遵守社会经济秩序，做到良心生产、良心交易。从发达国家的经验来看，在整个社会信用体系中，诚信纳税是被作为一项最基本的信用考量，如果一个人有一次纳税不良记录，就会在出入境、银行贷款等方面"寸步难行"；而拥有良好的纳税记录，将会是一笔非常宝贵的信用财富，个人可凭借它“一路畅通”。因此,纳税人识别号制度的建立会保证纳税人识别号的效用最大化,有助于国家、社会和公民共同监督征税人、用税人合法征税、合理使用税款,也有助于促进纳税人自觉履行纳税义务,从而为社会信用体系的建设奠定坚实的基础。

三、国外纳税人识别号制度运行的梳理

(一)美国纳税人识别号制度运行经验

根据美国法律,每个在美国居住、有收入且符合一定条件的人都有义务申报联邦所得税,否则将面临民事甚至刑事处罚。个人所得税是美国联邦政府财政收入的最大来源,约占45%左右。与之相匹配的,是一套由来已久的个人所得税征管制度与纳税人识别号制度。[①] 早在1935年8月14日,美国总统罗斯福正式签署了《社会保障法》,规定并建立了社会安全号制度和社会保障体系;1962年联邦税务局开始采用SSN作为纳税人正式的身份证号,要求每个纳税人提供SSN作为其纳税申报的依据;1970年银行记录与涉外交易法规定,所有银行、储蓄与贷款协会、信用社及证券经纪商或自营商必须获得它们所有顾客的SSN等。[②] 通过不断探索,美国制定了符合自身实际需求的纳税人识别号制度。该项制度对付款方和收款方都作出了约束,要求收款方要主动向付款方提供纳税人识别号,付款方在付款前有义务向国内收入局报告。在这样的制度下,SSN几乎可以将所有纳税人可能涉及的税源掌控起来,每个人的资金流动能够被追踪,任何资金的收入能够被确认且所得税负债责任(以及估计税收的预扣)能够被确定。可以说,小至银行开户、获得汽车驾驶证,大到找工作、申报税金、获得社会保障福利等,SSN都至关重要。

美国相关法律规定,境内每一个有收入并且符合某些资格规定的人,都有责任申报联邦所得税,申报的资格不是由移民身份决定,而是取决于个人收入与其他因素。报税表上列的每个人都要有一个身份识别号码,这个税表上列的号码通常是社会安全局所核发的SSN。这相当于每个人的专属识别码,只有具备这样的识别码,各项工作才能够顺利进行。SSN由9位数字按照不同

---

① 参见《国外如何管理纳税人识别号》,载红网:http://tax.rednet.cn/c/2015/02/05/3596503.htm,最后访问日期:2016年2月23日。

② 参见谢文哲:《美国的社会保障卡及其启示》,载《企业家天地》2007年第6期。

的顺序排列组成,它们被分为三部分,即地区号、群组号和序列号:前三位数是地区号,代表申请人第一次申请社会保障卡号时所在州的编号;中间两位数是群组号,它们是由01～99之间循环;最后四位数字是序列号,从0001～9999连续排列。[①] 公司成立时必须先注册取得纳税人识别号,否则银行不能为其开设银行账户。[②] 如果纳税人必须报税但不符合申请社会安全号码的资格,则该纳税人可取得个人纳税识别号码(Individual Tax Identification Number,ITIN)用于报税。ITIN由国税局核发,仅限报税使用。ITIN由9个数字组成,第一个数字一定是9,第四和第五个数字在70与88之间,之后范围有所扩充,如9××-75-××××。核发ITIN不受移民身份影响,因为无论是居民外籍人士还是非居民外籍人士,都有可能依据国税法规而必须在美国报税。[③] 个人必须符合报税资格,并且申报有效的联邦所得税表,才会获得纳税人识别号。

SSN由公民自己申请,识别号会通过系统随机产生,并且不会存在一个号码对应两个纳税人的情况。SSN不会循环使用,每个人的号码会随着持有人的去世而从档案中被除去,并不会传递给下一个纳税人使用,充分凸显了社会保险号码的唯一性。拥有终生不变的社会保障号SSN是每个美国人从事经济活动的前提条件,纳税人如果想获得银行账户、进行合同交易、接受政府服务,必须领取纳税人识别号。自然人通过注册税号进入纳税部门的网络管理后,一旦到法定年龄,以后每一年都需要填写申报相关纳税申请以及信息登记。这里需要指出的是,美国在处理一些特殊的税种时候,纳税人在拥有识别号的基础上,还需要填写建立属于自己的信息详单,这样的税种一般较少,如财产税。一旦生成了专属于自己的纳税人识别号,纳税人在申报各项税收材料时候,需要按要求准确填写。美国的纳税人识别号制度执行严格,有良好的激励制约机制,纳税人在报送纳税申报资料时,必须填写纳税人识别号码,否则会受到相应的惩罚。另外,在美国,交易额一旦超过1万美元,必须采用支票结算的方式,在这样的前提下,政府管理部门通过参加各类金融机构的有关信息和明细,及时了解纳税人的个人收入,进行相关信息的把控。由于纳税人

---

① 参见谢文哲:《美国的社会保障卡及其启示》,载《企业家天地》2007年第6期。

② 参见李方旺:《美国税制和税收征管的特点及启示》,载《税务研究》2007年第8期。

③ 参见《国外如何管理纳税人识别号》,载红网:http://tax.rednet.cn/c/2015/02/05/3596503.htm,最后访问日期:2016年2月23日。

识别号制度的存在以及各项完备的管理制度，美国纳税人逃税的行为很少发生，纳税人大都会自觉纳税。而且，通过 SSN 可以查到纳税人的信用等级，如果信用有污点，今后将很难得到别人的信任，从而影响到生活和工作的方方面面。而对于 ITIN 的申请，可通过邮寄的方式将申请表格寄到国税局的办事处，也可以通过国税局授权的收件机构，或者亲自到国税局纳税人协助中心（TAC）申请办理纳税人识别号。位于全美各地的纳税人协助中心提供申请纳税人识别号的专人协助服务，民众可直接前往办理或事先预约。如果符合申请资格，完成了申请程序，通常会在 6 周内收到国税局的装有号码的信函。申请者可致电国税局免费电话，查询申请办理情况。同时，根据相关法规，ITIN 不可作为税务系统之外的有效身份证，不可以作为工作许可证，也不会变更移民身份或是在美国合法工作的权利。获得 SSN 之后，就必须停止使用 ITIN，而改用社会安全号码来报税。

美国 80 年的实践证明，把纳税人识别号和社会保障号统一起来对于提高税收征管效率、优化社会管理是行之有效的。同时，通过发放 ITIN，实现了社会收入的监管对象的全覆盖。美国纳税人识别号制度的建立促进了社会资源的转化，增加了各部门的信息联动，有效规范了纳税人的行为规范，极大地降低了个人偷逃税行为的可能性和税收征管成本，对建设诚信社会起到了巨大的推动作用。

（二）澳大利亚纳税人识别号制度运行经验

在 21 世纪初，南半球的澳大利亚就建立起了相对完备的社会保障体系，实行各项社会福利制度，有效地提升了居民的幸福指数。经过多年的改革发展，澳大利亚在搭建社会保障体系、实行各项社会福利制度上已经具有很完备的经验，这不仅有利于澳大利亚本国社会保障体系的深化发展，而且也为世界其他国家建立福利国家提供经验和模式。

结合本国实际情况，澳大利亚于 1989 年推出了纳税人识别号码制度，以此来规范纳税人的行为以及提高税收管理效率和质量。最初，为了在全国推广纳税人识别号码的使用，澳大利亚政府部门制定了许多的税收优惠政策。政府部门专门出台规定，如果纳税人按照规定使用纳税人识别号，将可以按照 20% 的预扣税率进行扣税；反之，如果不使用识别号码，就会按照 48.25% 的预扣税率扣税。如此，有效推进了纳税人识别号制度的普及，使纳税范围更加完整。同时，根据税号制度的有关规定，税号系统包括个人税号（TFN）和企业商业代码(ABN)。TFN 是由 8 位或 9 位数字组成的税号,根据澳大利亚税务局于 1989 年建立的个人税号制度相关法律规定,任何有劳动能力的成人抵达澳大利亚超过 6 个月,均需向澳大利亚申请一个 TFN 用以建立税务档案,它是税务部门颁发的一个具有唯一性和终身性的特殊号码。① 对于澳大利亚的公民来说,从他出生的第一天开始就开始陪伴,一直到最后离开人世,号码才会注销,否则号码永远不会发生变化。ABN 是一组独特的 11 位数字的号码,通常是一个组织用来跟税务局或另外一个组织(如公司)打交道用的。②

在这样的系统和制度下,任何人都会拥有一个税号,任何企业也会有一个专属于自己的专业代码。在澳大利亚,所有的合法雇佣关系和生产经营关系都通过纳税人识别号来体现,与税收体系紧密相连。税务机关可以通过税号对个人或企业的各种收入数据进行归集、整理,然后与金融机构提供的资料和纳税人填报的内容相核对,实现对纳税人的全方位监控。同时,税务机关也严格对纳税人的纳税人识别号保密,任何泄露该号码的行为都会受到严惩。

总体而言,TFN 在澳大利亚主要有三大功能。首先,TFN 有一个核对信息的功能,每当纳税人或者纳税人委托第三方进行税收的缴纳时,这个时候税务机构就可以根据 TFN 进行有关信息的核对。其次,TFN 有一个监督纳税人的作用,因为纳税人识别号的唯一性和确定性,TFN 有利于督促每个纳税人及时、主动并按照有关制度缴税。最后,TFN 还有一个功能主要是免除赋税的义务。近年来,澳大利亚一直都在不断更新和完备 TFN,系统能够进一步提高相关数据的准确性以及系统的稳定性。澳大利亚税号制度的实行,在纳税义务人之间实现了公平正义,有效地调节了贫富差距,合理分配社会资源,提高了征管机关的征管效率。③

(三)瑞典纳税人识别号制度运行经验

瑞典是典型的福利国家的代表,拥有世界上最完备、最具普惠性的社会保障体系,各项保障制度为全民提供了最后一道安全网。但是在这样的高福利的背后,对应的是瑞典整个国家高额的税收征收体系。税收政策一直以来都

---

① 参见朱竞:《澳大利亚的税收体制简述》,载《经营管理者》2013 年第 9 期。

② 参见孙雪娇:《澳大利亚税号制度体系监控纳税的启示》,载《合作经济与科技》2009 年第 4 期。

③ 参见谌爱华、刘文锋:《澳大利亚个人所得税税号制度及我国的启示》,载《改革与战略》2009 年第 10 期。

是瑞典等北欧国家在实施福利国家过程中最重要、最常见的工具之一。瑞典一直善于运用税收政策促进经济的发展,其严密的税收制度对国民收入的重新分配、贫富差距的缩小、社会秩序的稳定都起到了积极作用。

从18世纪中期至今,瑞典经历了从古老的直接税向现代税收制度的演变。1991年瑞典实行了个人所得税制改革,这是20世纪最彻底的一次改革,甚至有人认为这是所有西方发达国家中的一次根本性税制改革。这次改革后,瑞典的个人所得税税负显著降低。2003年瑞典地方征收的个人所得税税率平均为31.5%。[①] 而瑞典这次税制改革成功的一项基本条件就是建立纳税人识别号制度。自从1991年7月1日以后,瑞典的税收权力机构开始对纳税人进行登记工作,各地的税收办事处都设有一名专门的税务登记员来负责登记。所有在瑞典拥有居住权的居民都要进行税务登记,登记的内容涉及个人全部的相关基础信息,包括个人的基本情况,如姓名、登记号、国籍等;家庭的基本情况,如婚姻状况、子女状况以及有效住址等。不仅如此,登记员需要采集的信息还包括现在和以往的情况,信息的获得则通过有关被登记人的法定公告方式进行,例如,某个人变更住址,必须在一星期内进行公告;新生儿出生,其监护人需在新生儿出生的3个月内进行申报。另外,除本人外,其他相关机构也有义务报告情况,如医院要报告新生儿的出生情况。具体来说,瑞典税务登记的种类有四种:一是暂居企业登记,要求在本国拥有常驻机构的暂居企业主必须在其常设机构所在地登记;二是选择登记,即对于某些无须缴纳增值税因而一般无须进行纳税登记的个人,出于营业上的需要可以自愿选择登记纳税;三是变更登记,如果纳税人登记的情况发生变化,通常要在一周内发布公告,并到税务机关办理登记;四是注销登记,是指如果纳税人由于停业、死亡等原因停止应税经营活动,应及时向当地税务机关报告,税务局也有权主动或在得到登记人或其代表的报告后,取消纳税人登记。[②]

在进行税务登记后,个人和公司都有一个独一无二的终身制税务号码,该号码会记载纳税人收入、家庭情况、信用状况等信息。就个人而言,在相关信息登记后,每个人将会被给予一个10位数字的国家登记号,也称"人口号"

---

① 参见杨来发:《瑞典税收制度及借鉴》,载《各国税收纵横》2007年第11期。

② 参见财政部税收制度国际比较课题组:《瑞典税制》,中国财政经济出版社2005年版,第173~174页。

(personnummer),此号码由公民的生日和另4个数字组成,用于税务申报和一切经济活动。比如,如果你生于1990年1月1日,那么号码可能就像900101-1045。就公司而言,瑞典公司申请成立的时候也会有一个统一的10位数税务号码,被称为公司的"personnummer",这个号码与个人的纳税人识别号是一致的,由该号码持有人承担公司责任,通过税务号码,税务机关可以随时查阅纳税人的缴税情况。纳税人识别号用于税务申报和一切经济活动,所有部门都要使用这个号码,而且管理严格,税务部门可以通过这个号码掌握纳税人的一切经济活动、收入来源和财产状况。瑞典在实行代扣代缴制度的同时,还实行严格的双向申报制度,即雇主要按照发放给雇员的工资薪金代扣代缴税款并按月申报,纳税人则要在次年3月31日前将上一年度的收入和纳税情况进行自主申报。[①] 在斯德哥尔摩、马尔默、哥德堡等大企业较多的地方,区域性的征税机构还设有大企业税收征收管理办公室,专门负责这些地方重点税源的征收管理与监控。

由此我们可以看出,税务识别号成为瑞典个人和企业生存的基础,一切经济活动,如税务申报、银行开户、社会保险缴费等都需要税务号码,个人和企业的不良信息可通过税务号码查询得知。如此严格的税收代码制度不仅完善了瑞典的税源监控体系,而且有利于及时了解纳税人的经济变化情况,也为个人所得税的征收提供了信息控制基础,提高了税收征管效率,是一套合理、高效的制度。

综上所述,美国、瑞典和澳大利亚在纳税人识别号制度的构建和执行上有很多经验值得我国学习,主要可以总结为四个方面:一是强调税收公平,不仅确保多收入者多缴,低收入者少缴,也将纳税人识别号和社会福利挂钩,如果社会福利部门追踪不到纳税人的纳税申报,可以拒绝向其发放福利金,以此逼迫纳税人主动申报。二是税源监控严密,由于纳税人的各项经济活动都要求使用纳税人识别号,因此,政府有关部门就可以通过号码及时掌握纳税人的经济往来变化情况。三是税务人员管理规范。国外十分注重对税务人员的管理,对其选拔、任免、轮换、考核、培训等都作了严格的规定,同时也积极接受社会的监督,保证自身公信力。四是注重税收宣传,思想是行动的先导,在

---

① 参见财政部税收制度国际比较课题组:《瑞典税制》,中国财政经济出版社2005年版,第173页。

税务知识普及方面，国外都有专门的宣传和咨询部门，为纳税人提供优质的纳税服务。

四、完善我国纳税人识别号制度的对策建议

在明晰纳税人识别号制度对我国税收发展意义的基础上，在总结国际推行纳税人识别号制度一般经验的条件下，我国的纳税人识别号制度构建应该向何处去？我们应该确立怎样的基本原则为我国的纳税人识别号制度的构建树立目标导向？我国纳税人识别号制度的基本定位是什么，应该确立怎样的纳税人识别号制度框架体系来促进我国经济社会的可持续发展？

（一）完善纳税人识别号制度的具体措施

如前所述，纳税人识别号制度的建立在我国具有积极意义。事实上，我国推行纳税人识别号制度已有一定的实践基础，在江苏等地税务机关实施的纳税人识别号的创新试点也取得了较好的效果，积累了先行经验。[①] 但从全国来看，还不够系统和成熟。为更好地推行纳税人识别号制度，我们认为应从以下几个方面予以完善。

1. 明确权责，加强部门协同

建立纳税人识别号的总目标应该是建立覆盖全面、稳定且唯一的统一代码制度，实现管理从多头到统一转变、资源从分散到统筹转变、流程从脱节到衔接转变。该制度的建立不仅仅是税务部门的职责，而应从国家层面推动，打通部门间壁垒，有效沟通各部门信息，使市场经济下的政府更有效率。税务部门应会同工商、公安、质监、人力资源和社会保障等部门共同推行。

国家标准化管理部门应会同登记管理部门、组织机构代码管理部门负责制定统一代码国家标准。组织机构代码管理部门负责管理统一代码资源，建设和运行维护统一代码数据库，为各部门提供信息服务，加强统一代码赋码后的校核，工商、税务等登记管理部门负责在法人和其他组织注册登记时发放统一代码，并将基本登记信息及其变更情况及时提供给组织机构代码管理部门。组织机构代码管理部门会同登记管理部门建立统一代码重错码核查和信息共享机制，定期通报赋码和信息回传情况。

---

① 参见王明世：《推行纳税人识别号制度为税收征管奠定基础》，载《税收征纳》2015 年第 1 期。

2.确定纳税人税务登记时间和赋号方式

统一的赋号规则是构建纳税人识别号制度的前提条件，有利于对纳税人识别号的管理。但是要想使《公告》《通知》提出的改革目标得到贯彻落实，必须明确纳税人获取纳税人税务登记的时间要求和赋号方式。借鉴国际相关制度经验，我国可以对自然人、个体工商户、法人和其他组织分别情况作出不同规定。

就自然人而言，针对中国境内居民和境外人员应有不同规定。中国境内居民一出生就应赋予其以身份标识的纳税人识别号，而不是待其发生纳税义务才开始。这样就可以有效保证纳税人群的全覆盖，让纳税人识别号跟随纳税人一生，从小培养纳税人的纳税人意识。不过，在目前的状态下，由于我国缺乏纳税人主动申报的纳税环境，很难违背客观规律地期望我国当前可以像其他国家或地区那样将纳税人识别号的作用发挥到最大。因而，可以根据不同人群分类进行。新生儿出生后，其监护人需在新生儿登记户口后 2 个月内进行申报。另外，除本人外，其他相关机构也有义务报告情况，如医院要报告新生儿的出生情况。超过申报期间后，税务机关在 7 日内应根据其他机构提供的相关信息联系监护人，要求其进行申报。由于《通知》中规定，我国居民的纳税人识别号和身份证号一致，在申报后，税务机关就会将身份证号确认为新生儿独一无二且伴随其终身的纳税人识别号。已经发生纳税义务但未进行税务登记的居民，应到税务机关进行税务登记。对于扣缴义务人，税务机关可以向其批量出具所扣缴的自然人识别号证明。我国境内的境外人员如有纳税义务，应在当地税务局进行登记，获取纳税人识别号。登记的内容涉及个人全部的相关基础信息，包括个人的基本情况，如姓名、登记号、国籍等，以及家庭的基本情况，如婚姻状况、子女状况以及有效住址等。当自然人完成登记时，税务机关应向自然人出具识别号的证明，可以是信函式的小纸条。

在我国，依据国家税务总局《关于发布纳税人识别号代码标准的通知》（税总发〔2013〕41 号）的规定，对企业，在外地设立的分支机构和从事生产、经营的场所，个体工商户和从事生产、经营的事业单位的纳税人（以下简称从事生产、经营的纳税人）识别号的管理已有相关规定。而根据国家税务总局办公厅《关于落实国务院统一社会信用代码建设方案调整相关信息系统的通知》（税总办发〔2015〕160 号）之规定，对于企业，2015 年 10 月 1 日前设立的纳税人，暂使用原纳税人识别号，10 月 1 日后新设立的纳税人，工商部门会采取程序自动、实时生成的方式，在办理企业注册登记时一并赋码，核发“一照一码”营业执照，该社会信用代码就是企业的纳税人识别号，可用于办理涉税业务。[①] 使用社会信用代码作为纳税人识别号的企业，无须再次进行税务登记，不再领取税务登记证。对于个体工商户自领取营业执照之日起30日，或首次发生纳税义务30日内，应向税务机关申报税务登记。对于企业、个体工商户以外从事生产、经营的纳税人，纳税人识别号也与社会信用代码一致。然而，尽管目前纳税人的登记信息可以通过电子政务平台传到税务机关，但因部门管理需求不一样，部分登记内容还需要税务机关补录，如房产、土地、车船等财产信息，银行账号、财务负责人信息等。纳税人首次办理申报纳税事项时，要采集核算方式、从业人数、会计制度、代扣代缴、代收代缴税款业务情况等其他补充信息。纳税人办理增值税一般纳税人登记事项的，应采集全部补充信息。

3. 建立纳税人经济活动信息档案

纳税人识别号制度是税收征管制度中最基础的一环，其主要作用就是建立纳税人经济活动信息档案，将纳税人的个人收入、家庭情况（包括未成年人）、生产经营活动等信息串联起来，保证纳税人依法申报，减少逃、漏税的行为。因此，要总结分析各国纳税人识别号制度的理念、设计和执行，借鉴国外的成熟做法，为我国纳税人识别号制度的构建提供详细的基础资料。结合公司法、合同法等民商法，形成良好的法律支撑，共同规范纳税人行为，确保纳税人识别号制度得到贯彻实施。

为此，需要制订和采取征纳双方双向性、互动性柔性措施。首先，完善税收管理员制度，强化税收人员的责任意识，建立“管理到户、责任到人、人户对应”制度，以有效解决税前监控不到位、漏管面太大、漏征严重的问题。其次，引导征税人和纳税人积极、主动使用纳税人识别号。这就要求税务机关向纳税人出具文书时，主动将纳税人识别号填写列明，鼓励纳税人在向税务机关履行纳税申报、扣缴申报、涉税信息报送等义务时，应当主动在报送的涉税文书资料上填列纳税人识别号；规定纳税人在签订合同、协议，缴纳社会保险费，不动产登记、不动产所有权转让、达到一定金额的大额消费以及办理其他涉税事

① 参见白麟：《10月1日起“三证合一”办证需要知道这些事》，载《重庆日报》2015年9月25日，第9版。

项时,应当使用纳税人识别号。对于未按规定要求填列、使用纳税人识别号的自然人纳税人,应设立一定的惩罚机制。比如,如果没有纳税人识别号码纳税人将无法享受各种社会保险。同时,还应规定个人在取得工资、薪金、红利、利息等收入时,付款人必须从收款人那里获得其身份证号码,并为收款人预扣税款。否则,这笔支付款项就不会被税务局认可,从而不能作为成本或费用在收入中扣除。此外,还需要实行银行存款实名制,纳税人去银行存款时必须出示纳税人识别号码。事实上,在 2015 年 12 月 2 日,国家税务总局根据《关于发布〈纳税信用管理办法(试行)〉的公告》印发了国家税务总局《关于明确纳税信用管理若干业务口径的公告》,文件中对纳税人的纳税信用信息确定了纳税信用级别的评定标准,对 A 级纳税人和 D 级纳税人①作了特别规定,有力规范了纳税行为。

这样,税务局就能够很容易地对纳税人的存款状况进行联网查询。在需要查询时,经过法定程序批准后,输入纳税人识别号码,纳税人在所有银行账户的存款都会显示出来,这将在很大程度上解决个人收入来源不透明的问题。

4. 扩展纳税人识别号的社会功能

纳税人识别号不仅可以为税收征管所用,也应更多地承载管理功能,才更具社会意义。可以借鉴国外做法,赋予公民纳税人识别号后,将其与社保账号、银行账号、质监号码、医疗账号等号码关联,以此号可查询纳税人所有的工商登记、金融、税收缴纳、社保缴费、交通违章等信用信息。这样,信用信息种类多、发布广、整合难、处理繁的局面便会得到有效化解,涉税信息处理效率将大大提高,税收风险管理的针对性也将显著增强。对此,可以从以下三个方面来完善。

首先,优化信息化服务,提升税收征管的技术水平。传统化纳税服务尽管在短时间内还有存在的必要性,但受制于高昂的征纳双方成本,信息化税收征管无疑将成为未来的主流模式。运用现代网络信息技术与管理手段,对各类服务资源整合利用,纳税人可以更加便捷的获取税务信息、履行纳税义务,进

① 《纳税信用管理办法(试行)》第 18 条规定,纳税信用级别设 A、B、C、D 四级。A 级纳税信用为年度评价指标得分 90 分以上的;B 级纳税信用为年度评价指标得分 70 分以上不满 90 分的;C 级纳税信用为年度评价指标得分 40 分以上不满 70 分的;D 级纳税信用为年度评价指标得分不满 40 分或者直接判级确定的。

而形成良好的社会风气，提高纳税人的税法遵从度。

其次，应当将各税务机关以及公安、海关、财政、银行、工商管理、社会保障管理、房地产管理等企事业单位联动起来，实现各平台之间的信息共享与交流，从而利用多元、多渠道的信息实现对于信息流的良好管理，并借助全面的信息，建立完善的信息管税制度。

最后，针对目前信用信息种类繁多、分布范围广泛、整合难度高，难以有效提取涉税信息的问题，可以借鉴国外赋予公民纳税人识别号的方法，即将该识别号与公民个人的银行账号、医疗账号、社保账号等社会活动记录挂钩，通过该识别号即可查询到纳税人所有的信用履约、税收缴纳、交通违规、社保缴费等信用信息，从而大大提高涉税信息的提取效率，为税收风险提供更强的针对性管理。

（二）完善纳税人识别号制度的配套举措

纳税人识别号制度的建立不是独立于我国整体税收改革进程之外的，它必须融入国家税收制度的“大盘”中统筹考虑。只有全面把握它与其他制度的关系，才能保证其在构建和完善的过程中稳步推进。因此，亟须建立一套完整的配套举措，保障纳税人识别号制度的建立和实施，这些配套措施的完备与否将对我国纳税人识别号制度的建构进程起到重要影响。

1. 促进税收现代化进程，提高税收征管信息化程度

税收现代化的标志在于，利用大量现代化的科技手段服务于税收征管。一方面，可以大量节省征管成本、减少社会损失，进而提升税收征管的效率与质量；另一方面，还将提高税务部门对税源的监管能力，利用自动化技术实现信息自动回复功能也将极大地方便纳税人。以美国联邦税务局为例，在全国范围内建立的成熟计算机税务管理系统，能够将网络覆盖到纳税申报、税款征收、税源监控、税收违法处罚等税收征管的全过程。同时，不仅包括各级税务部门、纳税人，美国税务管理系统也将其他政府公共部门如工商、海关、财政、金融等囊括其中，实现了全社会信息资源的共享。而中国，虽然近年来在硬件配置上已取得明显进步，但仍未将税收网络的丰富内涵发挥出来。因此，为了建立完善的现代化税收征管体系，我国应该将网络建设作为重点，将实现信息共享作为目标，不断提升税收征管信息化程度。与此同时，加强支付手段的改革与创新，不断扩大刷卡结算和银行结算的领域与范围，减少现金流通，也可以从税收的源头更好地实现对资金流和物流的管理、监督。

2. 提高税收征管专业化程度,加强税务人员队伍力量

纳税人识别号制度作为一项新制度,执行力如何与税务工作者的专业化程度有直接的关系。截至2012年年底,全国税务系统拥有博士和硕士学位的比例仅为3.64%,拥有“三师”资格证书的仅为4.41%,不言而喻,人才特别是高端专业人才成为税收事业发展的短板。① 而且,随着税收管理信息化和信息管税工程的推进,人才的需求将与日俱增,要求也会越来越高。因此,必须加快人才队伍建设,提高税收征管专业化程度。一是树立以人为本的人才开发理念。在现有税务体系中,通过提高税收征管信息化程度,提高日常工作效率,将原本进行税务征收和行政管理的税务人员从日常管理的烦琐工作中解放出来,对纳税人识别号制度的相关知识集中学习,成立课题研究小组,借鉴其他国家的经验,通过与实践相结合,寻求适合我国发展的纳税人识别号制度。二是创造公平竞争的人才选拔环境。在人才选拔上,应严格遵循“公开、平等、竞争、择优”的原则,树立和强化“英雄不问出处”的观念,帮助各类人才解放思想,摒弃安于现状的传统观念,鼓励支持人才竞争,从上而下形成良好的竞争氛围。三是建立客观公正的人才考评体系。创造全员参与的纳税人识别号践行的人才环境,落脚点在于健全和完善科学的考核评价体系,全面、客观、准确地考评税务工作者的德才表现和工作实绩。这样,在征税过程中,纳税工作者才能以超高的效率完成工作,并体现一定的专业性,让纳税人信服。

第三节　税收事先裁定制度之抉择

我国于2015年公布的《草案征求意见稿》,首次引入税收事先裁定制度。② 这一立法举措是我国税收征管改革与国际接轨的重要一步,对推进我

---

① 参见国家税务总局:《领军人才:税收队伍建设的新引擎》,载 http://www.chinatax.gov.cn,最后访问日期:2014年1月9日。

② 《草案征求意见稿》第46条集中规定了税收事先裁定制度的基本内容。具体表述为:“税务机关应当建立纳税人适用税法的预约裁定制度。纳税人对其预期未来发生、有重要经济利益关系的特定复杂事项,难以直接适用税法制度进行核算和计税时,可以申请预约裁定。省以上税务机关可以在法定权限内对纳税人适用税法问题作出书面预约裁定。纳税人遵从预约裁定而出现未缴或少缴税款的,免除缴纳责任。”鉴于国际通行术语使用的是“税收事先裁定制度”,因此本书未采用《草案征求意见稿》中的“预约裁定制度”,而是采纳国际通行表述。此外,关于“预约裁定制度”名称是否妥当的问题,将于本书最后一部分提出建议。

国税收治理现代化和构建和谐征纳关系意义重大。尽管《草案征求意见稿》已搭建起税收事先裁定制度的基本架构,但在立法细节上仍有诸多争议。鉴于目前对税收事先裁定基础理论分析的不足,为更好解决本土化制度构建的障碍,本文以理论基础为切入点,挖掘税收事先裁定制度本质,进而探讨该制度本土化构建的具体细节。

一、税收事先裁定制度的概念厘定

税收事先裁定制度,是一项为纳税人预期交易将产生的税收后果提供税法确定性的程序。① 由于税法在很多情形下的不确定性、模糊性、内在复杂性和频繁修订,世界范围内有诸多国家和地区建立了税收事先裁定制度,以减小纳税人未来涉税交易适用税法的不确定性。为准确理解和界定我国税收立法语境下的税收事先裁定制度,有必要从国际通行的概念和分类入手。

(一)税收事先裁定的国际通行概念及分类

在国际上,目前对税收裁定制度的梳理较为全面的是经济合作与发展组织(以下简称 OECD)。OECD 将税收事先裁定制度定义为:由税务机关向纳税人提供的,就一系列特定事实如何解释和适用税法所作出的自身受其约束的书面报告。②

OECD 在 2006 年、2013 年和 2015 年分别发布《有关 OECD 国家和非 OECD 经济体的税收征管情况对比报告》(以下简称《2006/2013/2015 年报告》),③对税收裁定制度进行了系统介绍,但使用的具体术语略有差异:在《2006 年报告》中采用的是"税收事先裁定"(advance tax ruling),在《2013 年报告》和《2015 年报告》中采用的是"税收裁定"(tax ruling)。然而无论使用

---

① See Yehonatan Givati, "Resolving Legal Uncertainty: The Unfulfilled Promise of Advance Tax Rulings", *Virginia Tax Review*, Vol. 29, Issue 1(2009), p. 139.

② 原文是"A written statement issued to a taxpayer by a revenue body that interprets and applies the tax law to a specific set of facts and is binding upon the revenue body." See "Glossary of Acronyms and Technical Terms", in OECD(2010), "Addressing Tax Ri*sks Involving Bank Losses*", Paris: OECD Publishing, 2010, p. 83。

③ 《OECD 报告(2006/2013/2015)》具体是指:Tax Administration in OECD and Selected Non-OECD Countries: Comparative Information Series(2006)、Tax Administration 2013 Comparative Information on OECD and Other Advanced and Emerging Economies 及 Tax Administration 2015 Comparative Information on OECD and Other Advanced and Emerging Economies。

的是哪个概念,报告都将裁定分为两类:“公共裁定”(public ruling)和“私人裁定”(private ruling)。根据《2015 年报告》,“公共裁定”是指“税务机关就特定情形如何进行税法条文解释发布的书面文件,目的是在某些特定税法条文可能对大量纳税人产生重大影响或者是一项条文已经引发税法适用的混淆和模糊的情况时,清楚阐明税法适用”。[①] “私人裁定”是指“税务机关根据纳税人(或其税收顾问)提出的针对预期发生或已经发生的特定交易事项如何准确适用税法的申请所作出的税法解释,目的是在纳税人面临非常复杂和高风险的交易时,能为纳税人预测纳税结果提供辅助支持,并使其尽早获得准确的税法解释”。[②] 二者主要区别在于,前者面对的是具有公众影响力的课税难题,而后者面对的是欲获得税法解释的特定对象的特定事项。尽管在 2006 年后的报告中并没有特别使用“税收事先裁定”,但“公共裁定”和“私人裁定”的分类标准及范围基本没有变化,即可理解为被划分对象也未作特别调整。因此,从广义上来看,税收事先裁定制度包括了“公共裁定”和“私人裁定”。另一方面,从制度特性看,税收事先裁定的关键在于“事先性”(advance),正如 Yehonatan Givati 所言,“税收事先裁定制度重在对纳税人未来交易适用税法的关照”。[③] 因此在狭义上,应对其作限缩解释,将税收事先裁定制度的概念范围界定为排除对已发生事项申请裁定部分后的“私人裁定”。[④]

我国新入法的税收事先裁定制度是在广义还是狭义层面进行概念使用的?根据我国《草案征求意见稿》第 46 条的规定,“纳税人对其预期未来发生、有重要经济利益关系的特定复杂事项,难以直接适用税法制度进行核算和计税时,可以申请预约裁定”。很明显,该条所指非广义上的税收事先裁定,因为我国的税收事先裁定程序必须经由特定纳税人申请方能启动,且仅针对预期未来发生的交易事项,目的在于解决特定纳税人的税法适用难题。由此

① OECD(2015),“Tax Administration 2015 Comparative Information on OECD and Other Advanced and Emerging Economies”,Paris:OECD Publishing,2015,p. 288.

② Ibid.

③ Yehonatan Givati,“Resolving Legal Uncertainty:The Unfulfilled Promise of Advance Tax Rulings”,*Virginia Tax Review*,Vol. 29,Issue 1(2009),p. 137.

④ 需要说明的是,不同国家或地区对“私人裁定”是否面向已发生的交易事项有不同规定,但大部分国家的私人裁定不包括对已发生交易事项的裁定,仅个别国家将其包括在内。由于这部分所占比例非常小,因此,狭义上的税收事先裁定制度通常将这一部分忽略掉,基本等同于报告中的“私人裁定”。

可初步判断，我国立法中的税收事先裁定制度重在为特定纳税人服务，更贴近狭义层面的“私人裁定”。那么，我国是否存在类似报告中的“公共裁定”？《2015年报告》认为我国没有“公共裁定”。[①] 但笔者认为，尽管我国未使用“公共裁定”概念，但税务机关在某些需要普遍适用的税法问题上制定税收规范性文件的行为，基本上与“公共裁定”的内在机理相似，都是通过税务机关作出对具有公众影响力的税法适用问题的阐释。笔者认为，我国大量存在的税收规范性文件（如国家税务总局发布的各项办法、规定和规则等），可以基本等同于OECD规范用语中的“公共裁定”。换言之，就我国而言，“公共裁定”并非全新概念，大量长期存在并发挥税法解释及补充作用的各类税收规范性文件，实际上一致承担着作为“公共裁定”解决公众性课税难题和疑问的基本功能。故我国不仅存在“私人裁定”，也存在“公共裁定”。

（二）税收事先裁定与相关概念辨析

在我国的税收征管实践中，“税收个案批复制度”也涉及税法解释问题，在税收事先裁定制度入法的同时，亟须处理好二者关系。根据国家税务总局《税收个案批复工作规程（试行）》（国税发〔2012〕14号）规定，税收个案批复是指税务机关针对特定税务行政相对人的特定事项如何适用税收法律、法规、规章或规范性文件所做的批复；税收个案批复事项一般由税务行政相对人的主管税务机关提出，并逐级报送有权作出批复的税务机关；税收个案拟明确的事项需要普遍适用的，应当按照《税收规范性文件制定管理办法》制定税收规范性文件。[②] 税收个案批复制度是否可以划入“私人裁定”或“公共裁定”的范畴？从制度定义来看，税收个案批复仅针对特定纳税人而非广大纳税人群体，缺乏“公共性”要件，归入“公共裁定”范畴不恰当。即便是在税收个案拟明确事项需普遍适用而制定成税收规范性文件的情况，构成“公共裁定”的也只是税收规范性文件，而非税收个案批复。因此，税收个案批复不属于“公共裁定”。那么，税收个案批复是否属于“私人裁定”？本文持否定观点。主要原因在于，“私人裁定”通常由纳税人主动提出申请，按纳税人的个性化需求

---

① See Table 9.1“Taxpayers’ Rights and Selected Features of the Revenue Rulings System”, in OECD(2015), “Tax Administration 2015 Comparative Information on OECD and Other Advanced and Emerging Economies”, Paris: OECD Publishing, 2015, p. 289.

② 参见《税收个案批复工作规程（试行）》第2条、第4条、第8条。

提供相应税法解释，且针对的是尚未发生的涉税交易事项；而税收个案批复事项一般应由税务行政相对人的主管税务机关提出，通常针对已发生的经济事项或业务，并逐级报送有权作出批复的税务机关，如果是上级机关交办、本机关领导批办、相关部门转办、纳税人直接提出申请，拟作出批复的，则应当逐级发送至税务行政相对人的主管税务机关调查核实，提出处理意见后，逐级报送有权作出批复的税务机关。基于主导主体和适用范围的差异，税收个案批复制度亦不属于“私人裁定”。综上，税收事先裁定与税收个案批复是两个不同的税法制度，前者侧重纳税人主动申请，内在机理是促进纳税遵从，后者为税务机关主导推进，重在加强并完善税收执法及其内部监督制约。

此外，税收事先裁定制度与税法中的“预约定价安排”是否存在关联的问题亦需要厘清。从《草案征求意见稿》使用的“预约裁定制度”用词来看，似乎与现行税法规定的“预约定价安排”存在某种关联，然而事实上二者不能画等号，也无法构成某种必然的关联关系。根据《企业所得税法》第42条、《企业所得税法实施条例》第113条和《税收征管法实施细则》第53条的规定，预约定价安排是指企业向税务机关提出未来年度关联交易的定价原则和计算方法，由税务机关与企业预先确定受控交易所适用的标准（如方法、可比的合适调整、对未来事件的关键性假设等），经过协商、确认后所达成的协议。国际上又称为预先定价协议（advance pricing arrangement，APA）。预约定价安排从表面看是税务机关对纳税人关联交易符合独立交易原则的事前判断和确认，是税务机关与纳税人之间就关联交易定价调整方法所达成的谅解；从根本上看，由于纳税人通过关联交易转让定价降低交易成本、减少市场风险具有可能的避税动机，预约定价安排事实上是一种税务机关出于实施反避税目的而对纳税人特定纳税事项所作的税务调整。质言之，预约定价安排制度的初衷在于反避税。而税收事先裁定制度的目的在于为纳税人提供税法适用的确定性服务。因此，尽管预约定价安排中也涉及税法解释和适用，但二者的直接目标不同，或者说在起点处已分道扬镳，更不必说适用范围的不同（预约定价只涉及关联交易的定价及税收问题，而税收事先裁定适用范围远远大于交易定价的税收问题）。此外，二者在程序上亦有较大差异。预约定价安排要求税务机关对作为得出税法结果依据的事实性假设予以详尽评估和细致核实，并要求在整个预约定价安排期间持续地对相关事实性假设是否有效进行监督，而税收事先裁定的有效性自裁定作出便具有独立性，不受日后纳税人实际交易行为的影响。[①] 纵使预约定价安排和税收事先裁定都具有一定"事先性"和"预先性",但二者无论在宗旨、适用范围和程序机制上都有所差异,不应混为一谈。

综合以上概念厘清及辨析,可得出如下结论:在我国税收征管领域兼有"私人裁定"和"公共裁定"。我国税收立法语境下的税收事先裁定制度是在狭义层面进行概念使用的,基本可以等同于OECD规范中排除对已发生事项申请裁定部分后的"私人裁定",即税收事先裁定是税务机关根据纳税人提出的针对预期发生的特定交易事项如何准确适用税法的申请所作出的税法解释。与此同时,我国大量存在的各类税收规范性文件作为税务机关提供的具有普遍适用意义的税法解释文件,构成了与"私人裁定"相对的"公共裁定"。至于易与税收事先裁定混淆的"税收个案批复制度"和"预约定价安排",则应明确它们与税收事先裁定制度的差异,辨清不同制度的功能价值。

二、税收事先裁定制度的本质提炼

由于税收历史、理念及立法技术等差异,不同地域的税收裁定均带有独特个性。我国在引入该制度时,不可避免地面临制度移植的适应性难题。欲实现税收事先裁定制度在我国税收征管治理模式的合理"嵌入",避免盲目借鉴和移植,需结合本土现状对其本质进行提炼。

(一)税收事先裁定制度本质提炼的必要性分析

为说明挖掘税收事先裁定制度本质的现实必要性,以下以税收事先裁定中税法解释主体和收费问题的制度设计为例。就税法解释主体而言,有观点认为,税收事先裁定权应集中到国家税务总局。[②] 也有观点认为,税收事先裁定事项原则上由税务总局层面受理,对经营规模限于省级行政区域的、业务不

---

① OECD(2010), "Annex to Chapter IV. Guidelines for Conducting Advance Pricing Arrangements under the Mutual Agreement Procedure('MAP APAs')", in *OECD Transfer Pricing Guidelines for Multinational Enterprises and Tax Administrations* 2010, OECD Publishing, p. 336.

② 参见虞青松:《税收事先裁定权限应集中到税务总局》,载《中国税务报》2014年9月3日,第B07版;滕祥志:《〈税收征管法〉在纳税人权益保护方面尚有拓展空间》,载《财会信报》2015年1月19日,第A06版。

复杂的中小企业和自然人纳税人的申请，可以授权省级税务局办理。[①] 若将税收事先裁定制度定位为税法解释行为，则应首先保障税法解释的统一性；若定位为税务指导行为，则应更多地考虑税务机关提供行政指导的资源支配。就是否收费的分歧，有观点认为，收费可能抑制纳税人申请事先裁定，不应当收费。[②] 也有观点认为，为了防止申请裁定的数量剧增，使税务机关不胜负荷，可以为裁定设置较高的收费标准。[③] 若将税收事先裁定制度定位为纳税服务，则应遵循"无偿服务"原则；若将其理解为税务机关的具体行政行为，则规定"用者自负"较有利于行政效率提高和资源配置优化。故立法的取向，关键在于制度定位背后所隐含的价值选择。选择不同，法律规则亦不同。除此之外，对裁定效力、时限等其他问题的分析也需遵循以上分析范式，同样面临率先厘清税收事先裁定本质的同一关卡。

那么到底应如何理解税收事先裁定制度的本质？是解读为税收执法行为，还是税务行政指导行为？是解读为税法解释行为，还是一种新型纳税服务？从哪个角度提炼制度本质更具有说服力、更有利于其在我国的推进？

（二）税收事先裁定制度的本质挖掘

我国对税收事先裁定制度的认识可溯至20世纪末。1996年谭珩撰文第一次提出"我国应推行税收事前裁定制度"，认为"事前裁定制度是税务机关实施税收行政管理的一种预先的执法活动"。[④] 囿于当时较为落后的税收征管理念，对这一制度的认知仅停留在"预先执法手段"的层面。随着我国对平等和谐征纳关系的大力倡导，特别是党的十八届三中全会推进财税体制改革和税收治理现代化战略部署的出台，我国逐步实现了由"保障强制征收"向

---

① 参见王明世：《关于注税行业引入税收事先裁定服务的必要性和可行性研究》，载《注册税务师》2014年第12期；王明世：《税务事先裁定程序规则的构建研究》，载《税收经济研究》2015年第1期。

② 刘磊、熊晓晴、周妍：《事先裁定制度研究》，载《税务研究》2012年第9期。

③ 参见朱为群、谭郁森：《论中国引进税务事先裁定制度的必要性和可行性》，载《现代经济探讨》2012年第6期。

④ 参见谭珩：《我国应推行税收事前裁定制度》，《税务研究》1996年第7期。同一时期的相似观点还有"事前裁定是一种事前执法手段，是指税务管理部门在核定纳税人（或委托税务代理人）事先筹划的纳税方案过程中，根据事实公开发布的裁决和意见，也包括纳税人所提问题的公开答复。"参见张健、王伟：《试论税收筹划与事前裁定制度》，载《财税理论与实践》1997年第3期。

"促进纳税遵从"的转变。通过多种有效方式促进纳税行为成为一种自愿、自治行为的理念,成为衡量税收征管措施和制度是否合理、科学的尺度。[①] 在此背景下,将税收事先裁定制度解读为"预先执法手段"显然不合时宜。

在税收行政指导、税法解释行为和纳税服务几种可能的解读选项中,尽管税收事先裁定符合行政指导的基本特征,但此种解读仅浮于表象,且无法体现税收事先裁定中"税收"这一特别因素,因此不足以为体系化立法构建提供充分的理论支撑。笔者认为,最能够彰显税收事先裁定制度功能价值,同时有效反映《税收征管法》修订理念的本质理解,是将后两个解读视角相糅合,即"税收事先裁定制度是一项以税法解释为中心的个性化纳税服务"。[②]

"以税法解释为中心"——税收事先裁定制度的主要任务,是针对纳税人提供的一系列涉税事实发表关于如何解释和适用税法的意见。[③] 由于现实中税法规则的频繁修订和税收活动的复杂多样,税法规范的"条文本身"和税收征管实践的"具体应用"之间,实际上并不构成一种真实的区分,对条文本身的解释,实际上只能是在具体应用中对条文本身的解释。[④] 同样,对"具体应用"问题的解释也不可能脱离"条文本身"。从这一点看,税法解释权在一定程度上是被立法、行政和司法所共享的。那种基于法律解释学严格意义上的法律解释分工,至少在税收征管领域是难以完全适用的。[⑤] 同时,鉴于我国税收立法解释相对阙如和税收司法解释的发育不良,面对纳税人行为与税收立法之间的裂痕,作为行政解释主体的税务机关不得不承担起主要的税法解释职责。因此,税务机关在税收事先裁定制度中的税法解释主体地位具有必要性基础。

---

① 参见袁森庚:《对〈税收征管法〉修订思路的几点认识——兼评〈税收征管法修订稿(征求意见稿)〉的相关内容》,载《税收经济研究》2014年第6期。

② 根据2005年10月16日国家税务总局发布的《纳税服务工作规范(试行)》第2条规定,纳税服务是指税务机关依据税收法律、行政法规的规定,在税收征收、管理、检查和实施税收法律救济过程中,向纳税人提供的服务事项和措施。

③ See John Prebble, "Advance Rulings Procedures", *Victoria University of Wellington Law Review*, Vol. 15 Issue 3(1985), p. 244.

④ 参见张志铭:《法律解释学》,中国人民大学出版社2015年版,第161~162页。

⑤ 根据1981年《全国人民代表大会常务委员会关于加强法律解释工作的决议》规定,凡属"法律、法令条文本身需要进一步明确界限或作补充规定的"由全国人大常委会解释;凡属"具体应用法律、法令的问题"由法律实施的有关主管部门分工解决。

"个性化纳税服务"——税法解释的分析角度仅阐明了税务机关的单方职责,尚未展现征纳双方的互动,纳税服务理论则弥补了这一缺陷。"税作为国家提供公共产品的代价,其存在的意义即在于满足社会的公共需要;课税最终的目的是利用税收服务公众。"①一方面,税务机关要代表国家行使征税权;另一方面,税务机关有义务为公众提供公共服务产品。这种服务表现在税收征管领域即为纳税服务。近年来,我国纳税服务的重心逐渐从优化办税环境、改善服务态度等基础改革向引导纳税遵从和个性化服务等深层次改革发展。税收事先裁定源于为纳税人提供重大涉税事项税法适用确定性、帮助纳税人控制税负风险的初衷,其不仅反映出税务机关的"服务性",而且体现出高阶纳税服务的"个性化",表现为:首先,税收事先裁定并非通过税务机关的征税权来实现,而是以弥补税法模糊性、增强纳税人适用税法的确定性、防控税企税收风险为目标。其次,纳税人是否申请或遵从裁定,取决于自己的选择和判断,不受税务机关强制干预。再次,在税收事先裁定的主要环节,都力图保证征纳双方的平等对话、和谐沟通,给予纳税人充分表达权利的自由,在相当程度上实现了税企双赢。最后,由于服务对象的针对性、服务内容的极强专业性和深入性、服务程序的相对复杂性,其还具有超越一般纳税服务的特殊性,带有较强的个性化特征。

(三)税收事先裁定制度本质提炼的现实意义

将税收事先裁定制度的本质解读为以税法解释为中心的纳税服务,既是探求税收事先裁定制度理论基础的核心内容,亦对完善税收征管立法和执法实践有积极的现实意义。

其一,在立法中彰显"纳税人为本"的服务理念。税收事先裁定制度既然是一项纳税服务制度,自应体现"服务"理念,其条款设计应始终围绕促进纳税人准确理解和适用税法,尽量减轻纳税人申请裁定的实体条件和程序要求,不得过度增加纳税人负担。如在是否收费、申请条件、是否公开等问题上,要重视对纳税人权利的保护。同时,作为一项由法定机关提供的服务事项,纳税人从中得到了来自税务部门一旦给出就不会轻易改变的保证。② 应当通过立

---

① 刘剑文、熊伟:《税法基础理论》,北京大学出版社2004年版,第37页。

② See John Prebble, "Canadian and Swedish Procedures for Advance Rulings in Income Tax Cases", *Australian Tax Forum*, Vol. 4(1987), p. 217.

法强化“纳税人信赖利益保护原则”,规定对纳税人有利的错误裁定不准许撤销。此外,还应当注意税收事先裁定与一般纳税咨询服务的分工与衔接。[①]对于原本属于一般纳税咨询服务的咨询工作,要维护好现有服务渠道;对于超越一般纳税咨询能力范围的个性化咨询,应告其可以申请税收事先裁定。

其二,在执法中需重视税法解释工作。正如前文所述,我国兼有“私人裁定”和“公共裁定”,二者均是为了解决具有较强专业性的税法在很多情形下的不确定性、模糊性、复杂性以及滞后性所给纳税人带来的理解与适用难题。唯有切实提高税法解释水平,税收事先裁定和税收规范性文件才能真正发挥弥补税法空白漏洞、有效指导税收征纳实践的作用,否则再多的制度设置也会成为骈拇枝指。此外,关于前文提及的同样发挥税法解释功能的“税收个案批复制度”,从国家税务总局办公厅年发布的《关于进一步规范税收个案批复类文件办理工作的通知》(税总办发〔2015〕184 号)可以看到,降低批复的随意性、加强监督制约以及控制税收个案批复的范围、数量是制度发展的方向。[②] 相较于程序互动性更强的税收事先裁定,税收个案批复制度尽管在执法实务中发挥着作用,但我们认为,从体现和谐征纳关系和纳税人权利保护的视角看,税收事先裁定制度的优势更明显。

三、税收事先裁定制度的域外比较

(一)域外税收事先裁定制度的基本概况

OECD 针对特色各异的税收制度进行了较为全面的共性提炼和要点梳理。《2015 年报告》在 2006 年、2013 年报告的基础上,与时俱进地更新了税收事先裁定制度在世界范围内的最新发展,样本囊括所有 OECD 成员国和选取

---

① 税收事先裁定与一般纳税咨询服务的区别在于:(1)一般纳税咨询服务仅限于一般性解释,不包括针对纳税人特定交易进行“量身定做”的解释;(2)一般纳税咨询包括对已经发生和未来可能发生的涉税问题的咨询,而税收事先裁定制度仅面向未来预期发生事项的税法咨询;(3)申请一般纳税咨询服务方式既可以通过电话、网络、信函、纳税服务厅等方式,而申请税收事先裁定必须通过书面形式申请;(4)一般纳税咨询服务不具有对第三人效力,而税收事先裁定制度则受是否公开裁定的影响,可能对其他纳税人产生一定参考作用。

② 具体内容详见《关于进一步规范税收个案批复类文件办理工作的通知》。

的22个非OECD国家或地区。在34个成员国中,有33个国家规定了该制度。[1] 在选取的22个非OECD成员国家或地区中,有19个国家规定了该制度。[2] 针对裁定对税务机关是否有约束力、裁定时限是否有要求以及是否规定收费这三大问题,我们将《2015年报告》中的各项数据进行整理,形成表格如下。

表4　各国实行事先裁定制度样本分析

	规定事先裁制度		对税务机关有约束力		对裁定时限作出要求		规定收取费用	
OECD国家(34个)	33	97%	31	94%	25	76%	15	45%
非OECD国家或地区(被选取的22个)	19	86%	16	84%	14	74%	6	32%
总计(56个)	52	93%	47	90%	39	75%	21	40%

由表4可以看到,无论OECD成员国还是非OECD国家或地区,绝大多数国家或地区都建立了税收事先裁定制度,约九成规定了税收事先裁定对税务机关具有约束力,对裁定时限作出要求的占3/4,规定不收费的占6成。这些数据使我们能够较为直观地审视世界范围内的制度概况,同时也为我国制度构建提供了具有对比意义的参考样本。但是欲认清税收事先裁定制度的全貌,还需对制度内容进行进一步的具体比较。

---

① See Table 9.1"Taxpayers' Rights and Selected Features of the Revenue Rulings System", in OECD(2015), "Tax Administration 2015 Comparative Information on OECD and Other Advanced and Emerging Economies", Paris: OECD Publishing, 2015, p. 289. 需要说明的是,OECD未将瑞典纳入实行税收事先裁定的成员国范围。尽管瑞典是世界上最早实行税收事先裁定的国家,但与其他国家由税务机关执行税收事先裁定的受理和发布不同,瑞典采用的是司法模式,即由一个独立于税务部门的专门委员会在受理起诉并发布税收事先裁定。鉴于这种模式的特殊性,《2015年报告》没有将其归为私人裁定的范畴,故瑞典被排除在统计结果之外。

② See Table 9.1"Taxpayers' Rights and Selected Features of the Revenue Rulings System", in OECD(2015), "Tax Administration 2015 Comparative Information on OECD and Other Advanced and Emerging Economies", Paris: OECD Publishing, 2015, p. 289.

(二)税收事先裁定制度基本内容的具体比较

1. 税收事先裁定的效力

大部分实行税收事先裁定制度的国家都规定,税收事先裁定对税务机关有法律上或行政上的约束力,但也存在例外。[①] 在加拿大,国家税务局(Canada Revenue Agency,CRA)自身受到所得税税收事先裁定的约束,但如果纳税人在信息披露时出现了关键性遗漏或者重大误解,则不再受此拘束。[②] 在德国,税收事先裁定制度对税务机关有约束力,但其前提是当且仅当预期的交易事项按照申请裁定时的预期计划实质性地展开,或与预期计划相比仅有非实质性变动。如果税收事先裁定所依据的税法被废止或变更,则不再对税务机关产生约束力;如果一项税收事先裁定的获得是靠不公平手段(如虚假陈述、威胁等),则税务机关可以对已经做出的裁定进行有追溯力的修改。[③] 在瑞典和英国,对此问题还特别强调对纳税人信赖利益的保护,规定对纳税人有利的错误裁定不予撤销。[④]

2. 税收事先裁定的时限

大多数国家倾向于对税收事先裁定时限作出限制以保证税务行政效率,时限要求从28日到360日不等。[⑤] 例如,澳大利亚国家税务局(Australian Taxation Office,ATO)对受理申请的时限要求是,自收到所有必要信息之日起的28日内作出是否受理的决定,如果发现申请事项过于复杂则可以延长,新的回复期限由税务机关和申请人协商确定;对作出裁定的时限要求是,税务机关应当在受理申请后的60日内作出裁定,如果60日内仍没有作出,纳税人可

---

① 税收事先裁定对税务机关的约束力具体是指,税务机关在日后对纳税人的纳税行为进行评估或稽查时,受到已作出税收事先裁定的约束,应当按照裁定结果征收税款,不得随意变更或撤销。

② See Timothy Fitzsimmons, "Advanced Warning: Taxpayers Would be Wise to Approach Advance Tax Rulings with Caution and Might even Seek Legal Counsel", *CA Magazine*, Vol. 141, Issue 6. (2008), p. 32.

③ See OECD(2013),"Tax Administration 2013 Comparative Information on OECD and Other Advanced and Emerging Economies",Paris:OECD Publishing,2013, p. 338.

④ 参见刘磊、熊晓晴、周妍:《事先裁定制度研究》,载《税务研究》2012年第9期。

⑤ 国际上也有部分国家对税收事先裁定制度未规定时限,如日本、美国、德国、瑞士、荷兰、土耳其等。See Table 9. 1, "Taxpayers' Rights and Selected Features of the Revenue Rulings System", in OECD(2015), "Tax Administration 2015 Comparative Information on OECD and Other Advanced and Emerging Economies",Paris:OECD Publishing,2015, p. 289.

以向税务机关提出要求其尽快作出裁定的申请。[①] 葡萄牙规定作出裁定的时限为150日,但如果纳税人能够证实其申请属紧急事项并得到税务机关认可,则可缩短为90日。[②] 与上述国家不同,美国未规定税收事先裁定(又被称为"私人信件裁决")具体时限。[③] 然而在等待最终裁决期间,纳税人并非不可作为,可以在申请提交后的21日内与税务人员会面,了解裁决是否对其有利抑或不利的倾向。[④]

3. 税收事先裁定的费用

对税收事先裁定制度实行"用者自负"原则的国家或地区主要集中在北美洲和欧洲,收费情形和标准不尽相同。[⑤] 加拿大实行按小时收费,前10个小时每小时收费100美元,之后每小时收费155美元。[⑥] 波兰规定,申请税收事先裁定的基础费用是75波兰兹罗提(约等于27.23美元),根据在申请中所提问题的数量,在基础费用上相应增加费用。[⑦] 美国经历了从免费服务到有偿服务的历程,1987~1990年实行免费裁定,之后费用不断上涨,到2007年已达到1万美元。[⑧] 在规定不收费的国家,如英国,认为纳税人就是顾客,他们

---

① See OECD(2015),"Tax Administration 2015 Comparative Information on OECD and Other Advanced and Emerging Economies",Paris:OECD Publishing,2015,p. 332.

② Ibid.

③ 从实践来看,美国私人信件裁决大多数是在90~183日内完成,一些包含了复杂事实情况或新问题的申请往往需要6个月到1年。See Yehonatan Givati,"Resolving Legal Uncertainty: The Unfulfilled Promise of Advance Tax Rulings",*Virginia Tax Review*, Vol. 29, Issue 1(2009), pp. 153-154.

④ 美国这一程序性规定的意义在于,即使最终的裁决在很长一段时间之后才发布,但多数情况下纳税人是可以在申请后的21日内就提前预测到裁决对其的影响并及时调整自己的商事行为。

⑤ 对税收事先裁定制度规定收费的国家主要有美国、加拿大、波兰、挪威、爱尔兰、德国、丹麦。See Table 9.1"Taxpayers' Rights and Selected Features of the Revenue Rulings System", in OECD(2015),"Tax Administration 2015 Comparative Information on OECD and Other Advanced and Emerging Economies",Paris:OECD Publishing,2015,p. 289.

⑥ See Timothy Fitzsimmons,"Advanced Warning: Taxpayers Would be Wise to Approach Advance Tax Rulings with Caution and Might even Seek Legal Counsel", *CA Magazine*, Vol. 141, Issue 6.(2008),p. 32.

⑦ See Malgorzata Sobonska,"News Rules on Advance Tax Rulings", *International Tax Review*, Vol. 18, Issue 8(2007), pp. 99-100.

⑧ See Yehonatan Givati,"Resolving Legal Uncertainty: The Unfulfilled Promise of Advance Tax Rulings", *Virginia Tax Review*, Vol. 29, Issue 1(2009), p. 152.

无须为纳税服务付费。尽管税务机关的资源是有限的，但是关于税收事先裁定收费的提议仍是必须予以审慎考量的。[①]

4. 税收事先裁定的主体

在大多数国家，税收事先裁定主要交由主管税务机关完成。加拿大、瑞典和美国早在很多年前，就已将裁定主体集中到一个机构，将裁定程序集中于一套体系。目前，美国的税收事先裁定主体是美国国内税务署（Internal Revenue Service，IRS），由国家税收办公室（Service's National Office）负责具体执行。[②]在加拿大，税收事先裁定由国家税务局（CRA）的立法司（Legislation Branch of Revenue Canada）负责，并具体由税收事先裁定理事会（分法人裁定理事会和非法人裁定理事会）执行。税收事先裁定理事会的内部依据不同领域划分不同分工，分别对不同对象（如重组类企业、金融类企业等）的申请进行处理，同时负责税收事先裁定出版物的发行。[③] 与上述由最高国家税务机关掌握裁定权的行政模式不同，瑞典采取由一个独立于税务部门的专门委员会（国内税收委员会）受理起诉并发布税收事先裁定的司法模式。[④]

5. 税收事先裁定的范围

从国际范围来看，只有少数国家对裁定范围没有做任何限制，如葡萄牙。大多数国家或地区基本都通过"正面规定"或（和）"负面列举"的形式规定了税收事先裁定的范围，如加拿大、新西兰、瑞典、比利时、韩国、中国香港特别行政区。就"正面规定"而言，通常情况下，对税收事先裁定制度的正面规定都较为抽象。如在瑞典，提出裁定的事项必须是对纳税人而言有着明显重要性的事项。[⑤] 也有个别国家采取正面列举方式，如比利时中央税收征管机构中

---

① See Phillippa Cannon, "Advance Rulings: Risk or Rigidity?", *International Tax Review*, Vol. 7, Issue 10(1996), p. 11.

② See Yehonatan Givati, "Resolving Legal Uncertainty: The Unfulfilled Promise of Advance Tax Rulings", *Virginia Tax Review*, Vol. 29, Issue 1(2009), p. 140. 还要说明的是，在美国，纳税人也可以就预期交易向地方税务局提出申请，由地方税务局依据美国国内税务署公布的原则和先例适用于特定事实而发布书面声明，该声明称为决定书，但不同于事先裁定。

③ See John Prebble, "Canadian and Swedish Procedures for Advance Rulings in Income Tax Cases", *Australian Tax Forum*, Vol. 4(1987), p. 220.

④ Ibid.

⑤ See John Prebble, "Advance Rulings Procedures", *Victoria University of Wellington Law Review*, Vol. 15, Issue 3(1985), p. 244.

的特别委员会仅针对如下问题进行裁定：不正常利益的获得、非居民纳税人的所得、企业并购的免税、实收股利税收减免限制、交易所涉之金融或经济原理。① 就"负面列举"而言，其目的是将一些明显不合适的裁定申请排除在外，以避免时间、人力等资源的浪费。如在韩国，有三种情形是不符合申请要求而被排除在裁定范围之外的，即针对单纯事实情况的申请、仅就复杂或合并交易中一部分交易行为的申请以及以偷逃税为目的而提出的申请。② 在中国香港，税收事先裁定申请在以下情况会遭到拒绝：纯事实问题、必须依赖某些假设才能做出裁定、是任何反对或上诉的标的、是已经提交或到期提交的报税表的标的、与以前完成的交易有相同特性、与正在审理事项有关或已有判决但上诉正在进行中、要求就公认会计原则或商业管理提出意见、涉及对国外法律诠释。③

6. 税收事先裁定的救济

纵观世界各国，关于申请税收事先裁定的纳税人是否有权以及在何种情况下有权提起行政复议或行政诉讼以维护自身权利的问题，多数观点认为，税收事先裁定制度不适用复议或诉讼。其原因在于，纳税人可以通过其他途径，避免税收事先裁定对其可能造成的权益损害。例如，纳税人有权不申请税收事先裁定，有权在税收事先裁定发布前撤回申请，有权在税收事先裁定发布后改变原交易计划或不再实施预期交易，也可以在按照裁定实施交易后的其他纳税评价或税收检查等环节中，针对具体的税收征管行为提出复议或诉讼请求。与大多数国家不同的是，澳大利亚、丹麦、芬兰等少数国家则赋予纳税人在特定情况下申请复议的权利。例如，澳大利亚规定，当纳税人因税务机关在受理期限内没有做出裁定而要求提交尽快裁定申请后，自申请日起30天内税务机关仍未给出裁定结果，纳税人可以提出行政复议。④

---

① See Phillippa Cannon, "Advance Rulings: Risk or Rigidity?", *International Tax Review*, Vol. 7, Issue 10(1996), p. 11.

② See Tae Kyoon Kim, "Advance Tax Ruling System", *International Financial Law Review*, Vol. 27, Issue 11(2008), p. 107.

③ 参见曾思红：《香港税收"事先裁定"介绍及启示》，载《涉外税务》2002 年第 4 期。

④ See OECD(2013), "*Tax Administration* 2013 *Comparative Information on OECD and Other Advanced and Emerging Economies*", Paris: OECD Publishing, 2013, p. 338.

7. 税收事先裁定的公开

目前,国际上公开税收事先裁定的国家占大多数。澳大利亚在其税务局网站上建立了专门的税收事先裁定数据库。韩国规定税务机关必须公开税收事先裁定,公开的文件中需隐匿特别信息,如纳税人身份和其他敏感信息。[①]美国在 20 世纪 70 年代以前,税收事先裁定并不予以公示,但到 20 世纪 70 年代中期,由于税务部门在两起基于信息自由要求公开私人信件裁决的案件中败诉,美国《国内税收法典》第 6110 节颁发,私人信件裁决开始予以公开。[②]

四、税收事先裁定制度的本土构建

将域外法律制度进行本土构建,实际上是将制度内含的功能性价值进行移植并再生性地融合于一个全新文化环境的过程。我国要实现税收事先裁定制度的本土构建,既不能无视域外经验,亦不能忽略我国现实。目前,我国税收事先裁定制度的立法内容较为简略,部分规则不尽完善。我们认为,可以从实体制度和程序机制两个方面予以进一步优化。

(一)税收事先裁定实体制度的立法完善

对我国税收事先裁定制度相关实体内容的完善,主要涉及以下几方面内容。

1. 修改制度名称。《草案征求意见稿》采用的“预约裁定制度”用语不够精准。根据《现代汉语辞海》,“预约”是指“事先与服务方订好服务时间”。例如,在一般纳税服务中由办税服务厅提供的“预约服务”即为此意,具体指根据纳税人需求,在征纳双方约定时间内,为纳税人办理涉税事项的服务。[③] 但在英文通用用语表述中,“advance tax ruling”中“advance”的准确翻译并非“预约”。根据《新牛津英汉双解大词典》,“advance”的形容词含义为“done, sent, or supplied beforehand”,“beforehand”即为“事先”“预先”之意。将“advance”译为“事先”,比“预约”更为恰当。因此,建议将“预约裁定制度”更名为“税收事先裁定制度”,严格遵照国际通行的术语表达,既准确妥当,也不易引起

① See Tae Kyoon Kim, “Advance Tax Ruling System”, *International Financial Law Review*, Vol. 27, Issue 11(2008), p. 106.

② See Yehonatan Givati, “Resolving Legal Uncertainty: The Unfulfilled Promise of Advance Tax Rulings”, *Virginia Tax Review*, Vol. 29, Issue 1(2009), p. 159.

③ 参见国家税务总局 2005 年 10 月 16 日发布的《纳税服务工作规范(试行)》第 27 条。

歧义。

2. 限缩裁定主体为国家税务总局。《草案征求意见稿》将税收事先裁定服务主体定位为省级以上税务机关，我们认为该规定有待探讨。引入税收事先裁定制度是为了保证税法适用的统一性和连贯性，帮助纳税人防控税务风险的同时促进深度的纳税遵从、优化税收征纳关系，而非增加一个税法解释程序来重复性地完成一般纳税咨询服务或税收个案批复制度就能够完成的工作。对于能够通过税务机关解决的常规涉税难题，没有必要浪费税务行政资源开展事先裁定。透过我国已有实践可以看到，无论是2012年国家税务总局与中国海洋石油总公司、中国人寿保险(集团)公司和西门子(中国)有限公司在税收遵从协议中约定的事先裁定，还是2013年安徽省国税局对安徽马钢集团资产重组方案作出的事先裁定，裁定事项都是具有较大规模和影响力的复杂疑难税务案件，而非自然人纳税人或中小企业面临的普通难题。更为重要的是，税收事先裁定制度的精髓在于保障税法适用的确定和一致，如果将税收事先裁定权力分散到省级税务机关，不同地域的税务执法和服务水平不尽相同，很难保证税法解释在全国范围内统一，显然有违制度初衷。此外，从国家税务总局对税收个案批复制度严格控制批复范围和数量的思路可以看到，降低税法解释随意性、限制解释主体、严控解释程序是所有关涉税法解释的制度设计都不可回避的问题。因此，应当将税收事先裁定主体限定为国家税务总局，以在最大限度上实现裁定尺度的一致和裁定结果的准确。

3. 明确裁定范围。现行立法在对税收事先裁定概念的规定中使用了“预期未来发生”“有重要经济利益关系”“特定复杂事项”“难以直接适用税法制度进行核算和计税”这四个短语，从正面界定了税收事先裁定的服务范围。笔者认为，最后一个限定过于严苛，应当适当放宽为“难以直接适用税法规范”即可，不必强调“进行核算和计税”。因为涉及纳税人预期交易如何适用税法的事项并不局限于核算和计税，只要当税法用语的准确含义难以确定、在具体事件中应用税法存在多种理解或成立某一必要事实的法定证据类型模糊，就应当允许纳税人就未来交易适用税法的相关问题提出裁定申请。否则制度入口设置过窄，不利于制度功能的充分发挥。与此同时，建议在现有较为抽象的“正面规定”的基础上进行“反面列举”，在立法中增加类型化的反面列举事项。我国可以借鉴韩国和我国香港的经验，规定不得申请税收事先裁定的事项，例如，纯粹事实问题、明显不具有重要性的事项、正被或已被税务机关评估的事项、构成任何诉讼或仲裁标的事项、涉及外国法律解释的事项等不在税收事先裁定的范围之内。之所以增加排除事项，主要是考虑到税收事先裁定乃一项个性化纳税服务，对服务“阀门”进行把控，源于对现实服务需求和现有服务资源的权衡。裁定范围既不能过严，堵塞广大纳税人的申请之路，也不能过宽，导致低效甚至无效服务。因此，通过将依照一般纳税服务途径或流程就能够得以解决的申请事项或根本不具有重要性或复杂度的事项排除在税收事先裁定的范围之外，可以使最迫切的裁定服务需求得到最高质量的满足。

4. 细化裁定效力。现行立法有关税收事先裁定效力的条文过于简单，仅规定“纳税人遵从预约裁定而出现未缴或少缴税款的，免除缴纳责任”。为了体现“以纳税人为中心”和“限制税务机关权力”的现代税收征管理念，建议仿照德国和加拿大的做法，对税收事先裁定的效力条款进行充实。具体可修改为：“税收事先裁定对税务机关具有法律上的约束力。只要纳税人按照申请裁定时的预期计划实质性地展开交易（或与预期计划相比仅有非实质性变动），则税务机关在日后对裁定申请人进行税额确认、税务稽查及履行其他管理职责时，受到已作出税收事先裁定的约束，应当按照裁定结果征收税款，不得随意变更或撤销。但以下情况除外：(1)纳税人在信息披露时出现了关键性遗漏或者重大误解，可以撤销裁定，裁定自撤销后不再对税务机关产生约束力；(2)税收事先裁定作出后，发现存在不利于纳税人的错误，可以撤销裁定，裁定自撤销后不再对税务机关产生约束力；(3)税收事先裁定作出后，因所依据的税法被废止或发生变更，税收事先裁定不再对税务机关产生约束力；(4)纳税人通过欺诈手段（如故意虚构事实或隐瞒真相等）获得税收事先裁定，原税收事先裁定不再对税务机关产生约束力，税务机关可以对已经做出的裁定作出有追溯力的修改。”需要强调的是，上述第二种情况只能对存在不利于纳税人的错误裁定予以撤销，而对纳税人有利的错误裁定则不可以撤销，这主要是考虑到对纳税人信赖利益的保护。

5. 不规定收费制。从 OECD 统计的已有数据看，规定税收事先裁定收费和不收费的国家比例大致为 2∶3，比例相差不大。收费与不收费之间不存在必然的孰对孰错，而是应当根据具体国情判断。笔者认为，就我国税收治理发展现状而言，不建议在当下立法中立即规定“用者自负”原则，而应继续遵循《税收征管法》第 7 条“无偿纳税服务”的原则，维持《草案征求意见稿》第 10 条关于纳税服务不收取费用之规定。原因在于：其一，大部分实行“用者自负”原则的国家和地区，主要集中在经济发达的北美洲和欧洲，这些国家税收历史悠久、纳税文化深厚，税收事先裁定制度已在长时间的税收实践中取得纳税人的广泛认同，收取费用障碍较小。而我国税收征管改革的实践仍处于起步阶段，全面纳税服务体系的建设也仅初具雏形，设置费用门槛不利于税收事先裁定制度的推行。其二，无偿服务不会引起税收事先裁定的供需矛盾或造成服务资源的分配混乱。鉴于税收事先裁定所要求的详细信息披露义务，税收事先裁定有可能带给纳税人一定风险，这在一定程度上会对申请人数量进行限制。同时，裁定范围的“反面列举”也降低了税务机关超负荷资源消耗的可能，因此，对无偿服务必然导致行政资源紧张的担心是不必要的。当然，若从长远角度看，随着我国税收事先裁定制度的不断发展，如果税法解释的专业化和成熟度已达到很高水平，且纳税人权利保障体系已全面建立，届时我国也可以考虑借鉴美国等国家，对税收事先裁定制度进行收费。但就目前而言，我国尚不适合收费。

（二）税收事先裁定程序机制的具体细化

将税收事先裁定制度入法彰显了我国税收立法的进步，但仅凭实体制度建构还无法使其具有实际可操作性。因此，还应当着手在行政法规（如《税收征收管理法实施细则》）和部门规章等配套立法中，就税收事先裁定制度的下列程序性机制作出具体构建。

1. 递交申请。纳税人申请税收事先裁定，应当提交书面申请资料以及详细的信息报告。只有以详尽信息为依托，税务机关才可能全面把握申请人预先交易所涉之市场主体、经营方式等信息，提高裁定的科学性和准确性。根据国际经验，纳税人在申请前应当提供其个人信息，一份关于相关交易事实的完整报告以及与商事交易相关联的其他信息。

2. 初步审查。税务机关收到纳税人的申请资料后，就是否符合税收事先裁定的范围进行初步审查。在初审过程中，可借鉴美国做法，允许税务机关根据具体情况需要，和纳税人之间开展会谈，就需要进一步了解的事项进行沟通，税务机关引导纳税人主动解释有关焦点。经过税务机关的初审，对符合要求的纳税人发出受理决定书，对不符合要求的纳税人告知其不予受理的理由。

3. 处理及签发裁定。税务机关对纳税人递交的材料进行实质审核，依据相关的税法条文，结合多种法律解释方法（如文义解释、目的解释、历史解释等）及合理假设，研究确定纳税人申请裁定的特定事项适用税法的具体问题。

在此期间,税务机关可根据情况要求纳税人进一步提供相关信息资料。税务机关作出裁定草案后,若纳税人对草案不满,也可撤回裁定申请;若税务机关和纳税人对裁定草案表示无异议,则由税务机关向纳税人正式签发裁定。

4. 裁定限时。规定税收事先裁定的受理时限和处理时限,目的在于提高税务机关提供税收事先裁定的速度,但是涉税案件的复杂性和税法适用的模糊性,往往增加了作出税收事先裁定的难度,导致裁定难以在短时内作出。在我国,考虑到方便纳税人与税务机关必要成本投入间的平衡,时限不宜过短也不宜过长。笔者认为,可以规定税务机关自收到纳税人申请之日起的30日内作出是否受理的决定;若作出受理决定,则税务机关应在受理申请后的90日内作出裁定。

5. 权利救济。纳税人对税收事先裁定制度的不满可能来自两个方面:一是对裁定本身不满,如纳税人可能认为裁定的专业性不足或某个税法问题的解释不当。二是对税务机关裁定的程序不满,如税务机关未在规定的时限内作出受理决定或作出裁定。笔者认为,前者属于实体瑕疵,国际上大部分国家规定对税收事先裁定不允许提起复议或诉讼,主要是就裁定本身的不可诉性而言;后者属于程序瑕疵,如澳大利亚对裁定所涉程序瑕疵允许复议的规定,乃是考虑到对税务机关行为的必要限制和对纳税人权益的基本保护。就我国而言,同样应规定不得对税收事先裁定复议或诉讼,因为税务机关提供税法解释的实质乃纳税服务,且纳税人可以通过其他途径避免裁定对其可能产生的不利影响,如撤回申请、调整未来交易行为、在依照裁定实施交易后对税务机关的具体征管行为提出复议或诉讼请求等。但针对税务机关的程序瑕疵,如"未在规定期限内作出受理决定""未对纳税人未提交的关键信息进行补充告知"等,应当允许纳税人就程序瑕疵提起行政复议,以保障纳税人的程序利益。

6. 裁定公开。将税收事先裁定公开的目的在于为其他可能遇到类似情况的纳税人提供税法适用的参考。可以规定国家税务总局每月在其网站上公布税收事先裁定,按年度出版税收事先裁定汇编,税收事先裁定中涉及纳税人的个人信息和敏感信息等应当进行隐匿处理。同时声明,税收事先裁定对申请人以外的纳税人仅具有参考作用,其他纳税人因直接援引或适用公开裁定而遭受的税收损失,税收事先裁定主体不承担责任。

以《税收征管法》修订为契机引入税收事先裁定制度,是推进我国税收治理现代化和税收征管理念从传统到现代转型的重要环节。税收事先裁定制度价值的实现既仰赖科学的立法,也需要良好的制度环境。在税收事先裁定制度本土化构建过程中,提升我国税务执法队伍的理论素养和增强纳税人的税法遵从意识,都是不可或缺的关键因素。

第四节　税收滞纳金制度之完善

从《税收征管法》的立法变迁来看,我国立法者对税收滞纳金的法律定性始终模糊不清,税务主管机关的解释也多有变化和犹疑。而通过整理现有研究成果,我们发现,学术界以往对税收滞纳金法律性质的研究较为孤立,缺乏立体性、系统性的考量。因此,本节试图从制度体系的视野,借助税收契约理论,对《税收征管法》下税收滞纳金和相关"加收款项"进行功能划分,并借鉴美国、德国及我国台湾地区的相关制度经验,明确税收滞纳金制度在《税收征管法》上的功能定位,并且依据功能差异,为税收滞纳金与相关"加收款项"的金额(比率)平衡提供建议。此外,本节也提出了(税收)滞纳金如何适用《税收征管法》和《行政强制执行法》的建议。

一、问题的缘起

我国于2015年1月出台了《草案征求意见稿》,对税收滞纳金的相关规定作了系列修改。但是,我国于2015年4月修订发布的新《税收征管法》,仅仅在退税部分有所变动,上述草案中对税收滞纳金的修改意见并未纳入其中。一方面,草案对税收滞纳金制度进行较大幅度修改,说明立法者开始考虑税收利息与税收滞纳金的关系,从单纯调节税收滞纳金比例向更多考虑税收滞纳金性质发生转变;另一方面,2015年修订后的新税收征管法中却不见草案建议的有关税收滞纳金条款方面的修订内容,说明立法者对税收滞纳金的性质尚存疑虑。

缘起于税收滞纳金修订条款的立法现状,查阅我国关于税收滞纳金制度的学术研究成果,发现学术界的研究多着眼于以下几个方面:(1)税收滞纳金的性质;[①](2)税收滞纳金与行政强制滞纳金的关系;(3)税收滞纳金的天价征收比率。[②] 结合我国税收滞纳金制度的立法现状,我们认为我国现有的研究存在以下两方面的局限:(1)对税收滞纳金性质的研究偏于狭窄,多为就性质论性质,缺少整个税法范畴上的宏观视野;[③](2)对税收滞纳金的规范研究偏于断裂,缺少与其他税收征收制度的协同联系。因此,笔者认为,税收滞纳金制度虽是学术界的老生常谈,却仍然是一个很值得研究并对税收征管法进一步修订具有指导意义的现实热点问题。

二、我国税收滞纳金制度的沿革及存在的问题

在我国的税制实践中,税收滞纳金的法律定性和法律适用疑问不断。我国《税收征管法》于 1992 年 5 月 1 日开始实施,其中第 20 条、第 27 条规定了税收滞纳金的内容:(1)只要超过法定期限仍不纳税的,便按日加收千分之二的滞纳金;(2)滞纳金与税款一并强制执行。1995 年《税收征管法》经历第一次修订,滞纳金的内容未作变动。2001 年《税收征管法》经历第二次修订,将滞纳金的征收比例调整为万分之五,且从纳税人、扣缴义务人应按期缴纳税款的条款中分离出来,成为独立的滞纳金条款。2013 年和 2015 年,《税收征管法》经历了第三次和第四次修订,均未对税收滞纳金条款进行修改。以上可以说明,虽然我国《税收征管法》经历过多次修订,但税收滞纳金制度一直规定得少而笼统,仅有的一次修改也主要是出于对纳税人"天价滞纳金"诉求的回应,立法者对税收滞纳金制度的重视程度明显不够。

而在 2015 年 1 月,《草案征求意见稿》公开征求意见,草案对滞纳金提出了较多的修改意见:(1)加收滞纳金的对象仅为纳税人,不再包括扣缴义务人;(2)加征滞纳金的起算时间从滞纳之日推迟到责令限期缴纳仍不缴纳之时;(3)加收比例由每日万分之五变更为每日千分之五;(4)未按期缴纳但采

---

① 参见王文娟:《浅析〈行政强制法〉实施后频占费滞纳金法律适用问题》,载《中国无线电》2014 年第 11 期;袁森庚:《关于税收滞纳金制度立法选择的思考》,载《涉外税务》2012 年第 6 期。

② 参见张婉苏:《滞纳金征收比例的立法研究》,载《学海》2012 年第 2 期。

③ 我国现有文献对税收滞纳金性质的分析路径一般为:列出几种具有代表性的学说,主要包括利息说、税收说、附带给付说、经济补偿说、行政强制说、行政处罚说,然后就这些学说一一辨析说理并选择自己的立场加以理论探讨。参见张慧英:《税收滞纳金探析》,载《税务研究》2003 年第 1 期。

取了补救措施的纳税人可以得到滞纳金减免。这部草案虽然对税收滞纳金制度进行了全面的修改,但修改内容并未纳入2015年4月颁布的新修订的《税收征管法》中,足以表明立法者对修改税收滞纳金制度尚无把握。但同时也说明,税收滞纳金制度开始得到立法者的全面关注。

在我国的税收执法中,国家税务总局作为我国的税务主管机关和税收执法者,对税收滞纳金的性质作出的解释也多有变化和犹疑。譬如,1998年国家税务总局批复《关于对偷税处以罚款的同时能否加收滞纳金问题的请示》时,认为税收滞纳金具有补偿性质;①而国家税务总局于2010年颁布的《税务行政复议规则》及其2015年修订版,均将税收滞纳金纳入税收行政复议受案范围中的"征税行为",并将它与行政处罚行为并列,其处罚性质意味颇为明显。之后,自2014年我国出台了《中华人民共和国行政强制法》(以下简称《行政强制法》),一般行政法领域的滞纳金被上升到立法高度,由此产生了滞纳金在《行政强制法》与《税收征管法》上的适用选择,给我国立法、执法人员施加了定性税收滞纳金的紧迫压力。然而,对于两法的适用,国家税务总局一直认为税收滞纳金有别于行政滞纳金,②而且2015年新修订的《税收征管法》也没能对两法的适用问题给出一条明路。

综上,目前我国税收滞纳金制度处于立法不足、执法不明的境况。解决这一问题,首先需要明确税收滞纳金的性质和制度功能,然后应在税收法律规范中设置与其他相关制度(税收利息、罚款、行政强制执行等)协调融洽的税收滞纳金制度,之后方能达到执法清明。

---

① 该批复指出:"根据《中华人民共和国税收征收管理法》及其实施细则的规定,滞纳金不是处罚,而是纳税人或者扣缴义务人因占用国家税金而应缴纳的一种补偿。"体现了税务主管机关的税收债务关系视角。

② 参见朱琳:《税收滞纳金上不封顶　税务总局称不适用行政强制法》,载法制网:http://www.legaldaily.com.cn/bm/content/2012-08/25/content_3792946.htm?node=20734,最后访问日期:2017年1月8日。报道具体内容:"记者蔡岩红针对纳税人提出,征收税款加收滞纳金的金额能否超过税款本金一事,国家税务总局近日明确答复,税收滞纳金的加收,按照征管法执行,不适用行政强制法,不存在是否能超出税款本金的问题。如滞纳金加收数额超过本金,按征管法的规定进行加收。"

三、明确《税收征管法》下税收滞纳金的功能定位

(一)转变征税理念以明确税收滞纳金制度的定位

税收滞纳金制度的适用对象是纳税人滞纳税款的行为,最初设置这一制度是出于保护税收法律关系中公权力一方的征税权,以及防止国库税收收入流失的目的。而判断这一制度是否合理的基础标准,则是立法者对征税权与纳税人权利之间孰轻孰重的衡量结果。立法者对征税权和纳税人权利的不同侧重,则决定了在征税上以纳税人义务为本位,还是以纳税人权利为本位的理念取向。

所谓纳税人义务本位,是指以保障税收、促使纳税人履行纳税义务为核心理念;所谓纳税人权利本位,则是指以保障纳税人享受公共福利的权利为核心理念。考察我国的《税收征管法》,不难发现,我国的征税多是以纳税义务为本位的,仅从纳税人权利规定这一点便得以知晓——这些权利都是纳税人在履行义务时享有的程序性权利,①旨在以保障程序性权利的手段达到准确收缴税款的目的。但是,仅仅避免多收税款,还不能达到保护纳税人权利的目的。何为纳税人权利?纳税人的权利是原生性的,是每个个体纳税人缴纳税款形成公共财产以后,委托国家代为管理、进行公共建设,最后获得公益福利的权利。② 虽然《中华人民共和国预算法》(以下简称《预算法》)担当了规范国家使用税款、保障公民获得公共福利的大任,但《税收征管法》作为规范征税关系的重要法律,不能完全抛弃“纳税人缴纳税款—形成公共财产—国家

---

① 参见2015年修订《税收征管法》第8条规定:“纳税人、扣缴义务人有权向税务机关了解国家税收法律、行政法规的规定以及与纳税程序有关的情况。纳税人、扣缴义务人有权要求税务机关为纳税人、扣缴义务人的情况保密。税务机关应当依法为纳税人、扣缴义务人的情况保密。纳税人依法享有申请减税、免税、退税的权利。纳税人、扣缴义务人对税务机关所作出的决定,享有陈述权、申辩权;依法享有申请行政复议、提起行政诉讼、请求国家赔偿等权利。纳税人、扣缴义务人有权控告和检举税务机关、税务人员的违法违纪行为。”

② “从法律意义而言,支配自己的经济资源是权利(所有权),支配他人的经济资源则是责任(义务)。这种责任,我们认为是一种法定的公益信托和自益信托混合的信托受托人的责任,即人民基于对国家的信任而让渡部分财产形成公共经济资源(信托财产),国家各预算主体则基于职权分配、使用和运营这些公共经济资源,以实现人民的信托利益(公共欲望,单个个人的信托欲望亦包含其中)。”参见朱大旗:《从国家预算的特质论我国〈预算法〉的修订目的和原则》,载《中国法学》2005年第1期。

代为行使—福利归于纳税人”的税收本质，仅仅沦为国家征税的法律工具。尤其在税收滞纳金、罚款等加收款项规范混乱、实践中加收肆意的现状下，更应该转变《税收征管法》的理念，在设定纳税人程序性的法定权利之余，从其他征税制度上对纳税人应有权利进行实质性的保护。①

因此，税收滞纳金及相关制度的设定首先应该遵循保护纳税人权利的理念，然后摆正征税机关“代为征收、管理”的角色定位，最后应该严格遵循比例原则，以促使纳税人缴纳税款为底线来适用税收滞纳金等征税制度。而为了保障这些制度的底线性作用，还应该明确税收滞纳金与相关制度的功能分工，只有避免制度间的混淆适用，才能达到每一项制度在适用上的合目的性、合比例性。

（二）借助税收契约理论，定性税收滞纳金及其他“加收款项”

1. 税收契约理论的优选性

关于税收法律关系的性质，有多种学说，以权力关系说和债务关系说为代表。笔者认为，社会契约论为债务关系说提供了较大的理论支撑，债务关系说（税收契约理论）的理论基础更为深厚。契约最先是私法上的法律概念，社会契约论的产生，将私法上的债务法律关系结构运用于分析国家与公民之间的公法关系，从而将法律解释为国家与公民之间的“社会契约”。社会契约论为资本主义国家制度改良提供了深层的理论根据，在法律改良上以公法的私法化为特点。笔者认为，社会契约论并非只是一种迎合资本主义改良的对口理论学说，其在法律领域对公法私法化的影响，并非法律之间的渗透、借鉴或界限变迁，而是社会契约论引领法律回归本质的结果。法律的本源是社会关系，本质也是社会关系。根据马克思阐述，法律的本质是阶级意志、国家意志，是权利义务，但终极性质正是物质社会关系。② 所以无论公法关系、私法关系都是源于社会关系，本质都是社会关系，这便是产生公法私法化现象的根本原因。因此，当回归到国家制定、执行法律的一切法律关系的开端上，社会契约论为我们解释了这种立法、执法的法律关系实质也是社会关系，而且与现有私人之间的契约关系具有相通性。笔者认为，契约实际上并没有公法、私法上的性质区分，契约应该是中性的，不能因为契约最先出现私人关系之间，就将契

① 参见闫海：《税收征收管理的法理与制度》，法律出版社2011年版，第13~16页。

② 参见朱景文主编：《法理学》，中国人民大学出版社2008年版，第31~36页。

约划分在私法领域。无论主体为公或私,主体之间的契约关系不受主体性质的影响,只是在契约的执行、不履行之救济上有所不同。

此外,经过众多学术前辈的分析,北野先生对权力关系说和债务关系说进行了系统总结,他认为二种学说分别阐释了税收关系中的程序性征税关系和实体性税收关系,但两种学说都不能完整地解释税收法律关系的性质,这种二元论的研究现状不能达到研究目的。① 因此,笔者认为,既然不能用税收行政行为的行政权力性、强制性取代税收关系的契约性、债务性,那么完全可以税收债务关系说为核心,将行政权力性、强制性的征收手段视为在税收债务不履行的情形下,国家作为债权人的违约救济方式。② 然后,以救济成本及公益之损害为限向纳税人加收款项,如此便能避免国家在纳税人不履行义务时过度加收款项。

以税收契约理论为基础,下文将借助民法之债的相关理论概念,分别对罚款、"税收滞报金"、税收利息、税收滞纳金进行理论定性。

2. 税收契约下税收罚款的性质

在世界范围内,多数国家设置行政罚款的初衷是对刑罚制度进行补充,体现在——行政罚款的适用对象为"未达到刑事犯罪程度的违法行为"。例如,美国行政议会在1972年专门研究了行政罚款的功能和优势,即是能够补充刑罚的、能够达到良好惩罚目的的手段,罚款的目的在于威慑和补救。③ 在德国法上,行政罚款适用于主观过错未达到适用刑罚标准的行为,而且适用刑罚的程序规则。除此之外,根据其他国家和地区的规范,罚款的适用对象都是:(1)具有主观故意、尚未造成实害结果的违法行为;(2)重大过失造成实害结果的行为;(3)罚款之后,还可以强制执行相对人不履行之义务。

根据以上行政罚款的缘由及适用对象,首先,我们不妨认为行政处罚罚款是一种违约之债。这种运用民法原理分析税法规范的思路,并非史无前例,已经有学者提出过"行政罚款视为相对人对行政公益损害一种补偿"。④ 由此,对于行政法公法角度上的解释——行政罚款是对违法行为的制裁,以维护公

---

① 参见徐孟洲、徐阳光:《税法》(第4版),中国人民大学出版社2012年版,第41~42页。

② 参见陈太清:《规范行政罚款的基本思路》,载《理论探索》2013年第1期。

③ See"Recommendation No. 7 2 –6 Civil Money Penalties as a Sanction",2 Recommendations and Reports of the Administrative Conference of the United States.

④ 陈太清:《规范行政罚款的基本思路》,载《理论探索》2013年第1期。

共利益，我们可以从行政机关与相对人订立行政法律契约的视角，将行政罚款认定为违反契约义务的违约责任。那么，由于税收罚款与行政处罚罚款属于特别与一般的关系，税收罚款的性质可以认定为违反税收契约的违约责任。由于罚款是明确规定在税收契约中、以附加金钱给付为违约责任的承担方式，因此，应该属于"违约金"。

而民事契约中的违约金又分为惩罚性违约金和损害赔偿性违约金，虽然都属于违约责任，但二者还是存在很大的功能差别：惩罚性违约金的功能主要是促使债务人履行债务，并且可以与损害赔偿性违约金一同采用，二者不冲突；①而赔偿性违约金，则是"履行之替代，在此违约金之外不得主张继续履行或损害赔偿"。②

那么，用税收债务关系理论进行解释，税收罚款是在采用各种补救措施后，纳税人仍然不履行税收债务的情况下应该承担的违约责任，而且除此罚款外，还可以对应收税款强制执行（实际履行义务），因此罚款并没有替代纳税的功能。所以，税收罚款在《税收征管法》上的性质，应该是纳税人不履行义务应该承担的惩罚性违约金。

《税收征管法》规定了各种违法行为，并非每一种违法行为都会造成"税收契约"的目的不能通过纳税人自主纳税得以实现的境况，其中一些违法行为往往只是违反了"税收契约"中的附随义务，如申报、登记等义务，并非"纳税"这一主义务。若对所有的违法行为都处以罚款，是不合理的。原因在于：民事债务契约中的双方作为私主体，可以凭借意思自治自由约定违约金，甚至可以对所有违约行为统一约定"违约金"；而税收契约中一方为公主体，民事契约的意思自治应该由"法定性"所取代，若仿效民事契约，将税收契约中所有的违约（法）责任统一规定为税收罚款，则不能达到"法定性"的税收契约要求，将造成公主体一方滥用税收罚款。所以，不能概括地将我国税收罚款的性质都定义为"惩罚性违约金"。此外，还应当将其限制适用于违反税收契约之

---

① 参见韩世远：《违约金的理论问题——以合同法第114条为中心的解释论》，载《法学研究》2003年第4期。"惩罚性违约金是当事人对于违约所约定的一种私的制裁，故又称违约罚。于违约时，债务人除须支付此种违约金外，其他因债之关系应负的一切责任，均不受影响，债权人除得请求违约金外，还可以请求债务履行或不履行所生之损害赔偿。"

② 韩世远：《违约金的理论问题——以合同法第114条为中心的解释论》，载《法学研究》2003年第4期。

主义务（纳税）的情形。

3. 税收契约下“税收滞报金”的性质

参考美国、德国、我国台湾地区的滞报金制度，美国将滞报金定性为税款，①德国将滞报金定性为税款的附带给付；②我国台湾地区依据纳税人滞报的过错程度设有滞报金、怠报金，但对于其法律性质则仍有争议。③

我国《税收征管法》并没有规定滞报金或怠报金，但有规定滞报行为的处置办法：责令限期申报并可以处罚款；仍不申报的，属于情节严重，处以更高的罚款并由征税机关核定征收。因此，我国对滞报行为的处理方式是罚款。但是，滞报行为与最终不缴纳税款的行为是有区别的，对二者都处以税收罚款存在不合理之处。以下将从税收债务关系理论出发，说明针对滞纳行为加收款项的应有性质和制度功能，并说明将其区别于税收罚款的原因。

本杰明·富兰克林曾说过，“人的一生有两件事不可避免，死亡和纳税”，形象地描述了税收债权债务关系自纳税人出生到死亡都一直存续，即纳税人一出生便自动加入了国家与个人之间的税收契约。由于纳税义务伴随纳税人的一生，随时随地会产生新的税收债务，因此需要定期结算缴纳。所以，国家与个人之间的税收契约是一份标的额不确定的契约，当定期结算缴纳时，每一定期中便产生具有明确标的额的税收债务。因此，国家与个人之间的税收契约由每一期标的额确定的“分期税收契约”组成。其中，定期结算即表现为纳税申报，法定的申报时间便是此一期税收债务标的额确定的时间，也是税收债

---

① 参见《美国法典》（United States Code）第 6651 节第（a）条第（1）款规定，“对于一些特殊产品的征税，纳税人未按照规定期限上交申报表的，除非具有合理理由且不是出于意志以内的疏忽，迟延 1 个月以内的，加收申报表上应多缴 5% 的税款；之后继续迟延的，每多迟延 1 个月，加收 5%，但总共不得超过 25%”，这里多交的税款表述为“additions to the tax”。此外，“以欺诈方式不依法上交申报表和其他文件的罚款”，这里的罚款表述为“additional amounts”。

② 参见《德国租税通则》，陈敏译，财政部财税人员训练所 1985 年版，第 169 页。纳税人未及时申报纳税且无免责事由的，征税机关可以对其处以滞报金，最高为所评定税额的 10%，同时不得超过一万马克。征税机关征收滞报金，不仅是对催促纳税人及时申报之目的的考量，同时也应该考虑迟延时间的长短、纳税人因迟延申报所得利益、纳税人的过错和经济能力。滞报金和税款同时加以核定、征收。

③ 根据我国台湾地区“所得税法”第 108 条的规定：（1）营利事业未按时办理盈余申报、纳税义务人未按时申报纳税，但在收到催报书后的法定补报期限内补报的，加收滞报金，以核定应征税额的 10% 为比例，但应在 1500 元至 3 万元的区间内；（2）若营利事业、纳税义务人未能在补报期限内申报的，加收怠报金，以核定应纳税款的 20% 为比例，但应在 4500 元至 9 万元的区间内。

务进入履行的时间起点。所以，纳税申报是触发债务履行的先行条件。

基于上述分析，笔者认为，可以将纳税申报视为国家与个人在税收契约中约定的、由纳税人承担的“债务履行之先义务”，而针对滞报行为的加收款项则属于“违约金”。但是，此申报义务并非契约的主义务，而是附随义务，违反这一义务并非一定导致契约履行不能，违约程度尚且不及违反主给付义务的行为，因此不能简单地将“滞报加收款”规定为“税收罚款”。

那么，“滞报加收款”究竟是何性质呢？前文已提到，民事契约中的违约金分为惩罚性违约金和损害赔偿性违约金。鉴于“滞报加收款”针对的是不履行附随义务的行为，若将其定性为损害赔偿违约金，则不能请求纳税人继续履行申报的义务，将会增加征税机关核定、确认税收的成本；而且，就造成的公益损害而言，不履行申报义务远远不如不履行纳税义务，若将“滞报加收款”简单定性为损害赔偿性违约金，不仅没有惩罚性违约金的督促作用，其填补损害的效果也较为鸡肋。因此，笔者认为，我国《税收征管法》应该单独设置“滞报金”制度，从税收罚款中分离出来。并且，滞报金的法律定位应该为“税收债务关系上的惩罚性违约金”。其制度功能在于：发现滞报行为之时，处以滞报金以督促纳税人履行申报纳税的义务。

4. 税收契约下税收滞纳金的性质

税收滞纳金，依其词义，是指在纳税人滞纳税款的情形下，对纳税人加收的款项。多年以来，我国税收滞纳金的法律性质纷争不休，主要有“执行罚说”“给付迟延之损害赔偿说”以及近两年来较热的“附带给付说”。笔者认为，这三种主流学说实质上是共通的。“执行罚”，意指促使债务人履行给付义务的金钱惩罚；“给付迟延之损害赔偿”，意指债务人迟延履行给付义务应承担的损害赔偿违约责任；“附带给付”，意指债务人在契约给付义务以外的额外给付义务。综合来看，三种学说的共通之处在于——债务履行期届至而税收债务人不履行义务的，需要加收款项。但是，三种学说对“加收款项”的性质与作用的认定是不同的：“执行罚说”强调加收款项的惩罚、督促作用；“给付迟延之损害赔偿说”强调在税收债务关系下，加收款项具有损害赔偿的作用；“附带给付说”则是以简单、中性的视角将加收款项认定为税收契约的附带给付，反而没有过多强调加收款项的功能作用。

笔者认为，单纯来谈税收滞纳金的性质与作用，无论认定其兼具多种作用，还是简单地将其认定为“附带给付”，都是无可厚非的。但是，《税收征管法》设定了诸多的加收款项,应该结合其他加收款项,分别明确税收滞纳金与其他加收款项的制度功能,才利于实现每一项税收制度的价值。

因此,与前面的分析相同,我们也按照税收债务关系理论,认定税收滞纳金的性质及制度功能,从而促成各加收款项在税收债务关系中的协调与功能配合。依据税收债务关系理论,滞纳税款的行为属于迟延履行义务的行为,那么滞纳金的性质首先是针对迟延履行行为的违约金。

在民事契约中,“迟延履行违约金”仅表明违约金的适用对象是迟延履行,并未表明其性质是属于惩罚性违约金还是损害赔偿性违约金,但由于违约金是契约双方的自由约定,所以其性质首先应当依从契约当事人的意思。至于《合同法》对迟延履行违约金的定性,民法界主流学者们认为是惩罚性违约金。①

笔者认为,从税收债务关系理论出发,税收滞纳金的性质应当为惩罚性违约金,理由是:滞纳不完全等同于不纳,加处滞纳金只是促使纳税人尽快纳税的手段,并不能替代履行,纳税人仍然应当履行纳税义务。因此,滞纳金与继续履行纳税义务是可以一同采用的违约责任形式,而损害赔偿性违约金是替代履行的违约金,所以滞纳金的法律性质应该为惩罚性违约金。

基于税收滞纳金的惩罚性违约金性质,我国在今后修订税收滞纳金制度时应明确以下两点:(1)征收税收滞纳金的前提应该是纳税义务的履行期届满。尚未进入履行之前,违反申报纳税义务而成功逃避缴纳税款的,无进入履行的可能即无迟延履行之可能,之后被稽查出来则应直接进入罚款与强制执行,不应当加收滞纳金。(2)税收滞纳金的加收期限应该予以限定,而不能无期限限制。

5. 税收契约下税收利息的性质

利息最初产生于资本主义经济生产方式,是资本家将手中的资本转移给

---

① 参见韩世远:《履行迟延的理论问题》,载《清华大学学报》2002年第4期。韩世远教授认为:“如果从当事人的意思中仍不能确定迟延违约金的性质,那么,法律上如何定其性质呢?从《合同法》的制定过程来看,从直接的起草者到其他的学者,多数意见认为我国《合同法》是以赔偿性违约金为原则,以惩罚性违约金为例外,往往将第114条第3款规定的迟延违金理解为惩罚性违约金,我们个人也是如此解释的。法律在这里允许惩罚性违约金,并非迟延赔偿额的预定,因而在债务人迟延履行场合,债权人在享有惩罚性违约金请求权的同时,还可以主张履行请求权,如果因债务迟延履行受有损害,则仍然有权请求赔偿(迟延赔偿)。”

他人进行投资而因此收取的报酬。在经济学领域,曾有很多利息的理论学说,但唯有马克思的利息理论最能揭示利息的本质:利息的本质是人类劳动的剩余价值。马克思等学者论证了"利息"的合理性,从而使本金、利息、存期构成的经济社会关系,能够在法律(民法)上映射为债、利息、期限,构成民法上的债权债务法律关系。①

因此,笔者认为,以税收债务关系理论为依据,对应利息最初的经济本质,应当将税收利息的性质等同于民法上的贷款利息,税收利息是在税收债务履行期届满以后,纳税人不再享有继续占有应缴税款的权利却仍然占用的情况下应支付的款项。所以,我国税收利息的加收比率应参照贷款利率,这一点已经在 2015 年 1 月的《税收征管法》草案中得以规定,应该加入《税收征管法》立法条文之中。

至于税收利息的具体制度设计,笔者认为,首先可以参考美国、德国的制度规范。美国法上的利息制度是完全按照上述利息的本质进行设计的,体现在两个方面:(1)未申报之前,债务尚未进入履行,不加收迟延履行的利息;(2)其他附加税款都可以加收利息。德国法则在上述利息本质的基础上,增加了衡平税法的思想来设计税收利息——利息的加收对象只是税款,不包括附带给付;加收利息的情形还排除了"没有因迟延履行债务获得直接利益"的情形,从而为履行困难的纳税人提供了更好的纳税环境。② 另外,根据以上对利息本质的分析,笔者认为,我国 2015 年《税收征管法》草案规定的利息起征时间——自滞纳之日起(税收债务清偿期届满之日起)是合理的。但是,加收利息的对象是否应当限定为税款,还是应当包括其他税收契约之违约金("滞报金"、滞纳金),仍然应该加以明确。至于采取美国模式还是德国模式,且要看我国更重视维护税之债权债务关系的性质,还是在保留税之债权债务关系的基本性质下,更加注重利息的利益平衡功能。

---

① 参见曹东媛:《论利息法律关系》,载《山东社会科学》2013 年第 2 期。

② 参见德国《租税通则》第 3 条规定,利息是租税的附带给付,等同于应纳租税。且利息仅对税款加收,附带给付不得加收。我们认为,一方面,德国法上的利息部分切合税收债务关系说的理论,即债务已过清偿期应该加收利息;另一方面,即使债务已过清偿期,只要纳税人没有因为不履行债务而获得直接利益,不加收利息。总结而言,只要纳税人因为不履行债务获得直接利益,便要加收利息。因此,我们认为,德国税法上的利息是维持税收债务关系中利益平衡的工具。

6. 税收契约理论应当仅被视为一种工具性理论介质

前文基于税收契约理论，完全借用民法之债的相关理论分析加收款项的基本性质，得出税收利息是税收之债的法定利息，罚款、滞报金、滞纳金则都属于惩罚性违约金。此种分析思路，旨在借用税收契约理论，将其作为一种工具性理论介质，为我们提供一种更为平等的税收债务关系视野，使我们能够更清晰地认识：税收契约中众多的加收款项至少能够表明——纳税人在税收契约中处于弱势的"乙方"地位。由此，我们进一步希望，保护纳税人权利的税法原则能够得到更多的重视；保护纳税人权利的方式能够通过规范这些加收款项，从赋予程序性的权利，走向实质性的制度保障。但是，税收契约理论只是一种工具性介质——借用该工具界定的包括税收滞纳金在内的各加收款项的性质，只是在税收契约理论中的理论坐标。所以，本节基于税收契约理论对各加收款项性质的分析结论，并非是对这些加收款项在税收行政视野下的秩序价值、惩罚功能之否定或包揽。

（三）基于功能差异，平衡配置各加收款项的金额（比率）

"行政机关决定的给予个人的制裁，必须得到立法机关的授权，授权的方式是制定控制行政行为的规则；行政机关所依循的决定程序必须有助于确保行政机关遵从这一要求。"①因此，在加收款项较多的情况下，容易出现制裁过度，为了限定"行政机关给予个人的制裁"，应当以能够发挥的功能及功能大小为基准，平衡协调各加收款项的金额（比率）。

1. 实现罚款、滞报金、滞纳金金额（比率）与利息之间的平衡

罚款、滞报金、滞纳金与利息均为加收的款项，因此都具有天然的填补损失的功效。但是，抛开此天然功效，相较于利息而言，前三者具有额外的功能。因此，在修改《税收征管法》时，为了突出罚款、滞报金、滞纳金较之于利息的额外功能，其加收金额（比率）可以比利息更高，但同时也应当降低税收利息的加收金额（比率），至少应当比同期银行贷款利息要低。

2. 实现罚款、滞报金、滞纳金之间加收金额（比率）的平衡

设定罚款、滞报金、滞纳金制度的初衷是为了保障税收"行政"执法，但是无论税收征收还是行政执法，都在理论指导上发生了变化。

---

① ［美］理查德·B. 斯图尔特：《美国行政法的重构》，沈岿译，商务印书馆2011年版，第6~8页。

一方面，在税收征收上，应对纳税人的舆论呼声和民意诉求予以重视，《税收征管法》的立法原则也更加强调保护纳税人权利，这一点从2015年1月《税收征管法》草案征求意见稿的内容可见一斑：完善延期和分期缴纳制度、增加了税收利息中止和免收制度的规定、取消先缴税后复议的规定以及增加了预约裁定制度。

另一方面，行政执法正在向柔性执法转变。近代行政法产生于法治和分权的思想，其诞生使命就是确保公民自由不受国家的侵犯。① 纵观我国行政法的立法原则之变迁，从首部立法到21世纪初以来，无不着眼于控权、限制行政立法、要求行政行为的合法、合理性、合比例性，看似在限制行政机关，实际上太过局限于如何“限制”，反而在“法律限制”之外给了行政主体以更大的权力空间。进入21世纪以后，诚实信用原则、信赖保护原则被陆续提出，我国行政法的立法宗旨开始将眼光转移至行政相对人。由此，我国行政法宗旨更趋向近代行政法产生的初衷。② 我国行政法立法宗旨的转变，在行政执法上则表现为“柔性执法”理念的兴起。这一理念要求，对行政相对人的执法应采用更柔性、非强制的方式，“以督促守法为目的服务相对人”，③同时在行政主体内部要相对设置更严厉的责任制。④

所以，罚款、滞报金、滞纳金作为行政执法的方式，同时又作为税收之债上的惩罚性违约金，应当更加突出督促履行义务的功能，削弱惩罚的功能。

以上述理论为依据，下文将提出平衡协调罚款、滞报金、滞纳金加收金额（比率）的立法建议。

（1）对同一纳税人的不同行为加收款项之间的平衡

首先，应该削减罚款的规定与金额（比率）。前文已经论述到，罚款作为税收之债上的惩罚性违约金，除了天然的填补损害效果以外，只具有惩罚的作用。而且，前面也已经论述了我国在法律法规及规范性文件中滥用罚款规定的现状。此外，在实践中，我国行政执法倚赖罚款的现象也较为严重——“以

---

① 参见[日]盐野宏：《行政法》，刘宗德、赖恒盈译，台北，月旦出版股份有限公司1996年版，第9页。转引自杨林宏：《行政法：原理与制度》，云南大学出版社2010年版，第50页。

② 参见杨海坤、章志远：《中国行政法原论》，中国人民大学出版社2007年版，第86~90页。

③ 刘福元：《政府柔性执法的制度规范建构》，法律出版社2012年版，第151页。

④ 参见刘福元：《政府柔性执法的制度规范建构》，法律出版社2012年版，第244页。

罚代管”,[1]这与法律规范中滥用罚款制度互为因果。因此,无论基于行政执法的柔性执法方向,还是基于罚款的规范现状、实践现状,我国《税收征管法》都应该削减罚款的规定及金额(比率)。

其次,应该单设“滞报金”,并设置完善的滞报金制度:

①以“滞报金”取代现有的对滞报行为的罚款,作为对滞报行为的加收款项。

②在实践中,多数不申报纳税的情形往往涉税金额较为巨大。目前《税收征管法》规定的责令申报之后仍不申报的,加处2000元至1万元,[2]加收金额的区间太窄且不具有灵活性;最高加收金额仅1万元,可能与违反申报义务的程度不相匹配;纳税人滞报与责令后仍然滞报的违法成本差异甚少(2000元、2000元到1万元),没有起到敦促纳税人及时履行义务的作用,反而可能使纳税人产生放弃弥补申报的心理。因此,综合来看,滞报金的金额应该设定得更为灵活。

③可以学习我国台湾地区设置滞报金、怠报金的规范方法,根据滞报行为的违法程度,对滞报行为和催报之后仍然滞报的行为,设置不同梯级的滞报金,能够更好地发挥滞报金的督促作用。

④若滞报金已经明显不会产生督促履行的作用时,不应当加收。

再次,应该突出税收滞纳金在督促纳税人履行税收契约之义务的作用:

①限定可以加收税收滞纳金的情形——纳税申报或税务机关确认应纳税款之后,纳税人滞纳的,方可加收滞纳金,实现滞纳金督促纳税的功能。除此之外,若在未申报、税收之债未进入履行的情况下加收滞纳金,滞纳金根本无法产生督促纳税的功能,仅仅是给纳税人增加的给付负担。

②以往修订《税收征管法》时,对滞纳金的加收比率修改得忽高忽低,我们认为不可受“天价滞纳金”的民意舆论影响,一味降低滞纳金比率,还是应该考虑到滞纳金在督促纳税人履行义务上的重要作用。

最后,税收滞报金加收金额(比率)应当高于滞纳金。原因在于,滞纳行

---

① 苏苗罕:《美国联邦政府监管中的行政罚款制度研究》,载《环球法律评论》2012年第3期。

② 《税收征管法》第60条规定:“纳税人有下列行为之一的,由税务机关责令限期改正,可以处二千元以下的罚款;情节严重的,处二千元以上一万元以下的罚款:(一)未按照规定的期限申报办理税务登记、变更或者注销登记的……”

为发生于税收之债履行期届满之后,即已经经过了纳税申报或税收确认的步骤,那么在纳税人滞纳税款之时,至少税务机关已经掌握了应纳税款的信息。但若纳税人滞报或不申报,税务机关不仅需要花费成本、采取措施来掌握应纳税款的信息,还面临无法掌握应纳税款信息的风险,纳税人很可能就此成功逃避缴纳税款。所以,在督促纳税人履行义务的功能上,滞报金和滞纳金的制度作用有大有小。而在所有加收款项中,只有滞报金、滞纳金承担督促纳税人履行义务的功能,因此应该按照二者可发挥督促作用的空间大小,在二者之间分配承担督促功能之加收款项的总额——以税收滞报金的加收金额(比率)高于税收滞纳金的标准进行分配,如此便能最大化滞报金和滞纳金的综合督促功能。

(2)对不同纳税人加收款项之间的平衡

修订《税收征管法》,不仅要考虑加收款项过多对单一纳税人不公平的可能,通过平衡各加收款项的加收金额(比率),实现对单个纳税人的公平正义;还应该考虑到不同纳税人违反税收契约之义务(申报义务、缴纳税款的义务)的情形是不同的,因而也应该通过平衡各加收款项的加收金额(比率),实现不同纳税人之间的公平正义。

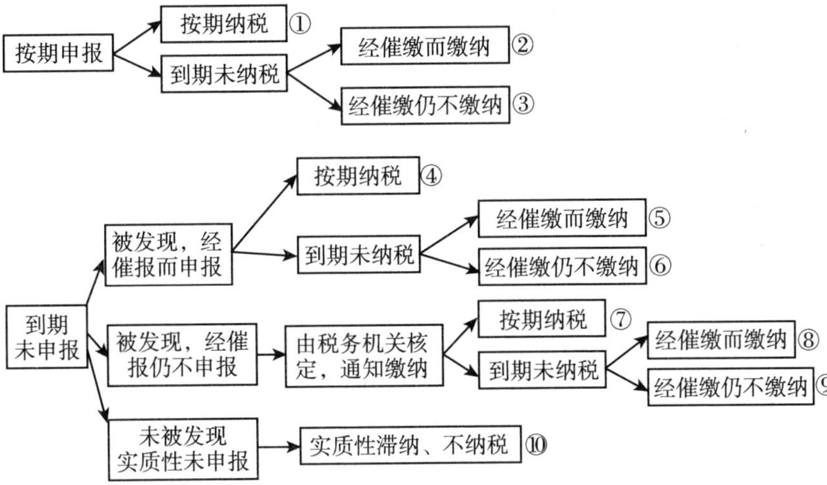

图1 履行税收之债的10种路径

表 5 违反税收契约义务之加收款项的组合

违反义务情形	②	③	④	⑤	⑥
加收的款项	利息 + 滞纳金	利息 + 滞纳金 + 罚款	滞报金	利息 + 滞报金 + 滞纳金	利息 + 滞报金 + 滞纳金 + 罚款
违反义务情形	⑦	⑧	⑨	⑩	
加收的款项	滞报金	利息 + 滞报金 + 滞纳金	利息 + 滞报金 + 滞纳金 + 罚款	利息 + 滞报金 + 罚款	

从图 1 可以看出，履行税收之债的路径有 10 种情形，排除完全依法履行税收之债的第①种情形，违反税收契约之义务的组合方式有 9 种情形。与图 1 中的 9 种情形相对应，表 5 列出了这 9 种情形下加收款项的组合方式。

结合图 1 和表 5，我们可以发现，④和⑦、⑤和⑧、⑥和⑨的加收款项组合是相同的。但是，④、⑤、⑥3 种情形下违反申报义务的严重程度不及⑦、⑧、⑨3 种情形，因此，应当对④、⑤、⑥3 种情形下加收的滞报金与⑦、⑧、⑨3 种情形下的滞报金设定不同的金额（比率）。此外，我们也可以发现，③和⑩的加收款项组合是相近的，细微的差别在于加收的是滞报金还是滞纳金。而根据图 1，第③种情形只是单纯违反了按期纳税的义务，达不到第⑩种情形下从申报之时便成功逃避履行义务的严重程度。因此，滞报金的加收金额应当高于滞纳金，以实现不同纳税人之间的平等、公平。

（四）完善对各加收款项的减免规则

遵循税收契约理论，利息的功能在于填补违约行为给债权人造成的可得利益损失，是纳税人占用应缴税款理应支付的报酬，是对主给付义务（缴纳税款）附加的给付义务，不必设定减免规则。

罚款、滞报金、滞纳金是对纳税人不履行义务的惩罚性违约金，其功能在于惩罚、督促。若纳税人能够真诚悔改、积极弥补，对于这三种加收款项，我国《税收征管法》都应该为纳税人留有一些减免的余地，增加减免的条款。

另外，我国 2015 年 1 月出台的《税收征管法》草案规定了税收和解制度，适用于纳税人履行义务有困难的情形，并规定可以减免罚款和滞纳金。笔者认为，在税收契约理念下，利息、罚款、滞纳金和滞报金都应当有适用税收和解的空间。

四、明确"滞纳金"本质下税收滞纳金与行政强制滞纳金的关系

（一）行政强制滞纳金与税收滞纳金是一般与特殊的关系

前文论述到，基于税收契约理论，可以将税收滞纳金的性质解释为惩罚性违约金；并且，为了实现与其他加收款项在功能上的分工配合，将税收滞纳金的功能限定为督促纳税人履行纳税义务。而在我国《强制执行法》上，滞纳金是虽然属于间接强制执行，但具有与税收滞纳金相同的督促（行政相对人履行金钱给付义务）功能。

"所谓制度，一般可以定义为社会行为规范或交易规则，它反映的是人类经济行为所面对的特定历史约束条件。"①因此，一项制度的核心在于其"约束性"，即作用、功能。惩罚性违约金，只是在税收契约理论下与税收滞纳金对应的理论坐标点；间接强制执行，也只是在行政法理论下与滞纳金相对应的理论坐标点。如果换作其他理论，滞纳金又还可以对应到其他的理论坐标点，唯一不变的则是滞纳金的"约束性"，即督促履行义务的功能作用。而前文论述的税收滞纳金、罚款制度实践的混乱现状，正说明"理论坐标点"上的争论对实践没有产生任何益处。所以，不妨暂时抛弃税收理论、强制执行理论，着眼于滞纳金之督促履行义务的功能，将税收滞纳金与滞纳金简单地视为特殊与一般的关系。如此一来，不仅不会影响税收滞纳金在税收征管中的功能，还能实现《税收征管法》和《行政强制法》在滞纳金规范上的统一。

（二）确立《行政强制法》在滞纳金制度上的一般效力

首先，笔者认为，《行政强制法》上的滞纳金制度应作出以下修改：（1）为避免随意设定滞纳金规范的立法行为，《行政强制法》应限定"依法加收滞纳金"之法的形式、效力层级；②（2）《行政强制法》仅仅规定加收滞纳金的金额

---

① 李宝元、严帆、董青：《组织行为学通论》，清华大学出版社2008年版，第83页。

② 根据《行政强制法》第45条的规定，相对人逾期不履行金钱给付义务的，行政机关"可以""依法"加处滞纳金，表明加处滞纳金的具体办法规定在其他的法律之中。对此，《行政强制法》已经限定了具体规定滞纳金制度的法律形式为法律、法规。但是，我国现实实践中规定有滞纳金的法律形式除法律、行政法规外，尚包括行政规章、司法解释、行业规定。后三者显然缺乏授权依据。

上限是不合理的，会给其他法律法规、规范性文件留下太多滥用滞纳金的法律空间。因此，相对于现行的滞纳金规范而言，应该细化《行政强制法》上的滞纳金制度，对加收比率、减免规则作系统性的规范，确保《行政强制法》能够在滞纳金之督促作用上发挥一般性的法律效力，避免其他具体规范随意规定滞纳金制度，从而杜绝实践中以滞纳金代罚、代管的现象。

其次，在其他法规、规范性文件中，滞纳金征收比例差距过大，[①]对此，这些法规、规范性文件应当遵从《行政强制法》的一般效力，在设定滞纳金条款时，严格遵循比例原则。比例原则的要求是，政府实施行政权的手段与目的之间应具有一定的比例关系，[②]其第一层次是必须服务于立法目的，而后才着眼于目的和手段的平衡性。因此，若要调整征收比例，除了《行政强制法》应发挥一般规范作用外，制定其他法规、规范性文件时应该首先考察“滞纳金”的制度目的，然后根据每一部法规、规范性文件的价值目标，加以调整。

“法是人的行为的一种秩序。一种秩序是许多规则的一个体系。法并不是像有时所说的一个规则，它是具有那种我们理解为体系的统一性的一系列规则。”[③]若要弄清一项规则的作用，首先必须了解整个规范体系的价值目的，还要明确构成整个规范体系的各环节之间存在何种功能上的配合、互补。

因此，为了实现税收滞纳金制度与相关制度的协调配合，笔者认为，首先应该明确《税收征管法》上包括税收滞纳金在内的各加收款项的功能，税收利息应担当补偿性功能，税收滞报金和税收滞纳金应担当督促履行义务的功能，税收罚款则应担当惩罚性制裁功能。然后，基于税法理念的转变，本文提出，应该在各加收款项的功能之间有所侧重，并基于各加收款项功能的差异，平衡配置各加收款项的金额（比率）：(1)为了突出利息以外加收款项的功能，税收滞报金、税收滞纳金及罚款的金额（比率）可以高于税收利息，但这些功能的实现必然会增加纳税人的负担，同时也不可能完全剥离其他加收款项的实质

---

① 我们进行检索相关法规、规范性文件以后发现，滞纳金的征收比例参差不齐，有万分之五、千分之一、千分之二、千分之三，等等，均见于欠缴税款、社会保险金和资源费的情况，而最大的征收比例则为《劳动保险条例》中规定的1%。或许制度的适用应该因事制宜，但如此大的滞纳金差距似乎已经违背行政自由裁量之比例原则。

② 参见陈新民：《行政法总论》，台北，三民书局股份有限公司1997年版，第59页。

③ ［奥］凯尔森：《法与国家的一般理论》，沈宗灵译，中国大百科全书出版社1996年版，第6页。

性补偿功能,因此利息的加收金额(比率)应当适当降低;(2)应当侧重于税收滞报金大于税收滞纳的督促功能,避免倚赖税收罚款的惩罚性制裁功能,三者的加收金额(比率)应按照税收滞报金大于税收滞纳金,适当减少税收罚款的方向进行修订。最后,本书提出,应着眼于制度功能,抛却滞纳金问题上"间接强制执行"和"税收滞纳金具有补偿性"的理论争论,将税收滞纳金与《行政强制法》上的滞纳金统一为特殊与一般的规范关系,修改我国《行政强制法》,确保《行政强制法》在滞纳金规范上的一般效力。

第五章　税收征管法救济机制之重构

第一节　我国税收征管法救济机制存在的问题及修改必要性

我国税收收入占国家一般公共财政收入的比重一直超过 80%(见图 2),是比较典型意义上的"税收国家"。目前,我国现行已经正式实施的有效税种为 18 个(《环境保护税法》虽然已经通过并且公布,但尚未实施),但只有 3 部已经正式生效实施的实体税收法律,而且只有一部全国人大颁布的《税收征管法》涉及税收征收管理中的权力(利)义务关系,缺乏有效地维护纳税人权益的权利救济法。我国《税收征管法》于 2001 年 4 月进行过重大修订,但距今已有 16 年之久,而 2013 年、2015 年的两次修订又都只修订了个别条文,其立法内容与当今法治理念和税制结构转型改革要求相比,存在比较大的差距。根据党的十八届三中全会和 2014 年 6 月审议通过的《深化财税体制改革总体方案》等对税制改革的新要求,国务院法制办于 2013 年 6 月和 2015 年 1 月先后两次颁布了《修正案征求意见稿》和《草案征求意见稿》,力图进一步完善税收征收管理制度,建立健全纳税人权益保护体系。

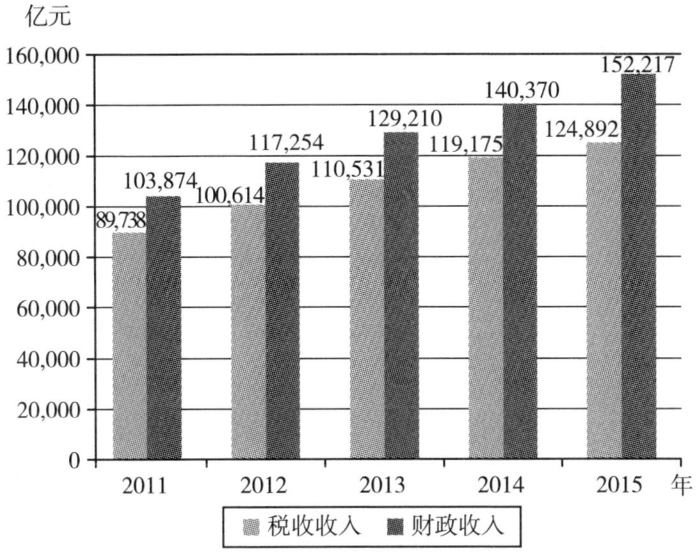

图 2　2011～2015 年我国税收收入及财政收入①

一、税收争议与救济机制的重要性

按照《税收征管法》第 88 条的规定和《税收征管法实施细则》第 100 条的解释，"税收征管法第八十八条规定的纳税争议，是指纳税人、扣缴义务人、纳税担保人对税务机关确定纳税主体、征税对象、征税范围、减税、免税及退税、适用税率、计税依据、纳税环节、纳税期限、纳税地点以及税款征收方式等具体行政行为有异议而发生的争议"。这是狭义上的纳税争议，广义上的纳税争议除了上述具体行政行为之外，还包括税种的开征、税率的确定等抽象行政行为所引发的争议。

对于上述狭义上纳税争议的概念，有学者指出该定义"只涉及税务机关与纳税人、扣缴义务人、纳税担保人之间因税收征管等的行政行为有异议而发生的争议，而没有规定税收立法过程中因对某个问题有异议而产生的与社会

① 载中华人民共和国国家统计局官方网站：http://data. stats. gov. cn/easyquery. htm? cn = C01，最后访问日期：2016 年 4 月 2 日。

各界的争议等”。[①] 该学者主张我们需要全面、正确地理解税收争议的含义，并主张税收争议包括在税收立法中因税收法律法规的缺陷等具体问题有异议而发生的争议。

税收争讼是纳税人与税务机关在税收征收和管理过程中所发生税务争议和解决税务争议的一系列活动的总称。纳税人与税务机关发生争议时，解决的途径一般包括行政救济和司法救济。通常而言，行政救济主要是由行政机关对税务争议做出裁决，以维护行政管理相对人的合法权益，其适用的主要是行政司法程序或准司法程序，司法救济主要是当事人诉诸法院，由司法机关对具体行政行为进行司法审判，适用司法程序。

“从救济法的层面论，所谓无救济则无权利，没有税收争讼法律制度，不仅无法有效监督和制衡税收机关的征税活动，而且纳税主体一旦自身权益遭受侵害亦无法予以救济；另一方面，没有税收争讼法律制度，税收机关正当合法的征收管理行为也将缺失最终的司法支持，从而影响国家税收目标的最终实现。”[②]从程序法的层面论，所谓程序具有自身独立的价值，作为程序法律制度的税收争讼法律制度除了保障税收实体法的实现以外，它还具有自身独立的内在的优良品格，“正是程序决定了法治与恣意的人治之间的基本区别”。[③]

“进行税收法治建设，关键在于能否及时发现矛盾，并正确、妥善化解矛盾，积极探索一个高效、便捷和成本低廉的防范和化解征纳争端机制。”[④]因此，救济机制在税收征管法上具有重要的价值。一方面，救济机制是确保税收征管法可诉性理念、保障纳税人权利的重要支柱；另一方面，救济机制承担着同时保障和平衡作为公权力的国家征税权和作为私权利的纳税人财产权的重要职能。

二、税收征管法上救济机制的现状与问题

“征税”是税务机关的主要任务，也是最容易引发纳税人和税务机关之间

---

① 靳东升主编：《依法治税：税收行政执法争议解决制度的完善》，经济科学出版社2007年版，第407页。

② 熊晓青：《问题与对策：税收争讼法律制度探讨》，载刘剑文主编：《财税法论丛》（第1卷），法律出版社2002年版，第267页。

③ 同上书，第267页、第268页。

④ 杨艳：《浅议税收征纳双方争端解决的路径选择》，载《淮海工学院学报》（社会科学版），2011年第2期。

争议的行为。[①] 我国现行《税收征管法》第 88 条[②]第 1 款规定了纳税人、扣缴义务人、纳税担保人同税务机关在纳税上发生争议时,必须先依照税务机关的纳税决定缴纳或者解缴税款及滞纳金或者提供相应的担保,然后可以依法申请行政复议;对行政复议决定不服的,可以依法向人民法院起诉。

而最新的《草案征求意见稿》(2015 年 1 月国务院法制办公布)中将涉及“争议处理”的条款修改为:纳税人、扣缴义务人、纳税担保人同税务机关在纳税上和直接涉及税款的行政处罚上发生争议时,可以依法申请行政复议;对行政复议决定不服的,应当先依照复议机关的纳税决定缴纳、解缴税款或者提供相应的担保,然后可以依法向人民法院起诉(第 126 条第 1 款)。

即对于纳税争议,现行的《税收征管法》第 88 条第 1 款要求先纳税后复议,且对于纳税争议的特定案件复议必须是诉讼的前置程序。[③] 也就是说,纳税人、扣缴义务人、纳税担保人就征税行为(包括确认征税主体、对象、范围以及减免税等)的纳税争议需要先缴清税款或者提供相应担保后,才可以申请行政复议。对行政复议决定不服的,才可以向人民法院起诉,而不能直接向人民法院起诉,更不能在未缴清税款或者未提供相应担保的情况下直接向法院起诉。而《草案征求意见稿》作出以下修改。

---

① 参见阮有利:《对我国税务行政复议制度的几点思考》,载《税务与经济》2010 年第 5 期。

② 《税收征管法》第 88 条规定:“纳税人、扣缴义务人、纳税担保人同税务机关在纳税上发生争议时,必须先依照税务机关的纳税决定缴纳或者解缴税款及滞纳金或者提供相应的担保,然后可以依法申请行政复议;对行政复议决定不服的,可以依法向人民法院起诉。当事人对税务机关的处罚决定、强制执行措施或者税收保全措施不服的,可以依法申请行政复议,也可以依法向人民法院起诉。当事人对税务机关的处罚决定逾期不申请行政复议也不向人民法院起诉、又不履行的,作出处罚决定的税务机关可以采取本法第四十条规定的强制执行措施,或者申请人民法院强制执行。”

③ 《税务行政复议规则》(2009 年 12 月 15 日国家税务总局第 2 次局务会议审议通过,自 2010 年 4 月 1 日起施行)第 14 条规定:“行政复议机关受理申请人对税务机关下列具体行政行为不服提出的行政复议申请:(一)征税行为,包括确认纳税主体、征税对象、征税范围、减税、免税、退税、抵扣税款、适用税率、计税依据、纳税环节、纳税期限、纳税地点和税款征收方式等具体行政行为,征收税款、加收滞纳金,扣缴义务人、受税务机关委托的单位和个人作出的代扣代缴、代收代缴、代征行为等。(二)行政许可、行政审批行为。(三)发票管理行为,包括发售、收缴、代开发票等。(四)税收保全措施、强制执行措施。(五)行政处罚行为。”《税收征管法》(1992 年通过,2015 年最新修订)第 33 条规定:“申请人对本规则第十四条第(一)项规定的行为不服的,应当先向行政复议机关申请行政复议;对行政复议决定不服的,可以向人民法院提起行政诉讼。”

1.保留了纳税争议先复议后诉讼("复议前置")的规定,[①]而且修订草案扩大了需要复议前置案件的范围,增加了"直接涉及税款的行政处罚"上的争议。

关于此范围的扩大,笔者认为该类争议在本质上属于涉及纳税问题的争议。对于这些涉及纳税争议的案件交予具有专业判断力的复议机关先行判断具有高效性,有利于减轻司法负担。如若能够进一步完善相关复议制度、增加复议机关的独立性,"复议前置"及其"扩大范围"并不会损害纳税人的救济权利。

2.取消了原先税务行政复议中"先缴税后复议"的规定,使纳税人、扣缴义务人、纳税担保人可以在不按规定缴税的情况下同时提起行政复议,在行政复议中寻求权利救济途径,以此更多地发挥行政复议的主要渠道作用。

3.仍然规定,若对纳税相关争议的复议结果不服,行政相对人需要在先缴清税款或者提供相应担保的前提下,才可向人民法院提起诉讼,即"纳税争议行政诉讼纳税前置"。

有学者对我国的税务行政诉讼进行了实证研究。[②] 该学者发现,1998 年到 2012 年连续 15 年间,我国的税务诉讼的数量经历一个显著的下降期(见图 3):20 世纪 90 年代末每年有接近 2000 个案件;到 2004 年这个数字下降到每年约 1000 件;在 2007 年甚至下降到约 300 件;近几年则大致保持在每年 400 件。

对此该学者给出直接的解释原因是:一是中国的司法机关缺乏独立性,在诉讼中总是偏向作为被告的税务机关;二是即使原告胜诉,税务机关也会对其加以报复;三是税法太过复杂,法院很难解释、适用。

---

① 《关于〈中华人民共和国税收征收管理法修订草案(征求意见稿)〉的说明》,载法制办公室网:http://www. China law. gov. cn/article/cazjgg/201501/20150100397930. shtml,最后访问日期:2016 年 9 月 2 日。

② 参见崔威:《中国税务行政诉讼实证研究》,载《清华法学》2015 年第 3 期。

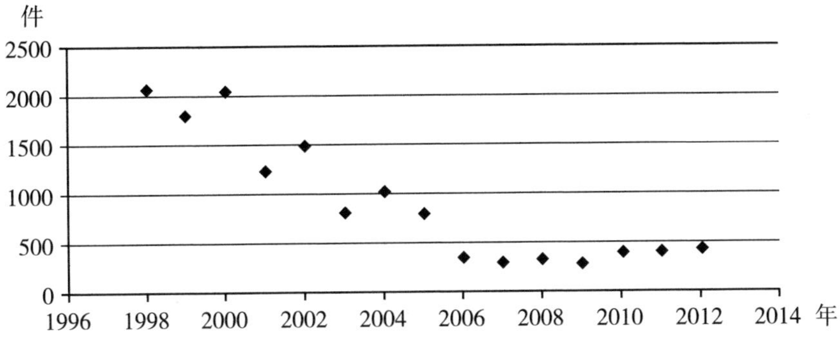

图3　1998~2012年全国税收行政诉讼一审收案数量

其实2013年6月第一次颁布的征求意见稿中并没有提及取消“先缴税后复议”规定，后经过多方建议和专家意见论证，才在2015年1月的征求意见稿中将此规定删除。2013年施正文教授曾指出，从《税收征管法》实施以来，税务行政案件占总体行政诉讼案件的比例很低，全国平均每市仅2~3起税务争议复议或税务行政诉讼案件。[①] 相比之下，我国台湾地区每年的涉税诉讼案件就有5000多起，占到“行政法院”案件总量的6成之多。专家学者们普遍认为，正是由于我国税收救济法律规定的不完善，导致众多纳税人因金钱不足无法进行行政复议和诉讼，无法维护自己的合法权益。

根据2011年审计署相关审计结果显示：2009~2010年，全国9个省区市的103家国税局违规向企业提前征税33.57亿元。[②]

由此可见，在我国税收实际中，仍然存在许多侵害纳税人权益的情况，亟须相关法律法规来完善纳税人的权利救济规定。但是，新的征求意见稿仍然要求对纳税争议案件只有缴清税款或提供相应担保后，才可对行政复议结果提起诉讼。“迟到的正义非正义，被限制的诉权也并非真正完全的诉权。”鉴于现行《税收征管法》第88条和征求意见稿第126条中的“复议前置”和纳税争议行政诉讼“纳税前置”规定与纳税人救济权利的关系，从纳税人权利保护

---

① 参见何诗杨：《〈税收征管法修订稿（征求意见稿）〉的新亮点及影响》，载《南方论刊》2014年第10期。

② 根据2011年审计署办公厅公布的《2011年第34号：国家税务局系统税收征管情况审计结果》显示，2009~2010年，9个省区市有103家国税局通过违规提前征收、多预征税款等方式，向397户企业跨年度提前征税33.57亿元。参见朱大旗、胡明：《正当程序理念下我国〈税收征收管理法〉的修改》，载《中国人民大学学报》2014年第5期。

和救济的角度来看，税收征管法上的救济机制亟待进一步完善。

有学者指出，“尽管我国纳税人权利救济体系已初步形成，但受困于财税体制、行政复议、司法诉讼制度以及税务机关和纳税人的利益博弈，尚不能有效发挥其维权法及公正化、国家治理能力现代化的应有效果”。① 由此，如何完善税务纠纷的救济机制、建立和谐的征纳关系应是税收征管法修改的重要内容。

三、税收征管法的修改与救济机制的应然要求

正是看到了救济机制的重要性，税收征管法在征求意见中将救济机制独立成章，即“第十章争议处理”，修改前后具体内容的对比情况如下：

表6 《税收征管法》关于争议处理修订对比

修改前 （阴影部分为删去内容）	修改后 （黑体字部分为修改内容）
	第十章争议处理
第八十八条 纳税人、扣缴义务人、纳税担保人同税务机关在纳税上发生争议时，必须先依照税务机关的纳税决定缴纳或者解缴税款及滞纳金或者提供相应的担保，然后可以依法申请行政复议；对行政复议决定不服的，可以依法向人民法院起诉。 当事人对税务机关的处罚决定、强制执行措施或者税收保全措施不服的，可以依法申请行政复议，也可以依法向人民法院起诉。 当事人对税务机关的处罚决定逾期不申请行政复议也不向人民法院起诉、又不履行的，作出处罚决定的税务机关可以采取本法第四十条规定的强制执行措施，或者申请人民法院强制执行。	**第一百二十六条** 纳税人、扣缴义务人、纳税担保人同税务机关在纳税上**和直接涉及税款的行政处罚上**发生争议时，可以依法申请行政复议；对行政复议决定不服的，应当先依照复议机关的纳税决定缴纳、解缴税款或者提供相应的担保，然后可以依法向人民法院起诉。 对税务机关作出第一款以外的与征收税款金额无关的处罚决定、强制执行措施或者税收保全措施不服的，可以依法申请行政复议，也可以依法向人民法院起诉。

① 乔博娟：《税制改革中纳税人权利救济体系的反思与重构——以税务行政复议与税务诉讼的自由选择为中心》，载《现代经济探讨》2016年第9期。

续表

修改前 (阴影部分为删去内容)	修改后 (黑体字部分为修改内容)
	第一百二十七条　行政复议可以适用和解、调解。 **和解协议或者调解书经申请人、被申请人签字后生效,申请人不得就同一事实、同一理由再次申请行政复议。** **申请人与被申请人和解、调解不成的,行政复议机关应当及时作出行政复议决定。** **行政复议决定维持征税处理决定的,申请人应当按照规定缴纳税款及税收利息。**
	第一百二十八条　行政复议机关不得作出对申请人更为不利的行政复议决定。
	第一百二十九条　行政复议期间,税务机关作出的具体行政行为不停止执行;但是,有下列情形之一的,可以停止执行: **(一)被申请人认为需要停止执行的;** **(二)行政复议机关认为需要停止执行的;** **(三)申请人申请停止执行,行政复议机关认为其要求合理,决定停止执行的;** **(四)法律规定停止执行的。**
	第一百三十条　复议过程中,被申请人对其做出的行政决定的合法性、合理性负有举证责任。申请人对下列事项承担举证责任: **(一)其申报的收入、支出、减税、免税、退税的真实性;** **(二)依法履行了记录、保存、提供账簿凭证等涉税资料的义务。**

续表

修改前 (阴影部分为删去内容)	修改后 (黑体字部分为修改内容)
	第一百三十一条　按照国际税收条约、协定规定的情报交换机制取得的信息,税务机关经审核确认可以将其作为确定纳税人税额的依据;纳税人有异议的,由纳税人举证。
当事人对税务机关的处罚决定逾期不申请行政复议也不向人民法院起诉、又不履行的,作出处罚决定的税务机关可以采取本法第四十条规定的强制执行措施,或者申请人民法院强制执行。	**第一百三十二条**　当事人对税务机关的处罚决定逾期不申请行政复议也不向人民法院起诉、又不履行的,作出处罚决定的税务机关可以采取本法第**六十四**条规定的强制执行措施,或者申请人民法院强制执行。

审慎地看待《草案征求意见稿》,亮点很多,但是从纳税人保护、维护征纳关系和谐的角度出发,税收征管法还有待进一步完善。而其中非常重要的一点,就是税收征管法的进一步修订应当建构通畅性、多元性、便利性的税务纠纷解决机制。

首先,税收征管法的修改应确保救济机制的多元性。对此有学者指出,应该整合现有多种救济途径,提高税务救济制度的功能。其一,解决争议的主体必须从单一化,司法化转向"多样化和多元化",在强调法院作为解决争议的最后一道方式的同时,突出行政机关、民间机构和行业性组织在解决争议中的重要作用,建立一套完整的争议解决体系。其二,各种救济方式要从"单兵对应"转向"联合作战"。我们需要强调以多种权力、多种手段共同解决税务争议问题,要求各种制度统一协调、相互呼应和实现衔接。其三,积极探索税务和解等新的救济手段。税务和解制度对于提高司法效率、降低司法成本、增加裁决的可接收性具有较大优势,我们应该予以重视。① 同时,有学者建议我国应建立税务争议替代性解决机制,以充分保障纳税人在权利救济时具有充分

① 参见靳东升主编:《依法治税:税收行政执法争议解决制度的完善》,经济科学出版社2007年版,第373～374页。

的选择性。①

其次，税收征管法的修改应确保救济机制的通畅性。救济机制是纳税人权利实现的最后保障，必须确保救济机制的通畅性。有学者指出，我国存在税收争议形式化的问题。实践中发生税收争议后，纳税人往往不能通过行政复议、司法诉讼等途径有效地解决争议。由于纳税人与纳税机关间的不平等地位，存在“赢了一个案子，输了一个企业”的情况。出于维权的成本收益分析，纳税人不敢申请行政复议，更不愿提起诉讼。税收诉讼呈倒“金字塔”形，与理想的扁平化相去甚远。即便进入复议或诉讼程序，很多案件也是以申请人撤回复议申请或原告撤诉而结案的。② 为了不让税法成为只是“看起来很美”的纸上文本，就必须建立起通畅、有效的监督与救济机制，特别要保障纳税人通过司法途径解决税收纠纷的权利。③

最后，税收征管法的修改应确保救济机制的便利性。就维权成本而言，救济机制应确保纳税人维权的经济性和高效性。传统的诉讼方式复杂烦琐、周期过长，有悖于经济效率原则，因而应当简化程序规则、降低维权成本。在评估权利救济的有效性上，除了提供救济的选择机会、方式的多样性这一指标外，还应包括程序的合理性指标，即提供救济是否具有便利性。对此我国台湾地区的简易程序和小额程序值得我们借鉴。④

尤其需要指出的是，税收是“取之于民，用之于民”的，公共财政体制下如何维护公共利益，确保公共资金的使用效率最大化，不能单独靠传统意义上的税务诉讼来解决。近年来，有学者借鉴国外的经验，提出了我国应建立新的纳税人诉讼救济机制。而这时的税务争议并不局限于具体的征收缴纳环节，而是坚持“征税——用税”一体化的思路，将税收征管环节扩充至税收立法权、税收执法权、税务司法权的广泛范围中。对此笔者深表赞同，因为只有在更大的范围内解决税收纠纷，才能真正实现征纳关系的和谐。

---

① 参见陈少英、许峰：《税务争议替代性解决机制探析》，载《北方法学》2008年第5期。

② 参见李慈强：《税收征纳关系的改革与完善》，载《沈阳师范大学学报》（社会科学版）2013年第2期。

③ 参见王平：《税收法定原则：法治财税与国家治理现代化的基础》，载《国际税收》2014年第5期。

④ 关于这方面的介绍，参见熊晓青：《问题与对策：税收争讼法律制度探讨》，载刘剑文主编：《财税法论丛》（第1卷），法律出版社2002年版，第293页。

西谚有云:“无救济的权利不是权利”。世界各国包括许多国际组织都出台了多部保护纳税人权利的救济法。而我国的行政法由于受早期的“管理论”思想的影响,过于强调国家和政府的管理职能,忽视公民的权利救济和保障。随着现代法治理念的广泛传播,政府开始强调管理职能的转变和服务意识的觉醒,以适应新的社会发展要求。在新一轮的财税法制改革中,我们应推崇宪法理念,注重完善公民的实体性权利和程序性权利。作为税收国家,保障纳税人的权利对我国的社会经济意义重大。有关部门在切实完善和改革税制的过程中,应当重视程序法上对公民权利的救济。因此,在立足于纳税人诉权、财产权和平等权的基础上,在不影响国家税款收入的前提下,我们建议将有关纳税争议处理的条款进行重大修改,建立诱导性行政复议制度,取消纳税争议行政诉讼强制性“复议前置”“纳税前置”的规定,同时完善税收保全等相关制度,以保障纳税人权利救济途径的畅通。随着我国税务行政复议和诉讼制度的逐步完善,复议制度的主渠道作用和诉讼制度的救济作用会得到真正发挥,进而实现兼顾国家利益和纳税人权利保障的目标。

第二节　税务诉讼“双重前置”的审视与再造

行政诉讼是保障纳税人权利的最后一道防线,在许多发达国家,涉税行政诉讼案件在行政诉讼案件中占有较高的比例,而我国每年税务行政诉讼案件占整个行政案件比例极低,如 2011 年约占 0.3%(全国行政诉讼案件为 136,353个,其中税务诉讼案件为 405 个)。① 这一现象的出现,与我国现行《税收征管法》第 88 条第 1 款对“在纳税上发生争议”而提起行政诉讼所设置的“双重前置”制度(“清税前置”和“复议法定前置”)②不无关系。“双重前置”制度要求,纳税人提起行政诉讼之前必须先提起行政复议,提起行政复议之前必须先“缴纳或者解缴税款及滞纳金或者提供相应的担保”。“双重前置”制度为纳税人提起涉税行政诉讼设置了严重的阻碍,受到学界和实务界

① 参见《2011 年全国法院审理行政一审案件情况》,载最高人民法院网:http://www.court.gov.cn/fabu-gengduo-21.html? page=6,最后访问日期:2015 年 8 月 20 日。

② “复议前置”在学界就是指法定的复议前置,即复议法定前置。本文为论证需要将复议前置扩展为复议法定前置和复议诱导前置,学界通常理解的复议前置本文一律用复议法定前置代替。

广泛诟病。自《税收征管法》被列入立法修订规划以来,学界一直呼吁对此条款进行修改。

然而,2015 年 1 月 5 日国务院法制办公室发布的《草案征求意见稿》第 126 条[①]对该条的修订仅浅尝辄止,并没有实质改变税务诉讼"双重前置"制度——不再将缴清税款作为提起行政复议的前置条件,但仍然将其作为提起行政诉讼的前置条件。另外,《草案征求意见稿》还增加"直接涉及税款的行政处罚上发生争议"时也实行"双重前置"制度,进而扩大了"双重前置"制度的适用范围。"双重前置"是否具有正当性?应如何进行科学设计?这些需要一个判断标准。比例原则是公法领域一项基本原则,对限制政府权力、保护公民权利具有重要价值。比例原则由一系列亚原则组成,即目的正当性原则、妥当性原则、必要性原则和狭义比例原则。本书拟以比例原则之亚原则为工具,对我国税务诉讼"双重前置"制度目的、程序和结果进行审视,并在借鉴域外经验的基础上对我国税务诉讼"双重前置"制度提出修改建议。

一、目的正当性:"双重前置"之目的考察

通说认为,比例原则包括妥当性原则、必要性原则和狭义比例原则三个亚原则。然而,有学者通过历史解读和比较考察认为除前述三原则外,还应包括目的正当性原则。[②] 任何一项立法都明示或隐含某种立法目的,否则该法律就没有颁布之必要。质言之,想要借规范来规整特定生活领域的立法者,在立法时通常受规整的企图、正义或合目的性考量的指引。[③] 比例原则下的目的正当性原则是对立法行为或行政行为的目的、目标进行审查,要求立法条文或行政行为的实质目的是正当的,而不能仅审视立法条款或行政者所宣称的目的。税务争议诉讼的"双重前置"是对纳税人救济权的限制,更需要运用目的正当性原则对其立法目的进行审视。

---

① 《草案征求意见稿》第 126 条第 1 款规定,纳税人、扣缴义务人、纳税担保人同税务机关在纳税上和直接涉及税款的行政处罚上发生争议时,可以依法申请行政复议;对行政复议决定不服的,应当先依照复议机关的纳税决定缴纳、解缴税款或者提供相应的担保,然后可以依法向人民法院起诉。

② 刘权:《目的正当性与比例原则的重构》,载《中国法学》2014 年第 4 期。

③ 参见[德]卡尔·拉伦茨:《法学方法论》,陈爱娥译,商务印书馆 2003 年版,第 94 页。

(一)"清税前置"目的正当性审视

其一,形式目的(或宣称的目的):防止国家税款损失。"清税前置"形式上立法目的就是保护国家税收收入安全,避免税款损失。虽然《税收征管法》没有直接规定"清税前置"的立法目的,但从该法第1条可以推断出其形式上立法目的。第1条将"保障国家税收收入"置于"保护纳税人的合法权益"之前,反映了对国家税收收入的优先保护,"清税前置"是该理念的直接体现。国家税权优先于纳税人权利的保护立法安排,源于政府与公民之间的自愿交换理论,即所有公民缴纳的税收可以视为他们所得到的所有公共产品和服务的交换"价格"。即使在民主社会,这种交换也存在隐含(强迫)的交换,这是政府与公众之间的社会契约的一部分,是按照简单多数原则而不是全体一致同意原则决定的。① 显然,"清税前置"之形式目的基于这样一个逻辑基础:当单个纳税人的权利与国家税收权相抵牾时,应优先保护国家税收权以保障公共财政的充盈,否则会导致由于财政资金匮乏而无法供给公共产品和服务,最终受损的是全体社会公众。尽管"清税前置"形式上立法目的是非常正当的,但不能仅停留在形式或宣称的目的上,因为所有立法所宣称的目的没有不正当的,否则就无法公之于众。即使实质目的(或真正目的)是不正当的,立法者也会以所谓的"正当目的"掩盖"不正当目的",②即找出一个形式上正当的目的,否则会引起社会公众的抵制。

其二,实质目的(或真正目的):减少复议或诉讼的发生。即使减少复议或诉讼的发生可能不是立法者的原初目的,但也被税务机关演进为首要行政目的。我国纳税人是一个庞大的群体,因税收征纳而产生的纠纷非常普遍。然而,我国征税机关与其他行政机关一样对争议的复议、诉讼有着本能的抵制心理。首先,"纳税人恶意"推定,即征税机关认为纳税人提起复议、诉讼的目的是恶意延缓缴纳税款或转移财产。当然不排除有纳税人进行恶意诉讼的情形,但不能因个别现象而限制所有人的救济权利。其次,"恐诉"心理,即征税机关一旦被诉,主管领导或税收征管人员担心影响其政绩和仕途。税务征管人员作为公务人员都具有一个普遍心态,"你取得九十九个成绩没人注意,你

---

① 参见[美]维托·坦茨:《政府与市场——变革中的政府职能》,王宇等译,商务印书馆2014年版,第196页。

② 刘权:《目的正当性与比例原则的重构》,载《中国法学》2014年第4期。

犯一个错就死定了”。[1] 最后,税务机关的考核模式所致。全国许多省市较为普遍的做法就是,以行政复议和行政诉讼的发生率作为税务机关和税务人员考核的一个重要指标。如有报道称,在依法行政工作考评中浙江地税2009年再次被省政府被评为优秀单位,其中一个重要考评指标就是税收行政复议和行政诉讼大幅减少。[2] 考评指标中的复议和诉讼案件的减少是制度设计造成的还是依法行政的结果值得深思,但有一点可以肯定,减少复议和诉讼的发生是税务机关追求的一个目标。

从应然角度来看,税务争议处理程序目标不应是为了限制复议、诉讼的发生,而是应当充分赋予和保障纳税人进行复议、诉讼的权利。因此,尽管“清税前置”形式目的能通过目的正当性审查,但其实质目的仍应受到诟病。

(二)“复议法定前置”目的正当性审视

“复议法定前置”目的:提高争议解决效率,减轻法院负担。由于税务争议案件具有专业技术性和大量重复性,[3]“复议法定前置”有助于提高解决税务争议的效率,减轻法院的负担。一般认为,“复议法定前置”能有效避免大量税务争议案件涌入法院。我国税务争议“复议法定前置”制度是受大陆法系国家立法影响,要求纳税人穷尽行政救济手段后方能向法院提起诉讼。在不考虑我国行政复议缺陷与现状的情况下,“复议法定前置”对三方主体都有利。对税务机关而言,这是自我审查和改正错误的机会,将税务争议在系统内部化解掉,减少行政诉讼对行政效率的消耗。许多税务争议在复议程序中能够达成和解协议,如在2012年税务争议中有21%的案件在行政复议中达成和解。[4] 对于纳税人而言,增加其争议救济渠道,通过行政复议解决争议可降低争议解决的成本。对于法院而言,减少法院审理行政诉讼案件的数量,减轻法院的负担。显然,“复议法定前置”立法目的是正当的,能通过目的正当性审查。

---

① David Osborne and Ted Gaebler. *Reinventing Government: How the Entrepreneurial Spirit Is Transforming the Public Sector*. Reading Massachusetts: Addison-Wesley, 1992, p. 24.

② 全省行政复议案件从2004年66件降至2009年2件,涉及税务行政诉讼案件数从2004年12件降至2009年5件。参见傅白水等:《连续五年税收争议案件为个位数》,载《今日早报》2010年10月27日,第27版。

③ 参见[日]北野弘久:《税法学原论》,陈刚等译,中国检察出版社2001年版,第301页。

④ 参见崔威:《中国税务行政诉讼实证研究》,载《清华法学》2015年第3期。

目的正当性是对立法目的的考量。一个条文仅有目的正当还是不够的，还需要满足比例原则的其他亚原则。“目的正当未必就意味着可以为了这个目的而不择手段。”[①]在分析我国税务行政复议现状后，我们会发现“复议法定前置”之手段设置难以实现其正当性目的。

二、妥当性和必要性：“双重前置”之程序考察

为了实现正当性目的（或形式正当目的），法律条文需要采取特定的程序或手段。妥当性原则和必要性原则是对法律条文或行政行为所采取手段和程序的审查，是分析程序或手段是否科学合理的有力工具，有人又将二者称为手段妥当性原则和手段必要性原则。[②] 妥当性原则要求所采取的手段或所适用的程序要符合所追求的目的或目标；必要性原则要求所采取的手段或所适用的程序是实现公共利益所必需的，而且是侵害最低限度的，没有侵害更小的措施可采取。

（一）“清税前置”程序妥当性与必要性审视

1. 程序妥当性审视

妥当性审查是用来分析立法所设定的程序是否符合实现正当目的要求，是否有利于立法目的之实现。“清税前置”需要从形式目的和实质目的两个方面来分析其妥当性。

其一，“清税前置”是否有利于形式目的之实现。从表面上看，实行“清税前置”之后确保了税款提前缴纳，减少税款灭失风险。深入分析后会发现，“清税前置”大大增加了权力寻租的风险。因为对权利人行使权利的障碍设置越多，权利人越可能采取非法途径实现其权利。“清税前置”导致行政复议和行政诉讼的减少，其原因不是税收征纳双方没有争议，而是双方通过非法途径化解了争议。税款提前缴纳之后，纳税人清楚地认识到提起行政复议和行政诉讼要付出很大的经济成本和时间成本也未必能追回已缴纳的税款。为了少交或不交税款，纳税人与税收征管人员进行勾结，进行非法交易。权力寻租成为纳税人维权成本最低的一条非法途径，纳税人和税收征管人员由此实现了“双赢”，但唯独受侵害的是国家税收收入。突出表现在，征纳双方“合意定

① 张翔：《机动车限行、财产权限制与比例原则》，载《法学》2015 年第 2 期。

② 同上。

税”时有发生,税收腐败屡禁不止。另外,在整体纳税环境下,纳税人并不是按照法律要求纳税,而是依据地方税务征管人员的要求纳税,即使发生纠纷,双方往往也不会选择法定程序解决争议。① 非法定程序解决争议,多数是采用税收减让方式来牺牲国家税款。因此,“清税前置”不一定有利于形式正当目的的实现,反而可能造成国家税收收入的更大损失。

其二,“清税前置”是否造成税务行政复议和诉讼的减少。我国税务行政复议和行政诉讼案件数量与美国、日本、意大利、法国、德国等国家案件数量相比差距巨大。以美国为例,2014 年(2013 年 10 月 1 日至 2014 年 9 月 30 日)美国国税局复议办公室受理税务争议案件共计 113,608 件,法院受理税务诉讼案件共计 34,346 件。② 笔者没有查到 2014 年我国全国的税务行政复议和诉讼官方数据,仅查到国家税务总局 2014 年收到行政复议申请数量为 680 件,行政应诉案件数量 303 件,③这些案件中也未必都是税务争议。最高人民法院公布的数据中,2007 年至 2012 年每年全国税务行政案件都在 400 件左右,2014 年也不例外。以此推算,我国纳税人数量是美国纳税人数量的 6 倍以上,而美国税务诉讼案件数量却是我国此类案件数量的 85 倍。“清税前置”虽然不是造成税务行政复议和诉讼数量少的唯一原因,但是一个重要因素。④ 可见,“清税前置”对实质目的的实现非常有效,符合比例原则的妥当性要求。

2. 程序必要性审视

“清税前置”是否是必须要采取的手段,是否是最温和、不良作用最小的手段?答案是否定的。征税行为作为一种具体行政行为具有公定力,即征税行为一经作出,除非自始无效,即应推定合法有效。在有权机关撤销或确认无

---

① 参见崔威:《中国税务行政诉讼实证研究》,载《清华法学》2015 年第 3 期。

② See “Internal Revenue Service Data Book(2014)”, Accessed July 16, 2015. http://www.irs.gov/uac/SOI-Tax-Stats-IRS-Data-Book.

③ 参见《2014 年全国行政复议、行政应诉案件统计数据》,载国务院法制办公室:http://www.chinalaw.gov.cn/article/xzfy/wtjd/201508/20150800478705.shtml,最后访问日期:2015 年 7 月 16 日。

④ 崔威经过实证分析认为造成税务诉讼案件数量极低的原因不是“司法缺乏独立性和担心诉讼会遭到政府报复”。其推测可能原因有三个:一是“双重前置”制度不利于诉讼;二是中国的税法本身就不利于纳税人;三是中国遵守税法的整体环境所致。参见崔威:《中国税务行政诉讼实证研究》,载《清华法学》2015 年第 3 期。

效之前,纳税人必须遵循之,若否定其效力将受到法律制裁。《行政诉讼法》(第56条)和《行政复议法》(第21条)所规定的在行政诉讼和行政复议期间不停止具体行政行为的执行,就是行政行为公定力的体现。征税行为作为具体行政行为,无疑要受这两部法律所规定的"不停止执行"的调整。税务机关在行政诉讼期间或行政复议期间发现纳税人有转移财产或者认为国家税款有风险,可能造成税款无法追缴的,可以随时执行具体行政行为,要求纳税人缴纳税款。显然,"清税前置"不仅不是实现形式正当目的之必要手段,而且是多余的手段。"清税前置"剥夺了无力缴纳税款的纳税人提起行政复议、行政诉讼的权利,造成纳税人之间的不公平等不良影响不可忽视。"清税前置"不是维护公共利益的必要手段,也不是对公众权利侵害最小的手段,不符合比例原则之正当性审查要求。

(二)"复议法定前置"程序妥当性和必要性审视

1. 程序妥当性审视

采取"复议法定前置"手段能否实现立法正当目的(提高争议解决效率、减轻法院负担)让人颇为质疑。一般认为,税务案件多数为事实认定问题,具有很强的专业性,专业的税务机关进行复议有利于提高争议解决效率。事实并非如此,税务争议案件几乎都是法律问题,单纯的事实问题并不多,"复议法定前置"与其说是有利于纳税人快速解决争议、节省成本,不如说是为了"便利行政"。[①] 在纳税人对行政复议公正性缺乏信任的情况下,即使经过复议依然会提请法院进行最终的裁决,因此,"复议法定前置"未必能减轻法院的负担。正如有学者所言,为了让行政复议成为解决行政争议的主渠道而强制"复议法定前置",是本末倒置,我国行政复议使用率低主要因为行政复议欠缺足够的独立性和公正性,是行政复议的信任危机造成的。[②] 由于我国税务争议的复议机关不是一个独立的第三方机构,"是税务机关的内设机构,难以超脱税务机关整体利益关系,复议机关缺乏独立性"。[③] 在纳税人对复议机关缺乏信任的情况下,"复议法定前置"可能会降低争议解决效率,增加纳税

---

① [日]北野弘久:《税法学原论》,陈刚等译,中国检察出版社2001年版,第302页。

② 参见杨伟东:《复议前置抑或自由选择——我国行政复议与行政诉讼关系的处理》,载《行政法学研究》2012年第2期。

③ 刘剑文:《税收征管制度的一般经验与中国问题》,载《行政法学研究》2014年第1期。

人的成本。

在复议公信力不足时,“复议法定前置”会限制、甚至侵害纳税人自由选择权,尽管这种选择权不一定会为其带来利益,但保障其权利自由却仍然是必要的。“权利实际上是以权利人的权利内容为确定方向而给权利人的意志打开了自由之路,即使在个别情况下权利的行使对权利人毫无利益可言——盲人也有权索回他借出去的眼镜。”①限制纳税人自由选择权就可能造成其诉权的损害,税收法律具有较高的复杂性,纳税人很容易错过法定复议期间,一旦错过了行政复议就丧失了诉讼权,实质上是“行政权侵犯了司法权”。② 可见,“复议法定前置”更多是基于行政的需要,而不是从公共利益或纳税人权利最大化为出发点。因此,为纳税人强制设置此程序值得商榷。从实现正当目的乏力到对纳税人权利造成的限制、甚至侵害来看,“复议法定前置”不符合比例原则之妥当性原则。

2. 程序必要性审视

为了让纳税人优先选择行政复议程序,是否有必要强制规定其为“前置程序”? 其是不是不良作用最小的设计? “桃李不言,下自成蹊”,只要行政复议比行政诉讼让纳税人更信任,纳税人会主动选择复议程序,毕竟复议有其自身优势(快捷性、低成本、专业性和简易性),完全没有必要在法律上强制规定,强制规定前置是行政复议不自信的表现。“公正是对所有美德的总结”,③只要税务复议机关的行为充分体现公正,即使采取非法定强制模式,纳税人也会优先选择复议程序。就我国现阶段而言,非法定强制行政复议模式可能是比强制前置模式不良作用更小,更具有优越性的模式:其一,对税务行政复议良性发展有积极的推动作用,让复议机关与法院展开公平竞争,革除其弊病、发挥其所长。由纳税人主动选择行政复议解决争议要比其被动遵从效率更高。其二,法院的职责就是“定分止争”,不能因为担心案件过多而将争议挡在法院大门之外或设置一定条件。就另一角度而言,大量税务案件有利于培养一批专业的税务法官,提升法院的专业水平。其三,对纳税人权利的尊重,

---

① [德]拉德布鲁赫:《法学导论》,米建译,商务印书馆2013年版,第93页。

② [日]北野弘久:《税法学原论》,陈刚等译,中国检察出版社2001年版,第304页。

③ [古希腊]亚里士多德:《尼科马亥伦理学》,刘国明译,光明日报出版社2007年版,第88页。

让纳税人权衡利弊之后选择更有利于维护其权利的救济途径。可见,强制前置不是实现公共利益所必不可少的,也不是对纳税人损害最小的,因此,"复议法定前置"也不符合比例原则之必要性原则。

三、狭义合比例性:"双重前置"之结果考察

狭义比例原则是对法律条文或行政行为结果的审视,即立法行为或行政行为给公益所带来的利益大于给当事人带来的损失。简言之,立法或行政是适当的、符合比例的。狭义比例原则是判断结果是否正义的一个标准,是比例原则的原初含义,其思想原型最早起源于古希腊哲学家亚里士多德。亚里士多德在《尼科马亥伦理学》(*Nicomachean Ethics*)(成书于公元前335~前323年)一书第5卷"正义"篇中论述了正义与比例的关系。亚里士多德认为,正义的东西就是成比例的东西,不正义的东西就是不成比例的东西,即与成比例的东西相反的东西。实际上这也是在实践中它如何被发现的原因,因为这个行为不正义的人得到的利益多,受害者得到的利益少,不正义的东西是在利益或者伤害方面不成比例地过量或者不足。① "双重前置"程序给国家利益带来的增量是否大于给私人利益带来的减损量,需要狭义比例原则的审视。

(一)"清税前置"之狭义比例原则审视

"清税前置"制度能否给国家利益带来增量是一个让人质疑的问题,如前文所述该制度可能给国家利益带来更大损害(权力寻租、合意定税等)。即使未设置该程序,国家也能通过征税行为的公定力来确保国家税收收入的安全。然而,"清税前置"制度却给纳税人权利造成很大侵害,具体表现在:其一,限制、甚至剥夺了纳税人法律救济权。权利需要由法律救济程序来保障,没有救济就没有权利。当纳税人与税收征管机关因纳税数额等发生争议时有权寻求法律救济,这是纳税人的一项基本权利。然而,依据"清税前置"制度,若纳税人无力提前缴纳税款或提供担保,将丧失提起行政复议和诉讼的权利(《税收征管法》第88条)或丧失行政诉讼的权利(《草案征求意见稿》第126条)。其二,造成纳税人之间的不平等。"清税前置"造成法律对纳税人权利不平等保护,即有财力纳税人和无财力纳税人之间不平等,侵害了"法律面前人人平

---

① 参见[古希腊]亚里士多德:《尼科马亥伦理学》,刘国明译,光明日报出版社2007年版,第95~106页。

等”的宪法性权利。其三,造成纳税人财产减损。法律对征纳双方财产权的保护处于完全不对等地位。纳税人欠缴、少缴税款的,除缴纳税款外还要缴纳“每日万分之五滞纳金”,符合法定情形还要被处不缴或者少缴的税款50%以上5倍以下的罚款。而对于纳税人的财产权法律没有给予同等保护,若经过复议或诉讼认定征税机关多征税款,征税机关只是“退还多缴的税款并加算银行同期存款利息”(《税收征管法》第51条)。计入通货膨胀和资金的时间价值,纳税人通过几个月、甚至几年行政复议和诉讼后追回的税款早已严重贬损,造成纳税人财产减损。因此,从“清税前置”给社会公益带来的利益与给当事人造成的损失相比,其不符合狭义比例原则。

(二)“复议法定前置”之狭义比例原则审视

我国现行“复议法定前置”制度给国家或公共利益带来的增长是否大于给当事人利益带来的减少,需要进一步分析。若复议机关具有独立性、公正性和中立性,如德国、日本、韩国等国家和我国台湾地区,行政复议能够取得当事人的信任,实行“复议法定前置”能够提高争议解决效率、减少司法资源的浪费、降低当事人权利救济成本。总之,能降低对国家利益、公共公益和个体利益的消耗。但是,在复议机关缺乏中立性和纳税人信任的情况下,税务行政复议案件数与我国整体行政复议利用率不高的情况相吻合。法律强行规定前置难以给国家和公共利益带来好处,可能带来行政资源的浪费。尽管大部分税务争议在行政复议阶段得到了处理(据推算只有大约14%的复议案件进入法院诉讼程序),①但处理的结果是否让纳税人信服值得深入分析,很多情形是纳税人为了“不得罪”征税机关而被迫让步。对于纳税人而言,限制其自由选择权会造成一定损害,一方面因必须经过复议程序而可能增加其权利救济成本;另一方面可能因错过复议期间而丧失司法救济权。因此,现行“复议法定前置”不一定增加国家或公共利益,却可能侵害纳税人权益,不符合狭义比例原则。

综上可知,对于“清税前置”而言,从目的到手段,再到结果都无法通过比例原则之亚原则的审视,故在修法时应对其进行废除。而对于“复议法定前置”而言,尽管其符合目的正当性原则,但其手段和结果不符合妥当性、必要性和狭义比例原则的要求,亦难以通过比例原则的全面审查,所以,在修法时

① 参见崔威:《中国税务行政诉讼实证研究》,载《清华法学》2015年第3期。

应当对其进行调整。

四、"双重前置"的域外立法经验借鉴

税收在世界各国的财政收入中都占有最为重要的地位,关于征税和纳税的制度设计从早期的强调国家征税权的顺利实现,到现今不断强调政府作为服务者、管理者理念的改变,各国或地区都试图在公权力的行使和纳税人合法权益保护之间找到平衡。各国或地区关于纳税争议的处理规定不同,主要体现在针对"复议前置"和"纳税前置"问题有不同的规定。但总体上,大多数国家或者地区不会同时实行"纳税前置"和"复议前置"。

(一)美国的复议前置与纳税前置

美国没有规定强制的复议前置制度,但其整个税务行政复议制度的设计却很好地引导着纳税人"穷尽行政救济"。比如,美国法律中规定:若纳税人不先寻求行政复议(直接提起诉讼),即便获得胜诉,此时也不能由败诉方(征税机关)承担诉讼的费用。

而且,美国的税务复议机关具有完全的独立性,"上诉部的复议决定不受国内收入局及其他任何行政机关的干涉"。这种独立性对于公正裁决税收争议十分重要。因此,结合诉讼费用的规定,美国的纳税人在自主选择税务行政复议还是税务行政诉讼维权的过程中更愿意先进行行政复议。

美国多途径的诉讼制度为纳税人是否需要先行缴纳税款提供了选择,其税务法院、地区法院和索赔法院对税务争议案件都具有审判权。如果纳税人选择向税务法院提起诉讼,可以先不缴纳税款。但如果纳税人选择向地区法院或索赔法院提起诉讼,就只能在缴纳税款后才可以起诉。这种制度设计使那些对自己胜诉有把握的纳税人可以暂时不缴纳税款而先提起诉讼,有利于避免受到更多损失,而且也让那些难以承担高昂的争议税款的纳税人获得了自由选择救济途径的可能。

美国法律虽允许纳税人不必先行缴纳税款,但为了防止纳税人为了延迟纳税而起诉的情况发生,其法律规定,纳税人需承担败诉情形下的税款利息。因此,总体来说,美国法是用一种"诱导性的条款规制来引导纳税人寻求救济时的行为选择"。

(二)日本的复议前置与纳税前置

日本实行分税制,国税与地税分别适用不同的法律,有不同的行政不服审

查制度(类似于我国的税务行政复议制度),总体上实行行政复议前置制度。针对国税,日本具有专门的且独立性很强的税务行政复议机构,称为“国税不服审判所”,隶属于日本最高的国税机关国税厅。审判所的财政独立于其他税务机关,因此可以尽可能地实现公正裁决,使合法权益者得到救济。由于拥有完备的税务行政复议制度,日本大多数的税务争议案件都能在复议阶段得到很好的解决,这大大减轻了税务行政诉讼的压力,缓和了社会矛盾。

此外,日本还专门规定了四种不经原税务机关异议申诉而直接提起行政不服审查的情形。同时也还规定了纳税人在有正当、合理的理由下,可以在既不申请异议申诉也不提起行政不服审查的前提下直接提起诉讼的权利。因此,从总体上看,日本纳税人在税务争讼问题的解决途径上也仍然是具有较大的自由选择空间的。

(三)我国台湾地区的复议前置与纳税前置

相比而言,笔者认为更有借鉴意义的是我国台湾地区的立法实践。我国台湾地区的“税法”中将税收救济程序分为申请审查和诉愿程序。由于税收争议具有较强的专业性和技术性,总体上要求相关争议发生之后,当事人必须首先经过复议程序,之后才能提起行政诉讼。

我国台湾地区的“税捐稽征法”也曾在纳税争议的税务复查程序中设置了缴纳税款或提供担保的前置条件。但我国台湾地区“司法院”“大法官”会议先后四次“释宪”,认为该规定使未能足额缴纳税款或提供相当担保的纳税人丧失了行政救济的机会,是对民众诉愿和诉讼权的不必要限制,这明显违反了我国台湾地区相关宪制性规定的保障民众诉讼权的意旨。并且认为该规定还会造成对纳税人的不平等对待,这与宪制性规定赋予民众的平等权是相抵触的。之后,我国台湾地区的“税捐稽征法”修订时将“先缴税后复查”的规定取消。

因此,对我国目前在《税收征管法征求意见稿》中取消“先清税后复议”的规定,我们非常赞同。虽然我国目前没有建立宪法法院进行违宪审查,但保障人民诉权和平等权的公理是相似的。此外,我们还应考虑进一步取消“先缴税后诉讼”的规定,因为这也违反了宪法规定的人们的诉权和平等权。

通过引述以上几种不同的立法实践,虽然它们依据不同的实际情况而在具体做法上并不一致,但比照我国的现实情况,仍然有可借鉴之处。许多国家或地区规定复议前置,但未规定纳税前置,而且多是从纳税人权利、乃至宪法上纳税人基本权的高度来审视纳税前置之存废。笔者认为,对于复议前置程序，虽然其是否是强制的必经程序在不同国家或者地区的规定中各有差异，但这些国家或地区共同强调的最重要的一点是复议机关必须具有很强的独立性，以实现公正裁决，这样才可以真正使复议结果得到纳税人的认可，进而真正节约司法资源。而对于是否需要先行缴税问题，要注意不应当影响公民的诉权自由、财产权和平等权。

五、修改建议：废除“清税前置”，调整“复议法定前置”

法律并不是一堆绝对的、不可改变的原则，相反，它们是一套随着时间的推移而不断发展和变化的规则。因此，即使在很长一段时期内被视为合法的情形也并不是永远合法的。当一部新的法律使以前合法的行为变为非法的时候，从以前的法律中得到好处的一方不能抱怨这种新的法律，因为新法只不过是记录了权利观念的演进而已。① 我国税务争议诉讼的“双重前置”制度是在强调行政主导税收征管模式的立法背景下产生的，充分体现了国家税收强权和对纳税人权利的漠视。这种不对等的保护不符合新时期税收法治应加强纳税人权利保护新理念的要求，因此，我国《税收征管法》的进一步修改应当对此作出回应。

（一）废除强制“清税前置”程序

税收关系是公法上的债权债务关系，国家和纳税人应处于平等的法律地位，过分强调国家税权将促使国家沦为“追求收入最大化的利维坦”。②《税收征管法》的进一步修改应构建以纳税人权利保护为中心的征纳制度，将纳税人的诚信推定权纳入立法之中，在双方争议没有查清并得到公正裁决之前，应推定纳税人是诚实的，没有问题的。而“清税前置”是一种“有罪推定”，就如刑法领域没有经过法院审判就认定某人有罪一样，是不道德的、不合理的规定。

世界上其他国家和地区没有类似的强制“清税前置”程序之规定，仅规定复议和诉讼期间具体税收行政行为是否暂停执行问题，如德国、日本和我国台湾地区等是一般情形下不暂停执行的国家和地区，美国、英国和加拿大等是暂

① 参见[法]狄骥：《公法的变迁》，郑戈译，商务印书馆2012年版，第190页。

② [澳]杰佛瑞·布伦南、[美]詹姆斯·M. 布坎南：《宪政经济学》，冯克利等译，中国社会科学出版社2004年版，第2页。

定执行的国家。以德国为例，没有规定提起异议和诉愿（法院外法律救济程序）之前先缴纳税款，仅规定不停止执行之一般情形和停止执行的特殊情形。根据德国《租税通则》第361条，“执行之停止（Aussetzung der Vollziehung）：第（1）款，争议之行政处分，除第4项规定之情形外，不因提起法律救济而停止执行，尤其租税之征收不因此而展延。就基础裁决为争议时，对根据基础裁决之后续裁决，亦同此适用”。本条后3款规定了可以停止执行的具体情形。[①] 我国台湾地区“税捐稽征法”类似于德国的做法，即只是规定行政复查和诉讼期间暂缓执行和强制执行的情形而并没规定“清税前置”。该“法”第39条规定暂缓执行三种情形：复查期间暂缓执行；复查之后已缴纳半数并向法院提出诉讼；缴纳半数有困难，经批准提供相应担保。[②] 再看美国，正常情形下国家税务局（Internal Revenue Service）在税收复议期间不会采取任何征税行动，除非其认为税收征税处于危险状态或者满足征税的其他条件。[③] 即使纳税人将案件起诉到美国税务法院，纳税人也无须先缴纳税款。只有纳税人向地区法院或美国联邦索赔法院起诉退税（如一些就业税问题或制造商的消费税等）时，才要求纳税人已缴纳税款并且向国家税务局已提交退税索赔。可见，无论是作为行政复议的前置，还是作为行政诉讼的前置，强制“清税前置”都是我国争讼制度独有的一大特色，很是不合时宜。因此，笔者建议应以纳税人权利保护为中心，借鉴其他国家和地区的做法，废除不符合比例原则的“清税前置”程序。

（二）采用“复议诱导前置”

笔者认为，我国《税收征管法》的进一步修订可借鉴美国的做法，采取“复议诱导前置”制度。有些学者认为美国对税务争议处理采取“复议法定前置”制度，笔者认为这是一种误读，确切地说，美国是实行“复议诱导前置”模式。“复议诱导前置”具体体现有以下几点：第一，赋予纳税人选择权。在大部分案件中，如果纳税人没有在复议程序中达成一致或者纳税人跳过行政复议，纳

---

① 参见《德国租税通则》，陈敏译，财政部财税人员训练所1985年版，第378～379页。

② 参见我国台湾地区“税捐稽征法”，载法律教育网：http://www.chinalawedu.com/news/1200/23155/23157/23192/23210/2006/4/li263144410246002348-0.htm，最后访问日期：2015年7月17日。

③ See Internal Revenue Service, “Publication 1660: Collection Appeal Rights”, Accessed July 18, 2015. http://apps.irs.Gov/app/picklist/list/formsPublications.html? value.

税人有权向法院起诉。然而,没有经过复议直接在税务法院起诉的案件,在庭审之前(法官)通常会听取复议机关人员的处理意见。① 第二,施以正激励——给予纳税人行政复议和诉讼成本的补偿。若纳税人已穷尽税务行政救济程序(行政复议),最终为税务诉讼胜诉方且符合其他条件,纳税人有权获得行政复议和诉讼成本的补偿,包括律师费、法院和行政复议机构收取的任何费用、专家证人费、案件分析试验费等。如果纳税人绕过行政复议而直接向法院起诉,即使胜诉也无权得到任何补偿。② 第三,施以负激励——纳税人将受到一定处罚。对于税务法院(不包括地方法院和联邦索赔法院)审理的税务争议案例,如果纳税人无正当理由没有选择复议程序,或者纳税人诉讼主要是为了延缓纳税,或者纳税人主张毫无道理,税务法院可以给予多达25,000美元的处罚。③ 第四,确保行政复议的独立性、中立性和公正性。美国复议办公室与征税办公室是分开的、相互独立的,这样争议案件的复议才能得到公正的、不偏不倚的处理。在美国"复议诱导前置"制度下,理性的纳税人自然会主动地优先选择复议程序。从前文的数据来看,美国复议办公室2014年受理案件数量即为法院受理税务案件数量的3倍多,可见"复议诱导前置"制度与烦琐、昂贵的税务诉讼相比颇具优越性。

因此,我国应调整现行强制"复议法定前置"为"复议诱导前置",即在赋予纳税人自由选择税务复议或者诉讼的权利的同时,采取正负激励手段引导纳税人优先选择复议程序处理税务争议。即法律对于优先选择税务行政复议的纳税人进行权利救济成本的补偿,相反,对于为拖延纳税的恶意诉讼等行为进行处罚。此外,我国一定要大力度地改革税务行政复议机构,使复议机构和人员完全独立于税收征收机构,确保税务行政复议的中立性和公正性,逐步让复议制度赢得纳税人的信任,激励纳税人优先选择行政复议程序。

---

① See Internal Revenue Service, "Publication 556: Examination of Returns, Appeal Rights, and Claims for Refund", Accessed July 18, 2015. http://apps. irs. gov/app/picklist/list/formsPublications. html? value.

② See Internal Revenue Service, "Publication 5: Your Appeal Rights and How To Prepare a Protest If You Don't Agree", Accessed July 18, 2015. http://apps. irs. gov/app/picklist/list/formsPublications. html? value.

③ See Internal Revenue Service, "Publication 556: Examination of Returns, Appeal Rights, and Claims for Refund", Accessed July 18, 2015. http://apps. irs. gov/app/picklist/list/formsPublications. html? value.

第三节　司法专业化与税务法庭的设立

社会分工细化是司法专业化的基础,现代社会推进司法专业化建设,要全面考虑主观条件和客观条件,其中客观条件又包括整体条件和关键条件。目前,我国税务司法外部专业化正在推进,而税务司法内部专业化的条件尚不成熟,设立税务法院(法庭)的整体成本高于收益,其中之关键是税收案件不足,主要原因是税务征管引起的民畏官现象、税务机关权力不规范行使、纳税人权利救济负担沉重等。通过税收征纳关系法治化、取消清税前置、强制复议前置等方式,让扭曲的征纳关系正常化,使税务纠纷真实地显现出来,这是税务司法内部专业化的第一步,在此基础上再构建税务法院具体的制度。

一、司法专业化的理论基础

(一)社会分工细化与司法专业化趋势

1. 社会分工细化的发展

社会分工在人类社会文明发展之初就已经初现端倪,伴随着人类历史的发展,社会分工愈加细化。就某种程度上而言,社会分工与文明一同发展。目前为止,在一般的分工层面,人类社会历经了三次社会大分工:第一次是原始农业和原始畜牧业分离,第二次是农业与手工业分离,第三次出现了不从事生产的商人阶级;在特殊的分工层面,[①]行业部门层出不穷,《国际标准产业分类体系》(ISIC)3.1 版将所有行业分为 17 个大类、62 个部门、161 个组和 298 个子组,我国目前统计运用的行业分类标准分为制造业、金融业等 20 大类和 921 个具体行业,[②]美国在 1972 年颁布的国家产业标准分类法中更是把各个产业部门的产品分为 99 个主要大类,然后层层细分,直至一共分为 7500 个不同的产品种类。[③] 这些理论和政策对产业和产品的细致划分,实际上反映的是现实社会分工的深入。

---

① 关于一般的分工和具体的分工的论述,参见中共中央马克思恩格斯列宁斯大林著作编译局:《马克思恩格斯全集》(第 23 卷),人民出版社 1972 年版,第 389 页。

② 参见中华人民共和国统计局网站:http://www.stats.gov.cn/zjtj/tjbz/hyflbz/,最后访问日期:2016 年 8 月 2 日。

③ 参见苏东水:《产业经济学》,高等教育出版社 2000 年版,第 27～29 页。

社会分工对于人类社会生存和发展的重要性是不言而喻的,社会分工的发展有其内在动力。就社会层面而言,在一定的条件下,人口的增多导致社会密度增大、相互竞争加剧,社会分工让人们分别追求不同的资源,从而避免过度竞争而共存,同时分工的发展也把人类社会从机械团结推向了有机团结。①这对于步入文明社会之初的人类保持群体生存尤为重要。在经济方面,社会分工是生产力发展的支柱力量,“劳动生产力上最大的增进,以及运用劳动时所表现的更大的熟练、技巧和判断力,似乎都是分工的结果。”②现代经济学对分工和专业化给出了明确的理论解释,分工让特定的人群从事自己擅长的工作,每个人生产自己比较有优势的物品,经济的总产量就比原来增加了,经济总量的变大可用于改善每个人的状况。③

社会分工和专业化提高了生产效率,扩大了市场规模。同时,分工在扩大的市场的“细枝末节”继续细化发展,不仅劳动分工取决于市场规模,而且市场规模也取决于劳动分工的演进。由于分工与市场经济相互促进,在我国建设和完善社会主义市场经济的过程中,社会分工也必然进一步深化。当然,分工并不是经济生活所特有的情况,我们看到它在大多数的社会领域里都产生了广泛影响,政治、行政和司法领域的职能也越来越呈现出专业化的趋势。

2. 司法专业化的趋势

社会分工细化发展方兴未艾,司法审判的专业化也如火如荼地进行。然而司法专业化不仅是一个“当下”现象,也是一个历史过程,司法专业化大致经历了以下几个方面的变化。

从司法人员方面看,裁判者角色从社会全能转变为专事法律,进而从法律全能转变为领域专长。在法律职业发展初期,裁判者的角色一般由族群长者、地域官员、军事领袖担任,这些人在特定的群体中或德高望重,或地位显赫,阅历丰富、享有权威,他们以全能家长或首长的角色承担着一切关乎群体内部秩序、外部安全的责任,纠纷裁判只是这些全能首长的职责的一个方面,甚至是很微小的方面。后来司法裁判逐步从首长全能职责中分离出来,出现了专门

---

① 参见[法]涂尔干:《社会分工论》,渠东译,三联书店2000年版,第213~232页。

② [英]亚当·斯密:《国民财富的性质和原因的研究》,郭大力、王亚南译,商务印书馆2009年版,第3页。

③ 参见[美]曼昆:《经济学原理》(第6版),梁小民、梁砾译,北京大学出版社2012年版,第56~59页。

(主要)从事审判的司法者,及至中央与地方都建立了专门的司法部门,审判任务由法律专业人员的承担。后来司法部门内部进一步分化,原来可以审判所有案件纠纷的裁判者,根据各自的专长而主要从事某一领域案件的审判。由此,裁判者实现了社会全能者到法律全能者,再到领域专长者的转换。

从裁判依据方面看,司法规则存在形式经历了“德法不分”到“诸法合一”,再到“部门分立”的变化。古代道德规范也是法律规范,裁判往往依据通行的道德风俗作出,即使是现代法律也还有不少道德的痕迹。后来道德与法律相对分离,特别是成文法的发展,将相对确定的、立法规定的法律与不确定的、历史生成的道德区别开来,法律形成自己相对独立的存在状态,但这时的法律包罗万象,程序实体相互交织,民行刑尽皆囊括。近现代以来法律内部急剧分化,程序法取得独立的地位,实体法内部也进一步开枝散叶,形成多个法律领域、法律部门。如大陆法系内部衍生出公私法之分,再进一步分化出如宪法、民商法、刑法、行政法、经济法、社会法、诉讼法等法律部门,英美法系虽然不强调部门法之分,但是围绕某一领域的问题也形成了如侵权法、财产法、契约法、公司法、行政法等领域法。总之,内化于社会规范的法律在发展为相对独立的存在形式后,内部又进一步分化为许多法律部门和法律领域。

因此,司法专业化的发展历程可以概括为:外部独立、内部分化。早期的司法活动嵌套在社会活动当中,司法人员是一般社会活动主体在司法领域的角色或体现,司法规则是一般社会规范在纠纷解决当中的运用;后来,司法活动从一般社会活动中独立出来,形成特有的司法人员和司法规则,司法与司法之外的社会活动相对独立。司法在与外部活动独立时,内部也发生着分化,整体化的司法分化成条条块块的部门和领域。外部独立和内部分化是历史性的过程,今后相当一段时期内仍然会是法律发展的主题。

(二)司法专业化与社会分工的关系

社会分工是一直进行的工程,司法专业化也是永不停歇的事业,两者之间存在内在的联系:社会分工细化推动着司法专业化的发展,司法专业化以社会分工为基础。

1. 司法专业化是社会分工的表现形式和发展结果

社会活动一直以来就是整体性的存在,但是整体的内部关系是变化的。早期的社会犹如孕育不久的胚胎,内部混沌交织,功能尚未分化,组织尚未独立,社会主体以全能的姿态穿梭于社会的全部领域。然而,社会要发展壮大,这种适用于简单社会密度的混沌状态就不能长久维持,社会分工必然会出现,社会必然要形成适合特定组织存在的领域,发展出承担特定功能的结构,背后的动力在于,分工意味着功能特定化进而带来社会效率的提升。各个领域各司其职、各尽所能,独立地履行职能。同时,各个领域又相互联系,一个领域的活动成果可能成为另一个领域的活动条件,一个领域的职能不彰可能影响另一个领域的职能发挥。社会成员之间的关系也从机械团结转变为有机团结,集体意识笼罩下的同质化的社会成员在各自的领域专业内部发展为个性化的主体并通过相互之间不可超越的依赖关系紧密联合在一起,机械团结的社会代之以有机团结的社会。

分化后的社会出现多样态的结构,特定的社会功能由特定的结构承担。司法活动从一般社会活动中脱嵌,司法结构在整体社会结构中孕育形成,原来由集体日常活动所承担的纠纷解决职能转移到专司调解裁判的社会专门机构。社会分工起步发展,司法专业化开始萌芽,司法活动专业化是社会活动专业化的一种形式,其他社会活动的专业化进一步深入了司法活动的专业化。总之,司法活动专业化是社会活动分化的外在表现,社会活动分化是司法活动专业化发展的内在动力。

2. 司法专业化与社会分工之间的纽带:纠纷专业化

社会分工直接解构了人们之间经验的同质性。人们不再处于同一类型的场域,获取的经验随分工方向而不同,各自的知识储备及积累在起点和过程中已经分道扬镳,社会分工赋予人们专业化技能,也导致了知识经验的片面化,分工的结果就是产生“片面而深刻”的职业和个人。

社会分工也导致了社会纠纷内容专业化。纠纷是社会生活必然的产物,在一定的经济条件下,以资源利益为主要导向的社会性交往在物质和精神条件约束下,必然会发生个体间或群体间的纠纷。纠纷是在特定社会场域发生的,在分工后的社会,纠纷实际表现在特定专业分工领域内的纠纷,与社会分工前相比,社会纠纷内容呈现专业化特征,即纠纷场域专业化、纠纷主体专业化、纠纷对象专业化。

社会要维系自身的存在和发展,必然要解决纠纷,避免纠纷扩大爆发而扰乱、撕裂社会团结。解决纠纷不是要压制纠纷,而是要化解(疏导)纠纷。在社会分工深入之前,社会生活中的纠纷及所涉及的问题一般可以为社会大多数人所理解,并可以依据社会普遍习惯的行为规则做出判断,因此,人们无须职业训练也可以依据常识作出比较恰当而又相当有效的“判决”，当时行政兼理司法是符合节省交易成本原则的。[①] 但是社会分工细化后，人们的知识和经验发生异质，在没有经历的情况下，很难对自己的职业和生活以外的问题有深刻、真切而较全面的了解，要让一个人对自身专业之外的纠纷作出合情合理、息事宁人的裁判更加困难。此时，仅以社会生活阅历培养出的人员已远远不能满足社会对法律的需求，需要有专业的法律人员、专业的法律机构、专业的法律规范对专业化的纠纷作出裁决。也就是需要专业的司法活动应对专业的社会纠纷。

从以上分析可知，司法活动专业化是社会分工的表现形式之一，同时社会分工的继续深化导致纠纷内容的专业化，专业化的纠纷要求专业化的司法，社会分工成为司法活动专业化不可或缺的条件。

（三）司法专业化的条件分析

前述论述表明，司法专业化的基础是社会分工细化，这一观点只是从宏观层面说明了司法专业化的条件，并没有阐释社会分工与司法专业化具体是怎么样的关系，即何种程度上的社会分工才能导致司法专业化，社会分工是否就一定会导致司法专业化，司法专业化是否还需要其他条件。在回答这些问题之前，先分析司法专业化本身的内涵。

1. 司法专业化的内涵

所谓司法专业化，是由专业的司法机构和司法人员运用法律专业知识解决社会纠纷。司法主要是针对社会纠纷而言，专业化则体现在规则专业化、人员专业化和机构专业化。司法专业化在理论上可以划分为两个层次：第一层次是就外部关系而言，司法活动相对于其他社会活动的专业化，即外部性专业化；第二层次是就内部结构而言，司法活动内部进一步专业细化，即内部性专业化。

外部性司法专业化是社会分工细化的初步结果。社会的发展分化出许多特定功能的结构，各行各业呈现出各自独有的特征，全能全管的社会集体逐渐解体，代之以结构清晰、职能分明的领域有机结合的社会。司法活动作为社会活动的一种，因其法律专业性而区别于其他社会活动，从整体性的社会中脱嵌，实现司法活动与非司法活动的分化。外部性司法专业化突出的表现是，法

---

① 参见苏力：《法律活动专门化的法律社会学思考》，载《中国社会科学》1994年第6期。

律成为一项专门职业,法律规范的专业性逐步形成,一个共享类似价值理念、技术知识的法律共同体发展起来,同时出现专司纠纷解决的机构,司法机关能够相对独立地行使司法职能。

内部性司法专业化是司法活动进一步分化的结果。作为司法运作依据的法律规范不再囊括万象,而是围绕某一细分领域的问题予以规范,分化出多个领域的法律,即出现司法依据专门化,如公司法律、财税法律等;作为司法活动主要主体的司法机构也不再审理各个领域的纠纷,而是有针对性地审理某些领域的案件,分化出职能各异的司法机构,即出现司法机构专门化,如铁路法院、刑事法庭。司法机构专门化也可以在三个层面展开:第一层面是机构层面的专业化,即机构整体从普通司法机构中独立,从事专门性的纠纷审理,典型的是各种专门性法院;第二层面是机构组成的专门化,即机构内部形成专业化的审判业务组织,专门审理某一类型的案件,如法院内部的民一庭、民二庭;第三层面是机构人员的专门化,即机构中具体审判人员专门从事某一领域案件的审判,人员的专业化是机构专业化和机构组织专业的必然结果,但是在某些情况下,即使前两种专业化尚未实现,人员专业化也可以发生。

2. 司法专业化与社会分工的关系具体展开

司法专业化是在内部和外部两个维度展开的。外部性司法专业化在社会分工到一定程度就已发生,及至当下已经取得相当大的成果,人们主观上已经认可、社会客观上已经形成司法专业。曾经发生的司法专业化和司法民主化之争已转化为司法发展的插曲,外部性司法专业化继续发展,但这不是本书讨论的重点,本书以论述司法专业化理论为基础,讨论税务司法是否应当以及如何实现专业化。因此,下文所指司法专业化乃是针对内部性司法专业化而言。

首先,分析第一个问题,社会分工与司法专业化之间具体是怎样的关系。

同司法专业化层次性类似,社会分工的发展也呈现出序列性。马克思认为,社会分工可以分为三种,他把社会生产分为农业、工业等大类,叫作一般的分工;把这些生产大类分为种和亚种,叫作特殊的分工;把工场内部的分工,叫作个别的分工。前两者可以归结为社会内部分工,后者可以归结为企业内部分工。结合马克思关于三次社会大分工的论述,则可以把农业、工业、商业,加上服务业[①]理解为一般的分工，把农业、工业、服务业底下的种、亚种、项、目等称为特殊的分工。一般的分工与特殊的分工在时间上是继起的，先一般再特殊；特殊的分工与个别的分工是空间上并存的，特殊分工的发展同时企业内部也在分工。企业内部分工近年来还衍生出新的状态，可以称为企业社会性分工。[②] 所以，社会一般分工、社会特殊分工（企业内部分工同时进行）、企业社会性分工是分工的三种类型、三个阶段、三个层次。

实际上，在社会分工尚未开始时，社会已经具备纠纷解决功能。在社会内部分工还处于一般分工阶段时，生产力进步、个体意识萌芽、纠纷增多，纠纷解决功能在社会的重要性提高，司法外部专业化破土发芽。及至近代商品经济广泛发展，农业、工业、服务业成形，并有进一步内部分化的趋势，特殊分工发展起来，社会纠纷则更紧密地依赖于专业的法律活动解决，司法活动逐步凸显自身的特征，外部专业化基本成形，同时孕育内部司法专业化。到了19世纪、20世纪，三大产业市场迅猛开枝散叶、细化发展，涌现出许多细分的市场、细化的行业。专一的司法机构（组织、人员）再也不能承担全能审理的重任，司法内部出现专业划分，审判有专攻的专业司法机构（组织、人员）也随之登场。现代企业社会性分工时期，只是分工细化后一种反向联合，实质上也是分工发展的结果，引起的纠纷从专业化到领域化的发展，进一步推动司法内部专业化。

所以，社会分工与司法专业化的大致关系如下：社会一般分工推动司法外部专业化，社会特殊分工推动司法内部专业化。这是对"司法专业化的

---

① 服务业有服务产业和服务事业之分，以增值为目的提供服务产品的生产部门和企业集合叫服务产业；以满足社会公共需要提供服务产品的政府行为集合叫服务事业。如果不局限于服务业的现代性，那么历史上国家所存在的纠纷解决制度，实际上属于服务事业。现代商业已经归属到服务业，严格来说商业与服务业不能并列。

② 所谓"企业社会性分工"，即若干家企业在一定空间或产业领域以某种或某几种联系方式组成一个相互依赖的企业簇群，进而合作生产最终产品的社会分工形式。企业社会性分工的显著特征在于：与企业分工相比，它由多个企业共同完成一个生产过程，生产出一个最终产品；而企业分工则是在企业内部完成一个生产过程，生产出最终产品。与社会分工相比，它是在网络内部，一个企业为另一个或几个企业生产，企业之间存在着特定的经济关系；而社会分工则是一个企业为一般的企业即市场生产，企业之间不存在特殊的经济关系。参见李翀：《论社会分工、企业分工和企业网络分工》，载《当代经济研究》2005年第2期；钱书法、李炳炎、崔向阳：《马克思社会分工制度理论研析：一个视角和两个维度》，载《经济学家》2011年第6期。

基础是社会分工”的具体化。我们无法为两者之间画出更准确的对应线,因为,在社会分工与司法专业化各自的历史脉络上都没有清晰的刻度,在纷繁复杂的关联世界和定性分析为主的法学理论背景下(客观条件和主观因素),要准确地指出何种程度的社会分工推动何种程度的司法专业化,实是为难。

其次,还可以进一步提出一个新问题,既然社会分工推动司法专业化,那么在社会分工持续发展的情况下,方式有限的司法专业化如何回应?司法外部专业化无法直接回应这个问题,而司法内部专业化,也只有机构、组织、人员三个可能应对路径,机构可以适当细分,但不能无限设置,审判组织也是如此,唯一可能对持续分工导致的纠纷内容专业化进行有效跟踪应对的是人员专业化,即让专业化的裁判人员面对专业化的纠纷,纠纷可以专业化,人员可以与时俱进专业化。同时,即使是机构、组织层面的专业化,也必然是以具体的裁判人员的专业化为前提,所以无论纠纷专业化到什么程度,无论是否设置多个专业化的纠纷解决机构、组织,裁判人员的专业化是社会分工深入条件下的必然结果。

最后,承接上文的研究脉络,我们对司法专业化发展的问题可以集中到一点:机构、组织层面的司法专业化的条件。社会分工引起的纠纷专业化,最后都需要专业化的裁判人员,司法外部专业化和司法内部人员层面的专业化已经不存在争议,那么问题的关键是,我们在什么条件下需要设立专门化的司法机构和司法审判组织。

3. 机构、组织层面司法专业化的条件

司法专业化是在多种层次下展开的,但如上文指出,司法外部专业化和司法内部人员层面的专业化问题已经解决,而在此处我们意在探讨税务法院(法庭)建立的理论和实践,因此,下文主要在司法机构专业化和组织专业化层面讨论司法专业化,所用司法专业化概念也特指这两者。

理论的发展是从具体到抽象再到具体的过程,在抽象出司法专业化的一般条件之前,先考察具体的某种专业化司法机构设立的条件。

国外机构通过对世界范围的知识产权专业审判模式进行研究后,提出了建立知识产权法院应考量的因素:(1)建立及维护知识产权法院的投入是否值得;(2)是否有足够的知识产权诉讼案件供知识产权法院处理;(3)是否有足够的具有知识产权知识的法官;(4)知识产权法院是否方便当事人诉讼。[①] 在这些因素中,第四个因素是关于知识产权法院如何建立的制约条件,前三者才是关于是否应当建立知识产权法院的考量因素。其中,第一个因素是整体上对知识产权司法机构专业化的成本收益考量,所谓“值得”即收益大于成本,这是知识产权法院设立的整体条件;第二个因素是设立知识产权专业司法机构的收益的前提条件要求,如果没有足够多的知识产权案件供知识产权法院审理,那么设立知识产权法院就不能实现有效收益,这是知识产权法院设立的关键条件;第三个因素也是实现知识产权法院有效收益的前提,没有专业性的法官,就很难保证专业性法院能很好地发挥专业性职能,这个条件在本文的分析框架中属于司法人员的专业化,它可以是司法机构专业化的前提条件,但是反过来,也可以作为司法机构专业化的结果,因为专业化的司法机构本身就是培养专业化司法人员的有效途径。

从对知识产权法院设立的条件中,可以抽象出专业司法机构设立的一般条件。这种一般条件具体可以分为两个层面:一是整体条件,要求设立的成本大于收益;二是关键条件,要具备实现收益的关键要素。

司法机构专业化的整体条件即成本大于收益,实际上是法律的经济分析思维,它不是仅仅分析法律制度的经济收益和经济成本。经济分析思维强调的是对收益和成本的双重分析,但这里分析的收益、成本不局限在经济领域,政治领域、社会领域等也在考虑范围之内,仅仅借用经济学上的“收益”来表示司法机构专业化可以带来的各种“好处”,用“成本”来指代各种“支出”“不利”或“弊端”。我们把成本收益放宽到社会各个领域,好处是能够全面考虑各种可能影响因素,但是也脱离了效用衡量准确性,虽然经济学上效用基数论和效用序数论也在影响着经济比较的准确性,但超越经济范围后的成本收益分析使得定量的比较更加困难,最后只得出定性的成本收益比较的结果,甚至定性的结果也难以得出,因为每个人对某种因素的“估价”(重要性)认识可能各持己见,难有共识。

---

① See International Intellectual Property Institute (IIPI) and the United States Patent and Trademark Office(USP'TO), Study on Specialize Intellectual Property Courts, p. 3,载国际知识产权研究所网站:http://iipi. org/2012/OS/study-an-specialised-intellectual-property-courts-published/。转引自张广良:《知识产权法院制度设计的本土化思维》,载《法学家》2014年第6期。

司法机构专业化的关键条件是影响整体条件能够实现的核心。所谓关键,是指针对某种专业性的司法机构的社会大环境,某种条件具有不确定性而可能影响该机构设立的实质作用的发挥。整体条件在每个专业司法机构设立时都是相同的,即成本大于收益。而关键条件则是个性化的,各专业性司法机构设立时的关键条件很可能不一样,如设立宪法法院的关键条件可能是政治体制,设立环境法院的关键条件可能是公益诉讼或集团诉讼的有效实施。在关键条件没有满足的情况下,贸然设立专业性的司法机构,可能导致收益落空。专业化的司法机构在理论论证上需要先分析整体条件,但是在实际设立时需要先满足关键条件。

实际上,整体条件和关键条件主要是司法机构专业化的客观条件,即客观环境能够保证专业司法机构正常运行,以及机构运行的收益大于成本(虽然这个比较也可能存在主观性,但一般而言客观成分较多)。在民主化社会,司法体制变革常常需要经过公众公开讨论、民主投票,而公众的意见常常受到观念、习惯和其他偏好的影响。虽然公众的意见不排除、甚至主要是受到成本收益比较的影响,但是仍然有必要把社会主流意见考虑在内,即把它作为设立专业司法机构的主观条件。

综上,司法机构(组织)专业化的条件,包括主观条件和客观条件,其中客观条件又可以分为整体条件和关键条件。下文分析税务法院(法庭)的设立条件即以此逻辑展开。

二、税务司法专业化的理论分析

税务司法专业化(设立税务法院或者税务法庭)是司法机构(组织)专业化的具体表现,后者的实施条件适用于前者。下文先分析设立税务法院的主观条件,再分析其设立的客观条件。

(一)设立税务法院(法庭)的主观条件

通说认为存在决定意识,但现实中需求同样也会引导供给,制度的建立往往首先基于人们的主观需求,因而在探讨是否要求建立税务法院(法庭)时,需要分析主流观点。

我国知名财税法学者先后表达过设立税务法院的主张,刘剑文教授提出了设立税务法院三步走的观点,[①]笔者认为我国应该设立税务法院并规划了其具体运作方式,[②]施正文教授也认为成立税务法院是专业性的要求。[③]

财税法学界也基本形成了建立税务法院的共识。2015年举办的第九届中国财税法前沿问题高端论坛暨司法改革背景下跨行政区域税务法院的设立专家研讨会上,与会专家达成共识,在新一轮财税体制改革和司法体制改革的背景下,循序渐进地推动跨行政区域税务法院的设立。[④]

以“税务法院”为篇名在中国知网搜索到11篇关于我国是否应设立税务法院的文章,其中10篇赞同设立,1篇反对。以“税务法庭”为篇名搜索到10篇有关税务法院的文章(包括学位论文),全部赞同设立税务法院。

1996年3月国家税务总局政策法规司起草完成了《税收基本法(草案)》(讨论第一稿),该讨论稿第七章规定了税务法院。[⑤] 全国人大常委会、最高人民法院、最高人民检察院、国家税务总局等国家机关工作人员也一直在关注建立税务法院(法庭)的讨论。[⑥]

虽然司法体制改革需要基本法律作出规定,而制定基本法的全国人大及其常委会乃是全国各族各界人民的代议机关,设立税务法院(法庭)应该考察多层次宽领域范围的主流意见,但是实践的开展往往以理论研究为先导,中国的变革也主要是由上而下推动。我国理论界和政府部门普遍赞同设立税务法院,则基本可以推断我国主流意见是赞成设置税务法院的,而且只要设立税务法院对其他层面没有大的负面影响,其他领域的代表也会赞同通过该项改革。因此,可以认为,设立税务法院(法庭)的主观条件在我国已基本满足。

(二)设立税务法院的整体条件

整体条件是对设立税务法院的成本和收益比较,下文分别予以讨论。

---

① 参见万静:《尽快成立跨行政区域税务法院》,载《法制日报》2015年6月26日,第6版。

② 参见朱大旗、何遐祥:《论我国税务法院的设立》,载《当代法学》2007年第3期。

③ 参见施正文:《尽快成立跨行政区域税务法院》,载《法制日报》2015年6月26日,第6版。

④ 参见王平:《第九届中国财税法前沿问题高端论坛在京举办》,载《国际税收》2015年第7期。

⑤ 参见华国庆:《制定我国税收基本法刍议》,载《安徽大学学报》1998年第5期。

⑥ 参见王平:《第九届中国财税法前沿问题高端论坛在京举办》,载《国际税收》2015年第7期。

1. 设立税务法院的收益(积极影响)

首先,有利于推动税收法治。税收领域法治是现代法治社会的一个重要组成部分,是现代国家税收治理的基本目标,也是建设法治社会的突破口。税收是国民财产权与国家财政权的纽带,在租税国家,税收法律关系是国民与国家最频繁的联结点,国家与国民关系的和谐很大程度上取决于税收的征收和使用是否公正。税务法院通过便利的渠道、专业的裁判、公正的结果,平衡国家与国民的利益关系,以权威的法律方式解决双方的纠纷,能够促进税收的法治化。

其次,有利于提高税收诉讼效率、保障纳税人权利。税务案件的专业性、技术性、复杂性,在缺乏专业的审判机构情况下,专业法官不足造成案件积压,税务案件也往往需要在"在税务机关的'指导'下结案"。[①] 而专业的审判机构中法官都有一业之长,具有专业的财税和法律知识,能够清楚地解读双方的证据,无须依赖税务机关人员的辅助,既保障了审判的中立性,保证了判决的公正性,也提高了税收争议解决的效率。

最后,有利于提高公众税收权利意识、促进税法研究。专门的税务法院将税收纠纷的处理剥离于一般司法机构,强调税收纠纷的特殊性和重要性,将公民的税收权利予以特殊机构保护,有利于加强民众对自身税收权利的认识。同时,税收纠纷的重要性提高、专业化加深,对税法研究的要求也进一步提高,此外,独立的税务法院乃税法独立性的表征,先有独立的税务法院,税法的研究才能得到应有的重视。[②]

2. 设立税务法院的成本

关于设立税务法院负面影响即成本,有人认为:

第一,不利于法律体系的统一。有观点认为,1983 年《人民法院组织法》修正案删除了原法第 2 条第 3 款"专门人民法院包括:军事法院、铁路运输法院、水上运输法院、森林法院、其他专门法院门法院"的规定。这一变动表明了立法机关对设立专门法院的否定立场。[③] "不能抛开全国统一的法律体系

① 姜景亮:《关于建立税务法庭问题的探讨》,载《现代情报》1996 年第 12 期。

② 参见葛克昌:《税法基本问题——财政宪法篇》,台北,月旦出版社股份有限公司 1996 年版,第 14 ~ 15 页。

③ 参见李研:《对我国设立税务法院的考量》,载《辽宁师范大学学报》(社会科学版) 2009 年第 4 期。

另搞一套,追求地方、部门所谓的'法律体系',既不能在每个法律部门内形成各自的'母法'和'子法',各地方、各部门也不能搞自己的'法律体系'。"因此建立税务法院不符合全国法律体系、司法体系统一的要求。

笔者认为,关于法律体系的统一,在我国单一制的背景下特别重要。但是对于法律体系、体制的统一,不能简单地将其理解为全国法律规范相同、司法机构一致。单一制背景下的法律统一,应该是针对以部门利益、地方利益为导向的,牺牲全体利益,造成部分法律游离于整体法律的现象。而设立税务法院,不是为了税务部门的利益,而恰恰是对其部门利益的有力约束;也不是为了特定地方利益,税务法院以所有纳税人的税收权利和国家的税收利益为追求目标,体现的是公共利益。真正意义上的法律统一,应该是各个法律部门、各种法律制度既分工又合作,合作是以分工为基础,分工的目标是为了更好地实现法律共同的目标。因此,只要设置得当、运作合理,设立税务法院并不必然导致法律不统一。

同时,还有观点认为,税务法院的建立,还可能产生一种错误的导向作用,其他部门也会以各种类似的"充分"理由要求建立本部门的专门法院组织。确实,达到税务法院同样条件的其他部门也会要求司法专业化,但是前述分析表明,社会分工专业化的推进必须以司法专业化应对,只要其他部门满足司法机构专业化的主客观条件,设立专业性的司法机构又有何不可?其他部门设立专业性司法机构怎么能反过来作为否定税务司法专业化的理由呢?担心专业性司法机构因此而过度设立,其实不是一个有效的理由。因为,由于主客观条件的限制,在专业性司法机构达到了一定程度时,再推进专业司法机关的设置其阻力就会增大,即对特定领域司法专业化,特定部门推之,而社会整体阻之,从而形成推拉双向运动,此时专业性司法机构的设立将到达一个平衡状态。

第二,加重财政负担。自上而下建立税务法院(法庭),庞大的机构体系需要投入大量的物力、财力,同时,把现在能够在普通法院解决的纠纷强行转移到专业性法院,造成原有的司法资源浪费,而且现在税务纠纷并不多,专门的税务法院可能空有摆设,人浮于事。①

经济负担是设立税务法院最直接的成本,办公场所、人员工资、办案经费

① 参见熊伟:《中国大陆有必要建立税务法院吗?》,载《月旦财经法杂志》2006年第5期。

等,是设立新机构最基本的物质条件。但是是否会造成人浮于事的浪费却是值得细致考虑。首先,现在的普通法院能够有效解决税务纠纷吗?现在税务纠纷属于行政案件,归于行政庭审理。虽然税务机关与纳税人之间的纠纷在税收法律关系权力说的背景下,可以认为是行政机关与行政相对人之间的纠纷,是行政诉讼的一种类型。但是,在税收法律关系债权债务关系说逐渐成为主流观点、税法(学)取得独立地位、税法相对于一般的行政法和行政原则呈现出个性特征时,以行政思维主导的行政法所制约的行政诉讼能否实现税收法律关系中的公正裁判则是值得怀疑的。因此,现代普通法院能够有效解决税务纠纷的论点是难以成立的,至少在案件专业深度上是难以成立的。其次,现在的税务案件不多,事实确实如此。这是作为税务法院能否发挥职能的关键条件,对此下文将予以专门分析。

综上,从成本收益分析的角度看,设立税务法院能够促进税收法治、提升税务纠纷的解决效率和公正性,同时可以增强税法意识、推动税法学研究。而其直接成本是财政压力,还有可能案件不足导致机构空转。到此为止,我们目前大致可以认为,设立税务法院是成本高于收益,其中一个关键条件是税务案件不足。但是我们并不能就此止步于整体条件不满足,即认为我国目前不适合设立税务法院,我们还应当着眼于将来,即当关键条件满足时,是否应当设立税务法院?

(三)设立税务法院的关键条件

1.税务案件的现状

如果有足够多的税务案件,那么设立税务法院的收益很可能大于成本。税务案件的数量则成为设立税务法院的关键条件。我国近13年的税务案件的数量如表7所示:①

表7 我国2002~2014年税务案件数量

年度	一审收案总量(件)	税务一审收案数量(件)	行政一审收案数量(件)
2014	9,489,787	398	141,880
2013	8,876,733	362	123,194

① 资料来源:国家统计局年度数据库(公共管理、社会保障及其他子库)。

续表

年度	一审收案总量(件)	税务一审收案数量(件)	行政一审收案数量(件)
2012	8,442,657	436	129,583
2011	7,596,116	405	136,352
2010	6,999,350	398	129,133
2009	6,688,963	293	120,312
2008	6,288,831	334	108,398
2007	5,550,062	306	101,510
2006	5,183,794	359	95,617
2005	5,161,170	815	96,178
2004	5,072,881	1032	92,613
2003	5,130,760	803	97,919
2002	5,132,199	1496	80,728

从以上数据可知,近 13 年年均税务案件不到 600 件,近 9 年更是稳定在每年 400 件左右。然而我国基层法院的数量超过 3000 个,即每个法院每年平均受理的税务案件不足 1 件。因此,在现实的条件下,要在每个法院设立税务法庭是不现实的;即使是设立一个税务法院,审理所有的涉税案件,也是不经济的。一方面,税务案件分布于全国,将所有案件起诉到一个固定的法院,徒增当事人的来往奔波负担;另一方面,设立一个税务法院一年审理不到 600 个税务案件,实在是机构空转、人浮于事,而现在基层法院平均每年审理的案件多达 3000 件。

所以,如果仅就目前的税务诉讼案件数量而言,设立税务法院或税务法庭也没有必要。目前,我国只需要在行政庭配备一两个精于审理税务案件的法官即足以应对现实需要。

2. 税务案件不足的原因分析

我国税务案件一年不到 600 件,而我国近 10 年来就业总人口在 7.4 亿~

7.7 亿稳定增长，法人单位数量从 500 多万个增长到 1000 多万个，①所有自然人纳税人和企业纳税人发生的税务事项以 10 亿数计，而最后需要法院解决的税务纠纷不到百万分之一，确实有点过少。

此外，与美国相比，虽然在 2009 ~ 2013 年我国 GDP 占美国的比重不断上升，超过 50%，但是我国税务案件的数量只有美国的 1% 左右。这也从侧面说明，我国的税务案件数量较少。

表 8　美国税务诉讼初审案件一览②

年度	税务法院结案(件)	初等法院和索赔法院结案(件)	案件总数(件)
2009	31,697	288	31,985
2010	30,909	320	31,229
2011	29,442	397	29,839
2012	31,135	275	31,410
2013	31,886	267	32,153
平均	31,068	309	31,337

有学者认为，我国税务案件过少，可能的原因有：

第一，我国存在厌讼传统。漫长的封建社会以"秩序""和谐"为目标，人们以诉讼为耻辱，崇尚和合。厌讼价值观在中国很早就有，孔子"听讼"的目标就是"必也使无讼乎"，通过长期的道德伦理教化和统治阶级的以身作则以达到"闾里不讼于巷，老幼不讼于庭"的和谐恬静的理想境界。此外，传统社会多是熟人交往，些许争执诉诸公堂有伤情面，同时也意味着熟人关系的崩塌。因此，在一般老百姓看来，对簿公堂往往是不体面的事情。在这种心理的

---

① 资料来源：国家统计局年度数据库(就业与工人工资子库和综合子库)。就业人员数是指在 16 周岁及以上，从事一定社会劳动并取得劳动报酬或经营收入的人员。就业人员包括：(1)职工；(2)再就业的离退休人员；(3)私营业主；(4)个体户主；(5)私营企业和个体就业人员；(6)乡镇企业就业人员；(7)农村就业人员；(8)其他就业人员。法人单位数指执行企业会计制度的法人单位数。

② 资料来源：Internal Revenue Service Data Book(2009 - 2013)(2014 - 09 - 171)(2014 - 10 - 10) http://www. irs. gov/uac/SOI-Tax-Stats-IRS-Data-Book)。转引自池生清：《论美国税务法院的纳税人诉权保障》，载《税务研究》2015 年第 11 期。

指导下，人们要么是大事化小、小事化无，要么是通过人身依附关系或者熟人关系解决纠纷。虽然封建社会已经瓦解，但是封建心理依然影响着人们的思维方式，在自然经济占主导地位的农村是如此，城市里的人们"农民意识"却不比农民少，往往呈现"都市里的村庄"。[①]

笔者认为，传统的厌诉心理在21世纪究竟对人们还能产生多大的影响不好评判，不过，可以肯定的是将厌诉心理与税务案件过少联系起来，欠缺说服力。从前述数据可以看出，我国法院一审收案数量十多年来稳步增长，从2002年到2014年几乎翻了一番，但是其中的税务案件数量虽然不同年份有减有增，但是其总数量并没有太大的变化。如果说传统厌诉心理会影响税务诉讼案件数量，那为何诉讼总量却一直在增长呢？因此，厌诉心理并不能作为税务案件过少的原因。

第二，税务案件属于民告官，畏官现象严重导致纳税人不敢起诉税务机关。虽然根据税收法定要求，纳税义务是否成立、应缴税额是多少以及纳税时间地点等都有专门的法律规定，纳税人只需依法纳税即可，税务机关并没有多少权力管束纳税人；但是，由于税务机关在税收程序法上裁量权力巨大，可以自由地检查、稽查纳税人的税收状况，烦琐的资料报送、理由说明让纳税人不堪重负，而且税务机关在纳税人存在税收违法行为的情况下享有很大幅度的处罚裁量权。在税务机关行为缺乏充分说理、说明回应的情况下，纳税人一旦被起诉，税务机关则可以自由地加重纳税人的程序负担，作出税收处罚时可以从重处罚。

权力是一种让权力者意志即使遇到阻碍也能贯彻的力量，权力是让人畏惧的。畏权怕官是现实，但是行政案件都是民告官，上表的数据表明行政案件总数量在稳步增多，为什么作为行政案件类型之一的税务案件数量却那么少且几乎没有增长呢？究其原因在于税务关系不同于其他行政关系。税务关系是持续大额的经济关系，而且税收缺口（tax gap）的存在是常态，在当下法定名义税负偏高的情况下，纳税人或多或少都有逃税行为，税务机关可以选择性查处某些"不友好"的纳税人。因此，在税务关系将持续性存在的情况下，纳税人就不得不维护好与税务机关的关系，更不会主动去起诉税务机关了。更何况在我国现行

① 秦晖、苏文：《田园诗与狂想曲——关中模式与前近代社会的再认识》，中央编译出版社1996年版，第232～241页。

税收法定原则贯彻不力的情况下，税务机关拥有相当大的税收减免或征收的权力，开罪税务机关则无疑是纳税人主动放弃了一块可得利益。

第三，税务诉讼程序设置加重了纳税人的负担。2001 年修订的《税收征管法》第 88 条规定行政复议前纳税人需要清缴税款或者提供担保，而且复议作为诉讼的前置程序。纳税人需要预先支付税款，经过两道程序才能得到法院的判决，而对于税款及长期累积的滞纳金处罚，导致预先支付款项巨大，有些纳税人本身已经身负重担，无力支付有争议的大额税款，只能望“诉”兴叹。因此，税务诉讼的双重前置也是阻碍税收诉讼的一道门槛。

所以，在一审收案数量、一审行政收案数量同时大幅度增长和我国税收总收入增加的背景下，有理由认为我国的税务纠纷案件也应该会快速增加，但是统计数字表明我国的税务行政复议、税务行政诉讼案件数量是极少的。究其原因，我们认为可以归结为税收司法制度不健全、税收法治不彻底、征税权力不规范。而税务案件数量过少并不是意味不存在税务纠纷，相反，恰恰是我国现存制度和现实的原因压制了税务纠纷寻求正规途径解决。由此，我们有理由认为，当我国把扭曲的税务征纳关系厘清后，税务纠纷救济案件就可能大量涌现出来。而税务纠纷大量涌现之日，也当然就是税务法院需要建立之时。

三、国外税务司法专业化的经验

现代国家财政收入主要来源为税收，就某种程度上而言，现代国家都是税收国家。就个人而言，税收成为公民与国家最紧密的联结点，税收的缴纳与使用不仅关系到公民切身经济利益，还影响公民的政治地位和法律权利。特别是在发达国家，民主法治机制发达，纳税人权利保护尤其重要，多数发达国家都建立了不同形式的专门税务纠纷解决机制以保障纳税人权利。在此，我们以美国、加拿大、澳大利亚为考察对象，分析其税务司法专业化的经验，以便为我国税务司法专业化提供借鉴。

（一）美国的税务司法专业化

1. 美国税务司法专业化的现状

美国的税务司法机构体系如图 4 所示：

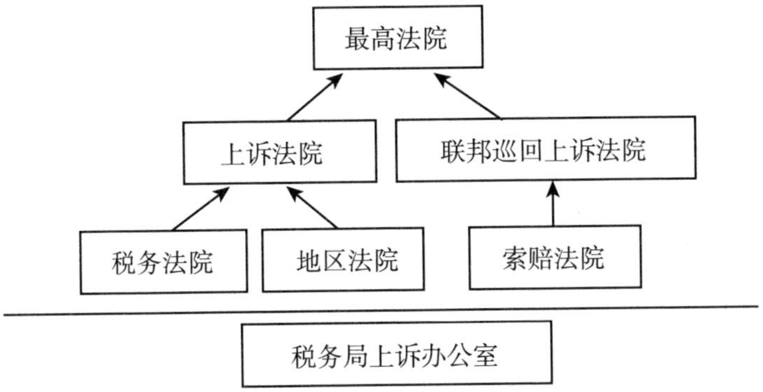

图4　美国税务司法机构体系

美国税务局上诉办公室是一个独立的税务纠纷解决机构。在向法院提起诉讼前，纳税人可以向上诉办公室提出复议，对复议结果不满，纳税人可以向税务法院、地区法院和索赔法院起诉。如果对税务法院和地区法院的判决结果不满，还可以向联邦上诉法院上诉直至最高法院，而若对索赔法院的判决不服，则应当向巡回上诉法院上诉。

其中，美国税务法院专门审理特定类型的税务案件。其前身是美国税务局1924年在内部设立分支机构——复议审查委员会，该委员会作为内部机构，其决定最终代表税务局，被视为有利于税务局，因此破坏了公众的信任。1942年，国会将税务上诉委员会更名为“美国的税务法院”，其成员被给予法官头衔，但此时美国税务法院在性质上仍然是独立的行政机构。1969年，美国国会通过立法把“美国的税务法院”更名为“美国税务法院”，并改变其行政机构的法律地位，行政程序法不再适用于税务法院的审判程序和管辖，而是将其作为联邦司法机构。

美国税务法院与地区法院、索赔法院的不同，税务法院是在征收决定尚未作出，在稽查阶段就给纳税人提供了司法救济，税务法院对相关事实进行重新审查，不受美国税务局法定通知以及相关记录的约束，有权判决直接认定纳税人最终的税款正确数目。税务法院是纳税人在美国税务局确定税款前唯一的司法救济途径。如果纳税人选择地区法院或联邦索赔法院起诉，则必须在税款已清缴，税收征收程序结束之后才有诉权，且需以退税的名义提起。这类似于我国的税款诉讼前置程序。①

2. 美国税务司法专业化的经验

从美国税务司法发展历程来看，税务法院缘起于行政机构，其演变的动力在于行政机构的非独立性所导致的公正性质疑，由于在美国民众心中，法院是公正的象征、权利保护的最后屏障，因而催生了税务法院。平息纠纷的前提是纠纷解决机构的独立性、公正性，而税务法院的设立离不开社会良好的法律信仰和法院信任。也就是说，如果社会对整个司法系统不信任，设立税务法院也难以有效解决纠纷。

此外，美国为纳税人提供了多渠道的税务司法救济，较好地满足了不同纳税人的偏好。纳税人可以向多个法院起诉，但是各个法院的起诉条件不同。税务法院在税务机关征收决定未作出之前审理，纳税人无须缴纳税款即可起诉，但是需要承担败诉而带来的滞纳金风险。而向地区法院和索赔法院起诉，没有滞纳金的风险，但是需要先缴纳税款。纳税人可以根据自己的风险偏好，选择不同的法院起诉，这种制度有利于实现税务纠纷案件在不同法院分流。

（二）加拿大税务司法专业化

1. 加拿大税务司法专业化的现状

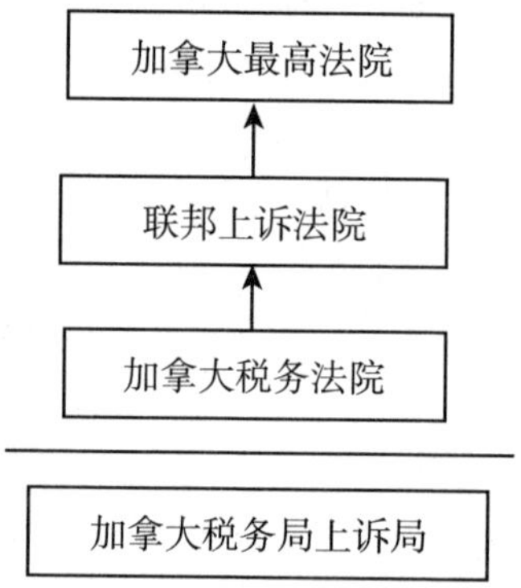

图 5　加拿大税务司法机构体系

加拿大设立税务法院比较晚，1983 年税收审查委员会被税务法院替代，

① 本部分关于美国税务司法的介绍主要参考熊伟：《美国联邦税收程序》，北京大学出版社 2006 年版，第九章；虞青松：《美国税务法院对我国税收司法的启示》，载《中国税务报》2016 年 1 月 13 日，第 B3 版；熊晓青：《美国联邦税务法院简介》，载《中国税务》2000 年第 3 期。

它对税务上诉案件和因《税收实施法》《所得税法》等某些法律而起的纠纷享有专属管辖权。税务法院由首席法官、副首席法官以及其他 23 位法官组成,这些法官由议会任命。

加拿大税务法院的设立是由于处理税务纠纷的税收审查委员会的独立性和声誉饱受诟病,为了防止行政干预、吸引更多专业性法官,议会通过法案设立税务法院。税务法院的宗旨是为纳税人提供可及、高效的上诉程序并保证法院的公正与独立。目前,该法院良好的运行效果受到了普通公众和税收界的广泛尊重。

在加拿大,纳税人对应纳税额、税率,或处罚不服的,必须先针对税务局的征税决定提出异议,启动加拿大税务局的内部申诉程序,如果征税决定被维持,则纳税人可以向法院提起诉讼。同时,除非是某些大公司,争议的税款在被最终解决之前不必先行缴纳。①

2. 加拿大税务司法专业化的经验

如前所述,加拿大的税务法院是因为行政性质的纠纷处理机构独立性和公正性不足而设立的。纳税人起诉到税务法院需要经过税务机关的内部救济程序,类似于我国的复议前置,但是复议和起诉并不以清税为条件。加拿大并没有为纳税人提供多重起诉渠道,但是复议和起诉无须先行缴纳税款,极大地便利了纳税人行使救济权。

加拿大税务司法最大的特点是诉讼无须清税,而且复议也不需清税,这对我国改革税务纠纷处理颇有借鉴意义,对税法理论的发展也有促进作用。我国目前实施的税务复议诉讼双重前置的主要原因是为了保障国家税收收入及时入库,但是加拿大不采用清税前置也依然能够保持良好的税收秩序,这至少说明保障税收收入不一定需要清税前置,可以不以限制纳税人救济权利为代价。而在税法理论方面,传统上认为税收征管法属于税收行政法,税收决定属于具体行政行为,对具体行政行为提起复议、诉讼不影响该行政行为的执行。而加拿大对应缴税额、税收利息、滞纳金等事项提起复议诉讼,均无须清税前

---

① 关于加拿大税务司法状况的资料,参见 Sarah Miles,"The Price We Pay for a Specialised Society:Do Tax Disputes Require Greater Judicial Specialisation?",*Victoria University of Wellington Law Review*,Vol. 46(2015),pp. 361 –414;[美]休·奥尔特、[加]布莱恩阿诺德等:《比较所得税法——结构性分析》(第 3 版),丁一、崔威译,北京大学出版社 2013 年版,第 34 ~35 页;冀保旺:《加拿大税务司法体系的特点及启示》,载《涉外税务》1999 年第 8 期。

置,那么具体行政行为的公定力、执行力在此就难以解释自洽,再把税收相关纠纷纳入普通的行政纠纷则逻辑不通,从而需要财税法学理论对此提出更有力的解释。

(三)澳大利亚的税务司法专业化

1. 澳大利亚的税务司法专业化的现状

澳大利亚并没有专门的税务法院,而是通过行政上诉庭(Administrative Appeal Tribunal,AAT)和联邦法院解决税务专业纠纷。有关税务纠纷解决的程序如图6所示:

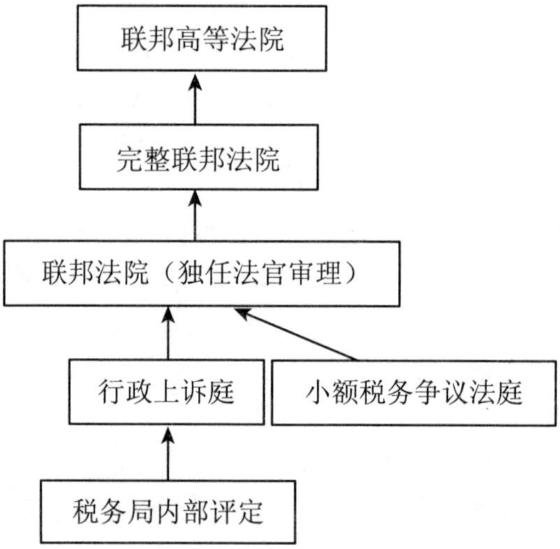

图6 澳大利亚税务司法机构体系

在澳大利亚,纳税人对税务局作出的税务评定有异议,可以要求复议。如果复议维持原行政决定,纳税人可以向行政上诉庭起诉。如果争议税额是5000美元以下的,纳税人也可以向小额税务争议法庭起诉,该法庭是行政上诉庭的一部分。虽然行政上诉庭和小额税务争议法庭被称为法庭(Tribunal),但是实质上都属于行政部门的一部分。如果对法庭的审理结果不服,纳税人可以上诉到联邦法院由1名法官独任审理,不服还可以上诉到联邦法院,直至上诉到联邦高等法院。

税收是澳大利亚最早设立的行政专业庭(最初称为复审委员会)的领域。复审委员会的组成是3人,一人来自税务局(ATO),1名会计和1名律师。由于复审委员会的任命受税务局影响,委员会常常被认为偏向税务机关。在澳大利亚,曾经税务案件是从复审委员会直接上诉到澳大利亚高级法院(本国的最高法院)。20 世纪 80 年代行政上诉庭取代复审委员会,同时在联邦法院创建了税务分庭,税务案件需经联邦法院才能上诉到高等法院。

表 9　澳大利亚近年来税务案件的数量①

年份	AAT(件)	联邦法院(独任审理)(件)	完整联邦法院(件)	高等法院(件)
2000～2002 平均	37	33	9	4
2006	59	27	8	1
2007	60	36	18	3
2008	49	30	10	5

2. 澳大利亚的税务司法专业化的经验

澳大利亚经济发达,但人口不到 3000 万,每个人的经济交往密度相当高。然而澳大利亚却没有建立专门的税务法院,只在联邦法院建立了税务分庭,其中重要原因是税务案件很少,每年起诉到法院的案件不到 40 件,设立税务法庭足以应付司法需要。行政上诉庭是专业的税务法庭,虽然归属于行政部门,但是其独立程度相当高,然而作为税务纠纷复议机关所发挥的平息纳税人不满的作用却不明显,表 9 中 6 年时间内,AAT 平均每年审理 46 起案件,但是每年平均仍有 32 起案件继续上诉到联邦法院,上诉率接近 70%;而从联邦法院独任审理后再上诉到完整联邦法院的比率只有 32%。由此可见,司法系统的税务审理比行政系统的税务审理更容易让当事人信服。

澳大利亚的经验在于,该国根据自身的税务司法需求状况,并未设立税务法院而代之以税务法庭,在进入司法审理之前,设置独立程度高的行政审理机构,虽然不能平息大部分纳税人的不满,但是也能起到分流减压作用。而通过上诉率的对比,可以发现司法机构的审理是处理税务纠纷更有效的方式。

① 参见[美]休·奥尔特、[加]布莱恩·阿诺德等:《比较所得税法——结构性分析》(第 3 版),丁一、崔威译,北京大学出版社 2013 年版,第 34～35 页。

(四)国外税收司法专业化经验总结

美国、加拿大、澳大利亚的专业化税务司法机构(税务法院或法庭)基本上是在专业化的行政机构基础上建立起来的,行政性审理机构的独立性和公正性容易遭到质疑,专业性的司法机构更受民众信任。虽然如此,行政性的审理机构在这些国家并没有撤销,而是在加强其独立性的基础上继续发挥作用,也即作为税务诉讼的过滤网,发挥其专业优势解决部分税务纠纷。独立的行政性复议机构与专业的司法机构并存,成为这些国家税务纠纷处理的第一个经验。

三个国家在司法专业化的进路各有特点。澳大利亚由于每年的税务案件较少,没有建立税务法院,但是即使每年的案件只有几十件(案件少的原因有待深入分析),也建立有专业化的税务法庭,由此可反映该国对税务纠纷的重视以及公众对司法机构公正性的尊崇;加拿大设立有专门的税务法院,最大的特点是无须清税可直接复议、诉讼,立法倾向于保护纳税人救济权;美国的税务案件可以向税务法院和地区法院、索赔法院起诉,前者无须清税,后两者需要以清税为前提,两种路径分流,纳税人可依据自身偏好选择诉讼方式。

总而言之,无论税务案件多少,这几个国家都普遍走向了税务司法专业化,但选择的是司法审判机构专业化还是司法审判组织专业化,则有不同的选择。税务纠纷数量较少的澳大利亚选择后者,而税案相对较多的美国、加拿大选择前者。而在是否清税前置的问题上,美国和加拿大都不作严格要求,美国赋予纳税人选择权,加拿大更是直接地废止清税前置。总之,选择税务司法专业化,具体路径依本国国情,不要求清税前置,是这三个国家税务司法方面的第二个经验。

四、我国税务司法专业化问题

在本节第二部分已经论证:我国设立税务法院整体条件方面成本高于收益,其中关键条件是税务案件不足,因此,目前设立税务法院(法庭)时机尚不成熟。但是,理论的分析不仅是解释现实,还应能够指引未来。由于税务案件过少的原因,如上文第二部分分析,主要是税务机关权力过大和税务缺口(tax gap)背景下的选择性稽查所导致的民畏官、双重清税前置引起的救济程序过度苛刻等。因此,先应当理顺官民关系和救济程序,让税务案件真实涌现,然后再视情况决定税务司法专业化是在审判机构层面(法院)还是在审判组织

(法庭)层面进行。

(一)让税务案件真实涌现

1. 税收征纳关系法治化

税务缺口的根本原因是税收法定执行不到位,包括纳税人的税法不遵从和税务机关的执法不严格。纳税人是理性的经济人,其思维和行为以自身利益最大化为目标,虽然“税收是文明的对价”,但是在物质条件未十分充裕、精神条件未高度发达的条件下,作为个体的纳税人会为自己的利益而使用各种手段逃避税收,包括采用合法和非法的方式。纳税人以非法的方式逃税,实际上是税收违法行为,税务机关应当及时查处;纳税人以合法的方式避税,虽然形式合法,可能也违反了税法精神,实质上也是违法,此种情况下税务机关应该依据一般反避税条款依法调查。税务机关执法不到位,除了不严格查处纳税人的税法不遵从,还有就是违反税收法定,以各种不合法的或者模糊的手段给予特定纳税人以纳税税收优惠、税收减免。

就一般意义而言,税务部门应该是为人民服务的,但是由于税务缺口的存在,造成纳税人有求于税务机关,不敢复议、起诉税务机关。因此,要让税务纠纷真实暴露出来,就应当使税收征纳关系法治化,让扭曲的官民关系正常化。一方面,纳税人应当增强税收遵从意识,依法以正常的经济形式交易、正确面对税收;另一方面,税务机关应当执法严格,执法不缺位、不越位,及时查处税收不遵从行为,禁止滥用权力减免税收。同时,税务机关裁量权力过大也可能造成导致税务机关随意加重纳税人的程序负担。虽然行政权力天然地需要有裁量的空间,但是其裁量空间也应该是有界限的。对税务机关的权力予以规范,就不应该再拘泥于法制思维,而应当树立法治思维。“法治不在于法条,而在于宪法和民主法治机制。”①法治同时也意味着民主问责制,税收征纳关系的法治化,关键在于税务机关权力的法治化:第一,需要正确地配置税务机关的权力和责任;第二,在权力的运行过程中,税务机关要对自身的行为作出充分说明、及时回应公众的质疑;第三,追究税务机关违背角色职责和说明回应义务所应承担的各种不利的法律后果。②

---

① 史际春:《政府与市场关系的法治思考》,载《中共中央党校学报》2014 年第 6 期。

② 关于民主问责制,参见史际春、肖竹:《论分权、法治的宏观调控》,载《中国法学》2006 年第 4 期。

如果税务机关权力及其执法法治化、规范化,则税收缺口将大大减小,纳税人不再有不正当利益求于税务机关,其正当利益也不会随意受到税务机关的减损威胁,那么在此情形之下,面对特定税务纠纷纳税人将只考虑该纠纷复议、诉讼的成本收益,而不受其他因素的影响。这样一来,税务案件涌现的渠道将会极大畅通。

2. 取消清税前置

我国现行法律严格要求纳税人在提起税收复议和税务诉讼之前,必须清缴税款。现行法律作出如此规定,主要是考虑到税款及滞纳金的及时入库。如果当事人动辄提起复议和诉讼,在现有体制下,到二审审结要经历大半年的时间,如果税收不能事先入库,那么将对财政收入造成很大的负面影响,即使事后税务机关胜诉,税收管理的难度也会增加。

以上立法理由是否成立是值得商榷的。首先,从加拿大的经验来看,即使允许纳税人不清税而复议诉讼,只要设置适当的配套制度,并不会导致大规模的纳税人恶意复议诉讼拖延缴税时间的情况发生。其次,税务机关胜诉后,并不会增加事后税收征管的难度,难道时间延后就可能造成纳税人转移、隐匿财产?至少现有研究成果没有证明此种假设是成立的。再次,复议清税前置,其前提是把税额的确定及相关事项作为税务机关的具体行政行为,并使之具备公定力、执行力。但是,如果把税收法律关系认为是债权债务关系,那么税额确定就不一定只是税务机关的行为,其确定行为也就难以称之为具体行政行为,其行政优位的基础就受到动摇。也就是说,在税收债权债务关系说的理论基础上,复议清税前置的规定难以自洽。最后,即使前述理由成立,但是仅以它们就限制当事人申请复议和诉讼的权利,其手段和目的之间缺乏必要的平衡,违反了法治国所要求的比例原则。①

因此,取消清税前置,辅之以配套措施,让纳税人能够正当、顺利地行使救济权,而又能够有效限制复议诉讼的泛滥,既有实践的经验,也是理性思考的逻辑要求。

(二)设立税务法院的构想②

当税收征纳关系法治化和取消清税前置后,纳税人将不再有求于税务机

① 参见刘剑文、熊伟:《税法基础理论》,北京大学出版社2004年版,第492页。

② 参见朱大旗、何遐祥:《论我国税务法院的设立》,载《当代法学》2007年第3期。

关,不再畏惧税务机关,也就不会有过大的提起诉讼的经济障碍,税务纠纷就可以真实反映出来,税务复议和诉讼则可能大量涌现。这时,设立税务法院(法庭)就成为必要了。

至于设立税务法院的具体构想,应根据涉税诉讼案件的发生分布情况,首先选定若干个涉税案件相对较多的区域,设立一定数量、合理审级的税务法院,相对集中地解决涉税诉讼,此后随着税务法院制度的成熟、涉税案件数量的增加,再逐步地推广税务法院的设立,进而构建完整的税务法院系统。

1. 按照经济区域设立税务法院和确定管辖

我们应该尝试不同于普通法院的管理和管辖体制,即应根据经济区域合理组建税务法院系统并确定管辖。这样一来,一方面,可以避免司法区域与行政区域重合而带来弊端,避免地方保护和行政干预,在人、财、物等方面为其提供保障,从而保障税收司法的独立。另一方面,也符合我国涉税诉讼案件地区分布不均衡和财政能力各地不同、设立税务法院资金保障存在地区差别的特点,有利于有针对、有重点、逐步地、系统地设立税务法院。具体说来,可以根据各地涉税案件的发生和处理情况以及财政能力,将全国划分为若干大区,分别设立高等税务法院,再于其下根据具体情况设立低一级的税务法院或者税务法庭。

2. 建立税务法院巡回审理制度

如果税务纠纷真实涌现,即使到时候案件分布比较集中,但也有大量零散性案件存在。那么,在税务法院的分布存在区域差别、一审税务法院管辖范围比较大的情况下,这些零散性案件的审理无疑就比较困难,让每一个当事人都长途跋涉到相应的管辖法院去起诉或者干脆放弃向税务法院起诉的权利,向当地的普通法院起诉,这无疑不是保护纳税人权利的适当之举。而建立税务法院巡回审理制度则可以比较有效地解决这一问题。

3. 税务法官选任和管理制度

税务法官既应具有法官的任职资格,也必须具有相关的税务知识。选任的方式主要有两种:一是由现行法院中对审理税务案件比较有经验的法官充任税务法院法官;二是通过司法考试(现称国家统一法律职业资格考试)从社会中挑选出合格的税务法官。在法官的管理上,借鉴前述三个国家税务法院(法庭)出现的原因,避免税务诉讼机关独立性不足而影响权威性、公正性,应当在组织人事等方面防止行政机关对司法的干预,当然也应避免法院对法官独立审判具体案件的不当限制。

4. 税收司法与行政复议的衔接协调

在制度设计的逻辑起点上，应把税收行政复议的制度功能定位在赋予税收行政行为相对人权利保护上。在具体的制度构建上，应改革现行的限制当事人诉权行使而进行复议前置的做法，取消法定清税前置制度，转而寻求保障行政机关复议的公正性，利用复议制度本身的优越性来吸引相对人选择行政复议程序，并在诉讼费、滞纳金的分摊和承担等方面设计合理的制度以限制当事人滥用诉权。

同时，在税收司法实践中，应该避免的一个误区是过于夸大税收司法的作用，盲目否认税务行政复议制度。追求纳税人权利保护途径的多元化、充分有效的利用税务行政资源、避免滥用司法资源，应当是我们对纳税人进行救济制度设计时应该遵循的理念，同时发达国家的经验也充分说明独立的行政性复议机构与专业的税务司法机构并存处理税务纠纷具有极大的重要性。我们要改革法定税收复议前置制度，但也要坚持其制度的内在优越性。

5. 小额涉税纠纷解决机制

在实践中，除少数案件争议额度较大之外，绝大多数税收案件涉及的金额并不太大。在这种情况下，纳税人对于税务司法的程序要求并不非常严格，其需要的是案件的简便高效的解决和其权利的快捷救济。对于这类案件，法律上应该为其设计出一套简便易行的纠纷解决机制供纳税人选择。

在税务法院内部设置上，可以设立特别机构以专门审理小额涉税案件；在案件受理制度上，可以降低对书面化的要求和立案的标准，采用方便当事人起诉和参加诉讼的管辖标准和起诉程序；在案件的审理上，对举证、质证、辩论和庭前程序等方面予以适度简化；在宣判上，则尽可能做到当庭宣判，在可能的情况下，也可当庭执行；同时，可赋予税务法官以相对充分的权力和独立的地位，充分利用巡回审判制度解决纠纷，为小额涉税诉讼的快捷、高效审理留下空间。

总之，司法专业化是社会分工的表现形式和发展结果，社会分工的发展导致社会纠纷内容专业化，客观上要求作为纠纷解决重要途径的司法进一步专业化。社会一般分工推动司法外部专业化，社会特殊分工推动司法内部专业化。在社会特殊分工条件下，司法内部专业化可以在司法机构层面（专业法院）、司法组织层面（专业法庭）、司法人员层面（专业法官）三个层次展开，专业化具体进行的路径取决于一国的主客观条件,其中整体的成本收益条件和直接影响收益条件实现的关键条件应是考虑的重点。

大致而言,我国目前的情况并不适合建立专业化的税务法院或税务法庭。虽然主观条件基本满足,客观上设立税务法院也能够促进税收法治、提升税务纠纷的解决效率和公正性,同时可以增强税法意识、推动税法学研究,然而客观上由于税务机关权力过大和税务缺口(tax gap)背景下的选择性稽查所导致的民畏官、双重前置引起的救济程序过度苛刻等因素的存在,导致税务纠纷被扭曲,掩盖了我国税务纠纷的真实情况。因此,在新一轮财税改革的背景下,应当通过税收征纳关系法治化、取消清税前置等方式,让扭曲的征纳关系正常化,使税务纠纷真实地涌现出来,从而满足税务司法内部专业化的关键条件,进而采用具体的策略,走税务司法机构层面的专业化道路。

第四节　财政监督视野下纳税人诉讼机制之建立

理论上,在整个救济机制中,解决纳税人与税务机关之间的争议,除了直接的税务诉讼之外,纳税人诉讼也是其中的制度之一。从21世纪有学者提出构建纳税人诉讼制度以来,①学术界对于纳税人诉讼的问题进行了持久而广泛的讨论,但是目前学者们对于纳税人诉讼的法律性质、原告资格和受案范围等问题仍存在争议。在税收征收管理法的修订过程中,笔者建议,建立纳税人诉讼机制,增强广大纳税人的财政监督权,以维护国家的税收权和纳税人的合法权益。在具体的制度设计上,我们需要从纳税人诉讼的概念、定位上进行细致探讨,明悉其设置目的,从而有效实现该制度的应有功能。

一、纳税人诉讼机制的基本内涵:为纳税人诉讼正名

(一)关于纳税人诉讼的名称

对于纳税人诉讼的名称,不同的学者持有不同的意见。有学者指出,纳税人诉讼在英美法上又称为纳税人提起的禁止令请求诉讼,是纳税人以其自身名义,针对不符合宪法和法律的不公平税制、不公平征税行为特别是政府的违

---

① 参见梁慧星:《开放纳税人诉讼,以私权制衡公权》,载《人民法院报》2001年4月13日,第3版。

法使用税款等侵犯国家和社会公共利益的行为向法院提起的诉讼。纳税人诉讼在性质上属于一种针对间接侵犯纳税人个人利益以及侵犯纳税人整体利益的客观诉讼。①

有学者指出，基于公共信托理论，纳税人与行政机关之间建立相互对应的双重关系：税收征纳关系与用税监督关系。税务诉讼主要解决纳税人对征税主体的不合理征税行为问题，而"纳税人诉讼是指纳税人基于行政机关的不合理用税行为，以自己的名义所提起的诉讼"。②

此外，也有学者不认同"纳税人诉讼"的名称，该学者指出，纳税人是财政法范畴下税法领域的概念，对纳税人权利的界定也应该停留在作为财政收入法中的税法层面，因此该学者不同意将纳税人权利拓展至对财政支出进行监督的领域，进而也不赞同"纳税人诉讼"这一提法。该学者建议将"纳税人诉讼"改为"公民诉讼"或"经济公益诉讼"。③

虽然学术界对于纳税人诉讼的概念界定不一，但可以肯定的是，学者们都一致认为建立纳税人诉讼机制对于推动我国财税法治建设具有重要意义。为了厘清纳税人通过诉讼方式进行财政监督的规范意义，并使其区别于纳税人为维护自身私益而进行的一般税务行政诉讼，笔者建议，使用"财政公益诉讼"这一概念。理由如下：

一是"纳税人诉讼"这一名词无法突出公益的性质，没有准确和严格的指称对象，进而容易与纳税诉讼、税收诉讼、税务诉讼等一系列名称相混淆。如前所述，学者们在对"纳税人诉讼"进行定义时，总是采取描述的方式，对比着具体的纳税人为维护自身在税收征纳环节中的个体利益而提起的诉讼进行阐述。我们认为，如果在名称中突出"公益"二字，明确诉讼的目的，这样将有利于改变这种混乱的局面。

二是"纳税人诉讼"无法将税收过程中的征税、管税和用税等各个环节很好地统筹起来，更重要的是，这一概念也无法将税收与财政融合起来。从已有的文献来看，纳税人诉讼主要是针对政府违规用税的行为，保障纳税人的用税

---

① 参见施正文：《我国建立纳税人诉讼的几个问题》，载《中国法学》2006 年第 5 期。

② 王霞、吴勇：《我国开放纳税人诉讼的必要性及对策》，载《湘潭大学学报》(哲学社会科学版)2004 年第 3 期。

③ 徐阳光：《纳税人诉讼的另类视角——兼评蒋时林诉常宁市财政局违法购车案》，载《涉外税务》2006 年第 8 期。

监督权。对此我们认为我们需要坚持财税一体化的思想,因为无论如何我们都无法将财政与税收截然分开,而且人为地进行划分在实践中容易引起管理上的混乱。

三是“纳税人诉讼”只是指出了原告主体,并不像“环境公益诉讼”那样具有学科上的规范意义。如果单纯就原告主体的特殊性而言,无法将财政公益诉讼这一机制的全部内容囊括在内。事实上,从已有的文献来看,“纳税人诉讼”的原告主体不仅仅限于纳税人一类,同时还包括检察机关、特定的社会组织等多种主体。更为重要的是,在社会化分工更为明显的情况下,将检察机关、特定的社会组织列入“纳税人诉讼”作为财政公益诉讼的原告具有可行性,也符合财政监督及时性和预防性的要求。

需要说明的是,虽然我们建议使用“财政公益诉讼”,但是为了与习惯提法保持一致,后文将继续沿用“纳税人诉讼”。如果没有特殊说明,下文中的“纳税人诉讼”即为我们所主张的“财政公益诉讼”。

(二)纳税人诉讼的性质

税务诉讼是纳税人以税务机关损害其合法权益提起的诉讼,是典型的私益诉讼。而纳税人诉讼则不同,纳税人诉讼本质上是一种具体纳税人以外的“第三者”诉讼,其与损害之间不存在直接的利益关系。因此,纳税人诉讼具有典型的公益诉讼的特征。

首先,纳税人诉讼的目的是提高公共财政资金的使用效率,避免其被浪费和不当使用,从而维护和实现社会公共利益。纳税人诉讼的原告并非出于维护自身利益而提起诉讼,而是从“社会主义财政取之于民,用之于民,造福于民”的角度监督公共财政资金的筹集、管理和支出。我国现有的诉讼制度强调“诉的利益相关性”,但过于恪守这一理论将导致“公地悲剧”。理论上,“税收具有高度的公益性,税款的使用直接关系到每个公民享有的公共产品和公共服务,政府公共资金的违法支出行为影响了不特定纳税人的公共利益,加重了纳税人的负担,是对全体纳税人整体利益的侵害”。[①] 而纳税人诉讼在承认个人利益与社会公共利益一致性的基础上,鼓励纳税人利用诉讼的方式维护

① 施正文:《我国建立纳税人诉讼的几个问题》,载《中国法学》2006年第5期。

社会公共利益,间接地增进纳税人的个人利益。[①]

其次,纳税人诉讼突破了传统诉讼法的当事人适格理论,其原告是与本案无直接利害关系的人。直观地看,由于财政资金是众多纳税人缴纳税款的集合,政府对于税款的违规使用并不直接损害具体纳税人的个人利益,无法界定和归集具体纳税人的损失和因纳税人诉讼所带来的收益。如果从理性经济人的角度考虑,单个的、独立的纳税人将永远不会提起诉讼进行维权。对此,必须在制度设计上降低在纳税人诉讼中利益关联的紧密性要求,提起纳税人诉讼仅仅是出于行为纠正目的和行为预防目的,以公益的维护而非私益的补偿为目标。

综上所述,"纳税人诉讼具有公益、他诉等公益诉讼的基本特征,是以行政机关作为诉讼被告的一种特殊的行政公益诉讼"。[②] 因此,纳税人诉讼是对传统诉讼法理论的创新,在性质上属于典型的公益诉讼。

(三)纳税人诉讼的作用

理论上,纳税人诉讼具有深厚的理论基础,这可以从政治学和法学上的民主、人权和法治理论以及经济学上的税收价格论寻找支持。同时宪法上也明确规定了公民监督权的内容,建立纳税人诉讼具有法律依据。[③] 学术界在探讨纳税人诉讼的理论问题时,对其在制约权力、保护权利方面充满了期待。而对于纳税人诉讼的具体作用,学者也纷纷从各个方面进行了阐述。

有学者指出,传统的理论和做法是以公权制衡公权,而纳税人诉讼则是突出程序法上的诉之利益、当事人适格理论,通过诉讼的方式将行政权的行使纳入司法审查的范围,因此,纳税人诉讼的主要作用在于"以私权制衡公权"。[④]

有学者认为,纳税人诉讼关系到行政开支的合法、真实、有效,关系到公民

---

① 从某种意义上说,纳税人针对行政机关的不合理用税行为起诉,并不一定能为自己带来直接的经济利益,甚至还要支出一定的诉讼成本,但任何不合理用税行为至少会造成两方面的社会危害:第一,纳税人所缴纳的税款被无谓地浪费,纳税人本应享受的公共利益因此得不到保障;第二,不合理用税本身还可能成为社会的负担,比如一项不合理的基础设施建设的存在和运行,可能本身就是社会所背负的包袱。参见王霞、吴勇:《我国开放纳税人诉讼的必要性及对策》,载《湘潭大学学报》(哲学社会科学版)2004 年第 3 期。

② 施正文:《我国建立纳税人诉讼的几个问题》,载《中国法学》2006 年第 5 期。

③ 参见施正文:《我国建立纳税人诉讼的几个问题》,载《中国法学》2006 年第 5 期。

④ 梁慧星:《开放纳税人诉讼,以私权制衡公权》,载《人民法院报》2001 年 4 月 13 日,第 3 版。

特别是纳税人的民主权利,关系反腐倡廉、勤俭节约等诸多重大问题。设立纳税人诉讼制度具有多方面的重要意义:一是有利于把公民监督国家机关的民主权利制度化、法律化;二是有利于促进政务公开,遏制公共资金使用中产生的腐败现象;三是有利于促使纳税人积极履行纳税义务;四是有利于促进政府和公务员观念的转变;五是有利于激起公众维护公共利益的热情。①

有学者认为,尽快建立纳税人公益诉讼,是我国法治建设和民权保障中一个十分迫切的重大问题。建立纳税人诉讼有助于保护纳税人的监督权、民众的私有财产权、纳税人的知情权,是保护纳税人权利和公民私有财产权的需要。同时,建立纳税人诉讼是建设公共财政和法治政府、加强廉政建设、建设宪治国家和构建和谐社会、防止国有资产流失和提高财政资金使用效益以及推动法学理论创新和发展的需要。②

从上述分析来看,纳税人诉讼的主要功能集中体现在两大方面。

一是维护纳税人权利。就涉及的权利而言,纳税人诉讼涉及纳税人的知情权、监督权、受益权等。我们认为,其实这只是纳税人诉讼的间接功能,就我国目前的情况而言,不宜过分夸大其作用。这是因为:其一,就税收征管法的立法理论和实践而言,目前纳税人的权利仅仅局限于税收的征纳环节,从税收征管法的具体条文和国家税务局制定的《纳税人权利与义务公告》来看,纳税人仅指纳税人或扣缴义务人,这些权利在纳税人诉讼中得到具体实现;其二,我国现阶段大多数纳税人的素质普遍不高,过分强调纳税人诉讼的这一间接功能,并不利于激发广大纳税人提起纳税人诉讼的激情和动力。

二是实现财政监督。有学者指出,"公益诉权是实体权利的请求权,因此纳税人诉讼的权利本原是基于纳税人身份而享有的一项实体权利。传统的纳税人权利被限定在税收征收过程,即纳税人在履行纳税义务时享有的相关权利,与征税机关的税收征管权相对。但是这种认识,实质上割裂了税收征收与使用的内在联系"。③ 我们赞成这一说法。长期以来,我国的税务机关贯彻国库主义的税收观,认为国家作为社会整体利益的代表具有天然的合理性,过于

---

① 参见张献勇:《浅谈设立纳税人诉讼制度》,载《当代法学》2002年第10期。

② 参见施正文:《我国建立纳税人诉讼的几个问题》,载《中国法学》2006年第5期。

③ 闫海、金华:《我国纳税人诉讼的权利本原与制度构建》,载《广西大学学报》(哲学社会科学版)2010年第6期。

强调税款的及时足额入库。但是事实上,作为国家的组成要素,无论是纳税人还是税务机关,抑或是行政机关,每个主体都具有自身独立的利益,对此我们必须予以重视。就目前立法而言,虽然我国还没有允许纳税人针对公共财政资金的违规行为提起诉讼的规定,也没有对税收立法等抽象行政行为进行司法审查的规定,但是我们应当采取"超现实"的实用论研究方法,从实践需要和财政运行效果的角度对财政法进行"超现实"(超越现有财政理论、财政制度与财政实践)的实用主义研究。[①] 在公共财政理论下,"现代公共财政突出要求财政支出必须合法、规范,纳税人作为税法的一方主体必须改变过去义务本位下的义务人身份,而成为权利主体。对纳税人权利的强调,也就是突出了纳税人是税收合法所有者的身份,同时也将纳税人财政监督人的身份进行了强调"。[②] 因此归纳起来,纳税人诉讼的功能主要在于充分发挥纳税人的财政监督作用。

二、纳税人诉讼在我国的困境与实践——以首例纳税人诉讼案为例

(一)案情介绍

原告蒋石林时任湖南省常宁市爷塘村的村委会主任。在听说了常宁市财政局去年"违法购买了两辆小车"一事后,他于 2006 年 1 月 18 日随即以特快专递方式向市财政局寄去了《关于要求常宁市财政局对违法购车进行答复的申请》。蒋石林认为,市财政局擅自高价购买两辆高级小轿车,既超出了国家规定的预算标准,又没有依法履行正常的政府采购程序。市财政局的这一违法行为,属于对公共财政资金的违法使用,蒋石林以公民身份要求市财政局对此事给予答复。2 月 16 日该市财政局领导收到材料后,亲自前往蒋石林家,针对其所谓的"违法购车"一事当面进行了简单的答复。

对于市财政局领导的这一答复,蒋石林并不满意,并于 4 月 3 日以市财政局为被告向常宁市人民法院提起诉讼,其具体的诉讼请求分别是:(1)确定被告拒不履行处理单位违法购车和没有向原告给予书面答复的法定职责行为违法;(2)确认被告购买两辆豪华轿车的行为违法;(3)依法将违法购置的轿车

---

① 参见朱大旗:《关于财政法学研究的若干思考》,载《国际商报》2010 年 1 月 20 日,第 13 版。

② 凌曼:《论公共财政对我国税法理念的影响》,载《浙江工商大学学报》2005 年第 1 期。

收归国库。常宁市人民法院当日签收了诉状，4 月 10 日以“起诉人蒋石林所诉事项不属于法院行政诉讼受案范围，不符合起诉条件”为由，做出了“不予受理”的裁定。

（二）争议焦点

从上述案情来看，该案的争议点主要如下：

第一，案件是否属于法院受理范围。按照《行政诉讼法》（1989 年）第 2 条、第 11 条、第 41 条的规定，法院受理的行政诉讼范围为“行政机关和行政机关工作人员的具体行政行为”。理论上，具体行政行为的构成要素主要有以下方面：一是主体要素要求为行政机关实施的行为；二是成立要素要求为行使行政权力所为的单方行为；三是对象要素要求为对特定的公民、法人或其他组织；四是内容要素上要求行政机关作出影响特定的行政相对人权利义务的行为。就原告蒋石林而言，本案中市财政局“违法购车”的行为无法满足具体行政行为的对象要素和内容要素。

第二，起诉人是否具有原告资格。按照《行政诉讼法》（1989 年）第 2 条、第 11 条、第 41 条的规定，提起行政诉讼的公民、法人或其他组织应当与被诉的具体行政行为具有直接利害关系。如上所述，在本案中，蒋石林与市财政局“违法购车”的行为之间的直接利害关系不是很明显。同时常宁市财政局局长还质疑道，蒋石林的身份为农民，当时我国已经取消农业税，因此其是否具有纳税人的资格还有待讨论。

（三）笔者意见

该案被称为“纳税人诉讼第一案”，在我国的社会反响非常大。有人指出，蒋石林以一名普通纳税人的身份状告常宁市财政局，就公民的监督权而言，这一行为“确实是一个鼓舞人心的公益诉讼，必将推进新的监督形式的出台，进一步推进行政诉讼改革”。①

虽然目前在现行的立法面前，纳税人诉讼面临程序法方面的各种问题。而且有观点认为，对于《宪法》所规定的“公民对任何国家机关和国家工作人员，有提出批评和建议的权利”，并不必然推导出公民可以以诉讼的形式来行使这一权利。受穷尽行政救济原则、司法最终性原则等理论的限制，纳税人诉

① 《公民可否通过诉讼直接监督财政支出》，载正义网：http://review. jcrb. com/zyw/gmkf/index. htm，最后访问日期：2016 年 9 月 1 日。

讼并非是唯一且最好的履行公民监督权的途径。

笔者认为，虽然目前纳税人诉讼在我国的诉讼法律制度框架下尚不具有合法性，但是这并不意味着建立纳税人诉讼制度不具有必要性，更不能因此否认纳税人诉讼所彰显的财政监督权不具有正当性。用发展的眼光看，我们应当以本案在实践中的尴尬境地为背景，认真思考、深入探讨如何通过立法对这一制度加以确认，并设置相应的条件、程序和规则，使其与既有的诉讼制度相得益彰，充分发挥维护财政公共利益的作用。

（四）最新动向

据媒体报告，2016 年 1 月甘肃省酒泉市人民检察院以酒泉市肃州区财政局行政不作为为由，依法向人民法院提起公益起诉，要求确认该财政局行为违法，要求酒泉市肃州区依法履行监管职责。①

该案是近年来人民检察院试点提起公益诉讼的典型案例。2015 年年底，为了加强对国家和社会公共利益的保护，促进行政机关依法行政、严格执法，最高人民检察院制定了《人民检察院提起公益诉讼试点工作实施办法》，对于人民检察院提起民事公益诉讼、行政公益诉讼进行了详细规定。按照该办法第 28 条第 1 款的规定，“人民检察院履行职责中发现生态环境和资源保护、国有资产保护、国有土地使用权出让等领域负有监督管理职责的行政机关违法行使职权或者不作为，造成国家和社会公共利益受到侵害，公民、法人和其他社会组织由于没有直接利害关系，没有也无法提起诉讼的，可以向人民法院提起行政公益诉讼。”

探索建立检察机关提起公益诉讼制度，是国家进行司法制度改革适时作出的重要改革部署，值得充分肯定。但也正如有学者指出，在我国，社会公益组织提起公益诉讼处于起步阶段。检察机关提起公益诉讼的制度设计，主要是解决诉讼主体问题，将检察机关提起公益诉讼引入现有的法律制度之内，解决好与现有诉讼制度的协调问题，而非创设一套新的公益诉讼制度。②

---

① 关于该案的具体案情，参见《财政局不作为、检察院向法院起诉一案》，载柳州日报网：http://www.lzrb.com.cn/2016/0603/31051.shtml，最后访问日期：2016 年 9 月 11 日。

② 参见范明志、韩建英、黄斌：《〈人民法院审理人民检察院提起公益诉讼案件试点工作实施办法〉的理解与适用》，载《法律适用》2016 年第 5 期。

三、纳税人诉讼机制的制度构建

从上述分析来看，由于我国现有的诉讼制度严格遵循当事人利益相关理论和当事人适格理论，这对于促使纳税人、社会组织维护财税公共利益存在制度性障碍。为了提高公共财政资金的使用效率、更好地实现财政监督功能，我们需要对纳税人诉讼进行独特的制度设计。随着纳税人权利意识的觉醒，在我国建立纳税人诉讼机制的条件也必将日渐成熟。在税收征管法的修订中，我们建议在我国建立纳税人诉讼机制，并需要重点关注和探讨以下问题。

（一）纳税人诉讼的原告资格

按照原告适格理论，只有法律明确规定的主体才能成为原告依法提起诉讼。结合不同主体的能力、地位，我们认为，纳税人诉讼的原告可包括以下几类。

首先，是具体的纳税人。需要予以澄清的是，这里的纳税人是广义上的，并不要求事实上在具体的征纳关系中依法承担纳税义务。易言之，我们需要区别纳税人与负税人的概念，由于我国目前实行的是以间接税为主的税制结构，因而不能以是否直接缴纳税款为标准而将广大的负税人排除在纳税人诉讼的主体范围之外。如前所述，在蒋石林诉常宁市财政局“违法购车”一案中，财政局局长以蒋石林是农民，而当时我国已取消农业税为由，认为蒋石林不是税法上的纳税人，进而也不具备纳税人诉讼资格。对此，我们予以强烈反对，因为，在实践中蒋石林虽然不再缴纳农业税了，但他在日常生产、生活中购买化肥、种子、衣服、副食用品或乘坐交通工具等时，仍然实际承担了转嫁过来的增值税、营业税等税负，因而是实质意义上的纳税人（负税人）。因此，从这个角度看，纳税人诉讼中的纳税人范围是极为广泛的，甚至可以与宪法上的公民相等同。而正由于税收在我们现代社会生活中无处不在，无时不有，因而每个人都实际上与税收、财政息息相关。

其次，检察机关作为原告。为了消除纳税人个人起诉出现的取证难、诉讼成本高、可能“滥诉”、妨碍行政效率等问题，有学者建议我国可以借鉴英国和法国的做法，赋予检察机关作为公益诉讼代表人提起纳税人诉讼。因为“我国检察机关在宪法上作为国家的专门法律监督机关，具有广泛的法律监督权，它作为社会公共利益的代表与作为法律监督者的身份合而为一，这就为其介入公益诉讼奠定了坚实的基础。”①

最后,专业的纳税人团体作为原告。由于专业的社会组织在专业知识、资金财力、人力资源等方面较普通纳税人具有较强的优势,由这些行业协会和专门性组织提起公益诉讼会更具有针对性。因此,从各国的司法实践来看,越来越多的国家也积极赋予社会团体提起公益诉讼的资格。与此同步,赋予纳税人协会等社会团体组织提起公益诉讼的原告资格也具有合理性和可行性,因为这些社会组织不仅具有诉讼的能力、信息、兴趣,而且司法维权也是其重要职责。有学者指出,自 20 世纪初最早的纳税人协会出现以来,西方国家先后爆发了声势浩大的纳税人宪章运动,相继出现了纳税人协会、纳税人联盟等社会团体。从目前的国际经验来看,纳税人协会主要充当社团自治、政治谈判、宣传培训、制定规范等重要功能。当前的纳税人协会已经超越了最初在税收宣言中维护自身权益的目的,正向着防止纳税人遭遇不公正的待遇、提高社会公共资源的分配效率、督促政府提供征税和财政支出明细信息的方向前进。②虽然目前我国这类的社会团体较少,但是可以预见今后专业的纳税人团体在纳税人诉讼中必将发挥更重要的作用。

(二)纳税人诉讼的对象

关于纳税人诉讼的对象即受案范围,对此学术界有不同的看法。有学者将诉讼的对象局限于“公共资金的违法支出”,即“所谓纳税人诉讼,是指纳税人以纳税人的身份就公共资金的违法支出向法院提起的诉讼”。③ 过去,大多数学者也持这类观点,认为纳税人诉讼其实就是纳税人依法履行其用税监督权,“纳税人以纳税人的身份对税款的使用目的、使用规模、使用理由、使用方式、使用效益等进行监督,对税款的违法支出行为进行质询和纠正,以及对税款如何使用提出建议和意见”。④

随着研究的深入,有学者对纳税人诉讼的范围进行了扩展。例如,有学者认为,上述纳税人诉讼的受案范围过于狭窄,应当进一步扩大。具体而言,应当包括违反税负公平的案件、税务机关不征或少征税款的案件、政府违法使用

---

① 施正文:《我国建立纳税人诉讼的几个问题》,载《中国法学》2006 年第 5 期。

② 参见李慈强:《纳税人教育:税收征管法治建设的新议题》,载《江汉论坛》2016 年第 7 期。

③ 张献勇:《浅谈设立纳税人诉讼制度》,载《当代法学》2002 年第 10 期。

④ 赵勇:《纳税人用税监督权研究》,载刘剑文主编:《财税法论丛》(第 14 卷),法律出版社 2014 年版,第 151 页。

税款的案件、税务机关不履行查处偷漏税有关职责的案件，等等。[①] 还有学者指出，纳税人诉讼应当将行政机关使用公共财政资金的信息不公开行为、税收开征等抽象行政行为纳入司法审查的范围。[②] 有学者从更广的范围来界定纳税人诉讼的对象，该学者认为，“从法理上看，纳税人诉讼的受案范围十分广泛，包括违宪违法和不公平的税收法律法规等税收抽象行为、违法和不公平征税行为以及政府机关违法使用税款行为等三类，可概括称为政府的财政行为”。[③] 对此我们深表赞同，事实上纳税人诉讼的初衷即在加强对政府财政行为的监督，只有突破税收使用这一狭小的范围才更具科学性。这一点也与我们在前文建议将“纳税人诉讼”改为“财政公益诉讼”相一致。

当然，如果我们将纳税人诉讼的对象确定为政府的财政行为的话，我们需要对此做进一步细致讨论。因为政府的财政行为范围广泛，种类繁多，就我国目前的财税法治发展阶段而言，迫切需要解决的是税款的违法使用、违法和不公平征税等行政行为。例如，有的学者提出预算法的修改必须体现可诉性理念，预算法主体行使预算权一旦越位、错位或缺位时，应该可以通过司法审查制度和公益诉讼制度依此做出合乎正义的司法处理。[④] 但就目前预算法实施情况而言，通过公益诉讼制度有效地回应预算过程中的现实问题在我国可谓任重而道远。

（三）纳税人诉讼的举证责任分配

在纳税人诉讼中，为了严格厘清原告与被告之间的责任分配，二者的相应责任必须事先在立法中予以明确。我们认为，为了更好地履行财政监督职能，纳税人诉讼过程中应当适用举证责任倒置原则加重被告的举证责任。

具体而言，在纳税人诉讼的过程中，原告需要负以下举证责任：一是证明起诉符合法定条件，如原告属于我国税法上的纳税人、依法享有宪法法律规定的财政监督权；二是原告对所诉政府财政行为的事实需要承担证明责任，是否存在滥用裁量权、不依法行使职权等情形；三是原告依法履行了纳税人诉讼的前置程序，先后向有关部门提出过相关建议且行政机关拒不纠正违法行为或

---

① 参见李桂英：《试论纳税人诉讼制度》，载《哈尔滨学院学报》2004 年第 1 期。

② 参见王霞、吴勇：《我国开放纳税人诉讼的必要性及对策》，载《湘潭大学学报》（哲学社会科学版）2004 年第 3 期。

③ 施正文：《我国建立纳税人诉讼的几个问题》，载《中国法学》2006 年第 5 期。

④ 参见蒋悟真、胡明：《预算法的可诉性理念及其司法机制构建》，载《当代法学》2012 年第 5 期。

者不履行法定职责。

被告需要在诉讼过程中承担以下举证责任：第一，被告对政府财政行为的合法性实行举证；第二，被告应当证明其财政行为符合法定程序，不存在浪费财政资金、损害纳税人权利等情形；第三，被告对原告提出的质疑、建议等行为进行了积极回应，依法履行了接受监督的义务。

四、纳税人诉讼的正向激励与预防滥诉

纳税人作为公民，依法享有宪法规定的监督权、批评和建议权。当然，纳税人是否有权以诉讼的形式行使这些权利，有待进一步讨论。但同样重要的问题是：在我国建立纳税人诉讼机制，需要正确处理正向激励与预防滥诉的关系。

（一）纳税人诉讼的正向激励

由于财政资金具有较强的公共性，维护整体社会公共利益对于每个起诉者而言，从中的受益既不直接、也不明显，如果仅凭个别纳税人的公德心和责任感来主动履行财政监督功能，缺乏制度性的支持将缺乏持续性。因此，纳税人诉讼需要激发纳税人的激情，激励更多的纳税人进行财政监督。这些制度性的激励措施可包括以下方面。

在诉讼费用上，鉴于纳税人诉讼的主要目的是维护社会公共利益，所以大多数学者认为，提起纳税人诉讼的原告不应当缴纳诉讼费用。① 对此有学者总结我国环境公益诉讼的诉讼费用与诉讼成本规则是："1. 原告起诉时法院缓收案件受理费，原告败诉时免收原告诉讼费用，鉴定费、律师费和其他诉讼成本由各省、自治区、直辖市设立的环境保护公益基金支付。原告胜诉的，判决被告承担诉讼费以及原告的律师费、鉴定费等费用。2. 原告申请保全或先予执行的，经人民法院审查符合法律规定的，应及时作出裁定并免收保全费用，并可以不要求原告提供担保。"②对这些有益的经验，纳税人诉讼也可以借鉴。

在纳税人的报酬上，给予金钱上的激励是调动纳税人提高纳税人诉讼积极性最行之有效的方法，要想发挥纳税人诉讼的积极作用，就必须建立补偿和奖励制度。有学者建议，为提高纳税人参加纳税人诉讼的积极性，可以借鉴美

① 参见施正文：《我国建立纳税人诉讼的几个问题》，载《中国法学》2006 年第 5 期。

② 肖建国、黄忠顺：《环境公益诉讼基本问题研究》，载《法律适用》2014 年第 4 期。

国的做法，让胜诉原告从纳税人诉讼的赔偿中按照一定比例抽取赔偿金作为个人的奖励。[①] 对此，我们认为还可以借鉴税法领域的有奖发票制度之原理，用年度纳税人诉讼案抽奖的方式，来鼓励纳税人提起财政公益诉讼。

（二）纳税人诉讼之滥诉预防

纳税人诉讼容易引起滥诉，这对司法资源而言是巨大的浪费，也会扰乱征管秩序的安定性。因此，实践中必须对纳税人诉讼设置相应的限制，适当增加前置条件，以预防和解决纳税人诉讼的滥诉问题。对此，有学者建议，纳税人在提起公益诉讼之前应当采取"穷尽权利救济"的原则对其进行限制。[②] 换言之，"穷尽权利救济原则"要求纳税人在发现公共财政利益受损后，应当先向依法承担财政监督职责的行政机关反映情况、提出建议和督促改正，而不是在未经过上述途径之前就径直提起诉讼，毕竟司法手段具有冲突性、最终性，只是解决纠纷的最终途径。

具体而言，预防纳税人诉讼滥诉的主要方式是将纳税人向特定机关提出行政救济设为提起纳税人诉讼的前置程序。就整个工作流程的角度而言，依法承担财政监督、履行法定职能的部门涉及审计、监察、检察等部门。特别是在《预算法》最新修订的背景下，财政改革与管理，对预算管理和监督提出了新的任务和要求，尤其是需要我们"重视预算监督工作，切实将监督的重心转移到加强预算编制和执行的监督检查上来，转移到财政资金的安全性、合规性和有效性监督检查上来，不断健全覆盖所有政府性资金和财政运行全过程的监督机制"。[③] 纳税人向这些行政机关投诉，有利于及时制止和处罚财政领域的违法乱纪行为，严肃财经纪律，维护财政秩序。接受投诉的机关必须在一定期限内作出答复，纳税人只有在未获答复或处理不符合法律要求后，才能依法向法院提起纳税人诉讼。对此有学者在借鉴日本居民诉讼经验的基础上，建议将纳税人诉讼的前置受诉机关明确规定为审计机关，纳税人在获得受理结果以后30日内有权提起诉讼。[④]

---

① 参见闵睿、王太金：《用税监督权与纳税人诉讼》，载《理论界》2006年第3期。

② 参见徐阳光：《纳税人诉讼的另类视角——兼评蒋时林诉常宁市财政局违法购车案》，载《涉外税务》2006年第8期。

③ 刘明中：《以法治方式进一步加强和改进财政监督工作》，载《中国财经报》2015年5月9日，第1版。

④ 参见张献勇：《浅谈设立纳税人诉讼制度》，载《当代法学》2002年第10期。

五、结语:纳税人诉讼需要与其他财税法律制度相衔接

纳税人诉讼的目的在于维护国家税权,保护纳税人合法权益。为了实现纳税人权利保护与国家税权保障的目标,纳税人诉讼需要与其他财税法制度衔接,才能更好地实现财政监督。

总体上,纳税人诉讼需要与其他所有财税法制度相衔接。例如,我们需要完善预算监督法律制度,通过预算公开、参与式预算等预算监督机制,将对公共资金的监督贯穿到预算的编制、调整、执行和决算等各个环节。在政府采购环节中,强化听证制度从而加强对公共资金使用的法律规制。此外,进一步完善审计法律制度,通过审计问责的方式强化经济责任。

当然,在救济制度中最主要的是需要建立司法审查制度。有学者指出,"在税务行政复议对抽象行政行为审查救济不力的情况下,应当尽快通过立法和法律解释确立法院对抽象行政行为的审判监督权。由法院作为专门的法律机关对抽象行政行为行使审判监督权,对保护纳税人权利、防止行政权力滥用和腐败,维护社会稳定有着非常重要的意义"。①

就发展趋势而言,对于税收立法权的规范、限制已经由立法控制转向司法审查为主。"目前的税收司法工作重点应放在涉税司法审查方面,把涉税司法审查作为税收的有效制度供给,按照税收法定的原则,扩大涉税司法审查领域、提高税收立法质量,使作为正义象征的司法对财产权起到切实的保护作用,在源头上取消一切非法之法、违宪之法。作为联通税收立法和税收执法的交点,通过对行政执法活动和立法活动的审查,税收司法很好地体现了对权力加以制约的作用。"②

总之,随着纳税人权利意识的不断增强,广大纳税人开始追求与维护自身权益,积极开展公共利益意愿的主动表达与现实行动。"纳税人不再简单地认同个体利益服从国家利益以及'纳税光荣'等观念,而是越来越关注政府的活动是否会侵占自己的权益。他们开始思考什么是税收、为何纳税、自己与政府的相互关系、政府该如何使用税收、政府用税会不会增加纳税人自己的收益

---

① 靳东升:《依法治税:税收行政执法争议解决制度的完善》,经济科学出版社2007年版,第241页。

② 赖勤学:《宪政维度的新一轮税制改革研究》,载《涉外税务》2004年第3期。

等问题，越来越要求政府依法管理、依法活动，并努力为纳税人提供市场不能提供的公共产品与服务。”①在这样的社会大背景下，我国有必要建立和完善纳税人诉讼制度，促使政府逐渐地从全能政府向服务政府、责任政府、法治政府和廉洁政府转变，充分发挥纳税人的财政监督职能，“实现国家财政权与私人财产权的平衡与和谐，做到财政收入合理、合法、合宪，财政支出公开、公平、公正，财政管理有规、有序、有责”。②

① 马骁：《公共财政体制下财政监督体系建设的重点——基于纳税人觉醒的逻辑思考》，载《财政监督》2009年第13期。

② 刘剑文：《论国家治理的财税法基石》，载《中国高校社会科学》2014年第5期。

附录:《税收征收管理法》与《税收征收管理法修订草案(征求意见稿)》对照表

修改前 (阴影部分为删去内容)	修改后 (黑体字部分为修改内容)
第一章　总　则	**第一章　总　则**
第一条　为了加强税收征收管理,规范税收征收和缴纳行为,保障国家税收收入,保护纳税人合法权益,促进经济和社会发展,制定本法。	**第一条**　为了**规范税收征收和缴纳行为,加强税收征收管理,**保障国家税收收入,保护纳税人合法权益,**推进税收治理现代化,**促进经济和社会发展,**根据宪法**制定本法。
第二条　凡依法由税务机关征收的各种税收的征收管理,均适用本法。	**第二条**　凡依法由税务机关征收的各种税收的征收管理,均适用本法。

续表

修改前 (阴影部分为删去内容)	修改后 (黑体字部分为修改内容)
第三条 税收的开征、停征以及减税、免税、退税、补税,依照法律的规定执行;法律授权国务院规定的,依照国务院制定的行政法规的规定执行。 任何机关、单位和个人不得违反法律、行政法规的规定,擅自作出税收开征、停征以及减税、免税、退税、补税和其他同税收法律、行政法规相抵触的决定。	**第三条** **国家税收的基本制度由法律规定。** 税收的开征、停征以及减税、免税、退税、补税,依照法律的规定执行;**全国人民代表大会及其常务委员会决定**授权国务院规定的,依照国务院制定的行政法规的规定执行。 任何机关、单位和个人不得违反法律、行政法规的规定,擅自作出税收开征、停征以及减税、免税、退税、补税和其他同税收法律、行政法规相抵触的决定;**除法律、行政法规和国务院规定外,任何单位不得突破国家统一税收制度规定税收优惠政策。**
第四条 法律、行政法规规定负有纳税义务的单位和个人为纳税人。 法律、行政法规规定负有代扣代缴、代收代缴税款义务的单位和个人为扣缴义务人。 纳税人、扣缴义务人必须依照法律、行政法规的规定缴纳税款、代扣代缴、代收代缴税款。	**第四条** 法律、行政法规规定负有纳税义务的单位和个人为纳税人。 法律、行政法规规定负有代扣代缴、代收代缴税款义务的单位和个人为扣缴义务人。 纳税人、扣缴义务人必须依照法律、行政法规的规定缴纳税款、代扣代缴、代收代缴税款。
第五条 国务院税务主管部门主管全国税收征收管理工作。各地国家税务局和地方税务局应当按照国务院规定的税收征收管理范围分别进行征收管理。 地方各级人民政府应当依法加强对本行政区域内税收征收管理工作的领导或者协调,支持税务机关依法执行职务,依照法定税率计算税额,依法征收税款。 各有关部门和单位应当支持、协助税务机关依法执行职务。 税务机关依法执行职务,任何单位和个人不得阻挠。	**第五条** 国务院税务主管部门主管全国税收征收管理工作。各地国家税务局和地方税务局应当按照国务院规定的税收征收管理范围分别进行征收管理。 **税务机关应当依照法定税率计算税额,依法征收税款或者退付税款,不得违反法律、行政法规的规定开征、停征、多征或者少退、少征、提前征收、延缓征收或者摊派税款。** 地方各级人民政府应当依法加强对本行政区域内税收征收管理工作的领导或者协调,支持税务机关依法执行职务,**建立、健全涉税信息提供机制。** 各有关部门和单位应当支持、协助税务机关依法执行职务,**及时向税务机关提供涉税信息。** 税务机关依法执行职务,任何单位和个人不得阻挠。

续表

修改前 （阴影部分为删去内容）	修改后 （黑体字部分为修改内容）
	第六条　税务机关应当遵循公平、公正、便捷、效率原则，按照法定程序实施税收征收管理，不得违反税收法律、行政法规规定或者超越授权范围设立纳税人、扣缴义务人以及其他当事人的税收征收管理程序性义务，侵害其合法权益。 **税务机关不得擅自改变已经生效的行政决定。**
第六条　国家有计划地用现代信息技术装备各级税务机关，加强税收征收管理信息系统的现代化建设，建立、健全税务机关与政府其他管理机关的信息共享制度。 纳税人、扣缴义务人和其他有关单位应当按照国家有关规定如实向税务机关提供与纳税和代扣代缴、代收代缴税款有关的信息。	**第七条**　国家有计划地用现代信息技术装备各级税务机关，加强税收征收管理信息系统的现代化建设，建立、健全税务机关与政府其他管理机关的信息共享制度。 纳税人、扣缴义务人**以及**其他有关单位和**个人**应当按照国家有关规定如实向税务机关提供与纳税和代扣代缴、代收代缴税款有关的信息**以及其他涉税信息**。
	第八条　国家施行统一的纳税人识别号制度。
	第九条　国家建立、健全税收诚信体系，褒扬诚信，惩戒失信，促进税法遵从。
第七条　税务机关应当广泛宣传税收法律、行政法规，普及纳税知识，无偿地为纳税人提供纳税咨询服务。	**第十条**　税务机关应当广泛宣传税收法律、行政法规，普及纳税知识，无偿地为纳税人提供纳税咨询服务。

续表

修改前 (阴影部分为删去内容)	修改后 (黑体字部分为修改内容)
第八条 纳税人、扣缴义务人有权向税务机关了解国家税收法律、行政法规的规定以及与纳税程序有关的情况。 纳税人、扣缴义务人有权要求税务机关为纳税人、扣缴义务人的情况保密。税务机关应当依法为纳税人、扣缴义务人的情况保密。 纳税人依法享有申请减税、免税、退税的权利。 纳税人、扣缴义务人对税务机关所作出的决定,享有陈述权、申辩权;依法享有申请行政复议、提起行政诉讼、请求国家赔偿等权利。 纳税人、扣缴义务人有权控告和检举税务机关、税务人员的违法违纪行为。	**第十一条 纳税人、扣缴义务人以及其他当事人根据法律、行政法规规定履行义务,其合法权益同等受法律保护。** **纳税人依法享有税收法律、行政法规和规章制定、修改的参与权。** 纳税人依法享有申请减税、免税、退税的权利。 纳税人、扣缴义务人有权向税务机关了解国家税收法律、行政法规的规定以及与纳税程序有关的情况。 纳税人、扣缴义务人有权要求税务机关为纳税人、扣缴义务人的情况保密。税务机关应当依法为纳税人、扣缴义务人的情况保密,**法律另有规定的除外。** 纳税人、扣缴义务人对税务机关所作出的决定,享有陈述权、申辩权;依法享有申请行政复议、提起行政诉讼、请求国家赔偿等权利。 纳税人、扣缴义务人有权控告和检举税务机关、税务人员的违法违纪行为。
第九条 税务机关应当加强队伍建设,提高税务人员的政治业务素质。 税务机关、税务人员必须秉公执法、忠于职守、清正廉洁、礼貌待人、文明服务,尊重和保护纳税人、扣缴义务人的权利,依法接受监督。 税务人员不得索贿受贿、徇私舞弊、玩忽职守、不征或者少征应征税款;不得滥用职权多征税款或者故意刁难纳税人和扣缴义务人。	**第十二条** 税务机关应当加强队伍建设,提高税务人员的政治业务素质。 税务机关、税务人员必须秉公执法、忠于职守、清正廉洁、礼貌待人、文明服务,尊重和保护纳税人、扣缴义务人的权利,依法接受监督。 税务人员不得索贿受贿、徇私舞弊、玩忽职守、不征或者少征应征税款;不得滥用职权多征税款或者故意刁难纳税人和扣缴义务人。

续表

修改前 （阴影部分为删去内容）	修改后 （黑体字部分为修改内容）
第十条 各级税务机关应当建立、健全内部制约和监督管理制度。 上级税务机关应当对下级税务机关的执法活动依法进行监督。 各级税务机关应当对其工作人员执行法律、行政法规和廉洁自律准则的情况进行监督检查。	**第十三条** 各级税务机关应当建立、健全内部制约和监督管理制度。 上级税务机关应当对下级税务机关的执法活动依法进行监督。 各级税务机关应当对其工作人员执行法律、行政法规和廉洁自律准则的情况进行监督检查。
第十一条 税务机关负责征收、管理、稽查、行政复议的人员的职责应当明确，并相互分离、相互制约。	
第十二条 税务人员征收税款和查处税收违法案件，与纳税人、扣缴义务人或者税收违法案件有利害关系的，应当回避。	**第十四条** 税务人员征收税款和查处税收违法案件，与纳税人、扣缴义务人或者税收违法案件有利害关系的，应当回避。
第十三条 任何单位和个人都有权检举违反税收法律、行政法规的行为。收到检举的机关和负责查处的机关应当为检举人保密。税务机关应当按照规定给予奖励。	**第十五条** 任何单位和个人都有权检举违反税收法律、行政法规的行为。收到检举的机关和负责查处的机关应当为检举人保密。税务机关应当按照规定给予奖励。
	第十六条 税务机关按照法律、行政法规以及国务院税务主管部门规定的管辖范围对纳税人实施管辖。 **税务机关之间对税收管辖有争议的，由争议各方依照前款规定，本着有利于征收管理的原则逐级协商解决；不能协商一致的，报请共同的上级税务机关决定。**
第十四条 本法所称税务机关是指各级税务局、税务分局、税务所和按照国务院规定设立的并向社会公告的税务机构。	**第十七条** 本法所称税务机关是指各级税务局、税务分局、税务所和按照国务院规定设立的并向社会公告的税务机构。

续表

修改前 (阴影部分为删去内容)	修改后 (黑体字部分为修改内容)
第二章　税务管理	**第二章　税务登记**
第一节　税务登记	
第十五条　企业,企业在外地设立的分支机构和从事生产、经营的场所,个体工商户和从事生产、经营的事业单位(以下统称从事生产、经营的纳税人)自领取营业执照之日起三十日内,持有关证件,向税务机关申报办理税务登记。税务机关应当于收到申报的当日办理登记并发给税务登记证件。 工商行政管理机关应当将办理登记注册、核发营业执照的情况,定期向税务机关通报。 本条第一款规定以外的纳税人办理税务登记和扣缴义务人办理扣缴税款登记的范围和办法,由国务院规定。	**第十八条　纳税人识别号由税务机关统一登记管理。** 企业,企业在外地设立的分支机构和从事生产、经营的场所,个体工商户和从事生产、经营的事业单位(以下统称从事生产、经营的纳税人)自领取营业执照之日起三十日内,**或者首次发生纳税义务三十日内,由法定代表人或者其授权人员**持有关证件,向税务机关申报办理税务登记。税务机关应当于收到申报的当日办理登记并发给税务登记证件。 **事业单位和社会组织应当自依法设立之日起三十日内向税务机关申报办理税务登记。税务机关应当于收到申报的当日办理登记并发给税务登记证件。** **自然人纳税人或者其扣缴义务人应当自首次纳税义务发生之日起,法律、行政法规规定的纳税申报期限届满前,向税务机关申报,税务机关登录其纳税人识别号。** 本条第二、三款规定以外的纳税人办理税务登记和扣缴义务人办理扣缴税款登记的范围和办法由国务院规定。
	第十九条　从事网络交易的纳税人应当在其网站首页或者从事经营活动的主页面醒目位置公开税务登记的登载信息或者电子链接标识。

续表

修改前 （阴影部分为删去内容）	修改后 （黑体字部分为修改内容）
第十六条　从事生产、经营的纳税人，税务登记内容发生变化的，自工商行政管理机关办理变更登记之日起三十日内或者在向工商行政管理机关申请办理注销登记之前，持有关证件向税务机关申报办理变更或者注销税务登记。	**第二十条**　从事生产、经营的纳税人，税务登记内容发生变化的，自工商行政管理机关办理变更登记之日起三十日内或者在向工商行政管理机关申请办理注销登记之前，持有关证件向税务机关申报办理变更或者注销税务登记。
第十七条　从事生产、经营的纳税人应当按照国家有关规定，持税务登记证件，在银行或者其他金融机构开立基本存款账户和其他存款账户，并将其全部账号向税务机关报告。 银行和其他金融机构应当在从事生产、经营的纳税人的账户中登录税务登记证件号码，并在税务登记证件中登录从事生产、经营的纳税人的账户账号。 税务机关依法查询从事生产、经营的纳税人开立账户的情况时，有关银行和其他金融机构应当予以协助。	**第二十一条**　从事生产、经营的纳税人应当按照国家有关规定，持税务登记证件，在银行或者其他金融机构开立基本存款账户和其他存款账户，并将全部账号向税务机关报告。 银行和其他金融机构应当在从事生产、经营的纳税人的账户中登录**纳税人识别号**，并在税务登记证件中登录从事生产、经营的纳税人的账户账号。 税务机关依法查询从事生产、经营的纳税人开立账户的情况时，有关银行和其他金融机构应当予以协助。
	第二十二条　纳税人签订合同、协议，缴纳社会保险费，不动产登记以及办理其他涉税事项时，应当使用纳税人识别号。
第十八条　纳税人按照国务院税务主管部门的规定使用税务登记证件。税务登记证件不得转借、涂改、损毁、买卖或者伪造。	**第二十三条**　纳税人按照国务院税务主管部门的规定使用税务登记证件。税务登记证件不得转借、涂改、损毁、买卖或者伪造。

续表

修改前 (阴影部分为删去内容)	修改后 (黑体字部分为修改内容)
第二节　账簿、凭证管理	**第三章　凭证管理**
第十九条　纳税人、扣缴义务人按照有关法律、行政法规和国务院财政、税务主管部门的规定设置账簿,根据合法、有效凭证记账,进行核算。	**第二十四条**　纳税人、扣缴义务人按照有关法律、行政法规和国务院财政、税务主管部门的规定设置账簿,根据合法、有效凭证记账,进行核算。 **纳税人、扣缴义务人使用征纳双方认可的电子凭证,可以作为记账核算、计算应纳税额的依据。**
第二十条　从事生产、经营的纳税人的财务、会计制度或者财务、会计处理办法和会计核算软件,应当报送税务机关备案。 纳税人、扣缴义务人的财务、会计制度或者财务、会计处理办法与国务院或者国务院财政、税务主管部门有关税收的规定抵触的,依照国务院或者国务院财政、税务主管部门有关税收的规定计算应纳税款、代扣代缴和代收代缴税款。	**第二十五条　纳税人使用的会计核算软件应当符合国家有关规定,并能正确、完整核算其收入或者所得。** **使用计算机进行会计核算的纳税人,应当在使用前将会计核算软件及其使用说明书、有关资料报送税务机关备案。** 纳税人、扣缴义务人的财务、会计制度或者财务、会计处理办法与国务院或者国务院财政、税务主管部门有关税收的规定抵触的,依照国务院或者国务院财政、税务主管部门有关税收的规定计算应纳税款、代扣代缴和代收代缴税款。
第二十一条　税务机关是发票的主管机关,负责发票印制、领购、开具、取得、保管、缴销的管理和监督。 单位、个人在购销商品、提供或者接受经营服务以及从事其他经营活动中,应当按照规定开具、使用、取得发票。 发票的管理办法由国务院规定。	**第二十六条**　税务机关是发票的主管机关,负责发票印制、领购、开具、取得、保管、缴销的管理和监督。 单位、个人在购销商品、提供或者接受经营服务以及从事其他经营活动中,应当按照规定开具、使用、取得发票。 发票的管理办法由国务院规定。

续表

修改前 （阴影部分为删去内容）	修改后 （黑体字部分为修改内容）
第二十二条 增值税专用发票由国务院税务主管部门指定的企业印制；其他发票，按照国务院税务主管部门的规定，分别由省、自治区、直辖市国家税务局、地方税务局指定企业印制。 未经前款规定的税务机关指定，不得印制发票。	**第二十七条** 增值税专用发票由国务院税务主管部门**确定**的企业印制；其他发票，按照国务院税务主管部门的规定，分别由省、自治区、直辖市国家税务局、地方税务局**确定**企业印制。 未经前款规定的税务机关**确定**，不得印制发票。
第二十三条 国家根据税收征收管理的需要，积极推广使用税控装置。纳税人应当按照规定安装、使用税控装置，不得损毁或者擅自改动税控装置。	**第二十八条** 国家根据税收征收管理的需要，积极推广使用税控装置。纳税人应当按照规定安装、使用税控装置，不得损毁或者擅自改动税控装置。
第二十四条 从事生产、经营的纳税人、扣缴义务人必须按照国务院财政、税务主管部门规定的保管期限保管账簿、记账凭证、完税凭证及其他有关资料。 账簿、记账凭证、完税凭证及其他有关资料不得伪造、变造或者擅自损毁。	**第二十九条** 从事生产、经营的纳税人、扣缴义务人必须按照国务院财政、税务主管部门规定的保管期限保管账簿、**会计**凭证、完税凭证及其他有关资料。**向自然人纳税人支付所得的单位和个人应当主动向纳税人提供相关支付凭证，自然人纳税人应当妥善保存与其纳税义务相关的凭证及有关资料。** 账簿、**会计**凭证、完税凭证及其他有关资料不得伪造、变造或者擅自损毁。
	第四章 信息披露
	第三十条 纳税人及与纳税相关的第三方应当按照规定提交涉税信息。

续表

修改前 (阴影部分为删去内容)	修改后 (黑体字部分为修改内容)
	第三十一条　从事生产、经营的单位和个人在其经济活动过程中,一个纳税年度内向其他单位和个人给付五千元以上的,应当向税务机关提供给付的数额以及收入方的名称、纳税人识别号。 **单次给付现金达到五万元以上的,应当于五日内向税务机关提供给付的数额以及收入方的名称、纳税人识别号。**
	第三十二条　银行和其他金融机构应当按照规定的内容、格式、时限等要求向税务机关提供本单位掌握的账户持有人的账户、账号、投资收益以及账户的利息总额、期末余额等信息。对账户持有人单笔资金往来达到五万元或者一日内提取现金五万元以上的,银行和其他金融机构应当按照规定向税务机关提交相关信息。 **税务机关从银行和其他金融机构获取的纳税人信息只能用于税收目的,不得向第三方披露。**
	第三十三条　网络交易平台应当向税务机关提供电子商务交易者的登记注册信息。
	第三十四条　税务机关依法实施特别纳税调整的,可以要求纳税人或者其税务代理人提交税收安排。
	第三十五条　政府有关部门和机构应当向财政、税务机关提供本单位掌握的市场主体资格、人口身份、专业资质、收入、财产、支出等与征税有关的信息,具体办法由国务院另行规定。

续表

修改前 （阴影部分为删去内容）	修改后 （黑体字部分为修改内容）
第三节　纳税申报	**第五章　申报纳税**
第二十五条　纳税人必须依照法律、行政法规规定或者税务机关依照法律、行政法规的规定确定的申报期限、申报内容如实办理纳税申报，报送纳税申报表、财务会计报表以及税务机关根据实际需要要求纳税人报送的其他纳税资料。 扣缴义务人必须依照法律、行政法规规定或者税务机关依照法律、行政法规的规定确定的申报期限、申报内容如实报送代扣代缴、代收代缴税款报告表以及税务机关根据实际需要要求扣缴义务人报送的其他有关资料。	**第三十六条　纳税人、扣缴义务人应当依法自行计算应纳税额和扣缴税款，**依照法律、行政法规规定或者税务机关依照法律、行政法规的规定确定的申报期限、申报内容如实办理纳税申报，报送纳税申报表、**财务会计报告或者代扣代缴、代收代缴税款报告表**以及税务机关根据实际需要要求纳税人报送的其他纳税资料。 **纳税人、扣缴义务人对纳税申报、扣缴税款申报的真实性和合法性承担责任。**
	第三十七条　税务机关根据有利于方便纳税和降低税收成本的原则，可以委托有关单位代征税款。税务机关应当与受托代征人签订代征协议，明确代征范围、代征标准、代征期限以及代征人的法律责任，并颁发委托代征证书。委托代征证书应当公示。 **代征人按照代征协议以税务机关的名义依法征收税款，纳税人不得拒绝；纳税人拒绝的，代征人应当及时报告税务机关。** **税务机关按照规定付给代征人代征手续费。**

续表

修改前 (阴影部分为删去内容)	修改后 (黑体字部分为修改内容)
(现行《税收征管法》第三十条)	**第三十八条** 扣缴义务人依照法律、行政法规的规定履行代扣、代收税款的义务。对法律、行政法规没有规定负有代扣、代收税款义务的单位和个人,税务机关不得要求其履行代扣、代收税款义务。 扣缴义务人依法履行代扣、代收税款义务时,纳税人不得拒绝。纳税人拒绝的,扣缴义务人应当及时报告税务机关处理。 税务机关按照规定付给扣缴义务人代扣、代收手续费。
	第三十九条 纳税人办理纳税申报后发现需要修正的,可以修正申报。
第二十六条 纳税人、扣缴义务人可以直接到税务机关办理纳税申报或者报送代扣代缴、代收代缴税款报告表,也可以按照规定采取邮寄、数据电文或者其他方式办理上述申报、报送事项。	**第四十条** 纳税人、扣缴义务人可以直接到税务机关办理纳税申报或者报送代扣代缴、代收代缴税款报告表**以及财务会计报告**,也可以按照规定采取邮寄、数据电文或者其他方式办理上述申报、报送事项。 **纳税人、扣缴义务人使用征纳双方认可的电子签名报送的各类电子资料,与纸质资料具有同等的法律效力。**
第二十七条 纳税人、扣缴义务人不能按期办理纳税申报或者报送代扣代缴、代收代缴税款报告表的,经税务机关核准,可以延期申报。 经核准延期办理前款规定的申报、报送事项的,应当在纳税期内按照上期实际缴纳的税额或者税务机关核定的税额预缴税款,并在核准的延期内办理税款结算。	**第四十一条** 纳税人、扣缴义务人不能按期办理纳税申报或者报送代扣代缴、代收代缴税款报告表的,经税务机关核准,可以延期申报。 经核准延期办理前款规定的申报、报送事项的,应当在纳税期内按照上期实际缴纳的税额或者税务机关核定的税额预缴税款,并在核准的延期内办理税款结算。
	第四十二条 税务机关可以对定期定额缴纳税款的纳税人实行简易申报、简并征期。

续表

修改前 (阴影部分为删去内容)	修改后 (黑体字部分为修改内容)
第三章　税款征收	
第二十八条　税务机关依照法律、行政法规的规定征收税款,不得违反法律、行政法规的规定开征、停征、多征、少征、提前征收、延缓征收或者摊派税款。 农业税应纳税额按照法律、行政法规的规定核定。	
第二十九条　除税务机关、税务人员以及经税务机关依照法律、行政法规委托的单位和人员外,任何单位和个人不得进行税款征收活动。	
第三十条　扣缴义务人依照法律、行政法规的规定履行代扣、代收税款的义务。对法律、行政法规没有规定负有代扣、代收税款义务的单位和个人,税务机关不得要求其履行代扣、代收税款义务。 扣缴义务人依法履行代扣、代收税款义务时,纳税人不得拒绝。纳税人拒绝的,扣缴义务人应当及时报告税务机关处理。 税务机关按照规定付给扣缴义务人代扣、代收手续费。	

续表

修改前 (阴影部分为删去内容)	修改后 (黑体字部分为修改内容)
第三十一条 纳税人、扣缴义务人按照法律、行政法规规定或者税务机关依照法律、行政法规的规定确定的期限,缴纳或者解缴税款。 纳税人因有特殊困难,不能按期缴纳税款的,经省、自治区、直辖市国家税务局、地方税务局批准,可以延期缴纳税款,但是最长不得超过三个月。	**第四十三条** 纳税人、扣缴义务人按照法律、行政法规规定或者税务机关依照法律、行政法规的规定确定的期限,缴纳或者解缴税款。 纳税人因有特殊困难,不能按期缴纳税款的,经**县以上税务局(分局)局长**批准,可以延期缴纳税款,但是最长不得超过三个月。 **纳税人补缴税款数额较大难以一次缴清的,经县以上税务局(分局)局长批准,可以分期缴纳,但最长不得超过一年。**
第三十二条 纳税人未按照规定期限缴纳税款的,扣缴义务人未按照规定期限解缴税款的,税务机关除责令限期缴纳外,从滞纳税款之日起,按日加收滞纳税款万分之五的滞纳金。	
第三十三条 纳税人可以依照法律、行政法规的规定书面申请减税、免税。 减税、免税的申请须经法律、行政法规规定的减税、免税审查批准机关审批;地方各级人民政府、各级人民政府主管部门、单位和个人违反法律、行政法规规定,擅自作出的减税、免税决定无效,税务机关不得执行,并向上级税务机关报告。	**第四十四条** 纳税人依照法律、行政法规的规定**办理**减税、免税、**退税**。 地方各级人民政府、各级人民政府主管部门、单位和个人违反法律、行政法规规定,擅自作出的减税、免税、**退税**决定**和下达的税收收入指标**无效,税务机关不得执行,并向上级税务机关报告。
第三十四条 税务机关征收税款时,必须给纳税人开具完税凭证。扣缴义务人代扣、代收税款时,纳税人要求扣缴义务人开具代扣、代收税款凭证的,扣缴义务人应当开具。	**第四十五条 纳税人缴纳税款后,税务机关应当**给纳税人开具完税凭证。**纳税人通过电子缴税系统缴纳税款的,税务机关应当根据纳税人的需要开具纸质完税凭证。** 扣缴义务人代扣、代收税款时,纳税人要求扣缴义务人开具**完税凭证**的,扣缴义务人应当开具。

续表

修改前 （阴影部分为删去内容）	修改后 （黑体字部分为修改内容）
	第四十六条　税务机关应当建立纳税人适用税法的预约裁定制度。 **纳税人对其预期未来发生、有重要经济利益关系的特定复杂事项，难以直接适用税法制度进行核算和计税时，可以申请预约裁定。省以上税务机关可以在法定权限内对纳税人适用税法问题作出书面预约裁定。** **纳税人遵从预约裁定而出现未缴或少缴税款的，免除缴纳责任。**
	第六章　税额确认
	第四十七条　税务机关对纳税人依照本法第三十六条规定进行的纳税申报，有权就其真实性、合法性进行核实、确定。
	第四十八条　税务机关以纳税人提供的账簿凭证、报表、文件等资料记载的信息为基础，结合所掌握的相关信息对纳税申报进行核实、确定。
	第四十九条　税务机关发现纳税人有下列情形之一的，应当及时对纳税人应纳税额进行确认： **（一）存在申报的计税依据不实的；** **（二）在规定的纳税期之前，有根据认为纳税人有逃避纳税义务行为的；** **（三）未按照规定办理税务登记而从事生产、经营的；** **（四）有合并、分立、解散的；** **（五）法律、行政法规规定的其他情形。**

续表

修改前 (阴影部分为删去内容)	修改后 (黑体字部分为修改内容)
第三十五条　纳税人有下列情形之一的,税务机关有权核定其应纳税额: (一)依照法律、行政法规的规定可以不设置账簿的; (二)依照法律、行政法规的规定应当设置账簿但未设置的; (三)擅自销毁账簿或者拒不提供纳税资料的; (四)虽设置账簿,但账目混乱或者成本资料、收入凭证、费用凭证残缺不全,难以查账的; (五)发生纳税义务,未按照规定的期限办理纳税申报,经税务机关责令限期申报,逾期仍不申报的; (六)纳税人申报的计税依据明显偏低,又无正当理由的。 税务机关核定应纳税额的具体程序和方法由国务院税务主管部门规定。	**第五十条　纳税人未履行本法规定的信息记录、保管、报告以及配合税务检查等义务的,税务机关应当以掌握的信息为基础,**核定其应纳税额。 **纳税人有下列情形之一的,适用前款规定:** (一)依照法律、行政法规的规定可以不设置账簿的; (二)依照法律、行政法规的规定应当设置但未设置账簿的; (三)擅自销毁账簿或者拒不提供纳税资料的; (四)虽设置账簿,但账目混乱或者成本资料、收入凭证、费用凭证残缺不全,难以查账的; (五)发生纳税义务,未按照规定的期限办理纳税申报,经税务机关责令限期申报,逾期仍不申报的; (六)纳税人申报的计税依据明显偏低,又无正当理由的; **(七)未按照规定办理税务登记从事生产、经营的;** **(八)使用的财务会计软件不能准确核算或者无法按照税务机关要求提供相关数据的。** 税务机关核定应纳税额的具体程序和方法由国务院税务主管部门规定。
第三十六条　企业或者外国企业在中国境内设立的从事生产、经营的机构、场所与其关联企业之间的业务往来,应当按照独立企业之间的业务往来收取或者支付价款、费用;不按照独立企业之间的业务往来收取或者支付价款、费用,而减少其应纳税的收入或者所得额的,税务机关有权进行合理调整。	**第五十一条　纳税人与关联方之间**的业务往来,应当按照独立企业之间的业务往来收取或者支付价款、费用;不按照独立企业之间的业务往来收取或者支付价款、费用,而减少其应纳税的收入或者所得额的,税务机关有权进行合理调整。

续表

修改前 （阴影部分为删去内容）	修改后 （黑体字部分为修改内容）
	第五十二条　经确认的应纳税额与纳税人申报的税额不一致的，或者纳税人未进行纳税申报的，税务机关应当向纳税人出具税额确认通知书。 **纳税人应当按照税额确认通知书载明的应补（退）税款，在规定的期限内办理补（退）税。**
	第五十三条　纳税人填报的纳税申报表以及修正的纳税申报表所载明的应纳税额，税务机关未做确认或者超出确认时效的，视同税额确认通知书所确定的应纳税额。 **修正的纳税申报涉及退库的，应当经税务机关批准。**
	第五十四条　有下列情形之一的，税务机关应当再次进行税额确认： **（一）因纳税人提供不正确、不完整计税依据导致之前申报、确认或调整应纳税额不实的；** **（二）税法有新的规定涉及调整纳税人计税依据的。** **税务机关对纳税人进行再次税额确认的，以再次确认的应纳税额为准。税务机关对确认税额进行部分修正的，以修正后的为准，未做修正的部分继续生效。**
	第五十五条　税额确认过程中，发现纳税人有下列情形之一的，应当由税务稽查部门立案查处： **（一）涉嫌逃避缴纳税款、逃避追缴欠税、骗税、抗税；** **（二）虚开发票等税收违法行为；** **（三）纳税人发生纳税义务未进行纳税申报的；** **（四）法律、行政法规规定的其他行为。**

续表

修改前 (阴影部分为删去内容)	修改后 (黑体字部分为修改内容)
	第五十六条　税务机关对纳税人应纳税额的确认应当在五年内进行。 **纳税人未登记、未申报或者存在本法第五十五条所列情形需要立案查处的,税务机关应当自税法规定的申报期限届满之日起十五年内进行确认。**
	第五十七条　对税务机关进行的税额确认,纳税人应当证明其纳税申报的真实性、合法性。 **纳税人对其提供的发票等会计凭证、账簿、报表、完税凭证以及其他有关涉税资料中所记载数据、记录及其他相关事实的真实性、完整性和准确性负责。** **税务机关在税额确认中对纳税人应纳税额作出调整且纳税人已经履行本法规定的协助义务的,税务机关应当对使用的纳税人账簿、文件、记录、其他资料的数据信息的来源及计算方法、确认方法、依据负责,对其所使用的其他方面数据信息来源的合法性负责;有关提供方对其提供信息的真实性、准确性负责。纳税人对税务机关来源于第三方信息的真实性、完整性有异议的,应当告知相关第三方修改提交信息。** **纳税人对税务机关按照第五十条规定核定应纳税额有异议的应当提供相关证据。**
	第七章　税款追征
(现行《税收征管法》第三十二条)	**第五十八条**　纳税人未按照规定期限缴纳税款,扣缴义务人未按照规定期限解缴税款的,税务机关应当责令其限期缴纳或者解缴。

续表

修改前 （阴影部分为删去内容）	修改后 （黑体字部分为修改内容）
（现行《税收征管法》第三十二条）	**第五十九条** 纳税人未按照规定期限缴纳税款的，扣缴义务人未按照规定期限解缴税款的，按日**加计税收利息**。 **税收利息的利率由国务院结合人民币贷款基准利率和市场借贷利率的合理水平综合确定。** **纳税人补缴税款时，应当连同税收利息一并缴纳。**
	第六十条 下列期间，税收利息中止计算： **（一）纳税人、扣缴义务人的财产、银行账户被税务机关实施保全措施或者强制执行措施，导致纳税人、扣缴义务人确实难以按照规定期限缴纳或者解缴税款的，从措施实施之日起至措施解除之日止；** **（二）因不可抗力，致使纳税人、扣缴义务人未按照规定期限缴纳或者解缴税款的，从不可抗力发生之日起至不可抗力情形消除之日止；** **（三）国务院税务主管部门确定的其他情形。** **非纳税人、扣缴义务人的过错，致使纳税人不能及时足额申报缴纳税款的，不加收税收利息。**
第三十七条 对未按照规定办理税务登记的从事生产、经营的纳税人以及临时从事经营的纳税人，由税务机关核定其应纳税额，责令缴纳；不缴纳的，税务机关可以扣押其价值相当于应纳税款的商品、货物。扣押后缴纳应纳税款的，税务机关必须立即解除扣押，并归还所扣押的商品、货物；扣押后仍不缴纳税款的，经县以上税务局（分局）局长批准，依法拍卖或者变卖所扣押的商品、货物，以拍卖或者变卖所得抵缴税款。	**第六十一条** 对未按照规定办理税务登记的**纳税人**以及临时从事经营的纳税人，由税务机关核定其应纳税额，责令缴纳；不缴纳的，税务机关可以扣押其价值相当于应纳税款的商品、货物**或者其他财产，并在二十四小时内向县以上税务局（分局）局长报告，补办批准手续**。扣押后缴纳应纳税款的，税务机关必须立即解除扣押，并归还所扣押的商品、货物**和其他财产**；扣押后仍不缴纳税款**或者缴纳不足的**，经县以上税务局（分局）局长批准，依法拍卖或者变卖所扣押的商品、货物**和其他财产**，以拍卖或者变卖所得抵缴税款。

续表

修改前 (阴影部分为删去内容)	修改后 (黑体字部分为修改内容)
第三十八条 税务机关有根据认为从事生产、经营的纳税人有逃避纳税义务行为的,可以在规定的纳税期之前,责令限期缴纳应纳税款;在限期内发现纳税人有明显的转移、隐匿其应纳税的商品、货物以及其他财产或者应纳税的收入的迹象的,税务机关可以责成纳税人提供纳税担保。如果纳税人不能提供纳税担保,经县以上税务局(分局)局长批准,税务机关可以采取下列税收保全措施: (一)书面通知纳税人开户银行或者其他金融机构冻结纳税人的金额相当于应纳税款的存款; (二)扣押、查封纳税人的价值相当于应纳税款的商品、货物或者其他财产。 纳税人在前款规定的限期内缴纳税款的,税务机关必须立即解除税收保全措施;限期期满仍未缴纳税款的,经县以上税务局(分局)局长批准,税务机关可以书面通知纳税人开户银行或者其他金融机构从其冻结的存款中扣缴税款,或者依法拍卖或者变卖所扣押、查封的商品、货物或者其他财产,以拍卖或者变卖所得抵缴税款。 个人及其所扶养家属维持生活必需的住房和用品,不在税收保全措施的范围之内。	**第六十二条** 税务机关有根据认为**纳税人有不履行纳税义务可能的**,可以在规定的纳税期之前,责令限期缴纳应纳税款;在限期内发现纳税人有明显的转移、隐匿其应纳税的商品、货物以及其他财产或者应纳税的收入的迹象的,税务机关可以责成纳税人提供纳税担保。如果纳税人不能提供纳税担保,经县以上税务局(分局)局长批准,税务机关可以采取下列税收保全措施: (一)书面通知纳税人开户银行或者其他金融机构冻结纳税人的金额相当于应纳税款的存款、**汇款**; (二)扣押、查封纳税人的价值相当于应纳税款的商品、货物或者其他财产。 **税务机关采取前款规定的措施应当书面通知纳税人并制作现场笔录。** 纳税人在前款规定的限期内缴纳税款的,税务机关必须立即解除税收保全措施;限期期满仍未缴纳税款**或者缴纳不足**的,经县以上税务局(分局)局长批准,税务机关可以书面通知纳税人开户银行或者其他金融机构从其冻结的存款、**汇款**中扣缴税款,或者依法拍卖或者变卖所扣押、查封的商品、货物或者其他财产,以拍卖或者变卖所得抵缴税款。 个人及其所扶养家属维持生活必需的住房和用品,不在税收保全措施的范围之内。

续表

修改前 （阴影部分为删去内容）	修改后 （黑体字部分为修改内容）
第三十九条 纳税人在限期内已缴纳税款，税务机关未立即解除税收保全措施，使纳税人的合法利益遭受损失的，税务机关应当承担赔偿责任。	**第六十三条** 纳税人在限期内已缴纳税款，税务机关未立即解除税收保全措施，使纳税人的合法利益遭受损失的，税务机关应当承担赔偿责任。
第四十条 从事生产、经营的纳税人、扣缴义务人未按照规定的期限缴纳或者解缴税款，纳税担保人未按照规定的期限缴纳所担保的税款，由税务机关责令限期缴纳，逾期仍未缴纳的，经县以上税务局（分局）局长批准，税务机关可以采取下列强制执行措施： （一）书面通知其开户银行或者其他金融机构从其存款中扣缴税款； （二）扣押、查封、依法拍卖或者变卖其价值相当于应纳税款的商品、货物或者其他财产，以拍卖或者变卖所得抵缴税款。 税务机关采取强制执行措施时，对前款所列纳税人、扣缴义务人、纳税担保人未缴纳的滞纳金同时强制执行。 个人及其所扶养家属维持生活必需的住房和用品，不在强制执行措施的范围之内。	**第六十四条 纳税人、扣缴义务人**未按照规定的期限缴纳或者解缴税款，纳税担保人未按照规定的期限缴纳所担保的税款，由税务机关责令限期缴纳，逾期仍未缴纳的，经县以上税务局（分局）局长批准，税务机关可以采取下列强制执行措施： （一）书面通知其开户银行或者其他金融机构**划拨其存款、汇款至缴清税款为止；** （二）扣押、查封、依法拍卖或者变卖其价值相当于应纳税款的商品、货物或者其他财产，以拍卖或者变卖所得抵缴税款。 税务机关采取强制执行措施时，对前款所列纳税人、扣缴义务人、纳税担保人未缴纳的**税收利息**同时强制执行。 **税务机关采取前款规定的强制执行措施应当书面通知纳税人、扣缴义务人、纳税担保人，并制作现场笔录。** **对纳税人、扣缴义务人、纳税担保人的财产实施强制执行有困难的，税务机关可以依法提请纳税人、扣缴义务人、纳税担保人所在地或者财产所在地人民法院执行。** 个人及其所扶养家属维持生活必需的住房和用品，不在强制执行措施的范围之内。
	第六十五条 纳税人违反法律、行政法规规定获取的减税、免税、抵税和退税，税务机关应当依法追缴，并按照本法规定的审批权限采取税收保全措施或者强制执行措施。

续表

修改前 (阴影部分为删去内容)	修改后 (黑体字部分为修改内容)
	第六十六条　税务机关采取税收保全措施的期限一般不得超过六个月;案情重大复杂的,经国务院税务主管部门批准可以延长一次,但延长期限不超过六个月。
	第六十七条　纳税人逾期不履行税务机关依法作出征收税款决定的,自期限届满之日起,按照税款的千分之五按日加收滞纳金。
第四十一条　本法第三十七条、第三十八条、第四十条规定的采取税收保全措施、强制执行措施的权力,不得由法定的税务机关以外的单位和个人行使。	**第六十八条**　本法**规定**的采取税收保全措施、强制执行措施的权力,不得由法定的税务机关**和人民法院**以外的单位和个人行使。 **税务机关采取强制执行措施时,可以提请公安机关协助,公安机关应当予以协助。**
第四十二条　税务机关采取税收保全措施和强制执行措施必须依照法定权限和法定程序,不得查封、扣押纳税人个人及其所扶养家属维持生活必需的住房和用品。	**第六十九条**　税务机关采取税收保全措施和强制执行措施必须依照法定权限和法定程序,不得查封、扣押纳税人个人及其所扶养家属维持生活必需的住房和用品。
第四十三条　税务机关滥用职权违法采取税收保全措施、强制执行措施,或者采取税收保全措施、强制执行措施不当,使纳税人、扣缴义务人或者纳税担保人的合法权益遭受损失的,应当依法承担赔偿责任。	**第七十条**　税务机关滥用职权违法采取税收保全措施、强制执行措施,或者采取税收保全措施、强制执行措施不当,使纳税人、扣缴义务人或者纳税担保人的合法权益遭受损失的,应当依法承担赔偿责任。
第四十四条　欠缴税款的纳税人或者他的法定代表人需要出境的,应当在出境前向税务机关结清应纳税款、滞纳金或者提供担保。未结清税款、滞纳金,又不提供担保的,税务机关可以通知出境管理机关阻止其出境。	**第七十一条　纳税人欠缴税款未结清,又不提供纳税担保的,税务机关可以决定不准纳税人或者其法定代表人、主要税收利益相关人出境;税务机关立案查处涉嫌重大税收违法情形的,可以决定不准纳税人或者其法定代表人、财产实际拥有者或者管理者、直接责任人出境。**

续表

修改前 (阴影部分为删去内容)	修改后 (黑体字部分为修改内容)
	对决定不准出境的人员,税务机关应当按照规定及时通知出入境边防检查机关予以协助,或者提请公安机关出入境管理机构不予签发出(国)境证件。
	第七十二条　对需要经有关部门依法登记才发生效力或者对抗第三人的动产或者不动产物权的设立、变更、转让和消灭,登记机构应当查验纳税人提供的与该动产或不动产物权交易相关的完税凭证或者税收证明;对于未提供相关完税凭证或者税收证明的,不得办理登记。
第四十五条　税务机关征收税款,税收优先于无担保债权,法律另有规定的除外;纳税人欠缴的税款发生在纳税人以其财产设定抵押、质押或者纳税人的财产被留置之前的,税收应当先于抵押权、质权、留置权执行。 纳税人欠缴税款,同时又被行政机关决定处以罚款、没收违法所得的,税收优先于罚款、没收违法所得。 税务机关应当对纳税人欠缴税款的情况定期予以公告。	**第七十三条**　税务机关征收税款,税收优先于无担保债权,**企业破产法**另有规定的除外;纳税人欠缴的税款发生在纳税人以其财产设定抵押、质押或者纳税人的财产被留置之前的,税收应当先于抵押权、质权、留置权执行。 纳税人欠缴税款,同时又被行政机关决定处以罚款、没收违法所得的,税收优先于罚款、没收违法所得。 税务机关应当对纳税人欠缴税款的情况定期予以公告。
	第七十四条　纳税人未按照规定的期限缴纳税款,税务机关责令限期缴纳后仍未缴纳的,经设区的市、自治州以上税务局(分局)局长批准,税务机关可以以纳税人欠缴税款为限,对其不动产设定优先受偿权,并通知产权登记部门予以登记。 **纳税人缴清欠税后,产权登记部门才能办理产权变更手续。**

续表

修改前 (阴影部分为删去内容)	修改后 (黑体字部分为修改内容)
第四十六条 纳税人有欠税情形而以其财产设定抵押、质押的,应当向抵押权人、质权人说明其欠税情况。抵押权人、质权人可以请求税务机关提供有关的欠税情况。	**第七十五条** 纳税人有欠税情形而以其财产设定抵押、质押的,应当向抵押权人、质权人说明其欠税情况。抵押权人、质权人可以请求税务机关提供有关的欠税情况。
第四十七条 税务机关扣押商品、货物或者其他财产时,必须开付收据;查封商品、货物或者其他财产时,必须开付清单。	**第七十六条** 税务机关扣押商品、货物或者其他财产时,必须开付收据;查封商品、货物或者其他财产时,必须开付清单。
	第七十七条 纳税人有解散、撤销、破产情形的,在清算前应当向其主管税务机关报告;未结清税款的,由其主管税务机关参加清算。
第四十八条 纳税人有合并、分立情形的,应当向税务机关报告,并依法缴清税款。纳税人合并时未缴清税款的,应当由合并后的纳税人继续履行未履行的纳税义务;纳税人分立时未缴清税款的,分立后的纳税人对未履行的纳税义务应当承担连带责任。	**第七十八条** 纳税人有合并、分立情形的,应当向税务机关报告,并依法缴清税款。纳税人合并时未缴清税款的,应当由合并后的纳税人继续履行未履行的纳税义务;纳税人分立时未缴清税款的,分立后的纳税人对未履行的纳税义务应当承担连带责任。
	第七十九条 对同一纳税义务,数人共同承担清偿或者担保责任的,为连带纳税人。除法律、行政法规另有规定外,各连带纳税人对全部纳税义务负履行责任。 **连带纳税人履行纳税义务,其效力及于其他连带纳税人。履行纳税义务的连带纳税人,对于超过自己责任的部分,可以向其他连带纳税人追偿。**

续表

修改前 （阴影部分为删去内容）	修改后 （黑体字部分为修改内容）
	第八十条　未缴清税款的纳税人的财产赠与他人或者被继承的，以受赠人或者继承人为缴纳税款的责任人，但以其所受赠或者继承的财产为限。
	第八十一条　对纳税人欠缴税款无法追征时，税务机关可以向支配或者获取纳税人财产的财产实际管理人、遗产执行人、清算组、总公司以及其他关系人追征。
	第八十二条　公司解散未清缴税款的，原有限责任公司的股东、股份有限公司的控股股东，以及公司的实际控制人以出资额为限，对欠缴税款承担清偿责任。
第四十九条　欠缴税款数额较大的纳税人在处分其不动产或者大额资产之前，应当向税务机关报告。	**第八十三条**　欠缴税款数额较大的纳税人在处分其不动产或者大额资产之前，应当向税务机关报告。
第五十条　欠缴税款的纳税人因怠于行使到期债权，或者放弃到期债权，或者无偿转让财产，或者以明显不合理的低价转让财产而受让人知道该情形，对国家税收造成损害的，税务机关可以依照合同法第七十三条、第七十四条的规定行使代位权、撤销权。 税务机关依照前款规定行使代位权、撤销权的，不免除欠缴税款的纳税人尚未履行的纳税义务和应承担的法律责任。	**第八十四条**　欠缴税款的纳税人因怠于行使到期债权，或者放弃到期债权，或者无偿转让财产，或者以明显不合理的低价转让财产而受让人知道该情形，对国家税收造成损害的，税务机关可以依照合同法第七十三条、第七十四条规定行使代位权、撤销权。 税务机关依照前款规定行使代位权、撤销权的，不免除欠缴税款的纳税人尚未履行的纳税义务和应承担的法律责任。

续表

修改前 (阴影部分为删去内容)	修改后 (黑体字部分为修改内容)
第五十一条 纳税人超过应纳税额缴纳的税款,税务机关发现后应当立即退还;纳税人自结算缴纳税款之日起三年内发现的,可以向税务机关要求退还多缴的税款并加算银行同期存款利息,税务机关及时查实后应当立即退还;涉及从国库中退库的,依照法律、行政法规有关国库管理的规定退还。	**第八十五条** 纳税人超过应纳税额缴纳的税款,**自**结算缴纳税款之日起**五**年内**可以**向税务机关要求退还多缴的税款并加算银行同期存款利息,税务机关及时查实后应当立即退还。涉及从国库中退库的,依照法律、行政法规有关国库管理的规定退还。
第五十二条 因税务机关的责任,致使纳税人、扣缴义务人未缴或者少缴税款的,税务机关在三年内可以要求纳税人、扣缴义务人补缴税款,但是不得加收滞纳金。 因纳税人、扣缴义务人计算错误等失误,未缴或者少缴税款的,税务机关在三年内可以追征税款、滞纳金;有特殊情况的,追征期可以延长到五年。 对偷税、抗税、骗税的,税务机关追征其未缴或者少缴的税款、滞纳金或者所骗取的税款,不受前款规定期限的限制。	**第八十六条** 因**纳税人、扣缴义务人过失造成少报、少缴税款的**,税务机关在五年内可以要求纳税人、扣缴义务人补缴税款。 对**未办理纳税申报以及逃避缴纳税款**、抗税、骗税的,税务机关**在十五年内可以**追征其未缴或者少缴的**税款**或者所骗取的税款。 **纳税人欠税超过二十年,税务机关执行不能的,不再追征。**
第五十三条 国家税务局和地方税务局应当按照国家规定的税收征收管理范围和税款入库预算级次,将征收的税款缴入国库。 对审计机关、财政机关依法查出的税收违法行为,税务机关应当根据有关机关的决定、意见书,依法将应收的税款、滞纳金按照税款入库预算级次缴入国库,并将结果及时回复有关机关。	**第八十七条** 国家税务局和地方税务局应当按照国家规定的税收征收管理范围和税款入库预算级次,将征收的税款缴入国库。 对审计机关、财政机关依法查出的税收违法行为,税务机关应当根据有关机关的决定、意见书,依法将应收的**税款**按照税款入库预算级次缴入国库,并将结果及时回复有关机关。

续表

修改前 （阴影部分为删去内容）	修改后 （黑体字部分为修改内容）
第四章　税务检查	**第八章　税务检查**
第五十四条　税务机关有权进行下列税务检查： （一）检查纳税人的账簿、记账凭证、报表和有关资料，检查扣缴义务人代扣代缴、代收代缴税款账簿、记账凭证和有关资料； （二）到纳税人的生产、经营场所和货物存放地检查纳税人应纳税的商品、货物或者其他财产，检查扣缴义务人与代扣代缴、代收代缴税款有关的经营情况； （三）责成纳税人、扣缴义务人提供与纳税或者代扣代缴、代收代缴税款有关的文件、证明材料和有关资料； （四）询问纳税人、扣缴义务人与纳税或者代扣代缴、代收代缴税款有关的问题和情况； （五）到车站、码头、机场、邮政企业、及其分支机构检查纳税人托运、邮寄应纳税商品、货物或者其他财产的有关单据、凭证和有关资料； （六）经县以上税务局（分局）局长批准，凭全国统一格式的检查存款账户许可证明，查询从事生产、经营的纳税人、扣缴义务人在银行或者其他金融机构的存款账户。税务机关在调查税收违法案件时，经设区的市、自治州以上税务局（分局）局长批准，可以查询案件涉嫌人员的储蓄存款。税务机关查询所获得的资料，不得用于税收以外的用途。	**第八十八条**　税务机关**在履行税额确认、税务稽查及其他管理职责时**有权进行下列税务检查： （一）检查纳税人的账簿、**会计**凭证、报表和有关资料，检查扣缴义务人代扣代缴、代收代缴税款**相关**账簿、**会计**凭证和有关资料。**检查自然人纳税人取得收入的单位与纳税相关的账簿和资料。对实行计算机记账的，有权进入相关应用系统，对电子会计资料进行检查，纳税人应当按照税务机关的要求提供数据接口和查询权限；应用系统不能满足检查需要的，纳税人或者软件所有人应当提供与应用系统相关的源代码等软件技术支持。** （二）到纳税人的生产、经营场所和货物存放地检查纳税人应纳税的商品、货物或者其他财产，检查扣缴义务人与代扣代缴、代收代缴税款有关的经营情况。 （三）责成纳税人、扣缴义务人提供与纳税或者代扣代缴、代收代缴税款有关的文件、证明材料和有关资料。 （四）询问纳税人、扣缴义务人**以及其他涉税当事人**与纳税或者代扣代缴、代收代缴税款有关的问题和情况。 （五）到车站、码头、机场、邮政企业及其分支机构检查纳税人托运、邮寄应纳税商品、货物或者其他财产。 （六）经县以上税务局（分局）局长批准，凭全国统一格式的检查存款、**汇款**账户许可证明，查询**纳税人、扣缴义务人**在银行或者其他金融机构的存款、**汇款及证券交易结算资金**账户。税务机关在调查税收违法案件时，经设区的市、自治州以上税务局（分局）局长批准，可以查询案件涉嫌人员的存款、**汇款及证券交易结算资金账户**。税务机关查询所获得的资料，

续表

修改前 (阴影部分为删去内容)	修改后 (黑体字部分为修改内容)
	不得用于税收以外的用途。 **(七)到网络交易平台提供机构检查网络交易情况,到网络交易支付服务机构检查网络交易支付情况。** **(八)到纳税人、扣缴义务人和纳税担保人的财物受托人处检查财物委托情况。** **(九)检查涉嫌取得虚假发票的非纳税单位和个人的发票使用情况。** **(十)检查未登记为生产、经营场所却用于生产、经营的场所。** **(十一)到相关部门查询、复制纳税人财产登记情况及身份信息。**
第五十五条 税务机关对从事生产、经营的纳税人以前纳税期的纳税情况依法进行税务检查时,发现纳税人有逃避纳税义务行为,并有明显的转移、隐匿其应纳税的商品、货物以及其他财产或者应纳税的收入的迹象的,可以按照本法规定的批准权限采取税收保全措施或者强制执行措施。	**第八十九条** 税务机关对**纳税人**以前纳税期的纳税情况依法进行税务检查时,发现纳税人有逃避纳税义务行为,并有明显的转移、隐匿其应纳税的商品、货物以及其他财产或者应纳税的收入的迹象的,可以按照本法规定的批准权限采取税收保全措施或者强制执行措施。
第五十六条 纳税人、扣缴义务人必须接受税务机关依法进行的税务检查,如实反映情况,提供有关资料,不得拒绝、隐瞒。	**第九十条** 纳税人、扣缴义务人必须接受税务机关依法进行的税务检查,如实反映情况,提供有关资料,不得拒绝、隐瞒。
第五十七条 税务机关依法进行税务检查时,有权向有关单位和个人调查纳税人、扣缴义务人和其他当事人与纳税或者代扣代缴、代收代缴税款有关的情况,有关单位和个人有义务向税务机关如实提供有关资料及证明材料。	**第九十一条** 税务机关依法进行税务检查时,有权向有关单位和个人调查纳税人、扣缴义务人和其他当事人与纳税或者代扣代缴、代收代缴税款有关的情况,有关单位和个人有义务向税务机关如实提供有关资料及证明材料。

续表

修改前 （阴影部分为删去内容）	修改后 （黑体字部分为修改内容）
第五十八条 税务机关调查税务违法案件时，对与案件有关的情况和资料，可以记录、录音、录像、照相和复制。	**第九十二条 纳税人涉嫌逃避缴纳税款等税收违法行为的，税务机关应当立案查处。** **税务机关在调查税收违法案件时，纳税人以锁门、锁柜等方式隐藏涉税证据或者财产、物品拒绝检查的，经县以上税务局（分局）局长批准，可以强行进入纳税人生产、经营场所，或者对纳税人所持或者控制的涉税财物、账簿凭证、资料等强行开封、开锁，实施强制检查、调取证据。税务机关实施强制检查、调取证据，应当在公安机关协助和保护下进行，公安机关应当予以协助和保护。** 对与案件有关的情况和资料，可以记录、录音、录像、照相和复制。
第五十九条 税务机关派出的人员进行税务检查时，应当出示税务检查证和税务检查通知书，并有责任为被检查人保守秘密；未出示税务检查证和税务检查通知书的，被检查人有权拒绝检查。	**第九十三条** 税务机关派出的人员进行税务检查时，应当出示税务检查证和税务检查通知书，并有责任为被检查人保守秘密；未出示税务检查证和税务检查通知书的，被检查人有权拒绝检查。
第五章 法律责任	**第九章 法律责任**
第六十条 纳税人有下列行为之一的，由税务机关责令限期改正，可以处二千元以下的罚款；情节严重的，处二千元以上一万元以下的罚款： （一）未按照规定的期限申报办理税务登记、变更或者注销登记的； （二）未按照规定设置、保管账簿或者保管记账凭证和有关资料的； （三）未按照规定将财务、会计制度或者财务、会计处理办法和会计核算软件报送税务机关备查的；	**第九十四条** 纳税人有下列行为之一的，由税务机关责令限期改正，可以处二千元以下的罚款；情节严重的，处二千元以上一万元以下的罚款： （一）未按照规定的期限申报办理税务登记、变更或者注销登记的； （二）未按照规定设置、保管账簿或者保管会计凭证和有关资料的； （三）未按照规定将**会计核算软件、使用说明书及有关资料**报送税务机关备查的； （四）未按照规定将其全部银行账号向税务机关报告的； （五）未按照规定安装、使用税控装置，或者损毁或者擅自改动税控装置的；

续表

修改前 (阴影部分为删去内容)	修改后 (黑体字部分为修改内容)
(四)未按照规定将其全部银行账号向税务机关报告的; (五)未按照规定安装、使用税控装置,或者损毁或者擅自改动税控装置的。 纳税人不办理税务登记的,由税务机关责令限期改正;逾期不改正的,经税务机关提请,由工商行政管理机关吊销其营业执照。 纳税人未按照规定使用税务登记证件,或者转借、涂改、损毁、买卖、伪造税务登记证件的,处二千元以上一万元以下的罚款;情节严重的,处一万元以上五万元以下的罚款。	**(六)未按照规定向税务机关报送涉税信息的。** 纳税人不办理税务登记的,由税务机关责令限期改正;逾期不改正的,经税务机关提请,由工商行政管理机关吊销其营业执照。 纳税人未按照规定使用税务登记证件,或者转借、涂改、损毁、买卖、伪造税务登记证件的,处二千元以上一万元以下的罚款;情节严重的,处一万元以上五万元以下的罚款。
第六十一条 扣缴义务人未按照规定设置、保管代扣代缴、代收代缴税款账簿或者保管代扣代缴、代收代缴税款记账凭证及有关资料的,由税务机关责令限期改正,可以处二千元以下的罚款;情节严重的,处二千元以上五千元以下的罚款。	**第九十五条** 扣缴义务人未按照规定设置、保管代扣代缴、代收代缴税款账簿或者保管代扣代缴、代收代缴税款**会计**凭证及有关资料的,由税务机关责令限期改正,可以处二千元以下的罚款;情节严重的,处二千元以上五千元以下的罚款。
第六十二条 纳税人未按照规定的期限办理纳税申报和报送纳税资料的,或者扣缴义务人未按照规定的期限向税务机关报送代扣代缴、代收代缴税款报告表和有关资料的,由税务机关责令限期改正,可以处二千元以下的罚款;情节严重的,可以处二千元以上一万元以下的罚款。	**第九十六条** 纳税人未按照规定的期限办理纳税申报和报送纳税资料的,或者扣缴义务人未按照规定的期限向税务机关报送代扣代缴、代收代缴税款报告表和有关资料的,由税务机关责令限期改正,可以处二千元以下的罚款;情节严重的,可以处二千元以上一万元以下的罚款。

续表

修改前 （阴影部分为删去内容）	修改后 （黑体字部分为修改内容）
第六十三条 纳税人伪造、变造、隐匿、擅自销毁账簿、记账凭证，或者在账簿上多列支出或者不列、少列收入，或者经税务机关通知申报而拒不申报或者进行虚假的纳税申报，不缴或者少缴应纳税款的，是偷税。对纳税人偷税的，由税务机关追缴其不缴或者少缴的税款、滞纳金，并处不缴或者少缴的税款百分之五十以上五倍以下的罚款；构成犯罪的，依法追究刑事责任。 扣缴义务人采取前款所列手段，不缴或者少缴已扣、已收税款，由税务机关追缴其不缴或者少缴的税款、滞纳金，并处不缴或者少缴的税款百分之五十以上五倍以下的罚款；构成犯罪的，依法追究刑事责任。	**第九十七条** 纳税人**采取欺骗、隐瞒手段进行虚假纳税申报或者不申报，逃避缴纳税款的，**由税务机关追缴其不缴或者少缴的税款，并处不缴或者少缴的税款百分之五十以上**三倍**以下的罚款；**涉嫌犯罪的，移送司法机关依法处理。** 扣缴义务人采取前款所列手段，不缴或者少缴已扣、已收税款，由税务机关追缴其不缴或者少缴的税款，并处不缴或者少缴的税款百分之五十以上**三倍**以下的罚款；**涉嫌犯罪的，移送司法机关依法处理。** **第一款所称采取欺骗、隐瞒手段是指下列情形：** **（一）伪造、变造、转移、藏匿、毁灭账簿凭证或者其他相关资料；** **（二）编造虚假计税依据，虚列支出或者转移、隐匿收入；** **（三）骗取税收优惠资格；** **（四）法律、行政法规规定的其他情形。**
第六十四条 纳税人、扣缴义务人编造虚假计税依据的，由税务机关责令限期改正，并处五万元以下的罚款。 纳税人不进行纳税申报，不缴或者少缴应纳税款的，由税务机关追缴其不缴或者少缴的税款、滞纳金，并处不缴或者少缴的税款百分之五十以上五倍以下的罚款。	**第九十八条** 纳税人、扣缴义务人编造虚假计税依据的，由税务机关责令限期改正，并处五万元以下的罚款。

续表

修改前 (阴影部分为删去内容)	修改后 (黑体字部分为修改内容)
	第九十九条　纳税人、扣缴义务人因过失违反税收法律、行政法规,造成未缴或者少缴税款的,税务机关除按照本法第八十六条的规定追缴其未缴或者少缴的税款外,并处未缴或者少缴税款百分之五十以下的罚款。 **纳税人、扣缴义务人自法律、行政法规规定或者税务机关依照法律、行政法规的规定确定的申报缴纳税款期限届满之日起至税务检查前办理修正申报,并缴纳税款的,处补缴税款百分之二十以下的罚款。**
第六十五条　纳税人欠缴应纳税款,采取转移或者隐匿财产的手段,妨碍税务机关追缴欠缴的税款的,由税务机关追缴欠缴的税款、滞纳金,并处欠缴税款百分之五十以上五倍以下的罚款;构成犯罪的,依法追究刑事责任。	**第一百条**　纳税人、**扣缴义务人**欠缴应纳税款,采取转移或者隐匿财产的手段,妨碍税务机关追缴欠缴的税款的,由税务机关追缴欠缴的税款,并处欠缴税款百分之五十以上**三倍**以下的罚款;**涉嫌犯罪的,移送司法机关依法处理**。
第六十六条　以假报出口或者其他欺骗手段,骗取国家出口退税款,由税务机关追缴其骗取的退税款,并处骗取税款一倍以上五倍以下的罚款;构成犯罪的,依法追究刑事责任。 对骗取国家出口退税款的,税务机关可以在规定期间内停止为其办理出口退税。	**第一百零一条**　以假报出口或者其他欺骗手段,骗取国家出口退税款,由税务机关追缴其骗取的退税款,并处骗取税款一倍以上五倍以下的罚款;**涉嫌犯罪的,移送司法机关依法处理。** **第一款所称假报出口是指具有下列情形之一的行为:** **(一)虚构货物、劳务、服务出口的;** **(二)伪造或者签订虚假的买卖合同的;** **(三)以伪造、变造或者其他非法手段取得出口货物报关单、出口货物专用缴款书、运输单据、装货单等有关出口退税单据、凭证的;** **(四)虚开、伪造、变造、非法购买增值税专用发票或者其他可以用于出口退税的发票以及其他凭证的;** **(五)假以他人货物、劳务、服务申报出口退税的。**

续表

修改前 （阴影部分为删去内容）	修改后 （黑体字部分为修改内容）
	第一款所称其他欺骗手段是指具有下列情形之一的行为： **（一）骗取出口退税资格的；** **（二）将未纳税或者免税货物、劳务、服务作为已税货物、劳务、服务出口的；** **（三）虽有出口，但虚构、虚增该出口货物、劳务、服务的品名、数量、单价等要素，骗取未实际纳税部分出口退税款的。** 对骗取国家出口退税款的，税务机关可以在规定期间内停止为其办理出口退税。
	第一百零二条　纳税人以欺骗手段取得税收优惠资格的，税务机关应当取消其税收优惠资格，并处五万元以下的罚款；导致不缴或者少缴税款的，依照本法第九十七条逃避缴纳税款规定处理。涉嫌犯罪的，移送司法机关依法处理。 **税务机关取消纳税人税收优惠资格后，应当及时通知其登记管理机关。**
第六十七条　以暴力、威胁方法拒不缴纳税款的，是抗税，除由税务机关追缴其拒缴的税款、滞纳金外，依法追究刑事责任。情节轻微，未构成犯罪的，由税务机关追缴其拒缴的税款、滞纳金，并处拒缴税款一倍以上五倍以下的罚款。	**第一百零三条**　以暴力、威胁方法拒不缴纳税款的，是抗税，除由税务机关追缴其拒缴的税款**外，并处二十万元以下的罚款；涉嫌犯罪的，移送司法机关依法处理。**

续表

修改前 (阴影部分为删去内容)	修改后 (黑体字部分为修改内容)
第六十八条 纳税人、扣缴义务人在规定期限内不缴或者少缴应纳或者应解缴的税款,经税务机关责令限期缴纳,逾期仍未缴纳的,税务机关除依照本法第四十条的规定采取强制执行措施追缴其不缴或者少缴的税款外,可以处不缴或者少缴的税款百分之五十以上五倍以下的罚款。	**第一百零四条** 纳税人、扣缴义务人**办理了纳税申报或者税务机关向纳税人、扣缴义务人送达了税额确认通知书,但**在规定期限内不缴或者少缴应纳或者应解缴的税款,经税务机关责令限期缴纳,逾期仍未缴纳的,税务机关除依照本法第**六十四**条的规定采取强制执行措施追缴其不缴或者少缴的税款外,可以处不缴或者少缴的税款百分之五十以上**三倍**以下的罚款。 **纳税人有特殊困难不能及时完全履行纳税义务的,税务机关可以与纳税人达成执行协议,约定分阶段履行;纳税人采取补救措施的,可以减免加处的罚款或者滞纳金。**
第六十九条 扣缴义务人应扣未扣、应收而不收税款的,由税务机关向纳税人追缴税款,对扣缴义务人处应扣未扣、应收未收税款百分之五十以上三倍以下的罚款。	**第一百零五条** 扣缴义务人应扣未扣、应收而不收税款的,由税务机关向纳税人追缴税款,对扣缴义务人处应扣未扣、应收未收税款百分之五十以上**一倍**以下的罚款。
第七十条 纳税人、扣缴义务人逃避、拒绝或者以其他方式阻挠税务机关检查的,由税务机关责令改正,可以处一万元以下的罚款;情节严重的,处一万元以上五万元以下的罚款。	**第一百零六条** 纳税人、扣缴义务人逃避、拒绝或者以其他方式阻挠税务机关检查的,由税务机关责令改正,可以处一万元以下的罚款;情节严重的,处一万元以上五万元以下的罚款。
第七十一条 违反本法第二十二条规定,非法印制发票的,由税务机关销毁非法印制的发票,没收违法所得和作案工具,并处一万元以上五万元以下的罚款;构成犯罪的,依法追究刑事责任。	**第一百零七条** **伪造、变造发票的,由税务机关没收违法所得和作案工具,处五十万元以下的罚款;非法买卖、非法代开发票的,由税务机关没收违法所得,处五十万元以下的罚款;涉嫌犯罪的,移送司法机关依法处理。** 违反本法第**二十七**条规定,**未按照规定印制发票的,处五十万元以下的罚款;涉嫌犯罪的,移送司法机关依法处理。**

续表

修改前 （阴影部分为删去内容）	修改后 （黑体字部分为修改内容）
	第一百零八条　虚构、虚增交易，开具或者接受与经营交易事实不符的发票或者抵扣列支凭证的，构成虚开发票。 **虚开发票的，处虚开税额二倍以下罚款；涉嫌犯罪的，移送司法机关依法处理。**
第七十二条　从事生产、经营的纳税人、扣缴义务人有本法规定的税收违法行为，拒不接受税务机关处理的，税务机关可以收缴其发票或者停止向其发售发票。	**第一百零九条**　从事生产、经营的纳税人、扣缴义务人有本法规定的税收违法行为，拒不接受税务机关处理的，税务机关可以收缴其发票或者停止向其发售发票。
第七十三条　纳税人、扣缴义务人的开户银行或者其他金融机构拒绝接受税务机关依法检查纳税人、扣缴义务人存款帐户，或者拒绝执行税务机关作出的冻结存款或者扣缴税款的决定，或者在接到税务机关的书面通知后帮助纳税人、扣缴义务人转移存款，造成税款流失的，由税务机关处十万元以上五十万元以下的罚款，对直接负责的主管人员和其他直接责任人员处一千元以上一万元以下的罚款。	**第一百一十条**　纳税人、扣缴义务人的开户银行或者其他金融机构拒绝接受税务机关依法检查纳税人、扣缴义务人存款账户，或者拒绝执行税务机关作出的冻结存款或者扣缴税款的决定，或者在接到税务机关的书面通知后帮助纳税人、扣缴义务人转移存款，造成税款流失的，由税务机关处十万元以上五十万元以下的罚款，对直接负责的主管人员和其他直接责任人员处一千元以上一万元以下的罚款。
	第一百一十一条　负有提供涉税信息协助义务和其他协助义务的纳税人、扣缴义务人以及其他有关单位和个人未按照本法规定履行提供涉税信息和其他协助义务的，经税务机关责令限期改正逾期仍不改正的，由税务机关对其处二千元以上一万元以下的罚款；造成国家税款重大损失的，处十万元以下的罚款。

续表

修改前 (阴影部分为删去内容)	修改后 (黑体字部分为修改内容)
第七十四条 本法规定的行政处罚,罚款额在二千元以下的,可以由税务所决定。	**第一百一十二条** 本法规定的行政处罚,罚款额在**五千**元以下的,可以由**县以下税务分局**、税务所决定。
第七十五条 税务机关和司法机关的涉税罚没收入,应当按照税款入库预算级次上缴国库。	**第一百一十三条** 税务机关和司法机关的涉税罚没收入,应当按照税款入库预算级次上缴国库。
第七十六条 税务机关违反规定擅自改变税收征收管理范围和税款入库预算级次的,责令限期改正,对直接负责的主管人员和其他直接责任人员依法给予降级或者撤职的行政处分。	**第一百一十四条** 税务机关违反规定擅自改变税收征收管理范围和税款入库预算级次的,责令限期改正,对直接负责的主管人员和其他直接责任人员依法**给予警告、记过或者记大过的处分;情节严重的,给予降级、撤职或者开除的处分**。
第七十七条 纳税人、扣缴义务人有本法第六十三条、第六十五条、第六十六条、第六十七条、第七十一条规定的行为涉嫌犯罪的,税务机关应当依法移交司法机关追究刑事责任。 税务人员徇私舞弊,对依法应当移交司法机关追究刑事责任的不移交,情节严重的,依法追究刑事责任。	**第一百一十五条** 税务人员徇私舞弊,对依法应当移交司法机关追究刑事责任的不移交的**,依法给予处分**;情节严重**涉嫌犯罪的,移送司法机关依法处理**。
第七十八条 未经税务机关依法委托征收税款的,责令退还收取的财物,依法给予行政处分或者行政处罚;致使他人合法权益受到损失的,依法承担赔偿责任;构成犯罪的,依法追究刑事责任。	**第一百一十六条** 未经税务机关依法委托征收税款的,责令退还收取的财物,依法给予**处分**或者行政处罚;致使他人合法权益受到损失的,依法承担赔偿责任;**涉嫌犯罪的,移送司法机关依法处理**。
第七十九条 税务机关、税务人员查封、扣押纳税人个人及其所扶养家属维持生活必需的住房和用品的,责令退还,依法给予行政处分;构成犯罪的,依法追究刑事责任。	**第一百一十七条** 税务机关、税务人员查封、扣押纳税人个人及其所扶养家属维持生活必需的住房和用品的,责令退还,依法给予**处分;涉嫌犯罪的,移送司法机关依法处理**。

续表

修改前 （阴影部分为删去内容）	修改后 （黑体字部分为修改内容）
第八十条 税务人员与纳税人、扣缴义务人勾结，唆使或者协助纳税人、扣缴义务人有本法第六十三条、第六十五条、第六十六条规定的行为，构成犯罪的，依法追究刑事责任；尚不构成犯罪的，依法给予行政处分。	**第一百一十八条** 税务人员与纳税人、扣缴义务人勾结，唆使或者协助纳税人、扣缴义务人有违反**本法**规定的行为**的，依法给予处分；涉嫌犯罪的，移送司法机关依法处理**。
第八十一条 税务人员利用职务上的便利，收受或者索取纳税人、扣缴义务人财物或者谋取其他不正当利益，构成犯罪的，依法追究刑事责任；尚不构成犯罪的，依法给予行政处分。	**第一百一十九条** 税务人员利用职务上的便利，收受或者索取纳税人、扣缴义务人财物或者谋取其他不正当利益**的，依法给予处分；涉嫌犯罪的，移送司法机关依法处理**。
第八十二条 税务人员徇私舞弊或者玩忽职守，不征或者少征应征税款，致使国家税收遭受重大损失，构成犯罪的，依法追究刑事责任；尚不构成犯罪的，依法给予行政处分。 税务人员滥用职权，故意刁难纳税人、扣缴义务人的，调离税收工作岗位，并依法给予行政处分。 税务人员对控告、检举税收违法违纪行为的纳税人、扣缴义务人以及其他检举人进行打击报复的，依法给予行政处分；构成犯罪的，依法追究刑事责任。 税务人员违反法律、行政法规的规定，故意高估或者低估农业税计税产量，致使多征或者少征税款，侵犯农民合法权益或者损害国家利益，构成犯罪的，依法追究刑事责任；尚不构成犯罪的，依法给予行政处分。	**第一百二十条** 税务人员徇私舞弊或者玩忽职守，不征或者少征应征税款，致使国家税收遭受重大损失**的，依法给予处分；涉嫌犯罪的，移送司法机关依法处理**。 税务人员滥用职权，故意刁难纳税人、扣缴义务人的，调离税收工作岗位，并依法给予**处分**。 税务人员对控告、检举税收违法违纪行为的纳税人、扣缴义务人以及其他检举人进行打击报复的，依法给予**处分；涉嫌犯罪的，移送司法机关依法处理**。

续表

修改前 (阴影部分为删去内容)	修改后 (黑体字部分为修改内容)
第八十三条 违反法律、行政法规的规定提前征收、延缓征收或者摊派税款的,由其上级机关或者行政监察机关责令改正,对直接负责的主管人员和其他直接责任人员依法给予行政处分。	**第一百二十一条** 违反法律、行政法规的规定提前征收、延缓征收或者摊派税款的,由其上级机关或者行政监察机关责令改正,对直接负责的主管人员和其他直接责任人员依法给予**处分**。
第八十四条 违反法律、行政法规的规定,擅自作出税收的开征、停征或者减税、免税、退税、补税以及其他同税收法律、行政法规相抵触的决定的,除依照本法规定撤销其擅自作出的决定外,补征应征未征税款,退还不应征收而征收的税款,并由上级机关追究直接负责的主管人员和其他直接责任人员的行政责任;构成犯罪的,依法追究刑事责任。	**第一百二十二条** 违反法律、行政法规的规定,擅自作出税收的开征、停征或者减税、免税、退税、补税以及其他同税收法律、行政法规相抵触的决定的,除依照本法规定撤销其擅自作出的决定外,补征应征未征税款,退还不应征收而征收的税款,并由上级机关**和行政监察机关对于**直接负责的主管人员和其他直接责任人员**给予处分;涉嫌犯罪的,移送司法机关依法处理**。
第八十五条 税务人员在征收税款或者查处税收违法案件时,未按照本法规定进行回避的,对直接负责的主管人员和其他直接责任人员,依法给予行政处分。	**第一百二十三条** 税务人员在征收税款或者查处税收违法案件时,未按照本法规定进行回避的,对直接负责的主管人员和其他直接责任人员,依法给予**处分**。
第八十六条 违反税收法律、行政法规应当给予行政处罚的行为,在五年内未被发现的,不再给予行政处罚。	**第一百二十四条** 违反税收法律、行政法规应当给予行政处罚的行为,在五年内未被发现的,不再给予行政处罚。 **对主动纠正税收违法行为或者配合税务机关查处税收违法行为的,可以视情节从轻、减轻、免予行政处罚或者减免征收税收利息。**

续表

修改前 （阴影部分为删去内容）	修改后 （黑体字部分为修改内容）
第八十七条 未按照本法规定为纳税人、扣缴义务人、检举人保密的，对直接负责的主管人员和其他直接责任人员，由所在单位或者有关单位依法给予行政处分。	**第一百二十五条** 未按照本法规定为纳税人、扣缴义务人、检举人保密的，对直接负责的主管人员和其他直接责任人员，由所在单位或者有关单位依法给予**处分**。 **税务机关和税务人员有其他侵害纳税人权益情形的，按照前款规定处理。**
	第十章 争议处理
第八十八条 纳税人、扣缴义务人、纳税担保人同税务机关在纳税上发生争议时，必须先依照税务机关的纳税决定缴纳或者解缴税款及滞纳金或者提供相应的担保，然后可以依法申请行政复议；对行政复议决定不服的，可以依法向人民法院起诉。 当事人对税务机关的处罚决定、强制执行措施或者税收保全措施不服的，可以依法申请行政复议，也可以依法向人民法院起诉。 当事人对税务机关的处罚决定逾期不申请行政复议也不向人民法院起诉、又不履行的，作出处罚决定的税务机关可以采取本法第四十条规定的强制执行措施，或者申请人民法院强制执行。	**第一百二十六条** 纳税人、扣缴义务人、纳税担保人同税务机关在纳税上**和直接涉及税款的行政处罚上**发生争议时，可以依法申请行政复议；对行政复议决定不服的，**应当先依照复议机关的纳税决定缴纳、解缴税款或者提供相应的担保，然后**可以依法向人民法院起诉。 对税务机关**作出第一款以外的与征收税款金额无关的**处罚决定、强制执行措施或者税收保全措施不服的，可以依法申请行政复议，也可以依法向人民法院起诉。
	第一百二十七条 行政复议可以适用和解、调解。 **和解协议或者调解书经申请人、被申请人签字后生效，申请人不得就同一事实、同一理由再次申请行政复议。** **申请人与被申请人和解、调解不成的，行政复议机关应当及时作出行政复议决定。** **行政复议决定维持征税处理决定的，申请人应当按照规定缴纳税款及税收利息。**

续表

修改前 (阴影部分为删去内容)	修改后 (黑体字部分为修改内容)
	第一百二十八条　行政复议机关不得作出对申请人更为不利的行政复议决定。
	第一百二十九条　行政复议期间,税务机关作出的具体行政行为不停止执行;但是,有下列情形之一的,可以停止执行: **(一)被申请人认为需要停止执行的;** **(二)行政复议机关认为需要停止执行的;** **(三)申请人申请停止执行,行政复议机关认为其要求合理,决定停止执行的;** **(四)法律规定停止执行的。**
	第一百三十条　复议过程中,被申请人对其做出的行政决定的合法性、合理性负有举证责任。申请人对下列事项承担举证责任: **(一)其申报的收入、支出、减税、免税、退税的真实性;** **(二)依法履行了记录、保存、提供账簿凭证等涉税资料的义务。**
	第一百三十一条　按照国际税收条约、协定规定的情报交换机制取得的信息,税务机关经审核确认可以将其作为确定纳税人税额的依据;纳税人有异议的,由纳税人举证。
(现行《税收征管法》第八十八条第三款)	**第一百三十二条**　当事人对税务机关的处罚决定逾期不申请行政复议也不向人民法院起诉、又不履行的,作出处罚决定的税务机关可以采取本法第**六十四**条规定的强制执行措施,或者申请人民法院强制执行。
第六章　附则	第十一章　附则
第八十九条　纳税人、扣缴义务人可以委托税务代理人代为办理税务事宜。	**第一百三十三条**　纳税人、扣缴义务人可以委托税务代理人代为办理税务事宜。

续表

修改前 （阴影部分为删去内容）	修改后 （黑体字部分为修改内容）
第九十条 耕地占用税、契税、农业税、牧业税征收管理的具体办法，由国务院另行制定。 关税及海关代征税收的征收管理，依照法律、行政法规的有关规定执行。	**第一百三十四条** 关税及海关代征税收的征收管理，依照法律、行政法规的有关规定执行。 **依照法律、行政法规规定申请出口退税的单位和个人视同纳税人管理。**
第九十一条 中华人民共和国同外国缔结的有关税收的条约、协定同本法有不同规定的，依照条约、协定的规定办理。	**第一百三十五条** 中华人民共和国同外国缔结的有关税收的条约、协定同本法有不同规定的，依照条约、协定的规定办理，**我国声明保留的条款除外**。
	第一百三十六条 纳税人、扣缴义务人应当使用中文向税务机关报送涉税资料，并以人民币为货币计量单位缴纳、解缴税款。
第九十二条 本法施行前颁布的税收法律与本法有不同规定的，适用本法规定。	**第一百三十七条** 本法施行前颁布的税收法律与本法有不同规定的，适用本法规定。
第九十三条 国务院根据本法制定实施细则。	**第一百三十八条** 国务院根据本法制定实施**条例**。
第九十四条 本法自 2001 年 5 月 1 日起施行。	**第一百三十九条** 本法自____年__月__日起施行。

参考文献

一、中文原著

1. 陈敏之、丁冬:《顾准寻思录》,经济科学出版社 2013 年版。

2. 陈清秀:《税法总论》(第 7 版),台北,元照出版有限公司 2012 年版。

3. 陈晴:《以权利制约权力:纳税人诉讼制度研究》,法律出版社 2015 年版。

4. 甘功仁:《纳税人权利专论》,中国广播电视出版社 2003 年版。

5. 高军:《纳税人基本权研究》,中国社会科学出版社 2011 年版。

6. 葛克昌:《行政程序与纳税人基本权》,北京大学出版社 2005 年版。

7. 葛克昌:《税法基本问题》(财政宪法篇),北京大学出版社 2004 年版。

8. 黄俊杰:《纳税人权利之保护》,北京大学出版社 2004 年版。

9. 黄俊杰:《税捐正义》,北京大学出版社 2004 年版。

10. 黄茂荣:《法学方法与现代税法》,北京大学出版社 2011 年版。

11. 黄茂荣:《税法总论——法学方法与现代税

法》(第1册增订2版),台北,植根法学丛书编辑室2005年版。

12. 黄士洲:《税务诉讼的举证责任》,台北,瀚芦图书出版有限公司2002年版。

13. 季卫东:《法律程序的意义——对中国法制建设的另一种思考》,中国法制出版社2004年版。

14. 江山:《中国法理念》,山东人民出版社2000年版。

15. 靳东升主编:《依法治税:税收行政执法争议解决制度的完善》,经济科学出版社2007年版。

16. 黎江虹:《中国纳税人权利研究》(修订版),中国检察出版社2014年版。

17. 李刚:《税法与私法关系总论——兼论中国现代税法学基本理论》,法律出版社2014年版。

18. 李健人:《英国税法法律主义的历史源流》,法律出版社2012年版。

19. 刘国庆:《纳税人权利保护理论与实务》,中国检察出版社2009年版。

20. 刘剑文、熊伟:《税法基础理论》,北京大学出版社2004年版。

21. 刘剑文:《重塑半壁财产法——财税法的新思维》,法律出版社2009年版。

22. 刘丽:《税权的宪法控制》,法律出版社2006年版。

23. 刘庆国:《纳税人权利保护理论与实务》,中国检察出版社2009年版。

24. 刘振彪:《基于行为博弈的税收遵从论》,厦门大学出版社2012年版。

25. 吕世伦:《法理念探索》,法律出版社2002年版。

26. 莫纪宏主编:《纳税人的权利》,群众出版社2006年版。

27. 施正文:《税收程序法论——监控征税权运行的法理与立法研究》,北京大学出版社2003年版。

28. 施正文:《税收债法论》,中国政法大学出版社2008年版。

29. 史际春、邓峰:《经济法总论》(第2版),法律出版社2008年版。

30. 谭志哲:《当代中国税法理念研究——从依法治税到税收法治》,法律出版社2013年版。

31. 王晓玲:《中美税制比较》,立信会计出版社2015年版。

32. 魏俊:《税权效力论》,法律出版社2012年版。

33. 肖厚雄、郝荫昌:《信息管税》,中国财政经济出版社2012年版。

34. 熊伟:《美国联邦税收程序》,北京大学出版社 2006 年版。

35. 徐孟洲、徐阳光:《税法》(第 4 版),中国人民大学出版社 2012 年版。

36. 闫海:《税收征收管理的法理与制度》,法律出版社 2011 年版。

37. 张富强主编:《税法学》,法律出版社 2007 年版。

38. 张守文:《财税法疏议》,北京大学出版社 2005 版。

39. 张守文:《税法通论》,北京大学出版社 2004 年版。

40. 张文显主编:《法理学》,高等教育出版社 2011 年版。

41. 张怡等:《衡平税法研究》,中国人民大学出版社 2012 年版。

42. 钟典晏:《扣缴义务问题研析》,北京大学出版社 2005 年版。

二、中文论文

1. 陈刚:《税的法律思考与纳税者基本权利的保障》,载《现代法学》1995 年第 5 期。

2. 陈少英、许峰:《税务争议替代性解决机制探析》,载《北方法学》2008 年第 5 期。

3. 陈少英:《试论税收法律关系中纳税人与税务机关法律地位的平等性》,载《法学家》1996 年第 4 期。

4. 陈太清:《规范行政罚款的基本思路》,载《理论探索》2013 年第 1 期。

5. 谌爱华、刘文锋:《澳大利亚个人所得税税号制度及我国的启示》,载《改革与战略》2009 年第 10 期。

6. 池生清:《论美国税务法院的纳税人诉权保障》,载《税务研究》2015 年第 11 期。

7. 丛中笑:《我国税收核定制度的梳理与重构》,载《经济法论丛》2009 年第 1 期。

8. 崔威:《中国税务行政诉讼实证研究》,载《清华法学》2015 年第 3 期。

9. 葛克昌:《地方课税权与纳税人基本权》,载《台湾本土法学杂志》2002 年总第 35 期。

10. 韩世远:《违约金的理论问题——以合同法第 114 条为中心的解释论》,载《法学研究》2003 年第 4 期。

11. 胡孝伦:《对美国税收管理经验的借鉴》,载《涉外税务》2007 年第 3 期。

12. 华国庆:《制定我国税收基本法刍议》,载《安徽大学学报》1998年第5期。

13. 冀保旺:《加拿大税务司法体系的特点及启示》,载《涉外税务》1999年第8期。

14. 金鑫:《谈谈我国税制建设的原则和实践》,载《涉外税务》1988年第1期。

15. 赖勤学:《宪政维度的新一轮税制改革研究》,载《涉外税务》2004年第3期。

16. 李大庆:《财税体制科学化与税收程序契约化的法律路径——兼评我国〈税收征管法〉的修改》,载《税务研究》2014年第6期。

17. 李方旺:《美国税制和税收征管的特点及启示》,载《税务研究》2007年第8期。

18. 李万甫、何小王:《〈税收征管法〉修订的基本取向》,载《税务研究》2015年第7期。

19. 李燕:《"有奖发票"法律性质之探析》,载《行政法学研究》2008年第3期。

20. 梁俊娇、王颖峰:《美国联邦税务局的内部机构设置及对我国的借鉴》,载《中央财经大学学报》2009年第4期。

21. 林雄、陈孟媛《〈税收征管法〉中亟待解决的若干税收强制执行措施问题》,载《涉外税务》2010年第11期。

22. 刘国:《税收法定主义的宪法阐释》,载《华东政法大学学报》2014年第3期。

23. 刘继虎:《论推定课税的法律规制》,载《中国法学》2008年第1期。

24. 刘剑文、陈立诚:《迈向税收治理现代化——〈税收征收管理法修订草案(征求意见稿)〉之评议》,载《中共中央党校学报》2015年第2期。

25. 刘剑文:《〈税收征收管理法〉修改的几个基本问题——以纳税人权利保护为中心》,载《法学》2015年第6期。

26. 刘磊、熊晓晴、周妍:《事先裁定制度研究》,载《税务研究》2012年第9期。

27. 刘权:《目的正当性与比例原则的重构》,载《中国法学》2014年第4期。

28. 刘佐:《中国税制改革 50 年》,载《当代中国史研究》2000 年第 5 期。

29. 马骁:《公共财政体制下财政监督体系建设的重点——基于纳税人觉醒的逻辑思考》,载《财政监督》2009 年第 13 期。

30. 南冰:《我国工商税制改革的方针步骤办法问题》,载《财政》1956 年第 2 期。

31. 祁建平:《英国议会制度的变迁:从“议会主权”到“行政集权”》,载《人大研究》2006 年第 11 期。

32. 阮有利:《对我国税务行政复议制度的几点思考》,载《税务与经济》2010 年第 5 期。

33. 施青军:《论税收征管模式及其改革》,载《财政研究》1996 年第 6 期。

34. 施正文:《论征纳权利——兼论税权问题》,载《中国法学》2002 年第 6 期。

35. 施正文:《我国建立纳税人诉讼的几个问题》,载《中国法学》2006 年第 5 期。

36. 史际春:《政府与市场关系的法治思考》,载《中共中央党校学报》2014 年第 6 期。

37. 苏苗罕:《美国联邦政府监管中的行政罚款制度研究》,载《环球法律评论》2012 年第 3 期。

38. 谭珩:《我国应推行税收事前裁定制度》,载《税务研究》1996 年第 7 期。

39. 滕祥志:《论〈税收征管法〉的修改》,载《清华法学》2016 年第 3 期。

40. 涂京骞、涂龙力:《修改〈税收征管法〉的指导思想及需要商榷的几个问题》,载《涉外税务》2009 年第 9 期。

41. 王诚尧:《建国以来税收制度的建立和改革概况》(上),载《财政研究》1983 年第 1 期。

42. 王诚尧:《建国以来税收制度的建立和改革概况》(下),载《财政研究》1983 年第 2 期。

43. 王桦宇:《论税法上的纳税人诚实推定权》,载《税务研究》2014 年第 1 期。

44. 王惠:《推定课税权制度探讨》,载《法学家》2004 年第 3 期。

45. 王家成:《浅议我国税收法制的完善》,载《当代法学》1987 年第 4 期。

46. 王霞、吴勇:《我国开放纳税人诉讼的必要性及对策》,载《湘潭大学学报》(哲学社会科学版)2004 年第 3 期。

47. 吴英姿:《论诉权的人权属性——以历史演进为视角》,载《中国社会科学》2015 年第 6 期。

48. 熊伟:《税务争讼制度的反思与重构》,载《中南民族大学学报》(人文社会科学版)2004 年第 5 期。

49. 熊伟:《中国大陆有必要建立税务法院吗?》,载《月旦财经法杂志》2006 年第 5 期。

50. 熊晓青:《美国联邦税务法院简介》,载《中国税务》2000 年第 3 期。

51. 徐阳光:《纳税人诉讼的另类视角——兼评蒋时林诉常宁市财政局违法购车案》,载《涉外税务》2006 年第 8 期。

52. 袁森庚:《关于税收滞纳金制度立法选择的思考》,载《涉外税务》2012 年第 6 期。

53. 张富强:《论纳税人诚实纳税推定权立法的完善》,载《学术研究》2011 年第 2 期。

54. 张慧英:《税收滞纳金探析》,载《税务研究》2003 年第 1 期。

55. 张健、王伟:《试论税收筹划与事前裁定制度》,载《财税理论与实践》1997 年第 3 期。

56. 张守文:《论税收法定主义》,载《法学研究》1996 年第 6 期。

57. 张献勇:《浅谈设立纳税人诉讼制度》,载《当代法学》2002 年第 10 期。

58. 朱为群、谭郁森:《论中国引进税务事先裁定制度的必要性和可行性》,载《现代经济探讨》2012 年第 6 期。

三、外文译著

1. [奥]凯尔森:《法与国家的一般理论》,沈宗灵译,中国大百科全书出版社 1996 年版。

2. [澳]杰佛瑞·布伦南、[美]詹姆斯·M. 布坎南:《宪政经济学》,冯克利等译,中国社会科学出版社 2004 年版。

3. [德]奥托·迈耶:《德国行政法》,刘飞译,商务印书馆 2002 年版。

4. [德]古斯塔夫·拉德布鲁赫:《法哲学》,王朴译,法律出版社 2013 年版。

5. [德]哈特穆特·毛雷尔:《行政法学总论》,高家伟译,法律出版社 2000 年版。

6. [德]汉斯·J. 沃尔夫、奥托·巴霍夫、罗尔夫·施托贝尔:《行政法》(第2卷),高家伟译,商务印书馆2002年版。

7. [德]赫尔曼·康特洛维茨:《为法学而斗争:法的定义》,雷磊译,中国法制出版社2011年版。

8. [德]黑格尔:《法哲学原理》,范扬、张企泰译,商务印书馆1961年版。

9. [德]拉德布鲁赫:《法学导论》,米健译,商务印书馆2013年版。

10. [德]施塔姆勒:《正义法的理论》,夏彦才译,商务印书馆2012年版。

11. [法]邦雅曼·贡斯当:《古代人的自由与现代人的自由》,阎克文等译,上海世纪出版集团、上海人民出版社2003年版。

12. [法]狄骥:《公法的变迁·法律与国家》,郑戈、冷静译,辽海出版社、春风文艺出版社1999年版。

13. [法]孟德斯鸠:《论法的精神》(上册),张雁深译,商务印书馆1961年版。

14. [法]托克维尔:《旧制度与大革命》,冯棠译,商务印书馆1992年版。

15. [法]托克维尔:《论美国的民主》,董果良译,商务印书馆1988年版。

16. [古希腊]柏拉图:《理想国》,郭斌和、张竹明译,商务印书馆1986年版。

17. [美]E. 博登海默:《法理学:法律哲学与法律方法》,邓正来译,中国政法大学出版社1999年版。

18. [美]菲利普·T. 霍夫曼、凯瑟琳·诺伯格编:《财政危机、自由和代议制政府(1450—1789)》,褚建国译,格致出版社、上海人民出版社2008年版。

19. [美]汉密尔顿、杰伊、麦迪逊:《联邦党人文集》,程逢如、在汉、舒逊译,商务印书馆1980年版。

20. [美]克里斯托弗·沃尔夫:《司法能动主义——自由的保障还是安全的威胁?》,黄金荣译,中国政法大学出版社2004年版。

21. [美]理查德·B. 斯图尔特:《美国行政法的重构》,沈岿译,商务印书馆2011年版。

22. [美]路易斯·亨·金:《权利的时代》,信春鹰等译,知识出版社1997年版。

23. [美]罗伯特·诺奇克:《无政府、国家和乌托邦》,何怀宏译,中国社会科学出版社1991年版。

24. [美]罗纳德・德沃金:《认真对待权利》,信春鹰、吴玉章译,中国大百科全书出版社 1998 年版。

25. [美]迈克尔・D. 贝勒斯:《程序正义——向个人的分配》,邓海平译,高等教育出版社 2005 年版。

26. [美]维克多. 瑟仁伊:《比较税法》,丁一译,北京大学出版社 2006 年版。

27. [美]维托・坦茨:《政府与市场——变革中的政府职能》,王宇等译,商务印书馆 2014 年版。

28. [美]休・奥尔特、[加]布莱恩阿诺德等:《比较所得税法——结构性分析》(第 3 版),丁一、崔威译,北京大学出版社 2013 年版。

29. [日]北野弘久:《税法学原论》,陈刚等译,中国检察出版社 2001 年版。

30. [日]谷口安平:《程序的正义与诉讼》,王亚新、刘荣军译,中国政法大学出版社 1996 年版。

31. [日]金子宏:《日本税法》,战宪斌、郑林根等译,法律出版社 2004 年版。

32. [日]美浓部达吉:《议会制度论》,邹敬芳译,中国政法大学出版社 2005 年版。

33. [日]棚濑孝雄:《纠纷的解决与审判制度》,王亚新译,中国政法大学出版社 1994 年版。

34. [意]埃里希. 科齐勒:《税收行为的经济心理学》,国家税务总局税收科学研究所译,中国财政经济出版社 2012 年版。

35. [英]比几斯渴脱:《英国国会史》,清代翰墨林编译印书局编译,中国政法大学出版社 2003 年版。

36. [英]丹宁勋爵:《法律的正当程序》,李克强、杨百揆、刘庸安译,法律出版社 1999 年版。

37. [英]弗里德利希・冯・哈耶克:《自由秩序原理》,邓正来译,三联书店 1997 年版。

38. [英]锡德里克・桑德福:《成功税制改革的经验与问题:税制改革的深层问题》(第 4 卷),许建国等译,中国人民大学出版社 2001 年版。

39. [英]亚当・斯密:《国民财富的性质和原因的研究》,郭大力、王亚南译,商务印书馆 2009 年版。

四、英文资料

1. Bryce Lyon, *A Constitutional and Legal History of Medieval England*, New York, W. W. Norton & Company, 1980.

2. David Osborne and Ted Gaebler. *Reinventing Government: How the Entrepreneurial Spirit Is Transforming the Public Sector*. Reading Massachusetts: Addison-Wesley, 1992.

3. Edgar Kiser and Joshua Kane, "Revolution and State Structure: The Bureaucratization of Tax Administration in Early Modern England and France", *American Journal of Sociology*, Vol. 107, No. 1(2009).

4. H. W. R. Wade, *Administrative Law*, Oxford, Oxford University Press, 1988.

5. Harry Rothwell, *English History Documents* 1189 – 1327, London: Routledge, 1975.

6. Hemann Kantorowicz, *The Definition of Law*, A. H. Campbell (ed.), Cambridge: Cambridge University Press, 1958.

7. John Finnis, *Natural Law and Nature Right*, Oxford, Clarendon Press, 1980.

8. John Prebble, "Advance Rulings Procedures", *Victoria University of Wellington Law Review*, Vol. 15, Issue 3(1985).

9. John Prebble, "Canadian and Swedish Procedures for Advance Rulings in Income Tax Cases", *Australian Tax Forum*, Vol. 4(1987).

10. John Rawls, *A Theory of Justice*, Cambridge, Mass.: Harvard University Press, 1971.

11. Malgorzata Sobonska, "News Rules on Advance Tax Rulings", *International Tax Review*, Vol. 18, Issue 8(2007).

12. Michael D. Bayles, *Procedure Justice: allocating to individuals*, Dordrecht, Kluwer Academic Publishers, 1990.

13. Nick Devas, Simon Delay, Michael Hubbard. "Revenue Authorities: Are They the Right Vehicle for Improved Tax Administration?", *Public Administration and Development*, Vol. 21, Issue 3(2001).

14. OECD(2010),*Addressing Tax Risks Involving Bank Losses*,Paris:OECD Publishing,2010.

15. OECD(2013),*Tax Administration 2013:Comparative Information on OECD and Other Advanced and Emerging Economies*,Paris:OECD Publishing,2013.

16. OECD(2015),*Tax Administration 2015:Comparative Information on OECD and Other Advanced and Emerging Economies*,Paris:OECD Publishing,2015.

17. OECD(2010),*OECD Transfer Pricing Guidelines for Multinational Enterprises and Tax Administrations*,Paris:OECD Publishing,2010.

18. Paul L. Hughes,Robert F. Fries,*Crown and Parliament in Tudor Stuart England:A Documentary Constitutional History*,1485 – 1714,New York:Putnam,1959.

19. Phillippa Cannon,"Advance Rulings:Risk or Rigidity?",*International Tax Review*,Vol. 7,Issue 10(1996).

20. Sarah Miles,"The Price? We? Pay? for a Specialised? Society:Do Tax Disputes Require Greater Judicial Specialisation?" *Victoria University of Wellington Law Review*,Vol. 46(2015).

21. Tae Kyoon Kim,"Advance Tax Ruling System",*International Financial Law Review*,Vol. 27,Issue 11(2008).

22. Timothy Fitzsimmons,"Advanced Warning:Taxpayers Would be Wise to Approach Advance Tax Rulings with Caution and Might even Seek Legal Counsel",*CA Magazine*,Vol. 141,Issue 6. (2008).

23. Tom Tyler,"What is Procedural Justice ?:Criteria used by Citizens to Assess the Fairness of Legal Procedures",*Law & Society Review*,Vol. 22,No. 1 (1988).

24. Volker H. Schmidt. "Procedural Aspects of Distributive Justice",in Klaus F. Röhl and Stefan Machura(ed.),*Procedural Justice*,Oñati:Dartmouth,1997.

25. Yehonatan Givati,"Resolving Legal Uncertainty:The Unfulfilled Promise of Advance Tax Rulings",*Virginia Tax Review*,Vol. 29,Issue 1(2009).

图书在版编目(CIP)数据

《税收征收管理法》修订问题研究 / 朱大旗等著.
-- 北京：法律出版社，2018
(明德经济法学文库 / 朱大旗主编)
ISBN 978-7-5197-0819-1

Ⅰ.①税… Ⅱ.①朱… Ⅲ.①税法-制度-研究-中国 Ⅳ.①D922.220.4

中国版本图书馆CIP数据核字(2017)第084680号

《税收征收管理法》修订问题研究 **《SHUISHOU ZHENGSHOU GUANLIFA》** **XIUDING WENTI YANJIU**	朱大旗　胡　明 等著	策划编辑 沈小英 责任编辑 沈小英　刘晓萌 装帧设计 李　瞻

出版 法律出版社
总发行 中国法律图书有限公司
经销 新华书店
印刷 固安华明印业有限公司
责任校对 马　丽
责任印制 吕亚莉
编辑统筹 财经法治出版分社
开本 720毫米×960毫米　1/16
印张 23.75
字数 360千
版本 2018年7月第1版
印次 2018年7月第1次印刷

法律出版社/北京市丰台区莲花池西里7号(100073)
网址/www.lawpress.com.cn
投稿邮箱/info@lawpress.com.cn
举报维权邮箱/jbwq@lawpress.com.cn
销售热线/010-63939792
咨询电话/010-63939796

中国法律图书有限公司/北京市丰台区莲花池西里7号(100073)
全国各地中法图分、子公司销售电话：
统一销售客服/400-660-6393
第一法律书店/010-63939781/9782　西安分公司/029-85330678　重庆分公司/023-67453036
上海分公司/021-62071639/1636　深圳分公司/0755-83072995

书号：ISBN 978-7-5197-0819-1　**定价：**86.00元